U0943162

国计学
国计民生的系统科学

| 程碧波◎著 |

中国社会科学出版社

图书在版编目(CIP)数据

国计学：国计民生的系统科学／程碧波著．—北京：中国社会科学出版社，2015.8

ISBN 978-7-5161-6750-2

Ⅰ.①国…　Ⅱ.①程…　Ⅲ.①经济学—研究　Ⅳ.F0

中国版本图书馆 CIP 数据核字(2015)第 182399 号

出 版 人　赵剑英
责任编辑　王　斌
特约编辑　张文池
责任校对　李晓敏
责任印制　李寡寡

出　　版　中国社会科学出版社
社　　址　北京鼓楼西大街甲 158 号
邮　　编　100720
网　　址　http://www.csspw.cn
发 行 部　010-84083685
门 市 部　010-84029450
经　　销　新华书店及其他书店

印刷装订　三河市君旺印务有限公司
版　　次　2015 年 8 月第 1 版
印　　次　2015 年 8 月第 1 次印刷

开　　本　710×1000　1/16
印　　张　29.75
字　　数　506 千字
定　　价　69.00 元

以家为乡，乡不可为也。以乡为国，国不可为也。以国为天下，天下不可为也。

——《管子·牧民》

目　　录

序

社会经济是复杂系统。为解决复杂系统问题，钱学森创立了研究复杂系统的方法论——从定性到定量的综合集成研讨法；同时创导从宏观到微观，从定性到定量，专家群体、统计数据、计算机技术三者结合的人机智慧系统等思想和方法。国家建设、世界论道必须提到系统、体系的高度来论证。但目前研究社会经济系统的方法还不够成熟，在钱老方法论的指导下，可以探讨多种研究社会经济系统的方法，凡通过社会实践并证明行之有效的方法，都应在系统论基础上总结提高、逐步积累。

碧波的《国计学》正属于系统科学范畴。从碧波 2006 年《国计学》第一版、2010 年《国计学》修订版到现在《国计学》第三版的内容来看，其思想活跃并在逐步深化。他在系统研究方法上，强调形势分析、流量分析、边界分析，建议宏观定量、中观定性、微观定量的分析方法，构建了基于流量的宏观国计定量模型、基于个体优化的微观国计定价模型和在模型框架下引入人类智能决策的棋谱推演系统。

碧波在《国计学》中阐述中国传统文化中“形势”的含义：“形”指复杂系统在各时刻的布局结构，“势”指复杂系统在各时刻布局结构的变化方向。要建立可计算的物理模型，通常要找到守恒关系。物理系出身的碧波抓住了“流量”这个在全局或局部守恒的关系来建立复杂系统模型，将流量分析方法贯穿于“形”和“势”。社会经济的货币流、物流等宏观流量既激活了“形”和“势”，诸宏观流量间的匹配和勾检又成为“形势”计算的重要抓手，使其宏观定量分析成为可能。所谓“边界”，来自于宏观流量间的匹配和勾检约束，亦可称为“底线”，即李克强总理经常强调的“底线思维”。它表达了管理者调控系统结构机制下的各种流，使系统状态在可行边界范围内运行。

在宏观定量分析所确定的边界范围内，各经济主体会根据成本收益的微观定量分析来决策自己的行为，各经济主体的决策自主性和环境因素的不确定性导致中观层次上的模糊性，形成所谓“中观定性”的局面。碧波在此层次上采用钱老主张的人机结合方法引入人类智慧，并通过中国传统的棋谱推演来处理“创造性学习”这个在经典模型中难以解决的问题，以实现“创造性思维”的可标准化、可重复性和可学习性。

碧波的整体思路比较清晰，他在复杂系统的基本特征上下了苦功，致力于寻找守恒量，知道哪些可以计算、哪些不可以计算，对可计算部分予以数学建模，对不可计算部分以棋谱形式标准化，其根本着眼点在于实际应用。

这种对基本特征的关注是《国计学》的重要特点。碧波深入钻研中国古典国计学，广泛剖析西方经济学，其目的是继承批判、发展扬弃中西文化，并在此基础上创新，为中国当今的改革和建设服务。精神可嘉，路子对路。

在中国古典国计学中，应该继承的是什么？应该发展的是什么？应该扬弃的是什么？在西方经济学中，可以接受哪些？可以发展哪些？应该扬弃哪些？这个问题很重要。

碧波对西方经济学体系的特征、货币分析与实物分析关系的特征、经济学与金融学关系的特征，乃至组织管理整体与局部关系特征的剖析，都属于基础研究范畴。在立论部分，碧波对中国古典国计数学与国计学关系的论述令人信服。在此基础上，碧波构建了社会化纵横生产体系下产品流和货币流平衡关系的运行模型和国计组织理论。以国计运行模型为例，他在描述社会经济诸关键要素的同时力图将模型精炼得更加简洁，这个模型同时衔接资金流量表、央行和金融系统资产负债表、国民资产负债表、投入产出表、国际收支平衡表、国际收支头寸表及企业财务报表，既描述了当前的经济结构，又包含未来的结构变化，覆盖了宏观经济运行的主要内容。这里，作者下的工夫是很深的。

系统科学需要理论与实践结合。《国计学》是一门偏宏观的学科，宏观经济的验证具有周期长、调控实践难的特点。碧波注意到这一点并努力弥补。一方面，他将基础研究与经济思想史研究、经济史研究和现实经济分析密切结合，从历史实践和现实实践两个维度来验证理论，这种综合分析方法在目前各类书籍中较为少见，但却是系统科学的基本要求。另一方面，他建立基于国计学的计算机推演系统，希望通过计算机模拟来弥补实践平台的不足，将企业报表系统与国民经济报表系统衔接，要处理各种人工或自动交易规则，覆盖中央政府、中央银行、商业银行、交易所、产业、企业、赋税、国际外贸、国际金融等核心部门。据碧波说此软件已经进入最后调试阶段，衷心希望其早日和大家见面。

在通读碧波书稿的过程中，我发现一个现象：自然科学，譬如物理学，它的发展形成往往与数学科学同步，使物理学常获得跨越式和里程碑式的进步。社会科学，譬如金融学、经济学，初创时定量方法主要应用算术、代数、比例等初等数学，往后也应用到微积分、变分法、统计学、博弈论等应用数学，但社会科学的发展和成熟却很滞后，这是为什么？

我有一个看法。人们观察客观世界时，从常量到变量，这是一个飞跃。考察变量相互之间的联系，这又是一个飞跃，进入了系统科学范畴。对于变量之间的联系，最简单又最有用的是函数关系，由此建立起微分、积分、牛顿－莱布尼兹公式，它很适合自然科学中各种变量的关系。社会经济系统中有许多种变量，变量之间有的存在函数关系，但大多数情况是非函数关系，因此自然科学中行之有效的应用数学方法，对社会经济系统可能就不适用了。应该产生和形成社会科学自适应的应用数学，碧波创研的棋谱论方法，应属一个创新的路子。

本书“国计学视角的中国发展战略”部分很有创意。它属于“多系统共处”问题，从多系统共处的地理、历史、交往、文化等角度剖析，含金量大而重。

碧波的《国计学》揭开了中华文明的一角，从古典国计数学、古典国计学和古典国计组织理论中看到，无与伦比的系统思维和系统分析方法使中华文明遥遥领先。古圣和先贤的深邃令我们惊叹，国学除了《论语》等经典伦理类经文外，还有光辉灿烂的科技文明。碧波对中华文明的挖掘不是为了复古，而是为了汲取数千年文明的精华推陈出新，以解决当前的实际问题。所以在《国计学》中闻不到腐朽的气息，相反充满了思想的朝气和活力。

钱老注意到中国古代的整体认识论方法，指出西方科学还原论的局限性，强调将整体论与还原论有机结合才可能使系统科学进一步发展。近年来中国系统科学在各方面取得了较大进展，《国计学》是其中的一部分。研究系统科学特别是社会系统科学的具体方法可能是多样的，要在各专业的基础上总结提升系统科学基础理论，最终完成钱老关于总体设计部的夙愿。

为了中国当今的改革和建设，必须明确提出我们自己的见解和主张，亮出旗帜，形成学派！这是我前面所以提出问题，并求教于诸位读者的原因。

汪浩①

① 国防科技大学原政委、中国系统工程学会原副理事长、湖南省系统工程学会原理事长、中国人民解放军军事运筹学会第一届理事长、中国数学学会第一届理事、中国宇航协会第一届理事。

前　言

2006 年 4 月，鄙作《国计学》第一版出版，2008 年 6 月鄙作《财富战争》出版，2010 年 12 月《国计学》修订版出版。一晃又过去五年，我在学术和经历上又有较多心得，故决定完成《国计学》第三版。

《国计学》第三版的结构与修订版大致相同。较大的结构变动是新增关于中国传统法学的“第七章 国计组织理论”、关于国计学计算机化的“第八章 国计学的计算机推演”和对形势分析的“第九章 国计学视角的中国发展战略”。

在相同结构部分，第三版亦对内容作了较大调整。第三版将西方经济学及金融学综述放在附录独立成篇，读者可根据自己的进阶选择阅读。修订版中省略了第一版的“国计学研究方法”，第三版将这部分内容收录在附录中。第三版补充了中国古代国计史和国计数学史，增加了货币储备与币值调控、价格核定价、无套利定价、金融微观操作、货币替代、国计产业运行模型、央地赋税等内容。第三版基本上构成了从宏观经济到微观金融的统一整体。

为方便读者阅读，第三版对各部分的难度作了标注，分为普通阅读、进阶阅读（标注 * ）和高阶阅读（标注 # ）三类。读者完成普通阅读，通常便可掌握本书主要内容。

《国计学》、《财富战争》的出版，受到了不少读者、机构和部门同志的关心和支持，我唯一的回报是继续努力，把中国传统的文化宝藏进一步发扬光大。

感谢我的硕士生导师蔚林巍教授、博士生导师于祖尧教授以及左大培教授、郑易生教授对我学业的帮助。感谢黎金怀、刘兴祥、代杰等中学老师培养了我的独立思维。

国防科技大学政委汪浩教授对本书给予热情支持，把我作为自己的学生来提出许多修订意见；航天科技集团陈大亚局长完全将本书的出版当作自己的事。我们年轻一代应当传承前辈们的精神。

感谢中信改革发展研究基金会领导对本书的支持。

感谢中国社会科学出版社王斌先生、武云女士、黄山女士为本书的出版给予极大的帮助和辛勤劳动。

感谢中国民航管理干部学院的领导和同事，在喧嚣浮躁的今天为我提供一方净土来从事学术研究，而不用担忧一般高校盛行的国外论文指标和不升即走制度。

周建军、林四春、林晓慧、巩诚、简练等朋友对本书出版提供了不少帮助和建议，一并予以感谢。

我的妻子芳蕾理解并支持着我的事业，这本书有她一半的功劳。

感谢我母亲，对家庭的照顾，为我腾出大量时间以安心写作。

本书必然会有不少纰漏，所有问题由作者完全负责。

第一章　中国古典国计学

今所称西方经济学，英文名 economics，来自 economy。Econ 在希腊语中意为家庭，nomy 在希腊语中意为管理，合为“家庭管理”，是为“家计学”。在文艺复兴前此学说与欧洲原始的个体农业经济相适应。

文艺复兴后，欧洲从乡村经济迅速发展为城邦经济，孟克列钦首先提出 political economy，意为城邦经济学，或称“城计学”，在中国译为政治经济学。城邦经济学始以城邦经济为分析对象，注重实物流和资金流的宏观分析。

后来，马歇尔试图将城邦经济学数学化，但仅在家计学的数学化上取得较大成就，对宏观的数学表达则力不从心，故恢复经济学名字为“家计学”（economy），此即微观经济学。其以自由竞争的市场经济为假定的传统经济自由主义，其学派叫新古典学派。所谓新古典，即以现代数学工具诠释古典政治经济学。

微观经济学的局限性很快表现出来，垄断等带有宏观色彩的分析开始发展，并发展成今天的宏观经济学，但宏观经济学的基础仍建立在微观经济学框架上。所谓微观经济学，主要指个体投资消费行为的短期决策理论；所谓宏观经济学，主要指个体投资消费行为的跨期优化决策理论。这也是经济学界的观点：宏观经济学具有微观基础。

“国计学”源于中国古代经济理论，其与西方经济学的区别是研究对象不同。“国计学”主要研究社会化生产的纵横经济体系，以及此种经济下实物流与货币流之平衡。这是中国古代历史上比较主流的经济分析和调控方法。负责此调控方法的职位称为“平章国计”。《管子》一书中，不止一次提到“国策”，例如，《管子·乘马数》中说：“……非丽其乐也，以平国策也。”“国策”就通“国计”。《荀子·富国》说：“如是，则上下俱富，交无所藏之，是知国计之极也。”唐朝则有专门的“国计簿”。

依照 economy 的词根构成，中国的“国计”应译为“nationomy”。“nation”为“国家”，“nomy”为“管理”，合之为“国计”，“国计学”则应译为“nationomics”。但本书还包括了“国计组织”内容，涉及制度建设，并考虑谐音问题，将“国计学”译为“govgy”，其中“gov”为“国家管理”，“gy”为“学”。

中国古典国计学主要由统治中国的上层主流精英提出，一般形诸相国、大夫这样的阶层，并在实践中予以系统实行和检验，具有实用性、系统性、高效性和简洁性。

春秋战国时期，正是中国封建社会趋于崩溃而新的超级国家形态逐渐形成的时期。“封建”概念是将中国历史与西方历史相比较而提出来的。1899 年，梁启超在《清议报》的第 17 册和第 26 册上，刊出一篇名为“论中国与欧洲国体异同”的文章。梁启超认为，中国与欧洲国体的相同点在于，它们都依次经历了家族时代、酋长时代和封建时代，其间中国周代国体与欧洲希腊国体的相同点最多，即同为封建时代、贵族政治和列国分立。此时政府（即贵族）的权力甚重，超过国君，就像欧洲所谓的“少数共和政体”或“寡人政体”，尤其接近于古希腊的斯巴达。又因贵族与平民也甚相亲，故也可视这一贵族政治时代为民权稍伸时代。

“封建”的英文是 feudal，指西欧中世纪的一种社会形态——由国王分封贵族，公侯伯子男等爵位都有自己的采邑，国王也有自己的采邑，贵族自治其领地，拥有亲兵卫队，自己发饷并领主世袭等。此谓西欧资本主义革命前的封建社会。

在中国，这样的制度到战国末期就崩溃了。虽以后也有皇帝分封有功的大将亲王等，但还是由中央派出官吏到全国各地，管理地方事务，征兵收税。

用美国汉学家 Herrlee G. Greel 的话说，“两千多年前的中国已有 20 世纪超级国家的形态”。

因此，必然要出现与此新国家形态相适应的超级国计理论，而管仲则是中国古典国计学集大成者。

一　周朝的国计

我国自古就有国计之学，周朝称之为“官计”，《周礼》中“以八法治官府……八曰官计，以弊邦治”[①]。西周设有比较完整的国计组织。司会为官计之长，凡财务会计必揽，负责组织官计工作；司会所属有司书、职内、职岁与联币四大官员，分管会计与出纳事务；此外，形成了以参互考日成、以月要考月成、以岁会考岁成的国计报告制度。以后历朝历代均设有官计机构，配备有专职官计官吏，汉代及以后将“官计”改称“国计”，并出现了复式记账法。

（一）管仲的国计思想

1. 理论背景及地位

管仲（约前725—前645年），字仲，名夷吾，颍上（今安徽颍上）人，春秋前期大政治家。公元前689年辅助齐桓公，当政40年，改革齐国内政，使齐国成为春秋时第一个称霸中原的大国。齐国因盐碱地多，农业处于劣势，故发展工商业成为齐国国策。

管仲很注意国计原理的总结和运用，在当时推行了国家调控经济的一系列措施，包括扩张财政政策、公开市场业务、反垄断、打击金融庄家、推行社保制度等。但这些理论在实际中容易走样，特别是桑弘羊、王莽、王安石等人滥用管仲之法，掠夺民利，使不少人认为管仲之策是国家干预经济，与民争利，贬其为功利之说。

即便如此，管仲的学说在中国历史上仍影响巨大。政府支出刺激经济这样的思想乃至措施，几乎每个朝代都有。

《管子》一书篇幅浩大，后世有所增删，这使《管子》的成书时间颇有争议。但韩非子多次引用《管子》原文，汉初司马迁在《史记》中说“吾读管氏《牧民》、《山高》、《乘马》、《轻重》、《九府》及《晏子春秋》，详哉其言也。”又说，“至其书，世多有之，是以不论，论其轶事”。桑弘羊《盐铁论》中亦多次引《管子》之文，刘向在校订《管子》后重引司马迁的感慨“详哉其言也”。兼之目前史料中，齐国管仲时的经济政策和经济事件，与《管子》所载理论甚合，故倾向于管仲的思想体系与《管子》相合。

2. 工商业理论

中国古代一直很重视商业。商汤曾生产大量奢侈品去换夏朝的粮食，

---

① 《周礼·天官·大宰》。

以贸易战削弱夏朝，为最终战胜夏朝奠定基础。商朝覆灭后，经商更为商人立身之本，而周朝也予以保护。《左传》[①] 记载，公元前806年，周宣王封其弟友于宗周畿，把一批买卖人分给郑桓公。后来郑桓公率众远迁"洛之东土，河济之南"后，同这些商人立下盟誓，"尔无我叛，我无强贾，毋或匄夺，尔有利市宝贿，我勿与知"。即商人不能背叛国君，国君不强买和夺取商人货物，不干预商人财产和营业。在上百年的时间里，这个著名的"法律"被牢牢地遵守。

管仲当上齐国相国后，进一步提出，"士农工商四民者，国之石民也"，提出四民分工，"令夫工群萃而州处，相良材，审其四时，辨其功苦，权节其用，论比、计制、断器，尚完利。相语以事，相示以功，相陈以巧，相高以智"。"令夫商群萃而州处，观凶饥，审国变，察其四时而监其乡之货，以知其市之贾。负任担荷，服牛轲马，以周四方；料多少，计贵贱，以其所有，易其所无，买贱鬻贵"[②]。

现在有人指责管仲令四民分居，以为压制工商，这值得商榷。士和农也被分居，为何无人指责压制士、农呢？与其说压制，不如说管仲注意创造分工环境，形成工业区、商业区、农业区、政治文化区，形成了大规模的分工经济，这遥遥领先于古代欧洲自给自足的庄园经济，是斯密《国富论》中一国繁荣的理论基础，当今城镇规划中，就划分商业区、技术开发区等。管仲不但提出分工思想，且付诸实施。管仲令其子弟相袭，除考虑社会稳定外，也考虑了工商业之职业教育："旦昔从事于此，以教其子弟"。

而且各民之间并非完全隔绝。《国语》载管仲又行考选制度，每年由乡长将子弟中贤者报告给国君，国君召见，试以官职，成绩好的可升为"上卿之赞"，"是故匹夫有善，得而举也"，"夫是，故民皆勉为善"[③]，"其秀民之能为士者，必足赖也"，"有司见而不告，且有罪"[④]。故无论是什么民，只要有能力就可通过考任或举荐升迁。

欧洲直到明朝以后中国科举制度传入才逐渐废除贵族世袭制。"中国古代'学而优则仕'，凭学问、凭才干，不世袭、轻特权、'选贤任能'

① 《左传·昭公十六年》。
② 《管子·小匡》。
③ 同上。
④ 《国语·齐语》。

的教育制度和官吏选拔制度，与18世纪欧洲的知识界、启蒙学者们尊重个人的价值，反对中世纪封建世袭制度，通过自由、平等、竞争来攀登仕途高峰的理想一拍即合”①。

公元前651年，齐桓公与诸侯在蔡丘会盟，约定诸侯国间的贸易，为商贾提供食宿方便。齐国为外来商人提供宾旅和货栈交易场所。外商货车一乘的提供本人伙食，三乘的兼供给饲料，五乘的并供给厮养人，“天下之商贾归齐若流水”②。

管仲实行“官山海”之策[illegible]指铸铁，海指煮盐。但国家并非完全垄断，而是允许私人煮盐炼铁，国家统一收购，然后确定价格批发给商人经销。换言之，国家仅控制总批发价格，从中抽税，充分考虑了商人利益。

管仲减免工商税收，“关几而不征，市廛而不税”③。但管仲并非一味减少赋税，后文将阐述其赋税思想。

管仲已经展现给大家一幅现代经济的图像。在某些方面甚至比现代经济更大胆，例如管仲为吸引天下客商，专设女闾七百。

管仲的国际贸易思想和与诸侯签订的经济盟约，也将在本书的国际贸易部分详细阐述。

相比距其2000多年后到公元14世纪一直在鄙视商业甚至禁止商业利润和利息的欧洲相比，中国工商业传统无疑要超前得多，也要强得多。

3. 实物财富理论

管仲对财富有深刻认识。

管仲认为，“珠、玉，饥不能食，寒不能衣，费多而益少，故为末用也”，指出国家对财富的态度及后果，“王主积于民，霸主积于将战士，衰主积于贵人，亡主积于妇女珠玉”④。

管仲注重财富统计。“行其山泽，观其桑麻，计其六畜之产，而贫富之国可知也”，“山泽虽广、草木毋禁，壤地虽肥、桑麻毋数，荐草虽多、六畜有征，闭货之门也”。⑤

---

① 《伏尔泰全集》第三卷，巴黎，1865年版，第26页。

② 《管子·轻重乙篇》。

③ 《管子·五辅》。

④ 《管子·枢言》。

⑤ 《管子·八观》。

管仲指出："时货不遂，金玉虽多，谓之贫国也。"[①] "时货不遂"，意为"当时货物没有增加"；"金玉虽多"，意为"虽货币很多"。整句话是说，若用以生产和消费的货物没有增加，则一个国家虽货币很多，也只能算穷国。

美国的发展印证了这句话。布雷顿森林体系以来，美国一直是债务国，但正是债务使美国获得大量实物财富，促进了经济增长。中国虽拥有万亿美元的外汇储备，即"金玉虽多"，其实是向美国输送巨额实物财富以供其消费和建设。一般来说，投入消费促进人力资本增长，投入生产促进实物资本增长。中国本国内需不足，人们难以使用生产成果，走上消费低迷、牺牲劳动者福利、资源耗费型的粗放经济之路。

金融市场与实物市场相互联系。实物市场是金融市场的基础，没有实物市场支撑的金融市场，无论多么繁荣，都一定是泡沫，最后必定垮掉。企业个体可醉心于金融市场，一个国家若只醉心于金融市场，以为财富是金融市场变出来的，那就危险了。

4. 货币本质理论

管仲对国家实物财富的重视并不妨碍他正确认识货币。

管仲虽认为货币本身并非财富，却认识到货币在财富创造和分配中的重要作用。他认为，"以珠玉为上币，以黄金为中币，以刀布为下币。三币握之则非有补于暖也，食之则非有补于饱也，先王以守财物，以御民事，而平天下也"[②]。故货币本身虽不是财富，却可用来调动社会财富，以配置资源。

5. 货币储备与调控理论

管仲进一步通过货物储备来调控货币供给、吞吐货币，这正是当代央行公开市场业务的前身。美国1889年才开始提出脱离金本位（即不再以黄金数量作为货币总量标准），通过买卖农产品来吞吐货币，使货币不与金银而与国家财富增长相适应，这个货币制度设想后来演化成美国联邦储备制度。

管仲关于公开市场以吞吐货币的具体执行措施如下，"田轨之有余于其人食者，谨置公币焉。大家众，小家寡。山田、间田，曰终岁其食不足

① 《管子·八观》。

② 《管子·地数篇》。

于其人若干，则置公币焉，以满其准。重岁，丰年，五谷登。谓高田之萌曰：‘吾所寄币于子者若干？乡谷之木广若干？请为子什减三。’谷为上，币为下”[①]。

这段话谈到国家通过核算后，吞吐谷物、布帛等财富来供应货币。谷为上，币为下，意即国家收购谷物到国库，而货币发行到民间。

管仲清晰地说明了货币调控原则：“国币之九在上，一在下，币重而万物轻。敛万物，应之以币。币在下，万物皆在上。万物重十倍。”[②]

此原则与当代公开市场业务之原理相同。国家卖出存货大量收回货币（上），则物价会下跌。国家大量买进产品，则会扩张货币到民间（下），物价会膨胀。

6. 货币计量与控制理论

这里所说的计量，不是今天“计量经济学”之意，而指“计算、统计、度量”。

管仲注重计算货币量。在《山国轨》中，齐桓公问国家统计理财的方法，管仲回答说：“某乡田若干？人事之准若干？谷重若干？某县之人若干？田若干？币若干而中用？谷若干而中币？终岁度人食，其余若干？某乡女胜事者终岁绩，其功业若干？以功业直时而核算之，终岁，人已衣被之后，余衣若干？别群轨，相壤宜。”

管仲有一套严密统计方法来计算国家实物财富，并按实物财富数量计算货币量供给。其详细计算并调控货币的办法为：“某乡田若干？食者若干？某乡之女事若干？余衣若干？余食若干？必得轨程。此谓之泰轨也。然后调立环乘之币。”[③] 管仲根据实物财富及其剩余的统计全面计算发行的货币。

7. 货币流通理论

中国自古认识到货币流通如水。中国古代货币也叫泉币，周朝掌管货币的机构叫泉府。

管仲说明了货币储藏对货币流通的危害。不少学者指责管仲搞大锅饭，打击富豪，此看法值得商榷。当时齐国以商业立国，何来搞大锅饭、

---

① 《管子·山国轨》。

② 同上。

③ 同上。

均贫富之说？管仲根据货币流通的机理提出调控目标和手段。西方政治经济学创始人魁奈就说："铸币是在和其他财富交换时用来支付的，对国家说是作为买卖之间的媒介担保，如果把它留置于流通之外，不把它用作财富和财富交换的媒介，就会对维持一国财富的不断继续上不起作用。铸币的积贮越多，不能更新的财富就愈多，国家也愈贫困。因此货币只有不断地作为财富和财富的交换媒介时，才是一国真实的能动的财富。"①

管仲说："民人所食，人有若干步亩之数矣，计本量委则足矣。然而民有饥饿不食者何也？谷有所藏也。人君铸钱立币，民庶之通施也。人有若干百千之数矣。然而人事不及、用不足者何也？利有所并藏也。然则人君非能散积聚，钧羡不足，分并财利而调民事也，则君虽强本趣耕，而自以为铸币而无已，乃今使民下相役尔，恶能以为治乎？"②

管仲谈到两个藏：一是以谷物为代表的实物财富储藏；一是追逐利润的货币储藏。管仲指出，在实物及货币退出流通，大量进入储藏后，国家常会增加货币供给，导致更深的经济危机。此即经济危机中通货胀缩交替出现的原理：因储藏，流通货币不足，经济萎缩——国家强行增加货币供应——货币总量过大，为将来通胀埋下隐患。

在对宏观经济正确认识的前提下，管仲提出以平国计为目的的扩张性财政政策。

8. 扩张财政理论

管仲从理论和实践方面提出系统的扩张性财政政策。在《乘马数》中，管仲说："人君之守高下，岁藏三分，十年则必有三年之余。若岁凶旱水泆，民失本，则修宫室台榭，以前无狗后无彘者为庸。故修宫室台榭，非丽其乐也，以平国策也。"

在《侈靡》中管仲说："市也者，劝也。劝者，所以起。本善而末事起。不侈，本事不得立。"

管仲先提出国家储备思想，然后指出，在遇到凶旱等危机导致经济萧条时，国家应修筑宫室台榭，雇佣差役，增加就业，刺激经济。管仲强调此法不是为了"丽乐"，而是为"平国策"。所以他很清楚扩张财政政策

---

① ［法］魁奈：《魁奈经济著作选集》，吴斐丹、张草纫选译，商务印书馆 1997 年版，第 353 页。

② 《管子·国蓄》。

的原理及后果。

管仲精辟指出，若农业发达，则工商业就兴旺，而若工商业不兴旺，消费不足，则农业也不会发达。

管仲以超越个体经济的盈亏视角来调控宏观经济，其“平国策”的财政政策很灵活。他不但采取政府修建公共工程的办法刺激需求，还直接向百姓分散货币，增加百姓收入。

桓公曰：“何谓藏于民？”管子曰：“请散栈台之钱，散诸城阳；鹿台之布，散诸济阴。君下令于百姓曰：‘民富君无与贫，民贫君无与富。故赋无钱布，府无藏财，赀藏于民。’”①

管仲的扩张财政政策是为“平国策”，但他却很清楚侈靡不是目的，增加生产才是目的，故管仲反对“平国策”以外的侈靡。

在《八观第十三》中，管仲明确地指出了衡量一个国家财富的标准并否定“平国策”目的以外的侈靡。

“主上无积而宫室美，氓家无积而衣服修。乘车者饰观望，步行者杂文采，本资少而末用多者，侈国之俗也。国侈则用费，用费则民贫，民贫则奸智生，奸智生则邪巧作。故奸邪之所生，生于匮不足；匮不足之所生，生于侈；侈之所生，生于无度。故曰：审度量，节衣服，俭财用，禁侈泰，为国之急也，不通于若计者，不可使用国。”②

当代西方经济学有供给学派和需求学派之争，此争执在管仲看来不是问题。管仲衡量国家财富时与供给学派的观点一致，以实物财富及生产能力为准；在调控国家经济平衡时同时调整供给和消费，注重通过货币调控平衡两者。

9. 通货胀缩与消费生产理论

前面管仲说：“人君铸钱立币，民庶之通施也。人有若干百千之数矣。然而人事不及、用不足者何也？利有所并藏也。然则人君非能散积聚，钧羡不足，分并财利而调民事也，则君虽强本趣耕，而自以为铸币而无已。”这指出了经济危机的货币根源。对于通货胀缩的实物根源、表现及后果，管仲同样论述深刻。

《管子·乘马》：“黄金者，用之量也。辩于黄金之理，则知侈俭，知

---

① 《管子·山至数》。

② 《管子·八观》。

侈俭，则百用节矣。故俭则伤事，侈则伤货。俭则金贱，金贱则事不成，故伤事。侈则金贵，金贵则货贱，故伤货。货尽而后知不足，是不知量也。事已而后知货之有余，是不知节也。不知量，不知节不可谓之有道。”

之所以用黄金作为衡量物价之标准，是因为黄金供给量有限，不能由国家任意供给。经济萧条时，国家只能铸币来增加货币总量，却很难增加黄金供给来增加货币总量。所以黄金就具有和实物一样的性质，不与其他钱币一起升值或贬值。故金贵，则实物贵，其他钱币贬值，物价膨胀；金贱，则实物贱，其他钱币升值，物价萎缩。

这段话指出一个似乎矛盾但却很深刻的现象，即货币扩散现象。“侈则金贵，金贵则货贱，故伤货”，意即“若需求过多导致货币过多进入市场，则在物价还未普遍上升的时候浪费掉大量的实物财富”。在经济过热时，物价膨胀与实物资源浪费是一对孪生兄弟。“货尽而后知不足”，当资源因浪费而短缺，通货开始膨胀，货币扩散转为高涨的物价水平。

因此，管仲认为社会经济的危机有两种可能。一是消费过少，需求不足，物价低迷，生产萎缩，经济萧条；二是经济过热，生产和消费的资源浪费，通货膨胀。实物资源被大量浪费后，生产能力最终萎缩。

10. 国富与民富理论

管仲深刻认识国富与民富之关系，“王者藏于民，霸者藏于大夫，残国亡家藏于箧”，“民富君无与贫，民贫君无与富”。①

管仲还提出国家与人民对财富的着重点应不同。《揆度》：“民重而君重，重而不能轻；民轻而君轻，轻而不能重。天下善者不然，民重则君轻，民轻则君重。此乃财余以满不足之数也。故凡不能调民利者，不可为大治。”

管仲指出，国家与民间对财富不能相争。民间紧缺的物资，国家不能加倍收敛以获利，否则将加剧该物资紧缺，价格恶性膨胀；民间多余的物资，国家不能大量抛售以减负，否则将加剧物资过剩，物价恶性下跌。民之所需，国家应大力提供；民之所余，国家要保障民不过分受损。把政府本身作为赢利主体来与百姓竞争，就不能调民利，不可为大治。

11. 资源价格配置理论

管仲还分析了资源价格的配置。他认为珠玉货币为末用，饥不能食，

---

① 《管子·山至数》。

寒不能衣，但其却反其道而行之。

《侈糜》："贱有实，敬无用，则人可型也。故贱粟米而敬珠玉，好礼乐而贱事业，本之始也。""天子藏珠玉，诸侯藏金石，大夫畜狗马，百姓藏布帛。不然，则强者能守之，智者能收之，贱所贵，而贵所贱。不然，鳏寡孤老不与得焉。"

本段话中管仲明知有实之物却贱之，明知无用之物而敬之，并提到"本之始"的高度。管仲提倡抬高与实业发展关系不大的物品价格，并鼓励富人去消费享受，既满足富人荣耀心理，又不影响本国实业经济，把富人的货币散之于天下。降低有用物品的地位和价格，使富人们不乐意去收藏垄断，使百姓有相应的购买力从事实物财富生产与消费，以发展本国实际财富。故管仲说："天子藏珠玉，诸侯藏金石，大夫畜狗马，百姓藏布帛。"

可见管仲并非是一些学者以为的那样简单地抑制富豪。若富豪大量储藏标示荣华富贵但与国家实业联系不多的物品，例如高档艺术品、古玩，或《管子》中写的"神龟"，管仲是鼓励的。管仲不允许富豪大肆储藏与实业发展密切的经济物品及流通货币，认为经济物品和流通货币应以适当价格散之民间，以使实业正常发展。

"贱有实，敬无用"也是管仲抑制通胀的原则。通胀中，大量货币积聚到关系国计民生的紧缺产业上以成"贵有实"，促成成本推动型滞胀，还是积聚到"敬无用"的物品，以缓解对国民经济的冲击，对经济发展至关重要。

12. 官商定位理论

管仲主张官山海。山，即铸铁；海，即煮盐。管仲通过国家经营盐铁获取利润，以达"民不加赋而国用足"的目标。

但管仲的官山海有两个特点。一是国家获取利润不能扰民，若盐铁价格过高，就无法达"民不加赋"的效果。《轻重乙》中桓公曾建议彻底垄断盐铁。管仲阻止说："不可。今发徒隶而作之，则逃亡而不守；发民，则下疾怨上，边竟有兵则怀宿怨而不战。未见山铁之利而内败矣。故善者不如与民，量其重，计其赢，民得其七，君得其三。有杂之以轻重，守之以高下。若此，则民疾作而为上虏矣。"

官山海另一特点是，煮盐炼铁均放开由私人经营，国家统一收购搞总批发，市场销售仍由私商经营。管仲尽力减少国家干预，把最大的自由度让给民间。与其说官山海是国家垄断，不如说是国家抽取间接税，并稳定盐铁产品物价。盐铁产品比较同质，国家只要规定统一收购价和批发价，各地官府就可执行，官吏很难从中牟利。

管仲在其他方面反对官商合一，以当前的话说就是管仲反对官僚资本。《权修》中管仲说："商贾在朝，则货财上流。"意思是说，官商结合则财货经过贿赂而流入朝野。《八观》上更为严厉："上卖官爵，七年而亡。"《立政》中说："金玉货财之说胜，则爵服下流。"《八观》中说："金玉货财商贾之人，不论志行而有爵禄也，则上令轻，法制毁。"

13. 价格平准理论

中国古典国计思想重要贡献之一为平准理论。平准理论也是当代国家货币调控手段的前身。1889 年在圣路易斯同盟大会上，麦丘恩提出了货币改革计划，其设想跟管仲一样，即国家买卖谷物来完成与经济总量相适应的货币调控，以脱离金本位制，此即联邦储备制度前身。后来西方货币调控才用有价证券完成，但中国在元朝就开始用有价证券来调控货币。

《国蓄》："岁适美，则市粜无予，而狗彘食人食。岁适凶，则市籴釜十繦，而道有饿民。然则岂壤力固不足而食固不赡也哉？夫往岁之粜贱，狗彘食人食，故来岁之民不足也。物适贱，则半力而无予，民事不偿其本；物适贵，则什倍而不得，民失其用。然则岂财物固寡而本委不足也哉？夫民利之时失，而物利之不平也。故善者委施于民之所不足，操事于民之所有余。夫民有余则轻之，故人君敛之以轻；民不足则重之，故人君散之以重。敛积之以轻，散行之以重，故君必有十倍之利，而财之横得而平也。"

"凡轻重之大利，以重射轻，以贱泄平。万物之满虚随财，准平而不变，衡绝则重见。人君知其然，故守之以准平，使万室之都必有万钟之藏，藏繦千万；使千室之都必有千钟之藏，藏繦百万。春以奉耕，夏以奉芸。耒耜械器，种穰粮食，毕取赡于君。故大贾蓄家不得豪夺吾民矣。然则何？君养其本谨也。春赋以敛缯帛，夏贷以收秋实，是故民无废事而国无失利也。"

管仲这段话，一是谈到经济波动，其中包括实物财富增长的波动；二是谈到物价高低，"物适贱，则半力而无予，民事的不偿其本；物适贵，则什倍而不得，民失其用"，指出物价过高、过低的危害。

最后一句话"春赋以敛缯帛，夏贷以收秋实，是故民无废事而国无失利也”，说明当时齐国以发展国家信贷促进产业发展。

管仲深知平准过程中控制时间与物价的关系。《国蓄》篇中管仲说：“三币握之则非有补于暖也，食之则非有补于饱也，先王以守财物，以御民事，而平天下也。今人君籍求于民，令曰十日而具，则财物之贾什去一；令曰八日而具，则财物之贾什去二；令曰五日而具，则财物之贾什去半；朝令而夕具，则财物之贾什去九。先王知其然，故不求于万民而籍于号令也。”

管仲指出，若国家要求百姓十天内上交赋税（货币税），财物价格会下跌十分之一；若要求八天内上交赋税，财物价格会下跌十分之二。国家要求上交时间越短，财物价格下跌越急。由此推之，若要求上交实物税，物价水平将反向变动。

第二次世界大战中，美国要求英国卖掉产业以弥补借款。凯恩斯认为短期内卖掉这些产业将致价格大跌，遂以拒绝，而只以英国产业为抵押，然后再向美国赎回，以保证英国产业的正常价格。不难想象，若国家要求在限定时间内卖出多少产业，即便国家设计再多的控制措施，其价格一定便宜，国有资产一定会流失。

14. 反垄断理论

许多学者把管仲反垄断政策误认为是均贫富。管仲说得很清楚，反垄断是为防止大富豪与国家经济政策抗衡。《揆度》：“君朝令而夕求具，民肆其财物与其五谷为雠，厌分而去。贸人受而廪之，然则国财之一分在贾人。师罢，民反其事，万物反其重。贾人出其财物，国币之少分廪于贾人。若此则币重三分，财物之轻三分，贾人市于三分之间，国之财物尽在贾人，而君无策焉。民更相制，君无有事焉。此轻重之失准也。”

管仲强调国家以经济手段调控经济，不允许地方豪商集中强大力量抗衡国家。按现在的话说，即不允许市场上有庄家，美联储制度便是建立在此思想之上。例如，联邦储备银行设立时，在较早的格拉斯方案中银行家在联邦储备委员会中有少数经由成员银行选举产生的代表，这被威尔逊总统坚决否决。威尔逊认同“政府的政策与金融家以及大企业愿望的冲突，是不可调和的”。他质问银行家们：“你们中间有哪位先生能告诉我，世界上有哪一个文明国家曾让私人利益代表参加重要的政府控制委员会？”[①]

① Link, *The Papers of Woodrow Wilson*, vol. 27, p. 559.

当今西方发达国家对于金融监管之严厉不在管仲之下。拥有大资金者为大户，但大户同时操控市场信息以牟利即为庄家。美国在金融市场宏观层面严厉打击庄家，严惩虚假消息及操纵股市，逼迫股票价格回归价值基本面，迫使企业扎实经营。

15. 赋税理论

管仲反对一味轻税，认为其将使财政收支失衡；同时又反对重税，认为其会使税收减少。西方经济学关于税收的拉弗曲线，在管仲这里早已有清晰表达。

管仲提出级差税制和关税，其理论和税种都比较完善。级差地租“相地而衰征”，在西方经济思想史中，李嘉图、马尔萨斯等人认识到不同赋税征收对地租的影响。关税方面，管仲曾召集诸侯协商共同降低关税，建立周朝经济一体化，其本质与今天的全球经济一体化差别不大。

管仲反对一味轻税，《山至数》：“桓公问管子曰：‘梁聚谓寡人曰：‘古者轻赋税而肥籍敛，取下无顺于此者矣。’梁聚之言如何?’管子对曰：“梁聚之言非也。彼轻赋税则仓廪虚，肥籍敛则械器不奉。械器不奉，而诸侯之皮币不衣；仓廪虚则倳贱无禄。外，皮币不衣于天下；内，国倳贱。梁聚之言非也。”

管仲主张减轻赋税。《五辅》：“薄征赋，轻征赋，弛弄罚，赦罪戾，寡小过，此谓宽其政。”《小匡》：“通齐国之鱼盐东莱（尹知章注：自东莱通鱼盐于诸侯），使关市几而不征，堀而不税，以为诸侯之利，诸侯称宽焉。”

级差地租收税方面，《国语·齐语》中有记述“相地而衰征”。衰，音催，意为等差递减，即地租之级差。

管仲根据不同产业征收不同赋税，以有区别地发展产业。如《山国轨》：“去其田赋，以租其山。巨家重葬其亲者，服重租。小家菲葬其亲者，服小租。巨家美修其宫室者，服重租。小家陋为室庐者，服小租。上立轨于国民之贫富，如加之以绳，谓之国轨。”

管仲减轻甚至免除田赋，而对山林坟地收重税，并对坟地同样按级差原则收税，使其不至为贫苦人民负担。

16. 社会保障理论

中国传统的社会保障制度一直比较完善。明朝朱元璋于洪武三年令全国州县普设惠民药局，此外还设置栖流所、养济院等，给贫困病疾者以救济。明英宗时设置东、南、西、北四座“福田院”，每年国库拿出500—800万两白银，安置贫疾者和解决鳏、寡、孤、独者的基本生活问题。[①]清自雍正起在各地设置普育堂，其中育婴堂负责收容和养育弃婴，普济堂为老年、残疾无依靠者提供住院救济。亚当·斯密在《国富论》中也谈及中国政府兴修水利、道路等公共工程。

管仲时代齐国的社会保障制度之严密细致，即便今天也令人惊叹。根据《入国》记载：

“入国四旬，五行九惠之教。一曰老老，二曰慈幼，三曰恤孤，四曰养疾，五曰合独，六曰问病，七曰通穷，八曰振困，九曰接绝。

“所谓老老者，凡国、都皆有掌老，年七十已上，一子无征，三月有馈肉；八十已上，二子无征，月有馈肉；九十已上，尽家无征，日有酒肉。死，上共棺椁。劝子弟：精膳食，问所欲，求所嗜。此之谓老老。

“所谓慈幼者，凡国、都皆有掌幼，士民有子，子有幼弱不胜养为累者，有三幼者无妇征，四幼者尽家无征，五幼又予之葆，受二人之食，能事而后止。此之谓慈幼。

“所谓恤孤者，凡国、都皆有掌孤，士民死，子孤幼，无父母所养，不能自生者，属之其乡党、知识、故人。养一孤者一子无征，养二孤者二子无征，养三孤者尽家无征。掌孤数行问之，必知其食饮饥寒身之膌胜而哀怜之。此之谓恤孤。

“所谓养疾者，凡国、都皆有掌养疾，聋、盲、喑、哑、跛辟、偏枯、握递，不耐自生者，上收而养之疾官，而衣食之，殊身而后止。此之谓养疾。

“所谓合独者，凡国、都皆有掌媒，丈夫无妻曰鳏，妇人无夫曰寡，取鳏寡而合和之，予田宅而家室之，三年然后事之。此之谓合独。

“所谓问病者，凡国、都皆有掌病，士民有病者，掌病以上令问之。九十以上，日一问；八十以上，二日一问；七十以上，三日一问；众庶五日一问。疾甚者，以告上，身问之。掌病行于国中，以问病为事。此之谓问病。

“所谓通穷者，凡国、都皆有掌穷，若有穷夫妇无居处，穷宾客绝粮食，居其乡党以闻者有赏，不以闻者有罚，此之谓通穷。”

---

① 刘燕生：《社会保障的起源、发展和道路选择》，法律出版社2001年版，第29页。

这样的社会保障制度如今为西方发达国家采用。一些学者认为社保制度属于规范经济学范畴，不属于实证经济学范畴，也就是说，社保仅属道德范畴。社保在西方国家之所以发达，是因为他们已富裕了，才能建立社保制度。而中国还很穷，社保是拖中国后腿。

社保之类的政策是属于规范经济学范畴，还是属于实证经济学范畴，在此引用自由主义经济学鼻祖亚当·斯密的话："故劳动报酬优厚，是国民财富增进的必然结果，同时又是国民财富增进的自然征候。反之，贫穷劳动者生活维持费不足，是社会停滞不前的征候，而劳动者处于饥饿状态，乃是社会急速退步的征候。"① 西方政治经济学大家马尔萨斯也指出："经验证明，制造业的财富既是财产合理分配的结果，同时又是此分配进一步改善的原因。"②

真正经典的西方政治经济理论从未认为社保这类分配问题仅属于规范经济学道德范畴，而不属于经济增长直接相关的实证范畴。

17. 国际贸易理论

春秋战国时期的大环境为中国国际贸易理论提供了宝贵土壤。

正如前面"封建"意义的辨析，管仲之时正是中国处于类欧洲诸侯小国林立时代。欧洲诸国间的贸易争端和壁垒在中国春秋战国时期已出现。正如今天各国为国际贸易而斗争或合作，春秋战国时诸国也多次召开了国际会议以降低各国贸易壁垒，促进经济一体化。

列国诸侯于公元前652年和公元前651年两次会盟于宋，盟约中除互不侵犯、保持各诸侯国的领土完整外，还有"毋遏籴"、"毋忘宾派"、"毋蕴年"、"毋壅利"等有利于商品在各诸侯国间正常流通的条款。《管子·幼官》中记载："（齐桓公）三会诸侯，令曰：田租百取五。市赋百取二。关赋百取一。"《管子·大匡》又载："桓公践位十九年，弛关市之征，五十而取一。"从文章来看，当时诸侯间达成的协议是关税降到百分之一（关赋百取一），但实际上执行起来有困难，即便齐国自己也只执行了百分之二的关税（弛关市之征，五十而取一）。

以当时而论，经济一体化远高于当今世界，更远高于自古以来的欧洲

---

① ［英］亚当·斯密：《国民财富的性质和原因的研究》上卷，郭大力、王亚南译，商务出版社1979年版，第66页。

② ［英］马尔萨斯：《政治经济学原理》，厦门大学经济系翻译组译，商务印书馆1962年版，第309页。

诸国。

之后诸国的关税税率屡有反复，这说明诸国的国际贸易斗争和认识都不是静止的。以今天的经济学语言来说，就是自由贸易和保护主义思潮互有反复。《孟子·滕文公下》记载宋国大夫戴盈之的话：“什一，去关市之征，今兹未能。请轻之，以待来年，然后已，何如?”这说明当时关税、市税的征收量已超过十分之一。

但管仲推动国际经济一体化，并非对国际贸易放任自由。降低关税是为了别国的财富更好地为本国使用，而非本国财富更好地为别国使用。《山至数》：“桓公又问管子曰：‘终身有天下而勿失，为之有道乎?’管子对曰：‘请勿施于天下，独施于吾国。’”由此可看出，管仲推动关税降低之目的是“请勿施于天下，独施于吾国”。管仲如何做到此点呢?

首先管仲确定国际贸易基本原则，《轻重丁》：“昔者癸度居人之国，必四面望于天下。天下高亦高。天下高我独下，必失其国于天下。”

管仲认为本国物价水平应与国际物价水平保持一致，若本国物价低于国际水平，本国财富将被别国掠夺。这段话很有意思，它否定了一味追求外贸顺差的行为，认为物价过低时外贸顺差意味着本国实物财富流失。管仲还举莱人低价卖出染织品以换取周人货币票据最终失国的例子。

管仲主张外贸目的是为获得天下的实物财富而非货币财富，且其指导思想是用本国不需要的东西，去换取本国需要的实物财富。《轻重甲》：“轻重无数。物发而应之，闻声而乘之。故为国者不能来天下之财，致天下之民，则国不可成。”并举例说明，桀沉醉于女乐，伊尹召集女工精织文绣，一匹就可从桀换取粟百钟，结果伊尹得其粟而控制桀的经济。

对本国所有而它国紧缺的商品，管仲抬高价格以获高利。如齐国特产盐，管仲要求齐民在春秋两季停止煮盐以保障齐国农业生产，控制盐的产量以抬高盐价，在国际贸易中获巨额利润。

管仲反对精雕细刻，以为“逆”，不利国家财富增长。但对外贸易上管仲鼓励本国精雕细刻，制作奢侈品以高价卖给它国获取高利，并换取对本国有用的实物财富。

管仲还利用国际贸易和金融发起几场漂亮的国际贸易战，摧毁敌国经济，这在世界国计史上极为经典。《轻重戊》中记载了一个国际贸易战例。桓公欲降伏鲁梁，鲁梁风俗穿绨，管仲下令齐国民众皆穿绨，导致对鲁梁绨大量需求。鲁梁民众见织绨有巨额利润，纷纷弃农织绨以从齐国获取大量顺差。春耕过后，管仲再下令齐国民众皆穿帛，并停止与鲁梁关贸。鲁梁绨顿时过多而积压，鲁梁君王下令民众从事农事，但谷物已错过农时，由此摧毁鲁梁经济。三年，鲁梁之君请服。

国际贸易中，给予别国短期利益以扭曲别国产业结构，使别国为我所制，此为贸易战核心。

18. 投资、内需与经济增长理论

管仲正确阐述投资、内需与经济增长的关系。《轻重乙》："桓公曰：'强本节用，可以为存乎？'管子对曰：'可以为益愈，而未足以为存也。昔者纪氏之国强本节用者，其五谷丰满而不能理也，四流而归于天下。若是，则纪氏其强本节用，适足以使其民谷尽而不能理，为天下虏。是以其国亡而身无所处。故可以益愈而不足以为存，故善为国者，天下下，我高；天下轻，我重；天下多，我寡。然后可以朝天下。'"

强本，即注重投资；增加供给；节用，即压缩消费内需。管仲认为，增加投资对经济有一定好处，但压缩消费内需依赖外需解决供需差距，将使经济高速增长（五谷丰满）的同时流失国家财富，本国人民无法享受经济增长收益（民谷尽），其国亡。故善为国者，应提高内需使天下财富为我所用。

19. 自由市场理论

管仲关于官商的观点已说明管仲是一个自由市场经济的坚定捍卫者，反对政府过多干预经济。其明确提出自由市场的观点是在《乘马》"右立国"中："无为者帝，为而无以为者王，为而不贵者霸。"

管仲对政府收支也有明确原则："是故有事则用，无事则归之于民，唯圣人为善托业于民。"①

当代一般倾向于小政府大市场。这在汉代进一步得到执行。西汉初期著名的政治家、思想家、外交家和史学家陆贾就说："是以君子之为治也，块然若无事，寂然若无声。官府若无吏，亭落若无民……邮驿无夜行之吏，乡闾无夜召之征。"②

现代法学理论上，小政府指狭义政府——行政机关。广义政府乃行政、立法、司法三个机关合称，并不能说也要减小。一般说限制政府权

① 《管子·乘马》。

② （汉）陆贾：《新语·至德》。

力，主要指限制行政权力，而非限制立法、司法权力。本质上，行政权力必定要通过司法、立法权力来限制。

（二）国计数学：周礼九数

伟大的国计思想及其实践与伟大的国计数学密不可分。

中国古典国计数学的根本特征是以率（导数）为纲、以级数为通式。进制就是以级数来表示或逼近任何数，是级数的形式之一。中国上古相传为伏羲所制的八卦即二进制的级数系统，《周髀算经》记载伏羲已可运用十进制运算和分数计算周天历度，距今已有七千多年。最晚在春秋末年人们已经普遍使用了算筹这种先进的计算工具。公元前 305 年左右的清华简《算表》是世界上最早的十进制乘法表，美国数学史家约瑟夫·道本周（Joseph Dauben）认为《算表》是世界上最早的十进制乘法表文物。（见图 1—1）①

1/2	1	2	3	4	5	6	7	8	9	10	20	30	40	50	60	70	80	90	
45	90	180	270	360	450	540	630	720	810	900	1800	2700	3600	4500	5400	6300	7200	8100	90
40	80	160	240	320	400	480	560	640	720	800	1600	2400	3200	4000	4800	5600	6400	7200	80
35	70	140	210	280	350	420	490	560	630	700	1400	2100	2800	3500	4200	4900	5600	6300	70
30	60	120	180	240	300	360	420	480	540	600	1200	1800	2400	3000	3600	4200	4800	5400	60
25	50	100	150	200	250	300	350	400	450	500	1000	1500	2000	2500	3000	3500	4000	4500	50
20	40	80	120	160	200	240	280	320	360	400	800	1200	1600	2000	2400	2800	3200	3600	40
15	30	60	90	120	150	180	210	240	270	300	600	900	1200	1500	1800	2100	2400	2700	30
10	20	40	60	80	100	120	140	160	180	200	400	600	800	1000	1200	1400	1600	1800	20
5	10	20	30	40	50	60	70	80	90	100	200	300	400	500	600	700	800	900	10
4.5	9	18	27	36	45	54	63	72	81	90	180	270	360	450	540	630	720	810	9
4	8	16	24	32	40	48	56	64	72	80	160	240	320	400	480	560	640	720	8
3.5	7	14	21	28	35	42	49	56	63	70	140	210	280	350	420	490	560	630	7
3	6	12	18	24	30	36	42	48	54	60	120	180	240	300	360	420	480	540	6
2.5	5	10	15	20	25	30	35	40	45	50	100	150	200	250	300	350	400	450	5
2	4	8	12	16	20	24	28	32	36	40	80	120	160	200	240	280	320	360	4
1.5	3	6	9	12	15	18	21	24	27	30	60	90	120	150	180	210	240	270	3
1	2	4	6	8	10	12	14	16	18	20	40	60	80	100	120	140	160	180	2
0.5	1	2	3	4	5	6	7	8	9	10	20	30	40	50	60	70	80	90	1
0.25	0.5	1	1.5	2	2.5	3	3.5	4	4.5	5	10	15	20	25	30	35	40	45	1/2

战国时代（公元前305年）《算表》示意图

图 1—1

例 1.1：二进制原理，任意数均可表达为如下级数：

$$m = \cdots + 2^n a_n + \cdots + 2^2 a_2 + 2a_1 + a_0 + 2^{-1} a_{1} + 2^{-2} a_{-2} + \cdots + 2^{-n} a_{-n} + \cdots \quad (1.1)$$

① *The 2300 - year - old Matrix is the World's Oldest Decimal Multiplication Ttable*, Nature Magazine, Jan. 7th, 2014.

记作：$m = \cdots a_n \cdots a_2 a_1 a_0 . a_{-1} a_{-2} \cdots a_{-n} \cdots$ (1.2)

例 1.2：十进制原理，任意数均可表达为如下级数：

$$m = \cdots + 10^n a_n + \cdots + 10^2 a_2 + 10a_1 + a_0 + 10^{-1} a_{-1} + 10^{-2} a_{-2} + \cdots + 10^{-n} a_{-n} + \cdots \quad (1.3)$$

记作：$m = \cdots a_n \cdots a_2 a_1 a_0 . a_{-1} a_{-2} \cdots a_{-n} \cdots$ (1.4)

《周髀算经》记载有公元前 11 世纪的周公与商高对话。《算经》给出了勾股定理的一般通式（《周髀算经》上卷二：“若求邪至日者，以日下为勾，日高为股，勾股各自乘，并而开方除之，得邪至日”），商高给出了严谨的证明过程（《周髀算经》上卷一：“故折矩，以为句广三，股修四，径隅五。既方之，外半其一矩，环而共盘，得成三四五。两矩共长二十有五，是谓积矩”）①。商高同时指出：“数之法出于圆方，圆出于方，方出于矩，矩出于九九八十一”（《周髀算经》上卷一）。这句话中，商高指出：实数系及（级数）计算方法源自化圆为方的割圆术的无理数计算过程，而数的根本（即公理）为十进制计算规则。商高这段话讲清了中国古代数学系统的基础和脉络。不仅如此，《周髀算经》的主要部分乃天文计算。在天文计算中，《算经》淋漓尽致地展示了伏羲时代“天圆地方”的割圆术、射影几何、角度学、球面坐标系、重差术等数学方法的综合应用和高超的数学建模水平。其精确地计算出地球的周长为 40500 公里，与今天实测地球周长 40008.08 公里的误差不过 1.2%，其精确地计算出南北回归线之间的球面距离为 5950 公里，与今天实测南北回归线之间的球面距离 5800 公里的误差不过 2.58%。《算经》还指出北极有极夜、极昼现象，不生万物，终年冰雪不化；赤道常年炎热，草木长青。并且本书有确凿证据证明这些数据来自上古时代而非后人编纂。② 西周初年周公（公元前 11 世纪）制礼，数学成为贵族子弟教育中六门必修课程——六艺之一。中国的数学按照国计分类成为完整体系。

魏晋时刘徽为《九章算术》作注时说：“周公制礼而有九数，九数之流则《九章》是矣。”《周礼·地官司徒·保氏》中说：“保氏掌谏王恶而养国子以道，乃教之六艺：一曰五礼，二曰六乐，三曰五射，四曰五

① 曲安京：《商高、赵爽与刘徽关于勾股定理的证明》，《数学传播》1986 年 9 月 20 卷第 3 期。

② 见附录 B《周髀算经》的密码：射影几何。

御，五曰六书，六曰九数。”这就是古代教育必须学习的礼、乐、射、御、书、数六门功课，“九数”是指“数”学这门功课有九个细目。九数基本上是中国古代对国计的分类。东汉郑玄在《周礼注疏·地官司徒·保氏》中引郑司农（郑众）所言：“九数：方田、粟米、差分、少广、商功、均输、方程、赢不足、旁要；今有重差、夕桀、勾股也。”这也许就是早期的《九章算术》的纲目，与其后刘徽所注的《九章算术》中的纲目类似。方田：田地测算；粟米：粮食换算比率；衰分：赋税分配；少广：田亩面积和长阔；商功：工程土方计算；均输：运输费用分配；方程：生产计算方程式；盈不足：计算比率；旁要：勾股问题。

由于秦朝战火，九数的原本现已不可考，但相关源流的后世数学典籍大多遵循这一体例。岳麓书院藏秦简《数》的成书时间不迟于秦始皇三十五年（公元前212年），里面的算题涉及九数的方田、粟米、差分、少广、商功、均输、赢不足、勾股八章。1983年中国考古学家在湖北汉代古墓中发现的竹简《算数书》，经鉴定成书于公元前202年至前186年之间，有完整的分数约分、加法、减法、乘法、除法、比例分配（衰分术）、开方、盈不足、弧度、平面图形面积、多面体及圆体的体积公式，使用了负数概念及负数的加、减运算。汉朝对流落的数学进行整理后成书《九章算术》，公元263年三国时代的刘徽作《九章算术注》十卷，前九卷以严密的数学用语阐述了有关数学概念，全面严格论证了《九章算术》的普适性公式，包括截面积原理、构造级数推导将面积或体积精确到任意小数位的割圆术、割弧术、阳马术、开方术等，并提出“以率为纲”统率数学。

以率为纲、以级数为通式的盈不足术与招差术、割圆术与开方术、截面积原理与阳马术是微积分思想的三大支柱。

盈不足术的差分比率正是导数表达，也是后来欧洲牛顿迭代法的原型。其基本原理是：

若 $\Delta y_1 = y(x_1) - y(x)$，$\Delta y_2 = y(x_2) - y(x)$　　(1.5)

则有 $x = \dfrac{x_2\Delta y_1 - x_1\Delta y_2}{\Delta y_1 - \Delta y_2} = x_1 - \dfrac{x_1 - x_2}{\Delta y_1 - \Delta y_2}\Delta y_1$　　(1.6)

刘徽专门解释 $\dfrac{\Delta y_1 - \Delta y_2}{x_1 - x_2}$ 为“以一人之差约众人之差”，即函数差分与自变量差分之“率”。当 $\Delta y \to 0$ 时，$x = x_1 - \dfrac{dx}{dy}dy$。

《周髀算经》已使用招差术，宋代沈括可写出计算任意高阶等差公式的通式，元朝朱世杰可写出任意高次插值公式：

$$y(x+ht)=y(x)+t\Delta^{1}y(x)+\frac{1}{2!}t(t-1)\Delta^{2}y(x)+\cdots+\frac{1}{n!}t(t-1)(t-2)\cdots(t-n+1)\Delta^{n}y(x)+\cdots \quad (1.7)$$

（1.7）式中：

$$\Delta^{1}y(x)=y(x+h)-y(x) \text{ 且 } \Delta^{n}y(x)=\Delta^{n-1}y(x+h)-\Delta^{n-1}y(x) \quad (1.8)$$

（1.7）式正是微积分的牛顿插值级数和泰勒级数形式，任意高次导数的具体形式赫然其中，（1.7）变形如下更为清楚：

$$y(x+th)=y(x)+th\frac{\Delta^{1}y(x)}{h}+\frac{1}{2!}t(t-1)h^{2}\frac{\Delta^{2}y(x)}{h^{2}}+\cdots+\frac{1}{n!}t(t-1)(t-2)\cdots(t-n+1)h^{n}\frac{\Delta^{n}y(x)}{h^{n}}+\cdots \quad (1.9)$$

割圆术与开方术（解为无理数时）亦是构造无穷级数取极限的过程，其中包括幂级展开思想和极限思想；截面积原理是指，两立体任意等高处的截面面积之比为一常数，则此两立体的体积之比也等于该常数，这是无限小高度的截面无限累加的积分思想，阳马术具体应用了此原理。

中国古代数学对无理数有深刻认识。《墨经》中就称无理数为“面”。刘徽在开方术注中说：“术或有以借算加定法而命分者，虽粗相近，不可用也。凡开积为方，方之自乘当还复其积分。令不加借算而命分，则常微少；其加借算而命分，则又微多。其数不可得而定。故惟以面命之，为不失耳。”刘徽这段话指出了两点：一是存在不能表达为分数的数，命名为“面”，即今天的无理数；二是若（整数）开方产生分数，则“不可用”，只能作为无理数而命为面。中国古典数学具有当时世界上最完整的分数运算系统，刘徽不难认识到任何既约分数的自乘不能为整数，因此其特意强调“凡开积为方，方之自乘当还复其积分”。故刘徽也提供了判断常见无理数的通式。

一般认为，中国传统数学没有角度学，这不符合事实。《周髀算经》按周年的时间将圆周分为365.25度，其几乎所有天文计算均以度来完成，建立了以地球为基准的球面坐标系。《九章算术》中有“密率术”，其“密率”系指圆弧与直径之比，这就是今天的“弧度”，只不过今天的弧度是圆弧与半径之比。圆周率就是整个圆的密率。《九章算术》中通过半径、弦长给出扇形面积的二次计算公式，《九章算术注》中通过半径、弦长给出扇形面积的任意次级数表达形式，也因此可建立半径 、弦长与弧长的精确关系。知道这三者的关系，可以计算任意弧度角的三角函数。沈括的会圆术公式直接给出半径、弦长与弧长的二次关系，可在小于 45 度的情况下将三角函数的误差控制在 2% 以内。这是古代中国不需要三角函数表的真正原因。

在抽象数学符号表达方面，中国古代数学用算筹位置来代替数学符号，在此位置上可以代入具体数值进行计算，就如现代数学中将数学符号代入具体数值一样。金、元时期产生了一批有关天元术的著作，将未知数直接引入方程，提供了列方程的统一方法，其步骤比阿拉伯数学家的代数学进步得多，欧洲到了十六世纪才做到这一点。宋代创立的增乘开方法又简化了求解高次方程的运算过程，甚至达到超过牛顿迭代法的二阶收敛速度，列方程和解方程都有了简单明确的方法和程式，中国古典代数学发展到了比较完备的阶段。继天元术之后，数学家又很快把天元术推广到多元高次方程组。

从现代公理化的观点来看，中国古典数学以级数为逻辑基础就可演绎出代数学及几何学中的一切算法。

吴文俊提出数学史研究的“古证复原”两项原则：一是所有研究结论应该在幸存至今的原著基础上得出；二是所有结论应该利用古人当时的知识、辅助工具和惯用的推理方法得出。例如，巴比伦人的一些数学问题按照现代数学可以列为二元二次方程，但事实上他们是列出所有可能的数值，一个一个地尝试，然后获得代数解的。按照这个标准审视中西古代数学，我们才更能深刻地理解中国国计数学的深邃。

假设有一个地方的人，他们不能理解 0，不能理解负数，没有进制概念，用字母来表示一到一万的数字，没有小数，不认为两个数的比值是“数”，没有分数运算，不认为无理数是数，竭力否定无限。他们能发展出什么样的数学呢？

他们就是古罗马古希腊人。

罗马数字的符号一共有 7 个：I（代表 1）、V（代表 5）、X（代表 10）、L（代表 50）、C（代表 100）、D（代表 500）、M（代表 1000）。这 7 个符号位置上不论怎样变化，它所代表的数字都是不变的。罗马数字与十进位数字的意义不同，它没有表示零的数字，与进位制无关。用罗马数字表示数的基本方法一般是把若干个罗马数字写成一列，它们按照下列规则组合起来表示数。

规则1，重复次数：一个罗马数字符号重复几次，就表示这个数的几倍。如："*III*"表示"3"；"*XXX*"表示"30"。

规则2，右加左减：一个代表大数字的符号右边附一个代表小数字的符号，就表示大数字加小数字，如"*VI*"表示"6"，"*DC*"表示"600"。一个代表大数字的符号左边附一个代表小数字的符号，就表示大数字减去小数字的数目，如"*IV*"表示"4"，"*XL*"表示"40"，"*VD*"表示"495"。

规则3，上加横线：在罗马数字上加一横线，表示这个数字的一千倍。

希腊人用表示一个数的字头来代表数，这就是用Δ表示10，*H*代表100，*X*表示1000，就好像英语中用*T*代表Ten，*H*代表Hundred一样。数字再大，按需要重复这些符号就行了。到公元五世纪，希腊人以头九个字母表示1到9；接着的九个字母表示10到90；最后的九个字母表示100到900；在任何数的前面划一道，表示这个数是原数的一千倍。这个新的数字系统需要27个字母，但是希腊的字母只有24个，所以增加了三个古老和外来的字母。

这是一种十分笨拙的记数法，使简单运算变得繁复，复杂数字计算变得可怕。例如，用中国固有的数字表示九九乘法表很方便，但在希腊字母数字中就麻烦了。计算 $2 \times 4 = 8$，应表示为β乘以δ等于η；计算 $2 \times 40 = 80$，应表示为β乘以κ等于π；计算 $20 \times 40 = 800$，应表示为μ乘以κ等于ω，还有 20×20、200×400 等就更复杂。本来只用二四得八口诀就可算的问题，变成了在表示式上彼此毫不相干。

由于没有级数进制，古代欧洲无法表示小数，无法逼近任意数。因此古代欧洲很难发展出小数，也就难以构造任意逼近无理数的数值。他们只能认为数学系统由整数及整数间的比例来组成，却不认为比例也是数，因此无法发展分数运算。毕达哥拉斯学派有人发现无法写出某些三角形斜边的数值时居然要被扔到河里，因为无理数根本就没法写（中国处理起来就简单得多，在概念上说清楚这是无理数——中国在《墨经》中就称无理数为"面"，在操作中根据精度需求取小数后适当位数即可）。他们没有“无限逼近”的概念，微积分“极限”、“微分无限累加”的思想对于他们来说是异类。古代欧洲转而借助图形这种具体实物而非抽象的数学符号来研究数学，这就是《几何原本》和阿基米德等人的相关著作。但相比中国欧洲几何仍发展较晚。与公元前11世纪中国商高给出勾股定理通式及其严谨证明相比，西方只有公元前5世纪毕达哥拉斯发现并证明勾股定理的传说，但事实上毕达哥拉斯并没有证明方法流传下来。西方真正证明勾股定理的是《几何原本》。

由于古欧洲数学难以进行级数逼近，故古欧洲几何的主要内容是处理相似形，《几何原本》中的比例论就是计算相似形的伸缩问题，而不能像中国这样把分数当作普通数做加减乘除的处理，所以没有分数运算。但欧式几何又仅能判别 $\sqrt{2}$ 、$\sqrt{3}$ 等少数几个具体的无理数字，以及由这少数几个无理数字按特殊规则构成的无理数，而无法像刘徽那样提出判别常见无理数的通式。常规图形例如长方形、三角形可直接计算。而当研究某类非常规图形（例如圆弧）的长度或面积时，古代欧洲通常会使用穷竭法。穷竭法（又称双重归谬法）的基本原理很简单：若非常规图形 A 的值未知，常规图形 C 的值已知，且常规图形 B 可无限逼近 A 。假如要证 $f(A)=C$ ，则只要证：任意给定有限偏差 $d>0$ ，选择 B 以满足 $0\leqslant|A-B|<d$ 时，有 $(f(B+d)-C)(f(B-d)-C)<0$ 即可。因为此时 $(f(B+d)-C)(f(B-d)-C)<0$ 等价于 $(f(A+d)-C)(f(A-d)-C)<0$ ，故必有 $f(A)=C$ 。但有限偏差 d 并非无穷小量，因为无穷小量的绝对值小于任何有限偏差的绝对值。事实上穷竭法可证的题型为 $f(A)=C$ ，此式中的等号是严格成立的，并非收敛逼近关系，无须存在无穷小量。B 与 A 的逼近关系亦表达为图形之间有限偏差的传递性比较，无须表达为精确的包含无穷小量的代数级数。若并不存在已知常规图形 C 与 $f(A)$ 严格相等，例若 $f(A)$ 为无理数时，要计算 $f(A)$ 就必须处理无穷小量及无限过程，此时穷竭法将无能为力。譬如后来阿基米德计算圆周率时，因为圆周率不是有理数而是无理数，阿基米德只能将命题限制于“任何一个圆周与它的直径的比小于 $3\frac{1}{7}$ 而大于 $3\frac{10}{71}$ ”，论证中并无无限过程。即使在这个有限过程中，阿基米德也没有给出代数计算的完整步骤，因为代数运算对于古代欧洲实在是太难了。此外，他计算抛物线弓形面积时对面积的分

割亦不是无限过程，因为抛物线弓形面积可用方形面积来度量（即弓形面积与方形面积之比为有理数），用有限偏差即可证明弓形面积与方形面积的关系。因此穷竭法主要建立在相似形的比例思想上，并未有无限、无穷小、极限和微积分思想。真正极限的处理方式是：通过 $B \rightarrow A$ 计算出 A，再计算出 $f(A) = C$，这正为中国古代级数数学所擅长。

在角度学方面，古代欧洲数学局限于尺规作图，对于三等分角等问题一筹莫展。托勒密虽然提出半角公式和和角公式，但这都是用几何方法测量出一些特殊点，然后根据这些特殊点来总结的规则，他无法证明这些公式对于任意角都适用，因其代数学的弱点也没有办法很好地利用这些公式。三角函数表正是古代欧洲缺乏代数学，因而将一些基本数据预先测量成表的传统，这与古希腊数学家丢番图通过排列各种可能解来解代数问题的方法是一致的。

国计数学是国计学的工具，通过它可以评估古代国计学和经济发展水平。周公九数已经具备测地学（方田）、商业数学（粟米）、经济数学（衰分）、工程数学（商功）、管理数学（均输）、产业数学（方程）、测量学（勾股）的基本功能。中国古典数学不仅仅是数学典籍，也是国计典籍，它较为全面地反映了当时的经济情况，例如《九章算术》中就有不少关于股份合伙、信贷计算等内容。古代欧洲数学则极为单纯，其缺乏商品交易换算、赋税徭役合理征收与优化分配、土方计算及工程分配、投资优化、农业生产规划等的能力，即使在几何上，也因为代数水平低而只能利用相似形来修建建筑的能力，难以进行实际的田亩山地测量。古希腊数学的这些缺陷注定它走向衰落，此后一直到文艺复兴，西方数学数千年几无进展，亦可由此判断这一期间的西方经济及其理论几无进展。在今天许多国家，欧氏几何由于局限性太大，已经从教材中删除。中国与欧洲古代的国计理论和社会经济发展程度不言自明。

二　汉魏的国计

（一）《盐铁论》的国计思想

1. 理论背景及地位

东周末年至汉初，天下已乱数百年，经济破坏殆尽。高祖刘邦得天下后，提出六项德政，包括奖励生育，恢复人口；减轻赋税；厉行节俭，降低人民负担；开放一切资源，盐铁取消专卖，开放私营，开放关禁，便利物质开发和流通；废除货币国有政策，借以刺激交易。吕后临朝时又特置第六项“奖励孝悌力田”，以劝令天下。此政策效果明显，国力开始恢复。文帝、景帝即位后，奉行与民休息政策，大行仁政，国力迅猛发展，成为著名的“文景之治”。

武帝初承大统，重订国策，内尊儒，外开疆，营造宫室，整治黄河，需要巨额花费。桑弘羊在此背景下走向前台。

桑弘羊，西汉武帝时（公元前 140—公元前 88 年）名臣，洛阳人，生于公元前 152 年，死于公元前 80 年。桑弘羊三十三岁起参与和掌管中央财政事务近四十年。

桑弘羊通过战时经济把清净无为的汉朝建成干预经济的强大政府。由于在战后不能迅速调整国家机器适应经济发展，当时朝廷出现了强大反对力量。在此背景下，公元前 81 年昭帝召各地贤良文学到长安，商议盐、铁等国家经济要事，此即历史上有名的盐铁会议。

若说《管子》达到国计技术高峰，《盐铁论》则是对市场和政府权力划分的详细探讨，达到市场与政府关系分析的高峰。

2. 桑弘羊的国计政策

（1）积极推行国家垄断经营政策

公元前 117 年前，盐业主要由私人经营，官府有时也经营盐业，但非垄断性质。

桑弘羊实行盐专卖，其生产私人经营，但生产工具由政府垄断供应。国家统一收购并发售。冶铁业亦私人经营。公元前 117 年，铁的生产过程和流通过程同时被国家垄断。公元前 98 年开始酒专卖，由政府完全控制酿酒生产，但可由私商代售。为缓和反对派攻击，桑弘羊于盐铁会议结束前夕宣布结束酒专卖，私人交纳酒税后即可自由酿造。

管仲的官山海仅由国家统一批发，其余生产和销售环节均由私营进行，而桑弘羊的盐铁专营彻底排除私营。两者性质及后果完全不同。

（2）均输法

公元前 115 年桑弘羊推行均输法。各地实物税不必解送京师，可由各地均输官运送往高价地区出售，此不但节约运送京师的运费，还可获巨额利润。

(3) 平准法

公元前110年，桑弘羊颁布平准法。平准机构掌握大量商品、运输手段和人力。某商品价格上涨时，平准机构以较低市场价格抛售同类商品，相反则以平物价收购。

(4) 铸币权

从汉初到武帝初年，货币铸造权由郡国分享。贾谊提出禁止豪强私自铸钱，并在《新书·铸钱》中指出劣币驱逐良币法则："奸钱日繁，正钱日亡。"在西方经济学史中，14世纪才由尼科尔·奥雷斯姆提出劣币驱逐良币的观点[①]。公元前112年由上林三官统一铸钱。

3. 盐铁会议

《管子》已达到国计理论的很高水准。《盐铁论》中各方观点都无出《管子》之外。《盐铁论》的特色是讨论政府与市场的关系。故本末之争并非市场自然发展而出现的争执，而是国家直接干预甚至官府腐败而出现的毁损本业的争执。文学贤良的主张事实上有利于工商业发展。桑弘羊虽重视工商业，但实际上其官办经济却摧毁了工商业及农业。

(1) 关于扩张财政政策的散聚之策

辩论中桑弘羊提出政府以均输、政府开支等方法，可交换各地财富，百姓各得其所。

> 《通有》桑弘羊："今吴、越之竹，隋、唐之材，不可胜用，而曹、卫、梁、宋，采棺转尸；江、湖之鱼，莱、黄之鲐，不可胜食，而邹、鲁、周、韩，藜藿蔬食。天地之利无不赡，而山海之货无不富也；然百姓匮乏，财用不足，多寡不调，而天下财不散也。"

文学反驳，说当今之世所缺的不是材木和鱼肉，最大的威胁是官府富豪太过奢侈，浪费财物和人力。奢侈仅是为了平国计，若其超过平国计的范畴，威胁到正常财富生产，则有害于国家。

> 《通有》文学："当今世，非患禽兽不损，材木不胜，患僭侈之无穷也；非患无旃罽橘柚，患无狭庐糠糟也。"

① 见本书第二章第一部分：古代欧洲的家庭经济学。

丞相向贤良征询解决财富不足的办法。

> 《散不足》丞相："愿闻散不足。"

贤良认为当前官府奢侈、官营商业是根源。大量人力资源被集中于奢侈品生产，人们基本生活必需品却不能满足。

> 《散不足》贤良："宫室奢侈，林木之蠹也。器械雕琢，财用之蠹也。衣服靡丽，布帛之蠹也。狗马食人之食，五谷之蠹也。口腹从恣，鱼肉之蠹也。用费不节，府库之蠹也。漏积不禁，田野之蠹也。丧祭无度，伤生之蠹也。堕成变故伤功，工商上通伤农。故一杯棬用百人之力，一屏风就万人之功，其为害亦多矣！目修于五色，耳营于五音，体极轻薄，口极甘脆，功积于无用，财尽于不急，口腹不可为多。故国病聚不足即政怠，人病聚不足则身危。"

故丞相又问，若要节俭的话，财富被集中起来了不能消费，势必阻碍商业流通，那怎么办呢？

> 《散不足》丞相曰："治聚不足奈何？"

贤良回答，若人们太过奢侈就应倡导节俭。若人们太过节俭就应引导他们生活得体面，正常用度，促进消费。

可见贤良清楚促进消费、刺激有效需求的国计原理，否则就不会说"民俭，示之以礼"。

贤良还从供给创造需求的角度指出，当前汉朝重要是公卿大夫减少奢侈，政府减少以赢利为目标的投资（罢园池），减少对人民肆意征地和行政垄断，不要过分干预市场。农民发展农业，女工发展纺织业，以消除财富集中于少数人的现象。

> 《散不足》贤良："盖桡枉者以直，救文者以质。昔者，晏子相齐，一狐裘三十载。故民奢，示之以俭；民俭，示之以礼。方今公卿

大夫子孙，诚能节车舆，适衣服，躬亲节俭，率以敦朴，罢园池，损田宅，内无事乎市列，外无事乎山泽，农夫有所施其功，女工有所粥其业；如是，则气脉和平，无聚不足之病矣。”

(2) 国家投资

桑弘羊认为国家投资获利有利于缓解财政困难。

《园池》：“诸侯以国为家，其忧在内。天子以八极为境，其虑在外。故宇小者用菲，功巨者用大。是以县官开园池，总山海，致利以助贡赋，修沟渠，立诸农，广田牧，盛苑囿。太仆、水衡、少府、大农，岁课诸入田牧之利，池籞之假，及北边置任田官，以赡诸用，而犹未足。今欲罢之，绝其源，杜其流，上下俱殚，困乏之应也，虽好省事节用，如之何其可也?”

文学认为这不会缓解财政危机，相反会加重财政危机。政府机构奢侈浪费，机构臃肿，又好大喜功，上不必要的工程项目，使百姓生活困苦。国家不从根本上解决问题，却试图继续增加政府收入来满足财政需求。政府发展农牧业与百姓争夺牧场；政府设置盐铁官营与商贾争利。国家有租地收税的名声，实际获利却落到权势之家。把公田转租给佃农，佃农也不敢栽种长期生长的作物，造成地力不尽。

《园池》文学：“古者，制地足以养民，民足以承其上。千乘之国，百里之地，公侯伯子男，各充其求赡其欲。秦兼万国之地，有四海之富，而意不赡，非宇小而用菲，嗜欲多而下不堪其求也。语曰：‘厨有腐肉，国有饥民，厩有肥马，路有馁人。’今狗马之养，虫兽之食，岂特腐肉肥马之费哉！无用之官，不急之作，服淫侈之变，无功而衣食县官者众，是以上不足而下困乏也。今不减除其本而欲赡其末，设机利，造田畜，与百姓争荐草，与商贾争市利，非故明主德而相国家也。夫男耕女绩，天下之大业也。故古者分地而处之，制田亩而事之。是以业无不食之地，国无乏作之民。今县官之多张苑囿、公田、池泽，公家有鄣假之名，而利归权家。三辅迫近于山、河，地狭人众，四方并凑，粟米薪菜，不能相赡。公田转假，桑榆菜果不殖，地力不尽。愚以为非。先帝之开苑囿、池篽，可赋归之于民，县官租税而已。假税殊名，其实一也。夫如是，匹夫之力，尽于南亩，匹妇之力，尽于麻枲。田野辟，麻枲治，则上下俱衍，何困乏之有矣？”

(3) 轻重平准之术

管仲国计理论已透彻分析轻重平准的原理。汉朝同样运用此理论，出了什么问题呢？

《轻重》御史插话：“夫理国之道，除秽锄豪，然后百姓均平，各安其宇。张廷尉论定律令，明法以绳天下，诛奸猾，绝并兼之徒，而强不凌弱，众不暴寡。大夫君运筹策，建国用，笼天下盐、铁诸利，以排富商大贾，买官赎罪，损有余，补不足，以齐黎民。”

文学反驳，虽轻重平准之术可如扁鹊调整阴阳，损阳以调阴，损阴以调阳，但并非每个人都可做扁鹊。若换上庸医，不知阴阳调和，乱刺一番，不过是伤害身体而已。现在所搞的损有余，补不足，其结果正相反，使贫富差距更大，故其并非真正的轻重平准之术。显然文学也清楚轻重平准的国计原理，他们并非反对平准本身。文学不承认桑弘羊采取了真正的平准术，认为桑弘羊的平准法是把穷人利益剥夺给了富人。

《轻重》文学：“扁鹊抚息脉而知疾所由生，阳气盛，则损之而调阴，寒气盛，则损之而调阳，是以气脉调和，而邪气无所留矣。夫拙医不知脉理之腠，血气之分，妄刺而无益于疾，伤肌肤而已矣。今欲损有余，补不足，富者愈富，贫者愈贫矣。严法任刑，欲以禁暴止奸，而奸犹不止，意者非扁鹊之用针石，故众人未得其职也。”

(4) 国家垄断盐铁经营

桑弘羊说，矿山和海都是国君的，且只有富豪才能到偏僻的地方去经营。故国家垄断盐铁是为控制富豪，于百姓并无不便。若放开盐铁，其高利将使人民放弃本业，造成不稳定因素。

《禁耕》桑弘羊：“家人有宝器，尚函匣而藏之，况人主之山海乎？夫权利之处，必在深山穷泽之中，非豪民不能通其利……今放民于权利，罢盐铁以资暴强，遂其贪心，众邪群聚，私门成党，则强御日以不制，而并兼之徒奸形成也。”

文学反驳，根本就没有国君私人的财富。因垄断而擅权获利者，不是去经营盐铁的商人，而是垄断寻租的政府官员。一家害百家，是在朝廷内部，而不在私商。

《禁耕》文学：“民人藏于家，诸侯藏于国，天子藏于海内……权利深者，不在山海，在朝廷；一家害百家，在萧墙，而不在朐邴也。”

桑弘羊认为国家垄断经营有利于防止百姓放弃本业而趋盐铁，并有利于盐铁质量标准统一。若让私商经营，质量和价格都不稳定，贻害百姓。

《禁耕》桑弘羊：“山海有禁而民不倾；贵贱有平而民不疑。县官设衡立准，人从所欲，虽使五尺童子适市，莫之能欺。今罢去之，则豪民擅其用而专其利。决市闾巷，高下在口吻，贵贱无常，端坐而民豪，是以养强抑弱而藏于跖也。强养弱抑，则齐民消；若众秽之盛而害五谷。一家害百家，不在朐邴，如何也？”

文学再反驳，官府统一垄断盐铁经营，标准死板，而人们对铁器需求多样，故只会不便百姓。煮盐炼铁又大都在遥远山川，给人们服役带来沉重负担。

《禁耕》文学：“山海者，财用之宝路也。铁器者，农夫之死士也。死士用，则仇雠灭，仇雠灭，则田野辟，田野辟而五谷熟。宝路开，则百姓赡而民用给，民用给则国富……县官笼而一之，则铁器失其宜，而农民失其便。器用不便，则农夫罢于野而草莱不辟。草莱不辟，则民困乏。故盐冶之处，大傲皆依山川，近铁炭，其势咸远而作剧。郡中卒践更者，多不勘，责取庸代。县邑或以户口赋铁，而贱平其准。良家以道次发僦运盐、铁，烦费，百姓病苦之。愚窃见一官之伤千里，未睹其在朐邴也。”

桑弘羊再说，国家垄断盐铁，不仅增加财政收入，亦使人们从事本业，抑制末业（桑弘羊在其他地方并无抑制末业的观点，只在为垄断盐铁时，才把此作为理由），控制兼并。国家获得收入，由大司农最终用之于民。

> 《复古》："令意总一盐、铁，非独为利入也，将以建本抑末，离朋党，禁淫侈，绝并兼之路也。古者，名山大泽不以封，为下之专利也。山海之利，广泽之畜，天地之藏也，皆宜属少府；陛下不私，以属大司农，以佐助百姓。"

文学再反驳，武帝时期是战时，故实行国家管制政策。现昭帝即位，应以恢复民生为主。昭帝即位六年之久，桑弘羊等人却不奏请精简机构，罢免以权谋私者。劣官把持权力太久，导致百姓深深地怨恨皇帝。

文学明确区分战时和非战时经济政策。苏联崩溃时人们才意识到，战时高度集权的经济政策与非战时相对宽松的经济政策应有所不同。

> 《复古》文学："孝武皇帝攘九夷，平百越，师旅数起，粮食不足。故立田官，置钱，入谷射官，救急赡不给。今陛下继大功之勤，养劳倦之民，此用麋鬻之时；公卿宜思故安集百姓，致利除害，辅明主以仁义，修润洪业之道。明主即位以来，六年于兹，公卿无请减除不急之官，省罢机利之人。人权县太久，民良望于上。陛下宣圣德，昭明光，令郡国贤良、文学之士，乘传诣公车，议五帝、三王之道，《六艺》之风，册陈安危利害之分，指意粲然。今公卿辨议，未有所定，此所谓守小节而遗大体，抱小利而忘大利者也。"

桑弘羊再谈相关官员对政府垄断煮盐器具的想法，以求文学理解。

> 《刺权》桑弘羊："鼓铸煮盐，其势必深居幽谷，而人民所罕至。奸猾交通山海之际，恐生大奸。乘利骄溢，散朴滋伪，则人之贵本者寡。大农盐铁丞咸阳、孔仅等上请：'愿募民自给费，因县官器，煮盐予用，以杜浮伪之路。'故观之：令意所禁微，有司之虑亦远矣。"

文学再次反驳说相关官员考虑很远，但权力既得者立刻就可谋私获利。他们不仅获盐利，且无视国家法律谋取私利，垄断山泽，控制市场。他们不仅获得经营公田利益，还操纵国家权柄横行天下。百姓所做的成果都被官吏窃取，失去生产积极性。

《刺权》文学："有司之虑远，而权家之利近；令意所禁微，而僭奢之道著。自利害之设，三业之起，贵人之家，云行于涂，毂击于道，攘公法，申私利，跨山泽，擅官市，非特巨海鱼盐也；执国家之柄，以行海内，非特田常之势、陪臣之权也……是以耕者释耒而不勤，百姓冰释而懈怠。何者？己为之而彼取之，僭侈相效，上升而不息，此百姓故滋伪而罕归本也。"

(5）对官商的态度

管仲反对官商，桑弘羊却以官吏从商致富为荣，认为这体现官吏的能力，并以自己的经营经历向文学炫耀。

《贫富》："余结发束修年十三，幸得宿卫，给事辇毂之下，以至卿大夫之位，获禄受赐，六十有余年矣。车马衣服之用，妻子仆养之费，量入为出，俭节以居之，奉禄赏赐，一二筹策之，积浸以致富成业。故分土若一，贤者能守之；分财若一，智者能筹之。夫白圭之废著，子贡之三至千金，岂必赖之民哉？运之六寸，转之息耗，取之贵贱之间耳！"

文学反驳，官员不能有两个事业，要么领取俸禄，要么辞官经商。凭借权势获得商业利润、控制湖池、垄断盐铁，农商都没有能力与之竞争，收入自然高。

《贫富》文学："古者，事业不二，利禄不兼，然诸业不相远，而贫富不相悬也。夫乘爵禄以谦让者，名不可胜举也；因权势以求利者，入不可胜数也。食湖池，管山海，刍荛者不能与之争泽，商贾不能与之争利。子贡以布衣致之，而孔子非之，况以势位求之者乎？故古者大夫思其仁义以充其位，不为权利以充其私也。"

桑弘羊说，文学自己经济条件都不好，不能治国，所发言论误国而已。

> 《贫富》："小不能苞大，少不能赡多。未有不能自足而能足人者也。未有不能自治而能治人者也。故善为人者，能自为者也，善治人者，能自治者也。文学不能治内，安能理外乎？"

文学再驳，若条件不具备，再大能力的人都可能无法养家糊口，一旦条件具备，就可恩流八荒。

双方到此已开始人身攻击。汉朝最高统治阶层与平民这场无所顾忌的辩论很有意思，春秋战国风范尤存。这也是《管子》、《盐铁论》为千秋不朽名著的原因。

> 《贫富》文学："行远道者假于车，济江、海者因于舟。故贤士之立功成名，因于资而假物者也。公输子能因人主之材木，以构宫室台榭，而不能自为专屋狭庐，材不足也。欧冶能因国君之铜铁，以为金炉大钟，而不能自为壶鼎盘杅，无其用也。君子能因人主之正朝，以和百姓，润众庶，而不能自饶其家，势不便也。故舜耕历山，恩不及州里，太公屠牛于朝歌，利不及妻子，及其见用，恩流八荒，德溢四海。故舜假之尧，太公因之周，君子能修身以假道者，不能枉道而假财也。"

（6）与匈奴贸易

《盐铁论》在对外贸易方面主要记载与匈奴贸易。桑弘羊观点是以汉朝之末易匈奴之本，补充自己所缺，摧毁匈奴经济。

> 《力耕》桑弘羊："故善为国者，天下之下我高，天下之轻我重。以末易其本，以虚荡其实。今山泽之财，均输之藏，故御轻重而役诸侯也。汝、汉之金，纤微之贡，故诱外国而钓胡、羌之宝也。夫中国一端之缦，得匈奴累金之物，而损敌国之用。"

文学要求首先要把汉朝自己的本搞上去。

《力耕》文学："理民之道，在于节用尚本，分土井田而已。"

桑弘羊说经商能累致万金，"富国何必用本农，足民何必井田"。此言论在世界经济思想史上惊世骇俗。然在中国自身为大国，且当时农业凋敝的情况下，此话无疑欠妥。

《力耕》桑弘羊："商贾之富，或累万金，追利乘羡之所致也。富国何必用本农，足民何必井田也?"

文学驳斥，若国家不能供给基本产品，就算您有陶朱那样的经商才能，哪里来产品给您经营呢?

《力耕》文学："耕不强者无以充虚，织不强者无以掩形。虽有凑会之要，陶、宛之术，无所施其巧。自古及今，不施而得报，不劳而有功者，未之有也。"

（二）国计数学：九章算术、九章算术注与珠算

1. 九章算术

汉朝国计数学的重大成就是整理秦朝战火中流传下来的数学，成书《九章算术》。《九章算术》共收有246个数学问题，分为九章。它们的主要内容分别是：

第一章"方田"。经济上讲田畴界域，数学上主要讲述平面几何图形面积的计算方法，包括长方形、等腰三角形、直角梯形、等腰梯形、圆形、扇形、弓形、圆环这八种图形面积的计算方法，提出了弧度计算的密率术，另外还系统地讲述了分数的四则运算法则，以及求分子分母最大公约数等方法。

第二章"粟米"。经济上讲谷物粮食的比例折换；数学上提出比例算法，称为今有术。文艺复兴时期被欧洲人誉为黄金法则的印度三率法实为《九章算术》的今有术。

第三章"衰分"。经济上讲赋税分配、投资成本收益核算、信贷计息

等内容，数学上讲比例分配法则。

第四章“少广”。已知面积、体积，反求其一边长和径长等。介绍了开平方、开立方的方法，其程序与现今程序基本一致。这是世界上最早的多位数和分数开方法则。国外19世纪才由中亚数学家阿尔卡西提出开方步骤，在欧洲则更迟。它奠定了中国在高次方程数值解法方面长期领先世界的基础。本章指出了无理数及其计算方法。

第五章“商功”。土石工程、体积、工作量、工作人数计算；除给出了各种立体体积公式外，还有工程分配方法。

第六章“均输”。以田地、人户等级计算赋税，道路远近、负载轻重求车辆、人数、脚费，以物价高低求平均数等。在数学上用衰分术解决赋役的合理负担问题。今有术、衰分术及其应用方法，构成了包括今天正、反比例、比例分配、复比例、连锁比例在内的整套比例理论。西方直到15世纪末以后才形成类似的全套方法。

第七章“盈不足”。即双设法问题，提出了盈不足、盈适足和不足适足、两盈和两不足三种类型的盈亏问题，以及若干可以通过两次假设化为盈不足问题的一般问题的解法，可用于求解高次方程和超越方程。这也是处于世界领先地位的成果，中世纪被欧洲人视为算法问题的万能解决方案，是牛顿迭代法的前身，其中蕴含了导数思想。

第八章“方程”。一次方程组问题；采用分离系数的方法表示线性方程组，相当于现在的矩阵；解线性方程组时使用的直除法，与矩阵的初等变换一致。这是世界上最早的完整的线性方程组的解法。在西方直到17世纪才由莱布尼茨提出完整的线性方程的解法法则。这一章还引进和使用了负数，并提出了正负术——正负数的加减法则，与现今代数中法则完全相同；解线性方程组时实际还施行了正负数的乘除法。这是世界数学史上一项重大的成就，第一次突破了正数的范围，扩展了数系。外国到7世纪印度的婆罗摩及多才认识负数，欧洲在公元17世纪才由笛卡尔承认负数，但他仍然认为是方程的“假根”，直到19世纪才普遍承认负数。值得一提的是，东汉赵爽在为《周髀算经》做注时提出了二次方程的根式解。

第九章“勾股”。利用勾股定理求解的各种问题，其中的绝大多数内容是与当时的经济生活密切相关。

2. 九章算术注

公元263年，三国时代的刘徽作《九章算术注》十卷，前九卷以严密的数学用语阐述有关数学概念；用演绎的方法全面严格论证了《九章算术》的普适性公式。

在数系理论方面，刘徽阐述了通分、约分、四则运算和繁分数化简等运算法则；第一次明确地给出了正数、负数的概念，阐释了正负数表示方法；在开方术的注释中，他从开方不尽的意义出发论述了无理方根，创造了用十进分数无限逼近无理根的极限方法。

在筹式演算理论方面，刘徽先给率以比较明确的定义，又以遍乘、通约、齐同三种基本运算为基础，建立了数与式运算的统一理论基础；他用“率”来定义“方程”，即现代数学中线性方程组的增广矩阵，创造了解线性方程组的互乘相消法与方程新术。

在勾股理论方面，刘徽论证了有关勾股定理与解勾股形的计算原理，建立了相似勾股形理论，发展了勾股测量术，通过对“勾中容横”与“股中容直”之类典型图形的论析，形成中国特色的相似理论；在《海岛算经》中提出了重差术，采用重表、连索和累矩等测高测远方法，使重差术由两次测望，发展为“三望”、“四望”。印度在7世纪，欧洲在15—16世纪才开始研究两次测望的问题。

在面积与体积理论方面，刘徽发展了出入相补原理、齐同原理；在《九章算术·阳马术》注中用出入相补、以盈补虚原理、无穷小分割的极限方法以及截面积原理，解决了多种几何形、几何体的面积、体积计算问题；构造无穷级数来将圆面积、扇形精确到任意小数位，提出求圆周率和密率（弧度）的严谨公式。

南北朝时祖冲之可能在割圆术、开方术和招差术基础上完成以级数展开来逼近任意轨迹或形状的《缀术》，所谓“缀”，即“补缀高次项”。《缀术》曾经传至朝鲜、日本，失传于宋朝后期，但在其他古文献上仍有对《缀术》基本思想的记载。据隋书记载，祖冲之计算圆周率时“又设开差幂，开差立，兼以正圆参之”，说明祖冲之在计算圆周率时使用了三次以上逼近。熟知《缀术》的唐李淳风在描述和预测太阳的视运动时应用了确定高次项系数的待定系数法，这是典型的级数逼近方法。北宋天文数学家楚衍精通《缀术》，其学生贾宪提出高次项系数展开式的贾宪三角，不能说没受《缀术》影响。宋秦九韶在《数书九章》自序中说“今数术之书，尚三十余家，天象历度，谓之缀术”，并在《缀术推星》中使用“补缀”二次项并用待定系数法（按秦九韶语即“以方程法求之”）

确定二次项系数来逼近木星轨道的方法。

关于缀术的形式，宋代沈括说："求星辰之行、步气朔消长谓之缀术，谓不可以形察，但以算术缀之而已，""前世修历，多只增损旧历而已，未曾实考天度。其法须测验每夜昏晓夜半月及五星所在度秒，置簿録之。满五年，其间剔去云阴及昼见日数外，可得三年实行，然后以算术缀之，古所谓'缀术'者此也。"金代李冶说："所谓缀者非实有物，但以数强缀缉之使相联络，可以求得其处所而已。"以上说法正是无穷级数通过待定系数法来逼近的特征。

日本建部贤弘在中国招差术、割圆术、开方术及各种关于《缀术》的古文献启发下，于 1722 年独立于西方发展出了级数展开的《缀术算经》。建部贤弘说："立元之法未知始于何代，元至元年中郭守敬授时历用此法，同代大德年中朱世杰所撰算学启蒙详说其法，此乃得索数之神法也""凡形状宛转而难辨术理者，据此法莫不得其术也，是以自弧湾球缺之率、混杂多寡之价以至堆垛加减数、历法躔离差，皆莫不因于此法矣。"《缀术算经》序曰："缀术者，缀而探会术理也。凡数量探索一次不会术理者以探二次，探索二次不会者以探三次，即便术理深深潜伏，数般探索至时机成熟，终将无有不会者。然有虽其潜伏者，却一旦探之即得，又有虽其简易者，却数般探会徐徐而得……夫算者，以立法则、究术理、量员数为事。其察理而施术、依术而得数者为顺，经术也；因数而探术、凭术而索理者为逆，纬术也。其顺逆皆贯于缀术，故探可立法则、探可察术理，探可量员数……按隋史，祖冲之所著之书名曰缀术，学官莫能究其深奥，是故废而不理，近岁吾适观其缀之一字，豁然领会其旨。鸣呼，冲之绝代达人乎，宜哉其玄妙真理，学不可识，不可得耳？学者尽识自己本质后，遣智究神探幽，当彻悟云尔。"由此可见，建部所称之缀术乃无穷级数展开方法。此后和算以泛指无穷级数系数递推方法。清吴嘉善《割圆八线缀术》卷二："凡缀术之始莫不先得各求式（一名率数）以为依据，后乃熔之而为术，求式者，连缀而下连比例各率之式是也。"即利用连比例逐一推出无穷级数各项系数，"连缀而下"即系数递推，与建部之言本质一致，均取汉语"缀"字本意——缝合、连结意。

一些学者以为《隋书》为后人篡改，祖冲之的圆周率系抄袭西洋，幸而日本东京一家图书馆藏有一部 1530 年左右修订的《隋书》元刻本，在该版本中关于祖冲之圆周率的那段话赫然在目。

3. 珠算

珠算是计算机出现之前人类历史上最伟大的机械计算方法，它也是应国计需要而产生。“珠算”一词最早出现在东汉末年徐岳所写的《数术记遗》。徐岳是刘洪的学生，刘洪曾向他传授了14种算法，其中一种便是珠算。东汉灵帝刘宏下令当时任上计掾之职的刘洪在短时间内将全国各州的人丁、地亩、赋税数字计算清楚后交尚书院，刘洪急中生智发明了珠算。珠算替代算筹，大大提高了计算速度。即便在今天，人工珠算仍能在相当多的计算领域超过计算机的综合速度。

三 隋唐的国计

（一）元和国计簿与大和国计

唐朝中叶，宰相李吉甫编撰了官厅财计著作《元和国计簿》，采用绝对数和相对数的分析方法系统分析国家财政。《元和国计簿》共分三大部分：第一部分以按行政区划统计的户籍、计账数据为依据，说明国家税收来源渠道和国家财政收入预算状况；第二部分按照国家财政收入项目分别记载其收入数额，反映国家财政收入实际情况，以便与财政预算收入对比；第三部分通过现行资料与历史资料的对比分析，说明国家财政收支中存在的问题。该著作指出军费开支猛增和军事负担过重是造成国家财政状况恶化的主要原因，并就整顿财政和挽救危局提出如下奏议：改革藩镇久任制，削弱藩镇势力；推行精兵简政，裁制贪渎靡费；兴修水利，改铸货币；招贤纳士，引荐理财能臣。

《元和国计簿》从国家政治治理的角度出发，用“国计”即数量形式来反映元和年间国家的政治经济情况。从其目的、所做统计处理和反映情况的篇幅及规模来看，可以称它为一部系统的统计年鉴。《元和国计簿》比德国康令的“国势学”早八百年，比英国“政治算术学派”创始人威廉·配弟的《政治算术》早八百八十多年，比西方官方的统计年鉴则更要早。《元和国计簿》会计分析方法的使用已达到极为高超的水平，同时代的其他文明古国无法比拟。

唐代“国计簿”标志着我国会计核算与经济管理的新水平，对中式会计发展贡献巨大。至今沿用的对比分析法、绝对数、相对数的计算随处可览。

《元和国计簿》之后，唐朝宰相韦处厚撰写了二十卷本的《大和国计》。该书是唐代“理财制用”的第二部著作，其基本内容、结构、方法及写作目的与《元和国计簿》相似。

（二）国计数学：科举明算

隋唐时期在国子监内设立算学馆，在科举考试中设明算科，“国学之盛，近古未有”。唐代算学馆由算学博士“掌教文武八品以下及庶人之子为生者”，学习内容主要是十部算经，其中一组十五人学习《九章算术》、《海岛算经》、《孙子算经》、《五曹算经》、《张丘建算经》、《夏侯阳算经》、《周髀算经》和《五经算术》，另一组十五人学习《缀术》和《缉古算经》。《孙子》和《五曹》共限习一年，《九章》和《海岛》共三年，《张丘建》和《夏侯阳》各一年，《周髀》和《五经算》共一年，《缀术》四年，《缉古》三年，此外还要兼习《数术记遗》和《三等数》。与此相应科举取士也设置明算科，考试内容主要从十部算经中选题。

隋开皇二十年（公元600年），天文学家刘焯在《皇极历》中推算日月五星视运动度数时使用了等间距二次插值公式。一行在《大衍历》中使用了不等间距二次插值公式，计算出地球子午线每度的长度为122.8公里，比现今测得的数据111.2公里只长11公里多，并通过测量结果来论证地球是球形，这是世界上第一次有史记载的用科学方法实测子午线的数据。相传公元前240年古希腊埃拉托色尼测得比僧一行更为精确的地球周长，但这既缺乏严谨的史料，也缺乏基本的合理性，和西方其他文化一样是后人伪撰的。埃拉托色尼并未实测地球上两个点的距离，而仅仅听商队说从赛尼城到亚历山大里亚城有800公里。但商队不可能走直线，而僧一行以政府之力动员大量人员进行科学测量，测量距离更远，但测出的数据误差却大于埃拉托色尼道听途说的数据误差。而且埃拉托色尼需确保赛尼城和亚历山大里亚城在同一经度，否则将产生时差。其仅凭商队说的800公里不可能知道经度数据。[①] 唐代学者王孝通的《缉古算经》是我国现存最早介绍开带从立方法的算书，它集中体现了中国数学家早在公元七世纪在建立和求解三次方程等方面所取得的重要成就。西方虽然很早就已知道三次方程，但最初解三次方程是利用圆锥曲线的图解法，一直到十三世纪意大利数学家菲波那契才有了三次方程的数值解。

---

① 具体计算见本书附录B：《周髀算经》的基本推导。

四 宋朝的国计

（一）国家统计的发展

宋代以后，政府希望通过系统考核国家的财政收支来分析其中的问题，达到理财制用的目的。宋朝建立不久即开始编撰《会计录》直至南宋末。宋代《会计录》以包括户籍、计账报告在内的年报资料为基础，按照国家规定的财计体制和财政收支项目归类整理，并加以会计分析的经济文献，是继唐朝“国计簿”之后，有关国家财政收支方面的财计著作。史书可以考证的“会计录”主要有《景德会计录》、《祥符会计录》、《绍兴会计录》、《端平会计录》等。宋朝的“会计录”一般包括序言，会计、统计资料，经济资料分析和结论等部分，其格式与当时各类普通著作的格式大致相同。其基本内容大致可分为两大部分：一是统计经济资料部分，包括户籍计账方面的资料和当年财政收支的实际数额；二是统计经济资料的分析比较部分，也可称为会计分析部分。在分析方法上，首先是对比分析财政收支，其次分析户籍、计账。分析主要运用比较法，有时也用因素法。与唐代“国计簿”相比，其分析更系统，内容更丰富，影响更深远。

（二）宋朝的国计思想

1. 王安石的国计思想

（1）王安石变法的背景

大宋是中国历史上经济文化的巅峰时代，农业、手工业、商业、国际贸易、城市发展、科学技术进步、生产工艺改进等都十分发达。神宗即位后，有恢复河朔之志，用王安石行新法，励精图治，可惜因急于求成致败，又取西羌不果，饮恨而殁，在位 18 年。王安石变法后大宋根基动摇。宋朝诸奸臣如蔡确、章惇、吕惠卿、曾布、蔡京、高俅、秦桧等人大抵为王安石一系。1127 年，即王安石去世后 41 年，北宋灭亡。

王安石（1021—1086），宋代改革家、思想家和文学家。王安石认为宋代社会贫困化的根源在于兼并，嘉祐三年（1058）上宋仁宗赵祯的万言书中，要求对宋初以来的法度全盘改革，扭转积贫积弱的局势，立即变革法度。熙宁二年（1069）王安石出任参知政事，次年又任宰相，大力推行改革。

（2）青苗法

北宋以前早有政府预贷种子和食物给农民并于收获后归还的政策，《管子》一书也有详细的原理阐述。王安石将其作为政府政策系统化推广。根据三司条例司法令和各路转运司补充办法，主要包括以下内容。

①青苗法概况

常平广惠仓的现钱，依照陕西青苗钱例于夏秋未熟前作为贷款发放。事先按前十年内丰熟时的粮食价格（各年取其最低值）平均计算，既不偏高，也不偏低（“酌中物价”）定为本年预借的折合标准（“预支例价”），而后出告示召民自愿请贷。贷放时虽给钱，但贷款数额折合标准换算成实物斗斛数，到期按折算数量归还实物。也可请贷时领实物，到期因粮价贵而偿还现钱。“皆从其便”，“务在优民”，但不得亏损官本，也不得越过原贷款额的30%。青苗钱一般以现钱发放，但其愿请斛斗者，即以时价估作钱数支给。归还时不能按现钱数将收成时较借时为高的粮价折合成实物交库，另外要上息。

以上标准发放贷款后如尚有剩余，可由本县酌量各户财产给第三等以上人户，在规定数额之外再添数支给。这一条实际上是用“散表”的方式强令富户“借贷”交息，而一般农户贷款则以自愿为原则，不得抑配。此条抑配法令在之后废止，但官吏抑配如前。

青苗法是半年前支钱半年后才收回实物，包含了信贷活动的预购方式。在预购之外，主管青苗法的官员仍有“遇贵，量减市价粜；遇贱，量增市价粜”的任务。在青苗本钱以借贷方式支配完毕或不能兼顾两用时，按规定买粮的本钱可通融转运司的现钱使用。故青苗法又称为“常平敛散法”，“常平给敛法”，“常平新法”，或“常平法”。主持其事的官员也称为常平官。[①]

②对青苗法的评价

王安石的青苗法从理论到实践都存在严重问题。

根据青苗法，借方按十年内丰熟时的最低粮价折价借钱，按时价作价借粮食实物，价格总是对农民不利。宏观货币调控中会有如下结果：青黄不接时按时价定价，钱币投入市场，谷物时价会随贷款增加而膨胀，增加借方负担。丰收时因谷物供给增加而信贷回收，价格将暴跌增加借方还款

① 吴慧：《中国古代六大经济改革家》，上海人民出版社1994年版，第363页。

负担。

按管仲的平准法，青黄不接时需投放谷物而非钱币，谷物丰满时需投放钱币而非谷物，或收回谷物而非钱币。青苗法与管仲的平准法正反向而行，其根本问题是没有分清货币价值与实物价值，所以青苗法不能抑制物价。

但王安石做地方官时先在自己辖地做试验，又为何能成功呢？

此法可用在小地方。小区域的货币信贷不会改变粮价，且当时北宋常平仓制度仍在执行，粮价还受一定抑制。故王安石在地方试验卓有成效。但他当上宰相废除常平制度代之以青苗法时，全国性的货币投放和谷物紧缩使春冬粮价上涨，又剥夺秋天农民的收成，造成全国性危机。此法也给了猾吏压迫人民的空间。熙宁三年神宗下诏禁止青苗钱抑配。

小范围试验成功的经济政策，未必在全国也能成功。“以家为乡，乡不可为也。以乡为国，国不可为也。以国为天下，天下不可为也。”①

另一技术问题是，青苗法和常平法应由相互独立的机构实施。青苗法有赢利性，而常平法却无赢利性。两者合为一个机构，必成寻租工具，无法执行常平职能。常平不在，青苗必成搜刮民膏的猛虎。王安石公然允许青苗法的收益添支吏人餐钱，吏人必用常平力量，增大价格波动，运用青苗法获取暴利，更不用说官吏强制抑配了。

（3）均输法

均输法颁于熙宁二年（1069 年）七月，时王安石任参知政事受命变法第一年。均输法是变法派第一个法令，比青苗法尚早两月。②

王安石将中央拨给的大量官本进行均输，笼上了浓厚的商业色彩。桑弘羊试办均输时仅把贡赋商品化，官府并不花费本钱。后来在全国推广均输法，于贡赋作底本外也有花钱收购，但也无非是粮食布帛。刘晏举办均输，是利用赋税折合的现钱收入购买东南轻货运往汴京、长安，也无专拨现钱收入。

苏轼认为“均输立法之初，其说尚浅，徒言徙贵就贱，用近易远。然而广置官属，多出缗钱，豪商大贾皆疑而不敢动，以为虽不明言贩卖，然既已许之变易，变易既行，而不与商贾争利，未之闻也”，“今官买是

① 《管子·牧民》。

② 吴慧：《中国古代六大经济改革家》，上海人民出版社 1994 年版，第 393 页。

物，必先设官置吏，簿书廪禄，为费已厚；非良不售，非贿不行。是以官买之价，比民必贵，及其卖也，弊复如前。商贾之利，何缘而得”？“官吏致力疏而縻费多，不若商贾之兢兢业业，委屈以求通。”①

司马光亦说“命薛向行均输于江淮，欲尽夺商贾之利。”②

（4）市易法

王安石均输法仅推行于东南六路，市易法对富贾打击更大。

市易法由政府设置专门机构，直接吞吐物资参与交易，以抑制富商兼并，一开始就以获利为目标，其控制价格的目的反倒不显著。

熙宁二年立均输时已有市易之说（市易在同一市场内，均输在不同市场间）。熙宁三年（1070年）王韶任秦凤经略司主管机宜文字，见秦州一带各民族间交换频繁，年不止“几百千万”，“而商旅之利尽归于民间”，建议在本路置“市易司”，“借官钱为本”，主管蕃汉贸易，“稍笼商贾之利”，一年可收入一二十万贯。王安石许在陇西古渭寨设置“市易务”，此即官办市易的实际开端。市易务组织章则规定：①设提举官一员，监官二员，勾当公事官一员。提举官由政府指派，监官和勾当公事官允许肯于守法的大商人担任，须“以地产为抵”，以防其赔费或贪污官钱。监官、勾当公事官在提举官监察约束下活动。②招募诸行铺户和牙人充当市易务的行人和牙人，担当货物买卖的具体工作。③市易法有“契书金银抵当”和“结保赊请”的内容．其规定有：除监官、勾当公事官借用官钱以地产为抵外，行人也要申报自己的产业，或以金银为抵当，由五人以上相互作保向市易务赊购商品，一般小商贩也可结保向市易务赊请；赊购的货物按各行人抵当产业多少比例分配（“均分赊请”）酌加利润，任各行人售卖，货款在半年到一年内偿还，半年加纳利息百分之十，一年加利息百分之二十，过期不还，每月另加罚款百分之二。

这事实上是市易务搞批发，行人搞零售（监官、勾当公事官也搞零售，他们比行人做买卖更方便，规模可能更大）。市易务商业机构和金融机构融合。开封市市易务经营商品种类广泛，如水果、芝麻、梳朴也是经营对象。

① 《宋史》卷186《食货志·均输》。

② （宋）司马光：《与介甫书》。

王安石市易法特点包括：

①桑弘羊平准法是官府命吏坐市肆贩卖，自搞零售，而不像王安石那样官搞批发，把零售假手于商人，通过当时已较发达的行业组织来招募行人、牙人为市易务服务；②桑弘羊平准法是单纯商业活动，而不像王安石那样命市易务兼负金融机构职能。③宋代私营的大批发商对分销商品的中小商人常赊销，市易务兼搞信贷，也给中小商人赊销货物，以与大商人竞争。

（5）免役法、方田均税法

免役法和方田均税法最大问题是缺乏执行标准和监督措施，导致民为之所累。王安石允许官府用免役钱充作青苗法、市易法的本钱，获得的收益作为官吏补贴，这鼓励了官员非法聚敛。

（6）王安石变法的财政收入

熙宁九年，诸路上司农寺岁收免役钱一千四十一万四千五百五十三贯、石、匹、两，支金银钱斛六百四十八万七千六百八十八贯、石、匹、两，差额成为北宋财政收入中一个重要项目。常平、坊场、免役剩钱逐年积累有五千余万贯，“散在天下州县，贯朽不用”,[①] 物价下降，年丰物贱，“民卖田常苦不售”，兼并之风渐衰。因国库充斥大量钱币导致民间钱荒。

2. 司马光的国计思想

司马光生于北宋真宗天禧三年（1019 年），卒于哲宗元祐元年（1086 年），字君实，号迂叟，北宋陕州夏县涑水乡（今山西夏县）人，历任馆阁校勘、同知礼院、天章阁待制兼侍讲、知谏院、御史中丞、翰林院学士兼侍读等职。熙宁三年（1070 年），因与王安石政见不同，坚辞枢密副使，以端明殿学士出知永兴军（今陕西西安市）。在政见不同、难于合作的情况下，司马光次年改判西京御史台，退居洛阳专事著史达 15 年。通过编纂史著从历史的成败兴亡中提取治国借鉴，“使观者自责善恶得失”。司马光著史，是其从政治国的另一方式。

（1）政府在市场中的定位理论

司马光坚决反对王安石行均输、市易等法。“置市易司强市榷取，坐

---

① （宋）李焘：《续资治通鉴长编》卷 384。

列贩卖，增商税色件及菜果，而商贾始贫困矣。”① 司马光认为市易务垄断货源，“凡商旅所有必卖于市易”②，并认为吕嘉问提举市易务，“乃差官于四方买物货，集客旅，须候官中买足，方得交易。以息钱多寡为官吏殿最，故官吏牙人惟恐衰之不尽而取息不多。则是官中自为兼并，殊非置市易之本意也”③。

（2）货币理论

司马光反对王安石变法纳青苗钱、免役钱，认为“取其所无有”，农民被迫半价粜谷，货重物轻加剧钱荒。指责熙宁元封变法所得并非直接用于财政开支，而是积蓄起来“贯朽不用，利不及物”④。司马光说：“又钱者，流通之物，姑谓之泉布。比年以来物价愈贱而闾阎益困，故然者，钱皆聚于官中，民间乏钱，货重物轻。”⑤ “先朝初散青苗钱，本为利民，后因提举官速要见功，务求多散。”⑥ 他建议：“又得官中所积之钱，稍稍散在民间，可使物货流通。”司马光在《资治通鉴》着重描写唐玄宗时宋王景等人请出太府钱以广泛流通的事。

苏辙也指出：“熙宁以来，诸路苗、役、坊场宽剩钱，旧止在本路封桩，非上供数。元祐初，苗、役即罢，宽剩钱所在山积，诸公擘画计纲，般入京师，特置元丰库收管。议者以为作藏之外，特置此库与唐琼林、大盈何异？后世启人主侈心，非良策也。”⑦ “钱聚于上，而下有钱荒之患。”⑧

（3）实物财富理论

司马光说：“天地所生财货百物只有此数，不在民间，则在公家。若国用不足，必重敛于民，不取诸民，将焉取之？”⑨

不少学者揪住司马光“天地所生财货百物只有此数，不在民间，则在公家”的话，指其未用发展的眼光看待经济。司马光说此话时意在谈

---

① （宋）司马光：《温国文正司马公文集》卷49《草弊札子》。
② （宋）李焘：《续资治通鉴长编》卷251。
③ （宋）魏泰：《东轩笔录》卷4。
④ （宋）李焘：《续资治通鉴长编》卷284、卷384。
⑤ （宋）司马光：《温国文正司马公文集》卷47《乞罢免役状》。
⑥ （宋）司马光：《乞约束州县不得抑配青苗白札子》。
⑦ （宋）苏辙：《龙川略志》卷8《陕西粮草般运告竭可拨内藏继之》。
⑧ （宋）苏辙：《辩试馆职策问札子二首》。
⑨ 《宋史》卷336《司马光传》。

国家如何取得收入而不增加人民负担，自然是分析一个时点的国家实物财富总量及其分配。

司马光并没有抑制商业，他认为，“工尽巧则器斯坚而用有余”，“商贾流通则有无交而货有余”，“农、工、商贾者，财之所来也”。[①] 王安石也并非希望促进商业。王安石说：“是以国家之势，苟修其法度，以使本盛而末衰，财天下之则不胜用。”[②]

从具体措施看，王安石的确采取了“利归于上”的抑商政策。在《临川先生文集·卷七十》中王安石说：“学者不能推明先王法意，更以为人主不当与民争利。今欲理财，则当修泉府之法，以收利权。”

(4) 对青苗法和常平法的建议

熙宁七年（1074）宋神宗诏谕辅臣指责王安石只知贷款以获利，却忘常平以平物价：“天下常平仓，若以一半散钱取息，一半减价给粜，使二者如权衡之相依，民必受赐。今有司务行新法，惟欲散钱，至于常平旧规，无人留意者。大凡前世之法度，有可行者，宜谨守之。今不问利害如何，一一更变，岂近理邪?”

司马光认为，“农民请得陈色白米一石，却将来纳着新好小麦一石八斗七升五合”，“所取利近一倍”，“虽兼并之家乘饥馑取民利息，亦不至如此重”。[③] 他主张运用市场规律由国家平粜谷物。将十年之中市场物价统计出来分为三等，每等又规定上下限，并可根据实际情况酌情处理。司马光主张复兴常平法反对青苗法。司马光并非一味反对国家干预经济，对于有效的国家调控手段，他仍然支持。

司马光认为常平法并无过错，错在选错了官吏。司马光坚持“量入为出”原则，主张由宰相任总计使，改变财政管理号令不一、事权分化、互不相知的局面，切中当时财政困窘的要害。

司马光采取备案制度，任何行政措施都同时在多个部门备案，然后再按备案内容定期追查和核实行政措施执行情况。这相当于今天把全国财政税收联网的技术手段。

---

① （宋）李焘：《续资治通鉴长编》卷196。

② 《王安石全集》卷70。

③ （宋）司马光：《温国文正司马公文集》卷44《奏为乞不将米折青苗钱》。

（5）对王安石和司马光的评价

急功近利和用人不明，是后人评价王安石变法失败的原因。但究其根本还是王安石错误理解国计，生搬硬套。王安石、司马光及苏轼的争执并未超出《管子》之外，政府与市场的定位内容，也可涵盖于《盐铁论》中。

王安石变法成为《管子》、《盐铁论》应用的生动案例，整个变法过程对21世纪的国家改革不无借鉴意义。

3. 沈括的国计思想

（1）沈括简历及背景

沈括（1031—1095）生于浙江钱塘（今浙江杭州市）一官僚家庭。最初做海州沭阳县（在今江苏省）主簿，以后历任东海（在今江苏省）、宁国（在今安徽省）、宛丘（今河南省淮阳县）等县县令。三十三岁考中进士，被任命做扬州司理参军，掌管刑讼审讯。三年后被推荐到京师昭文馆编校书籍。1075年曾出使辽国进行边界谈判，次年任翰林学士，权三司使。

宋神宗熙宁二年（公元1069年），王安石被任命做宰相开始进行大规模的变法运动。沈括积极参与变法运动，受到王安石的信任和器重，担任过管理全国财政的最高长官三司使等重要官职。熙宁九年（公元1076年），王安石变法失败沈括被贬官，出知宣州（今安徽省宣城一带）。三年后，为抵御西夏，改知延州（今陕西省延安一带），兼任鄜延路经略安抚使。因守边有功，元丰五年（公元1082年）升龙图阁直学士，但不久又降职做均州（今湖北省均县）团练副使。哲宗元祐二年（公元1087年），沈括花费十二年心血编修的《天下州县图》完成，被特许亲自到汴京进呈。次年定居润州（今江苏省镇江东郊）梦溪园安度晚年。

沈括作为王安石的助手，主要贡献是扩展国计理论在实践上的应用。

（2）扩张财政理论

沈括在《梦溪笔谈·皇裕中吴中大饥条》中记载并赞赏范仲淹任杭州太守时实施公共工程、刺激生产并增加就业的办法。可以看出，扩张性财政政策在中国国计思想史上是一种极普遍，被广泛接受的国计理论。不仅是王安石、沈括，范仲淹也对此思想很熟悉并实际应用。

（3）货币增长理论

沈括认为，随着人口和经济增长，货币供给量也应增长。“今天下生齿日蕃，公私之用日蔓，以日蔓之费奉岁蕃之民，钱币不足，此无足怪。”[①] 在西方，让·博丹（1530—1596 年）第一次提出货币数量论思想。[②]

（4）劣币驱逐良币理论

沈括将西汉贾谊劣币驱逐良币理论应用到纸币上。他在解释铜钱缺乏时，认为当时盐钞信用不佳，导致“钞不留而钱益不出”，“钞之在民以千万计。今钞法数易，民不坚信。不得已而售钞者，朝得而夕贸之。故钞不留而钱益不出”。

（5）货币流通速度理论

沈括对于货币流通速度的认识也很明确。“钱利于流借。十室之邑，有钱十万而聚于一人之家，虽百岁故十万也。贸而迁之，使人乡食十万之利，遍于十室，则利百万矣。迁而不已，钱不可胜计。”[③] 沈括认为，减少货币储蓄可扩张货币，“迁而不已，钱不可胜计”，反之会紧缩货币。西方直至 17—18 世纪的政治经济学时代，才由布阿吉尔贝尔比较完整地提出类似思想。[④]

（6）地区之间、国内外货币的贸易调控理论

当时中国铜钱大量外流。沈括说：“四夷皆仰中国之铜币。”[⑤] 他主张减少边境的政府垄断，降低物价水平，减少进口，从而减少铜币外流。而对货币过多，物价过高的地区，沈括则主张开放贸易，增加进口，以泻出货币，降低物价。这两句话覆盖了重商主义、重农主义及当代国际贸易中最重要的金融原理。当一国贸易大量逆差，货币减少，即“大量铜钱外流”时，应采取措施增加出口，限制进口，减少逆差。而若一国货币过多，通货膨胀，则应增加进口，流出货币，降低物价。

沈括还把此原则用于地区之间。在他看来，一国各地区间的物价或货币量也未必平衡，故他对不同地区采用不同的货币及进出口政策。在西方经济学史上，坎帝隆明确提出一国内货币非均衡流通的问题。在实践上，

---

① （宋）司马光：《续资治通鉴长编》卷 283。

② 见本书第二章第二部分：重商主义代表学者。

③ （宋）李焘：《续资治通鉴长编》卷 283。

④ 见本书第三章第四部分：布阿吉尔贝尔。

⑤ （宋）李焘：《续资治通鉴长编》卷 283。

美国联邦储备制度也允许各州采取不同货币及财政政策[①]。

4. 称提术——纸币调控制度

（1）纸币和称提术的背景

宋代交子是中国最早发行的纸币，也是全世界最早发行的纸币。

瑞典是最早发行纸币的欧洲国家。瑞典斯德哥尔摩银行（Bank of Stockholm）于公元1656年成立，于1661年发行纸币。此为经济史学者所认为欧洲最早的纸币，比中国晚六百余年。

北宋由政府发行交子后，纸币开始在中国使用。其流通的区域起初以四川为主，也曾一度行使于陕西境内。南宋纸币流通逐渐普遍。当时的纸币除交子外尚有会子、关子等名称。纸币调控办法“称提”之术应运而生。主要包括以下几方面管理原则。

（2）规定发行最高限额

四川官交子的限额原来规定为每界一百二十五万六千三百四十缗。虽理论上有发行最高限额，但实际执行中因官府腐败和中央临时措施，纸币发行总量常不断增大，导致通胀。

（3）发行准备金

官交子每界发行须备本钱三十三万缗，约为发行总额28%强。但纸币常超准备金发行。虽最初确定计划时，“相度秦凤、永兴两路盐钞，岁以百八十万缗为额”[②]，但处于财政困境的宋王朝总忍不住虚发盐钞。自熙宁十年（1077年）冬至元丰二年（1079年），解盐产量只有一百一十七万五千余席，而“通印给（盐钞）一百七十七万席”，虚钞达五十九万余席[③]。

（4）以有价证券吞吐纸币，控制纸币总量

中国传统平准法主要吞吐实物。南宋从有价证券发展，逐渐过渡到吞吐有价证券来调控货币。例如朝廷以盐钞为本大量回收当时正在贬值的当十钱[④]。南宋孝宗乾道年间（1165—1173年），面对会子的不断贬值，朝廷诏令“行在榷货务、都茶场将请算茶、盐、香、矾钞引，权许收换第

① 见本书第四章第十部分：美国联邦储备体系。

② （宋）李焘：《续资治通鉴长编》卷258。

③ （宋）李焘：《续资治通鉴长编》卷312。

④ （元）马端临：《文献通考》卷9《钱币二》。

一届，自后每界收换如之”①，盐钞用作收换纸币的本钱。

现代国家纸币调控的技术要素在宋代已基本成型。

(5) 不兑换纸币调控制度

叶李（1242—1292），字太白，杭州人。其向元世祖建议发行不兑换纸币，并于至元二十四年颁布钞币条画十四条。要点是在称提术上禁止私人买卖金银。人民可保有金银，并可向平准库买卖，但不许私人交易。

以上要点综合在一起构成现代信用货币制度的基础。其演化的时间顺序也如同欧洲信用货币制度演化：最初可兑换，然后不许兑换，并同时回收金银。

（三）国计数学：数学高峰

宋在国子监下设置教授经学的国子学、太学（四门学、广文馆及辟雍存在时间短暂），传授武学、律学、医学、算学、书学、画学。宋神宗时在太学实行三舍法，即外舍、内舍和上舍的升级制度，这是中国以至世界教育史上的首创，开创了现代教育分级制的先河。北宋对前代的教育分科有所发展，在太学之外先后建立武学、律学、医学、算学、书学、画学等。北宋著名教育家胡瑗“在湖州，置治道一斋，治兵、治民、水利、筭法之类，各使诸生精论熟讲”，也显示了分科设教的倾向。

大观三年，礼部、太常寺请以文宣王为先师，兖、邹、荆三国公配享，十哲从祀。自昔著名算数者画像两庑，请加赐五等爵，随所封以定其服。在职官及庶人均可选算学入习业。内容主要是九章、周髀、海岛、孙子、五曹及张丘建、夏侯阳算法，并习历算三式和天文方面的知识。算学上舍毕业中试者全都直接授官，如通仕郎、登仕郎、将仕郎。

宋代数学成就首推高次方程的数值解法与天元术。北宋大数学家贾宪就在《黄帝九章算法细草》中首先提出“开方作法本源图”，即指数为正整数的二项式定理系数表，欧洲人称之为“帕斯卡（1654 年）三角”，比贾宪晚了 600 多年。贾宪还最早提出“增乘开方法”，可推广到任意高次方程的求解。杨辉《日用算法》（1262 年）首先用“隔位”、“退位”来指示小数点位置。《杨辉算法》中“田亩比类乘除捷法”卷介绍了原书中 22 个二次方程和 1 个四次方程，后者是用增乘开方法解三次以上的高

---

① 《宋史》卷 134《食货志下三》。

次方程的最早例子。杨辉《详解九章算法》用“垛积术”求出几类高次等差级数之和。沈括用“隙积术”计算任意高次等差级数的公式，比国外早500多年。

南宋秦九韶的《数书九章》在贾宪的基础上，在世界上首次提出了小数位置法；完善了高次方程求正根的增乘开方法；解决了任意高次方程数值解法问题，达到甚至超过牛顿迭代法的二阶收敛速度；事实上增乘开方法也可用于求解负根以及多根；发展了用未知数来列方程的方法——天元术；提出了“大衍求一术”，即求解一次同余问题。欧洲直到18、19世纪，欧拉（1743年）、高斯（1801年）等对一般一次同余式进行详细研究，才得到与秦九韶“大衍求一术”相同的定理。《四元玉鉴》是中国宋元数学高峰的又一个标志，其中杰出的数学创作有“四元术”（多元高次方程列式与消元解法）、“垛积法”（任意高阶等差数列求和）与“招差术”（任意高次内插法），完成任意高次导数形式表达的插值级数，牛顿插值级数与此完全相同，而泰勒级数是此插值级数的必然推论。

五　明朝的国计

（一）国家财政统计制度

到了明代，皇帝和财计大臣们不但注重审核会计报告，而且注重分析和利用报告资料。他们希望吸取财计经验避免今后犯错误，因此对唐代“国计簿”和宋代“会计录”的编制制度十分重视，将编制“会计录”作为改善国家财政的一大措施。

据史料记载，早在明成祖永乐年间便有了编撰“会计录”的设想。万历九年（公元一五八一年），户部尚书张学颜主编的《万历会计录》成为明朝财计部门所编最为著名的一部“会计录”。《明史·张学颜传》中写道：“时居正当国，以学颜心计，深倚任之。学颜撰《会计录》以钩稽出纳。”此外汪鲸的《大明会计录类要》十二卷、刘斯潔的《大仓考》十卷、赵官的《后湖志》十一卷和户部尚书赵世卿的《岁计录》等也都是明朝较为著名的财计分析著作，对提高当时会计核算水平和改善财政经济状况产生过一定的影响。

（二）国计数学：落日余晖

宋元数学家朱世杰对多元高次方程组解法、高阶等差级数求和、高次内插法都有深入研究，他著有《算学启蒙》（1299 年）、《四元玉鉴》（1303 年）各 3 卷，在后者中讨论了多达四元的高次联立方程组解法、多项式的表达、运算及消去法，已接近近代数学，处于世界领先地位。他通晓高次招差法公式，比西方早 400 年。《四元玉鉴》获得中外数学史家高度评价，但这只是宋代数学的余晖。由于元朝科举只考四书五经，元以后的数学开始走下坡路。明朝的科举制度承接元制只考四书五经，数学后继乏人。在这样的困境下仍产生了数学巨匠王文素。王文素用 30 年时间，于明嘉靖三年（1524 年）完成了 54 卷总计 1500 多问近 50 万字的《新集通证古今算学宝鉴》，研究了一元高次方程的数值解法，内容详实可贵，说明一元高次方程数值解法及天元术、四元术在明朝并未完全失传。王文素在解法中所用名词术语、演算程序基本上与宋元数学一致，并有所发展和创新。

明朝末年陷入内乱，吴三桂放清军入关，中国进入了少数人统治多数人的时代，自此中国科技一蹶不振，而欧洲却在文艺复兴中汲取全世界的文明精华并蓬勃发展，近代格局由此形成。

六 中国古典国计学总结

中国古典国计学覆盖了经济平衡理论、通货胀缩交替原理和调控办法、扩张财政政策、公开市场业务的前身常平法和市易法、社会保障制度、财政转移支付制度、赋税原理和制度、国际贸易理论、纸币发行制度、实物财富与货币财富的联系和区别、投资消费与经济增长、政府与市场的关系定位、国家统计等内容，可分类为经济平衡运行、金融、国际贸易、赋税、国家统计等领域，系统性和可操作性极强。

中国古典国计学也与中国古典国计数学相互促进。中国古典国计学是中国古典国计数学发展的土壤，而若没有中国古典国计数学，也不可能有中国古典国计学的实践、验证和发展。以古希腊数学为代表的古欧洲数学只能适用于小国寡民的欧洲。

中国在战国末期就进入封建后“类似 20 世纪的超级国家形态”，这与其超级国计理论密不可分。中国古典国计学的重点是调配一国资源来保证国家稳定发展。而西方经济学以家庭管理为特征，重点不是治国而是治家，或把国家当作家来治理，很难维护统一大国的长期稳定。历史上西方统一的大帝国主要靠武力维持，一旦武力征服者过世国家便四分五裂，少有中国历史上动则数百年的稳定。若说中国超级帝国形态与中国古典国计学彼此造就，那么西方经济学就与封建割据、彼此独立的小庄园经济相适应。

第二章　西方经济学渊源

一　古代欧洲的家庭经济学

古希腊、古罗马、欧洲中世纪的经济理论很不发达，本节只对其具有代表性的理论观点进行简略介绍。

色诺芬（约公元前 430—公元前 355 年）是古希腊哲学家、历史学家。其著有《经济论》一书，谈论家庭经济，此即“经济学”一词起源。

柏拉图（公元前 427—公元前 347 年）是古希腊哲学家、伦理学家和政治家，出身于雅典贵族家庭，苏格拉底的学生。其《理想国》主张等级森严的专制制度，最上层为劳心者，第二等级为士兵，最低等级是农民、手工业者和商人，奴隶则不算入公民。柏拉图肯定商业必要性，但鄙视商人，认为雅典人不应从事此不体面的事业。

亚里士多德（公元前 384—公元前 322 年）是古希腊哲学家、思想家，柏拉图的学生，其在经济方面也主要研究家庭管理。

克优斯·贾图（公元前 235—公元前 149 年）是古代罗马政治活动家，大奴隶主，当过罗马执政官。他认为一切经济部门中农业是罗马人最适宜从事的事业。其主要研究家庭的庄园管理。

奥格里·奥古斯丁（353—430 年）是罗马帝国瓦解时期最著名的基督教思想家，认为农业是最高尚的行业，对商业采取非难态度，认为为糊口而从事小商业还情有可原，但绝不能容忍以营利为目标的大商业，认为价格应公平。

公元 5 世纪西罗马帝国灭亡到 15 世纪，史称“中世纪”。

中世纪早期的基督教神学家否定赚取利润为目的的商业，认为商业贱买贵卖的罪恶甚至超过盗窃。

托马斯·阿奎那（1225—1274 年）是意大利神学家，1259 年任罗马教廷神学顾问和讲习，著作《神学大全》。1879 年教皇宣布阿奎那的神学为天主教会最高哲学权威，主张自然法。自然法由古希腊哲学斯多咯派从所谓宇宙理性引申出来，认为是在人为法之上由神性支配的不变规律。强调公平价格，视商业为卑鄙行业，但指出在特定情况下可收取适当的利润或利息，如维持家庭生活或帮助穷人，认为货币仅便利交换，君主有权铸造货币。

尼科尔·奥雷斯姆（Nicol Oresme，约 1320—1382 年）是 14 世纪法国著名教士，当时经院哲学唯名论三大代表之一，法国国王查理五世的密友和顾问。其认为货币须足值，否则会导致良币流出国外，劣币流通，反对阿奎那的货币名目论。在西方经济思想史上第一次提出劣币驱逐良币观点。

总之，欧洲自古一直到 14 世纪末，都重视农业轻视商业。其经济理论是零碎的，所涉及领域也极为有限，基本局限在家庭管理、价格公平、货币成色物理属性等方面。

二　重商主义经济思想

（一）重商主义背景

封闭的欧洲到了 14 世纪，终于开始融化它的坚冰，这也正值欧洲文艺复兴时期。十字军远征（1096—1291 年）使欧洲人接触到阿拉伯国家所保有的古代文化宝藏。他们将大量阿拉伯文书籍译成拉丁文。古希腊、古罗马、阿拉伯和东方文明传到欧洲，意大利地处东西方交通要冲，逐渐成为新的经济文化中心。

阿拉伯成为东方文明向欧洲传播的中转站，印度则成为中华文明向阿拉伯传播的重要途经地。公元 266—399 年间中国就有竺法护、康法郎、于法蓝、竺佛念、慧常、进行、慧辩、支法领、法净、法显等高僧到过印度。从众生平等的佛教到等级森严的印度教，正好体现了东方道家哲学与西方等级神权在印度的交汇。佛教兴盛于中国而非印度，并非偶然，缘在佛教思想更多地与道家相合，“化胡为佛”并非毫无根据。阿拉伯数字并非起源于印度婆罗迷数字而是起源于中国筹算。印度学者 Datta and Singh 认为：“印度不存在记述这些数字及其基本算术运算方法的早期文献，发明人不可知。"① "古印度的数字系统，用单独的符号表示 10 和 10 的倍数，相对于希腊或希伯来数字系统，毫无进步……印度数字中的 0，很可能起源于东印度和中国南方文化接壤的地区。印度是否采纳中国算筹的空档而受启发？关键在于中国在比孙子算经早很多的时期，已经拥有十进位值制。"② 现存最古老的印度数字算术著作——10 世纪波斯数学家伊本·拉班在所著《印度算术原理》中详细叙述的加、减、乘、除、开平方、开立方的程序，从排列方式、留空方式、数字位移方式，以至余数、分数的表示格式，都和中国公元一世纪的九章算术、5 世纪孙子算经所述的相应算术运算相同。③

欧洲获得了阿拉伯人保留下来的古希腊古罗马文化，并以阿拉伯、印度为中转站获得中国、印度传来的火药、指南针、印刷术、化学、数学等文明。现存阿拉伯数学与天文著作中就包含有中国数学与天文学知识，如著名的阿尔·卡西《算术之钥》中有相当数量的数学问题显示出中国来源。根据阿尔·卡西本人记述，他所工作的天文台中就有不少来自中国的学者，而中国数学的精华例如割圆术、截面积原理、高次方程求解、缀术等内容就在天文学者手中。12、13 世纪欧洲数学界的代表人物 L. 斐波那契，向欧洲人介绍了印度—阿拉伯数码和位值制记数法及各算法在商业上的应用。《九章算术》的盈不足术和《孙子算经》（见《算经十书》）不定方程解法也出现在斐波那契的书中。作为近代数学诞生标志的解析几何与微积分不是古希腊而是古中国数学的产物。

欧洲意识形态也受到极大冲击。以中国为代表的无神论思想和仁爱思想，成为文艺复兴时欧洲思想家反对宗教神权、追求人本的武器。这为中世纪的欧洲摆脱神权桎梏起着重要作用。

东方国家对商业的平和态度也冲击了欧洲的经济传统。

诸多变革为解放欧洲经济思想提供了条件。李鸿章对中国的感叹"两千年未有之大变局"于当时欧洲其实也同样适用。

从托马斯·阿奎那对利息、利润谨慎放宽解释开始，欧洲对商业抑制的传统开始崩溃。

---

① Datta & Singh, *History of Hindu Mathematics*, Bombay, 1962.

② ［英］李约瑟原著，［英］柯林·罗南改编：《中华科学文明史》第 2 卷，上海交通大学科学史系翻译，上海人民出版社 2002 年版，第 1—67 页。

③ Lam Lay Yong, *Fleeting Footsteps*, p. 44，图 i 至 v。

欧洲封建制度造就为数众多的诸侯小国。一旦其身上抑制商业的枷锁解套，因商业带来的巨额利润就必然让其疯狂，此即重商主义。

重商主义追求金银为主要甚至唯一目标的财富观，是刚从抑商传统中走出来尝到商业甜头，但只看到商业表面现象而未掌握商业基本规律的幼稚财富观。其后的重农主义才是对此幼稚思想的反思和升华。

（二）重商主义代表学者

让·博丹（1530—1596 年）出生于法国翁热，被认为是亚里士多德以后最重要的政治学家之一。其对经济学的主要贡献是《对马莱斯特罗特侈谈物价高昂及其补救办法的答复》中在西方经济思想史上第一次提出货币数量思想。他在《答复》中认为法国物价上涨的主要原因是金银等货币过多。

约翰·海尔斯（？—1571 年）是英国早期重商主义代表，其在《英吉利王国公共福利对话集》中提出尽可能将货币保藏在英国而不流向国外。其反对铸造劣币，认为这将使良币逃离本国，反对从外国输入商品，尤其是奢侈品。

安徒安·孟克列钦（1575—1621 年）是法国人，1615 年发表《献给国王和王太后的政治经济学》，第一次提出“城邦经济学（政治经济学）”一词。其要求重视商业，反对外国商业在法国活动，保护法国自然资源，但他宣称使国家富足的不是金银而是生活必需品。故他的观点与早期重商主义有所区别。

马林斯（1586—1641 年）是英国早期重商主义代表，认为国家应禁止金银出口，加强外贸和外汇管理。

托马斯·孟（Thomas Mun，1571—1641 年）曾任东印度公司董事和英国政府贸易委员会委员。其在《英国得自对外贸易的财富》中认为，本国需求已饱和时国内商业就不能使国家更富裕，只有对外贸易并保持顺差才能达到致富目的。但他主张只有到年终结算的贸易顺差才是衡量标准，反对仅衡量单次进出口差额。他也认识到本国货币过多将致物价上涨，此时应输出资本在其他国家寻求利润。他建议增加本国商品出口，限制外国商品进口。

让·巴蒂斯特·柯尔培尔（J. B. Colbert，1619—1683）是法国路易十四的财政大臣，其推行极端重商主义。他认为西欧各国货币数量一定，只有在对外贸易中保持出超才能增加国家财富。所以扶持本国工商业发展，实施关税保护，建立海军和大型商船队，成立了经营海外殖民贸易的法国东印度公司、西印度公司等。其牺牲农业发展工商业，下令禁止本国农产品输出，鼓励外国农产品输入，降低农产品价格以减少工业成本。

柯尔培尔的经济政策短期为法国积蓄了强大力量，但长期内使法国经济失调，陷入严重财政经济危机。

约翰·洛克（1632—1704 年）是 17 世纪末英国著名哲学家、政治学家和经济学家。其在《论降低利息和提高货币价值的后果》中认为，“财富就在于黄金和白银丰足”[①]；英国只能通过对外贸易出超来获得大量货币，货币数量越多，总价值量就越大，降低利率将降低货币供给，故缩减国家财富。其主张节俭的消费观念，安于享用本国自产的生活用品；贸易所需货币有一定比例，既取决于货币数量，也取决于货币流通速度。

三 中国国计学向欧洲传播

因商业刺激而致欧洲重商主义盛行的过程中，对东方国家特别是中国经济理论的研究也在深入。

“到 1720 年，国王（路易十四）的图书馆已经拥有超过 1000 卷中文书，接着，这个数目飞速增长……1773 年，乾隆皇帝下令印刷出版一套在中国评价最高的丛书，包含了 160，000 卷。传教士们从北京寄回了这些皇家版本，至今它们还在装饰着我们的国家图书馆。”[②] 美国学者孟德卫说：“通过伏尔泰和其他启蒙思想家的努力，中国的道德和政治取代语言和历史，开始对欧洲社会产生重大影响。”（《1500—1800：中西方的伟大相遇》，新星出版社 2007 年版）

西班牙传教士门多萨 1585 年首版于罗马的《中华大帝国史》中，记载了当时修士拉达和他的同伴从中国购买大批书籍，由中国出生、长于菲律宾、跟当地西班牙人一起的人翻译并带回欧洲。目前具体书目已缺乏史

---

① ［英］约翰·洛克：《论降低利息和提高货币价值的后果》，商务印书馆 1962 年版，第 9 页。

② ［法］亨利·柯蒂埃：《18 世纪法国视野里的中国》，唐玉清译，上海书店出版社 2010 年版，第 126 页。

料，但门多萨详细列出了这些书的内容。[①] 国计方面包括：

属于国王的贡赋和税收，他的朝廷的等级，他赐给的一般薪俸，他宫室中所有官员的名字，各个职位的职责和权限。

每省有多少赋税，免税者的数目、顺序和时间，何时和怎样征收。

国家的法律，何时由何人制定；违法者处罚，及其他许多有关中国有效统治及政策的事。

中国记录的国家和民族，及其中的特别事物。

宝石和金属的财富，及本身有价值的自然产品；尚有珍珠、金、银和别的金属，可为人类利用，相互比较每件东西的利用（这条门多萨显然指的是中国国计理论中对于货币与实物的分析）。

好的土地和坏的土地的特点，识别的标志，每年收什么果实。

西方传教士收集的书籍，甚至细致到了中国怎样打造武器和战具，怎样排阵（即兵法）。

当时传教士还大力吸收中国成系统的史书，而不仅限于“四书五经”（早在16世纪末年，罗明坚已着手翻译《四书》，曾德昭进一步向欧洲人展示这些经书的内容）。

在中国生活23年的葡萄牙传教士曾德昭（奥伐罗·塞默多）1637年从澳门返回欧洲，开始撰写《大中国志》，1638年在果阿完成，1640年携带至葡萄牙用葡文所写，1642年译为西班牙语，1643年译成意大利文，1645年以法文刊行，1655年以英文刊行。其在《大中国志》中记载：“除了对异邦进行征服和战争外，他们有许多年也在打内仗，故有很多记载这些战争的专门著述。此外还有一部十卷的史书，只记那时的战事、他们的将官、战阵方式、军旅、凯旋及其他的事，其中有许多值得一读的东西。”[②]

曾德昭明确指出十卷的史书，可见这史书应是《史记》、《资治通鉴》一类的大史书。这些史书里食货志等国计内容自然也在其吸取范围内。

西方传教士还亲自参与国计管理，或目睹中国国计管理。例如南怀仁（Ferdinand Verbiest，字敦伯，1623年10月9日生）曾在中国从事大量公共工程，如开掘运河、疏通河道等。门多萨在《中华大帝国史》中记载

---

① ［西］门多萨：《中华大帝国史》，何高济译，中华书局1998年版，第124页。

② 曾德昭：《大中国志》，上海古籍出版社1998年版，第117页。

了中国当时的公共福利制度："他们还有一件很好的，使我们都对他们这些异教徒惊叹的事，那就是，在他们的一切城市中都有医院，老是客满……每个城市都有一个大地区，其中有很多给穷人、瞎子、瘸子、老人，上年纪不能行走和无力谋生的人居住的房屋……"① 并且他专门开辟一章"在这个大国怎样没有穷人在街上或庙里行乞，及皇帝为无力工作者的供养所颁发的诏令"②，来描述具体的福利措施，包括再就业措施。

门多萨也记载了中国的分工经济："这个黄帝是中国的第一位国王……他把全国百姓分配到城、镇和村，禁止每人不得他的特许或他国家官员的许可，离开父业干别的行当。而如无重大的原因将不允许转业……他们把同一种行业安置在街上，直到今天仍然是此安排。"③

曾德昭在《大中国志》中也描述当时中国的均输、平准之术："这里土地干燥，有益健康，但缺乏通常食用的水果。朝廷有很大权力，命令把各种东西运到那里，以弥补不足。"④

目前为止，有正式史料记载的欧洲对《管子》的翻译，是德国甘贝伦茨（Gabelentz）先后于 1886 年和 1892 年发表的《管子哲学著作》和《管子批判初备》。在那以后，凯恩斯于 1936 年发表《就业·利息和货币通论》，奠定凯恩斯主义宏观经济理论。

中国哲学思想也对欧洲哲学思想起重要影响。古希腊、古罗马的自然法则以形式化为基础，欧洲中世纪以来的自然法则以神学为基础，而中国的自然法则结合了道德和理性、强调人本、无神论的自然法则。欧洲传统的自然法则追求局部精细，中国的自然法追求系统平衡。

这些中国哲学的特点，与文艺复兴时期破除宗教枷锁、推崇人本、要求道德与理性结合、反对政府干预、主张经济能自动均衡的自然秩序吻合。

不能把欧洲对中国的评价与时间割裂。早期如 15、16 甚至 17 世纪前半期欧洲人对中国评价极高，并非就是虚假认识；17 世纪以后欧洲对中国评价逐渐偏低，也并非对以前认识的更正。前后认识已过数百年，这数百年欧洲正处文艺复兴，吸收并发展阿拉伯作为中转站的数学、化学等科学知识，并从中国不断吸收治国之术，包括文官制度、考试制度等，获得

---

① ［西］门多萨：《中华大帝国史》，何高济译，中华书局 1998 年版，第 41 页。

② 同上书，第 141 页。

③ 同上书，第 69 页。

④ 曾德昭：《大中国志》，上海古籍出版社 1998 年版，第 24 页。

跨越式发展。而中国自清朝以来处于少数人高度专制统治时期，发展迟缓甚至后退，导致欧洲眼中的中国不断落后。英国使节马戛尔尼访问乾隆盛世后，在出使《纪事》中给了中国一个公正的评价，“自被征服以来，至少在过去150年里，没有改善，没有前进，或者更确切地说反而倒退了”，“当我们每天都在艺术和科学领域前进时，他们实际上正在变成半野蛮人”，“一个专制帝国，几百年都没有什么进步，一个国家不进则退，最终它将重新堕落到野蛮和贫困状态”。

这是研究那段历史时应注意的。

当西方列强迅速发展的时候，中国正处于被征服时期。西方国家能够容忍自己作为已消失在历史长河中古希腊古罗马民族的继承者，但不能容忍自己臣服于仍活在世上的落后的东方民族，于是他们开始伪造历史。一方面欧洲人将中国等东方文明成果据为己有，抹杀东方文明的存在和贡献，另一方面将自己的文化包装为古希腊古罗马文化的复兴，不惜抓住只言片语放大语义甚至伪造典籍。

以二进制为例，莱布尼茨1703年4月1日收到耶稣会士白晋所寄的伏羲八卦图，几天后他写论文《二进位算术的阐述——关于只用0和1兼论其用处及伏羲氏所用数字的意义》发表在法国《皇家科学院院刊》上。莱布尼茨说他1679年前就发明了二进制算术，俨然与中国数学独立发展。但胡阳、李长铎的著作《莱布尼茨——二进制与伏羲八卦图考》中证明，1660年学者斯比塞尔在荷兰出版《中国文史评析》介绍龙马负图出河、伏羲得图做八卦和太极阴阳八卦学说，其参考书籍包括耶稣会士卫匡国1658年出版的《中国上古史》，书中详细介绍了阴阳生两仪、两仪生四象、四象生八卦的太极八卦演化过程。斯比塞尔跟莱布尼茨交往相当密切，这本书也是莱布尼茨为了解中国而参考过的一本书。1687年耶稣会士柏应理出版了《中国哲学家孔子》一书，其中共有13页介绍伏羲八卦图，在伏羲八卦次序图、伏羲八卦方位图和文王六十四卦图相应的卦象上标有阿拉伯数字1到64。莱布尼茨于《中国哲学家孔子》出版的当年就阅读了这本书，并在致友人冯·黑森莱茵费尔的信中提到此事，在信中还出现了“Fohi”的字样，译为中文就是“伏羲”。因此莱布尼茨关于自己独立发明二进制的表述是虚假的。又如中国任意高次导数形式表达的插值级数与后来的牛顿插值级数和泰勒级数几乎完全一样，但西方却违反基本的学术规范将其完全据为己有，抹杀古中国数学对微积分的基础性贡献。

古希腊古罗马的典籍大都是孤本，不像中国古代众多典籍那样可以相互印证，更无法像中国这样有大量出土文物印证。例如，据说亚里士多德一生写了400—1000部著作，现在留传至今有162部，亚里士多德全集厚厚10大册，数百万字，涵盖了人们所能够想象的任何领域，天文地理、历史、诗歌、数学、力学、逻辑等。在古代书写极不方便、欧洲又战火连天的情况下，一个作者能够流传下来数百万字是不可能完成的任务。按照中国信史的标准欧洲的历史犹如一团糨糊。事实上，欧洲相当多的古典著作正是在文艺复兴期间伪造的，例如所谓修昔底德的《伯罗奔尼撒战争史》作为史书竟然没有时间记录。偏于冗长说理而回避时间、地点和人物记录，正是伪作的重要特征，也是古欧洲诸多典籍的特征。在这些著作中可以看到文艺复兴期间欧洲人对世界的认识。

四　城邦经济学

16、17世纪是欧洲文艺复兴时期。而16、17、18世纪也是欧洲经济思想转折时期。14世纪末以家计学为基础的重商主义开始转向偏宏观的城邦经济学，经济循环思想是这个时代最闪耀的光芒。因城邦经济学被译为政治经济学，故本书中两种名称通用。

（一）配第的经济思想

威廉·配第（W. Petty，1623—1687年）是英国古典政治经济学创始人。其曾支持克伦威尔，后又支持查理二世，人格较差。其经济理论如下：

1. 国家财富及所需货币量的统计

配第有关国家财富及所需货币量的计算方法，在西方政治经济学、西方统计学和西方财政学中是第一次提出。与其说配第在计算英国和法国的财富，不如说是在计算英国和法国的生产能力。

配第首先计算土地等自然资源的生产能力，然后计算英国各种人才的生产能力，按当时价格（非按均衡价格或影子价格）换算土地和人力价值。并按人力与资源的可能搭配计算出英国产品及军事生产能力，从而得出英国以货币计量的综合实力。若估价对象无市价，配第按其成本和收益估价，如他估计荷兰和法国的航海业时说："欧洲船只约有200万吨。其中，估计英格兰人占55万吨，荷兰人占90万吨，法国人占10万吨……

这样，单就法国的船只和荷兰的船只而言，约为一与九之比。其价值，如按大小、新旧平均每吨为8镑计算，则为80万镑与720万镑之比。”①

在人力方面，配第宣称一个海员相当于三个农民。又说法国贫民的工资比英国贫民低，法国贫民的食物也较贵，他根据英国人和法国人在不同专业的素质、人数及消费水平折合其生产力，特别是战争期间各专业协调所达到的战争效果，估计出英国国王的一千万臣民实际上等于法国国王的一千三百万人。②

在此计算过程中配第提出衡量价值的标准是社会劳动时间。若人们在生产一个面包时间内也正好能生产一件衣服，配第认为面包和衣服就等价。这成为劳动价值论的西方鼻祖。

配第根据前面计算的国家总支出价值，例如需总支出4000万英镑，再考虑货币的周转期，在一星期周转一次的情况下，需要100万的40/52就够了。

配第认为货币价值由生产货币的劳动时间决定，反对铸造不足值货币。他曾说：“产业的巨大和终极成果，不是一般财富的充裕，而是金、银和珠宝的富足。”③ 但后来其思想发生变化，在《货币略论》中认为国家富有不在于货币多寡，而在于经常把货币变成对自己有利的商品。但他并未涉足公开市场业务等货币控制方法。

2. 赋税思想

配第反对货币税，赞成实物税。他认为偏远地区的人几乎不使用货币，且在征货币税时人们都争先卖出产品以获得货币，这会压低产品价值，加重人们负担。

他主张向土地所有者和贵族征税，反对向资本征税。希望赋税增加本国生产，减少进口产品以促使财富增长。

货币税和实物税在中国历史上早有详细阐述。中国最初也实行实物税，唐朝中期开始改为货币税。明嘉靖年间在部分州县试行以货币税为形式的一条鞭法，万历九年（1581年）在全国推行。这是实物税向货币税转变的一次重大改革。中国在全面实行货币税半个多世纪以后，配第还在

---

① ［英］配第：《配第经济著作选集》，陈冬野等译，商务印书出版社1981年版，第14页。

② 同上书，第23页。

③ 同上书，第24页。

主张实物税。

但中国关于实物税与货币税的理论探讨也一直很激烈。主张实物税的理论根据是，货币税将导致货币向中央过分集中，使地方特别是边远地区钱荒，银根紧缩，经济萧条。且因物价萧条，币值上升，更加重人们上缴货币税的经济压力。如韩愈（公元768—824年，字退之，河阳（今河南孟阳）人）反对赋税征钱，主张征收实物。他指出赋税征钱与物价的关系："夫五谷布帛，农人之所能出也，工人之所能为也。人不能铸钱而使之卖布帛谷米以输钱于官，是以物愈贱而钱愈贵也。"司马光、苏轼等关于钱荒的论述①，也都充分阐述了货币税可能导致的经济问题。

3. 公共保障思想

配第认为公共经费除维持官吏、军队等国家机构外，还应用于各种学校和大学的经费，孤儿、无家可归儿童的抚养费，失去工作能力的人及其他失业者的赡养费。配第反对过分限制贫民工资，他认为限制贫民工资使其不能有一点积蓄以备失业，同时又让他们饿死，是极不合理的事。

配第认为公共支出还应用于修筑公路、河流、水道以及举办其他公共福利事业。

配第的人格反复无常，但在公共福利上却毫不含糊。配第否认缩减公共福利投入可换来经济高速增长。从历史来看，英国工人、农民的生活要比法国等国家好得多，配第因此认定英国人力素质高于法国，英国总体实力并不比法国差——虽然法国比英国大。可见，配第把人们对财富的消费作为劳动力再生产的投资，并非认为消费是财富损失。既然消费为人力资本再生产的投资，分配问题也就进入经济增长的实证经济学范畴，而不仅是规范经济学范畴。历史事实也吻合这一点：产业革命首先从英国而非从法国开始。

（二）布阿吉尔贝尔的经济思想

比埃尔·勒·庇逊德·布阿吉尔贝尔（1646—1714年）是法国古典经济学创始人。他出身于法国里昂，曾在家乡担任法官，曾任鲁昂军区陆军中将。他生活在法王路易十四时代，当时法国财政大臣柯尔·培尔残酷掠夺农业财富来发展工业，著名的《悲惨世界》就是描写此时的法国。

---

① 见本书第一章第四部分：宋朝的国计思想。

当时的法国的确在短时间内发展起强大国力，其军队几乎称霸欧洲，路易十四也称为太阳王。但畸形发展不能长久。路易十四后期战争失败与财政失衡相互交织，法国国力急剧衰退，国库已濒临破产。

布阿吉尔贝尔的经济理论就在此背景下发展。主要有：

1. 消费与收入的关系

布阿吉尔贝尔认为消费和收入是同一事物，破坏消费即破坏收入。① 他认为："世上不论是君主，还是其臣民的一切收入，或不如说世上的一切财富，只是由消费所组成；地上最美味的果实和最珍贵的食物，一旦未被消费，则只是粪便而已（德尔将布阿吉尔贝尔的消费作注为"生产性的消费"或"生产性的开支"，这不对。布阿吉尔贝尔的消费就是生活性消费而非生产性消费）。"②

"一个物产丰富的国家，不一定要有很多钱币，只要有大量消费，就能得到很多收入。这样，一百万钱币比在没有消费的情况下的一千万会产生更大效果；因为这个一百万在不停地周转，而每次周转都是为得到一定的收入。可是那一千万却收藏在保险箱里，对于国家来说，并不比石头有用。"③

"当钱币停止流通时，法国社会将身受其害。只有当它是一种收入，而且落在一般平民手中时，它才能不断地流通。穷人手中一个埃居一天周转的次数，从而一天促成的消费，比在富人手中三个月还要多；富有者只有大规模的经营，即使在景况最好的时候，也要等待相当长的时间来蓄积所需要的数目，才能将钱币使用出来。法王路易十一之所以在十五年内收入增加了两倍，而没有任何人受到损害，那是因为他收入多少立刻就用掉多少。这就是国家的利益之所在。"④

布阿吉尔贝尔的消费收入论包含两个要点。一是任何投资最终都须转化为消费品。若有某生产最终不转化为消费品，此生产就无用处。另一个是货币流通论，即任何收入包括生产者收入都因为消费而获得。若无消费，那其他人（包括国王、生产者）的收入就无从获得。货币流通速度

---

① ［法］布阿吉尔贝尔：《布阿吉尔贝尔选集》，何纯武、梁守锵译，商务印书馆 1984 年版，第 40 页。

② 同上书，第 303 页。

③ 同上书，第 62 页。

④ 同上书，第 64 页。

若加快，其拥有者投出去一块货币，可能产生几块货币总量的效果，导致几倍的物质生产增长，从而货币拥有者本身也将获得超过一块的实物财富收入。反之若货币拥有者把货币储蓄起来，则实物生产成倍减少，最后也会降低拥有者本身收入。

布阿吉尔贝尔认为提高货币流通速度的关键在于提高穷人收入。因为收入提高后的穷人将主要用于消费而非储蓄，而富人的巨额收入降低货币流通速度，压缩实物生产。这与凯恩斯边际消费倾向递减的论点一致。凯恩斯说："当实际收入增加时，社会愿意逐渐减少收入被用于消费的比例……"①

2. 各个部门成比例的经济思想

布阿吉尔贝尔认为，自然规律确定各经济部门间应以一定比例保持平衡，不能以损害一个部门的利益来增加另一部门的利益。他认为："今天有两百种职业出现于一个富裕而文明的国家中。它们成为一个国家实体的一部分，而不再能够被拆散或分开而不立即损及整体。它们就是全部。一个国家的各种职业，无论是什么，都是相互作用和相互支持的，这不仅为了供应彼此的需要，甚至还为了保持彼此本身的生存。"②

"一个喜剧演员，如像其他行业的从业员那样，只要花一个苏就能买到足够全天吃用的食物时，他会感到十分高兴；而若需要两个苏的话，他就不那么高兴了。但这是在自掘坟墓。在粮食价格低贱的情况下，地主不能从佃户那里得到他的各种费用和报酬，故势必紧缩开支，而喜剧演员便首当其冲失业。"③

"但使人奇怪的是谷物价格的低贱，尽管它确是造成公众苦难的主要原因，却被人看作普遍利益的维护者。"④

"在商业的停顿以外去寻找贫困的原因，这是可怕的愚昧。而商业的停顿则因价格比例的失调。商品按一定比例的价格交换，对于一个国家的繁荣，对于它的生存的维持都是同等重要的。"⑤

---

① ［英］凯恩斯：《就业、利息和货币通论》（重译本），高鸿业译，商务印书馆1999年版，第125页。

② ［法］布阿吉尔贝尔：《布阿吉尔贝尔选集》，何纯武、梁守锵译，商务印书馆1984年版，第154页。

③ 同上书，第159页。

④ 同上书，第160页。

⑤ 同上书，第162页。

“大自然定下了一条原则，便是使每种行业都要能养活它的主人，否则就必须停业另寻其他职业。”①

“一切事物、一切商品的价格都应能偿付生产商品的费用和获得合理的利润。否则，像一个天平上的平衡关系那样，当一端增加了虽是极少的重量，却立刻就会使另一端升高上去，好像里面没有东西似的。”②

布阿吉尔贝尔关于各部门成比例发展、各种商品价格都应能获合理利润的结论，用管仲的话来说就是“物适贱，则半力而无予，民事不偿其本；物适贵，则什倍而不得，民失其用”③。

布阿吉尔贝尔的经济观是全面发展的综合均衡观，其反对片面两点论或重点论，反对压制其他产业来着重发展某个产业的论调。

布阿吉尔贝尔此番理论阐述是反对法国当时片面压低农业来发展工业的经济政策，换言之，正是为了解决当时法国“三农问题”。“三农问题”不是中国特色，也不是 21 世纪才面临的问题，此问题早就存在，并且古典政治经济学理论对其进行了详细分析。

柯尔培尔的重商主义经济政策也受到了历史检验：法国经济在短期高速增长后走向崩溃。

3. 赋税的稳定、便捷、公平

布阿吉尔贝尔认为法国应取消捐税特权，按能力大小来捐税，富者多缴，贫者少缴，并清除不合理的捐税和征收办法，使赋税能直接上交到国家。

他考察了两个地区的赋税和收入。一是法国里昂。国家从里昂税区取得的收入从未超过六、七百万利佛尔。里昂一边靠近巴黎，另一边靠近海洋，处于世界上最有利的地理位置。它土地肥沃，无与伦比，城市和大镇也极多。可肥沃的土地却大片荒芜，乡民一年都吃不了几回肉，也无任何种类的酒供给。多数房屋是茅舍土屋，濒于坍塌。另一个是蒙托邦税区。此区的面积抵不上里昂税区 1/6，就地理而言，它附近既无海洋又无江河，土地也不及里昂肥沃，但它却供给国家相当于里昂 2/3 的税收。在居民生活方面反差更明显。蒙托邦没有荒芜土地，再穷的人也穿着毛料衣

---

① ［法］布阿吉尔贝尔：《布阿吉尔贝尔选集》，何纯武、梁守锵译，商务印书馆 1984 年版，第 163 页。

② 同上书，第 169 页。

③ 《管子·国蓄》。

服，面包和酒都很充足，住的也是时常修葺的瓦房。

蒙特邦税区的税收情况比里昂好多了。这里达依税不是任意专断地配征，也没有巧变名目地征收酒税和过境关税。

他还分析欧洲各国赋税情况，发现凡是赋税公平的地方，其赋税总额都远大于赋税不公正的地方，且保证人民生活富足。例如德意志各邦直至最小的诸侯，其国家和法兰西相比不过是微粒，但其土地所得却将近法兰西的1/30。①

“一个埃居的钱，若分配给老百姓，就会在短时间内，通过十万人之手，这些埃居就不会闲置在富有者的钱柜中，结果就能做到有十万个埃居作消费之用；而在国王方面，就可能会从中收到十分之一，就是说他可能收到一万埃居的价值。故若富有者了解他们的利益所在，就会免除穷苦人民的全部赋税。若消费的增加普及到国内一切群众，那对于富有者原先的预支，将有三倍的补偿；这也和地主借种子给佃农在土地上播种一事有同样意义，否则在土地上就不能有收获。可是以往的实践却正相反，那些权势人物将一切赋税转嫁到穷人身上而自以为捞得了便宜，实际上是付出了六倍的代价。”②

“无论多么肥沃的土地和牧场，若牲畜迫于金钱的强暴而不能吃草，那这片牧场就不能给其主人带来任何财富，这样就完全破坏了牧场，因而使牲畜的主人彻底破产。”③

“为何一个得天独厚的国家，人们却看到君王没有相当数量的军队和给养，同时君王自己所需要的东西也似乎是缺乏的呢？这是因为他没有足够的面包、酒类、肉类以及其余的一切物品拿来分配的缘故。”④

“为何会出现这样的缺陷？这是因为王国内部大量生产这一切产品的土地被荒废了，同时耕种又是十分差劲。”⑤

“为何终于出现了此混乱？这是因为人们成为金钱的奴隶，把在土地上劳动的牲畜和人的嘴巴拴住了。”⑥

---

① ［法］布阿吉尔贝尔：《布阿吉尔贝尔选集》，何纯琥、梁守锵译，商务印书馆1984年版，第68页。

② 同上书，第184页。

③ 同上书，第303页。

④ 同上书，第179页。

⑤ 同上。

⑥ 同上。

“金钱的储藏，国王和国家都无从派用场，这等于对穷人和富有者同样进行盗窃。金钱用违背自然规律的途径来牟取，致使金钱隐藏起来。再次，好像一切只是为了收税，可是人们采用的方法，却使人民无法缴纳，并且给人民带来的财物损失，超过他们打算搜刮的数额的十倍和二十倍；结果除了一定造成损害之外，赋税也常不可能缴付，而招来白白的毁灭。”①

“法兰西的唯一的利益，正如世界上其他一切国家的利益那样，在于一切土地都能精耕细作并充分施肥；各种商业都能做成最大的交易，以及一切全都靠劳动维持生计的人没有荒废片刻的时间，也从不投闲置散。若事物恰好处于这样的状态，这是可实现的很大的愿望。但绝不能期待它达到尽善尽美的境地，在荷兰和中国也只能略见端倪。”②

布阿吉尔贝尔关于赋税的思想再次阐述货币流动性的重要，强调真正的财富不是货币而是实物经济增长。若把货币错误地看成财富而储藏，就将抑制实物财富增长，在自然和人力资源极丰富的地方却造成极度贫困。布阿吉尔贝尔认为，对穷人多收税而对富人少收税，将导致大量货币退出流通市场，难以生产实物财富。只有反之才能增强货币流动性，促使国家经济迅速发展，增加国家赋税总额。

4. 谷物自由市场

法国因柯尔培尔实行工农剪刀差的重商主义经济政策，制定法律限制谷物出口，压低农产品价格，为法国工业发展提供廉价原材料而致国内农业生产者生活贫困。布阿吉尔贝尔要求建立谷物自由市场，取消谷物出口限制，以提高农业收入。

英国恰好与法国相反。英国谷物法维护农业利益，旨在限制或禁止从国外输入谷物。1815 年起实施的谷物法规定，当英国本国的谷物价格低于每夸特 80 先令时禁止输入谷物。1822 年对这项法律作某些修改，1828 年实行调节制，国内谷物价格下跌时谷物进口税提高，国内谷物价格上涨时谷物进口税降低。

1750 年后的一个世纪里，英国农业继续保持活力。在此期内得以供

① ［法］布阿吉尔贝尔：《布阿吉尔贝尔选集》，何纯武、梁守锵译，商务印书馆 1984 年版，第 192 页。

② 同上书，第 269 页。

养农业和工业劳动力/人口的比例之高为任何（至少规模与英格兰相当）其他地区无法比拟，其人口增长率可能也史无前例。1750—1850 年英国人口以非凡的速度增加三倍，农业工人人均产出增长 60%，单位土地总产出（单产）至少增长 40—50%（Overton，1996）。1850 年英国劳动生产率据估计已是欧洲大陆各国劳动生产率的两倍或更多（Clark，1999）。英国农业支持了此一世纪英国狂热工业化过程——总人口与非农业人口比例均巨大增长——这或许是工业革命经典阶段的标志性成绩。[①]

本书《圈地运动背景》中[②]还会细述英国工农业问题。在研究英国商业理论和法国重农主义时，不要以为英国忽视农业，法国忽视商业，以为剥夺农业是资本主义原始积累途径。从历史来看，法国之所以出重农学派，正是因为法国缺少对农业应有重视。英国之所以对重农学派没有强烈兴趣，恰好是因为英国对农业方面已做得较好。

（三）坎蒂隆的经济思想

理查德·坎蒂隆（1680—1734 年）是古典政治经济学产生时期的经济学家，生于爱尔兰贵族家庭，起初在伦敦经商，1716 年移居法国从事银行和贸易业务，此后移居荷兰，后定居伦敦，1734 年 5 月 14 日被谋杀。

坎蒂隆显然对中国的情况比较熟悉。在唯一留存下来的著作《商业性质概论》中多次提到中国情况，例如，他写到中国南部各省的水稻一年可三熟，并研究了中国的地租问题。杰文思高度评价本书，认为它比知道的任何一本书都更有资格称为“关于经济学的第一篇论文”，超过了配第的著作，因而是“政治经济学的摇篮”。

《商业性质概论》更接近中国国计理论，具有典型中国思维。特别是其商业及货币流通思想突破了欧洲传统只看局部、忽视全局的家庭管理分析框架，进入宏观分析范畴。

一般认为《商业性质概论》写于 1730—1734 年间。其主要经济内容有：

---

① ［美］罗伯特·布伦纳、爱仁民：《英格兰与中国长江三角洲的分岔：财产关系、微观经济学与发展型式》，张家炎译，《亚洲研究》2002 年 5 月号。

② 见本书第二章第四部分：斯密的经济思想。

1. 货币在一国内流通的均衡问题

坎蒂隆认为："假设在各省和首都的货币流通中，货币在数量上和流通速度上都相等，因首先要把赋税、地租等以现金的形式送到首都，这就减少了各省的货币数量，增加了首都的货币数量。在首都的价格更为昂贵，直到首都与各地的价差能补偿商品的运输风险和成本为止。根据经验再归纳出一系列同样性质的结论，以证明在一个大国或王国的不同省份中货币流通不平衡的必然性；并说明此不相等总是同应付给首都的收支差额或债务相联系的。我只是提议，在可行的限度内，制造业应建立在远离首都的省份，以便使它们具有更重要的地位，并使那里的货币流通量同首都的货币流通量相比，不那么不合比例。"①

坎蒂隆纯粹从货币流通角度提出一国经济均衡重要性，指出在远离首都的省份应兴建制造业等经济增长点的产业布局思想。坎蒂隆认为货币过多只会导致当地地租上升，这说明在某地集中投放资金只会导致房价高涨而浪费资金。

2. 货币在一国流通非中性扩散

坎蒂隆正确认识货币扩张对生产和消费的刺激作用。他说："现在假设，在英国因外国使节和旅游者的逗留，进入流通的货币增加了一倍。这批货币将首先流到各种工匠、仆役、业主和其他参与为这些外国人提供设备、娱乐等的人手里。制造商、租地农场主和其他业主将感受到此货币增加的影响。这笔货币将扩散开来，使原来不曾同货币打交道的人现在手里也有了一些钱。我的结论是，在一国流通的货币量的增加总要引起消费的增加，总要使支出达到较高的水平。但这一新增货币所导致的价格上涨并不会与货币数量成比例地对所有的产品和商品发生同等的影响。我认为，大量剩余的货币流入某国之后，这笔货币将使该国的消费发生新的变化，甚至使流通速度发生新的变化。"

坎蒂隆此认识超过后来西方经济学理论的货币幻觉理论或货币中性理论。货币幻觉由美国经济学家欧文·费雪在 1928 年提出，人们只对货币名义价值做出反应，而忽视其实际购买力变化的心理错觉。例如在实物收入未变时增加货币供给，人们货币收入增加，会以为实际收入增加，从而增加消费或投资，刺激经济增长。以卢卡斯为代表的理性预期学派认为，

---

① ［爱尔兰］理查德·坎蒂隆：《商业性质概论》，商务印书馆 1997 年版，第 71 页。

信息充分时人们准确判断央行货币供给，货币幻觉就不存在，此时人们货币收入增加不会诱其改变经济行为，货币政策无效。

货币中性指货币总量变化不影响经济。本书附录A中有细述。货币幻觉或货币中性都是在家计学框架下才能得出的结论。货币幻觉假定人们实物财富不变，仅名义价格改变。然从坎蒂隆的货币扩散分析可见，货币量的增加是人们实物财富改变的过程。因为不是每人拥有货币量按比例增加，而是从部分人开始增加，随后向人群扩散。获得货币增量的人拥有更多实物财富，没有获得货币增量的人会损失掉实物财富。物价水平也将呈梯度变化来改变人们经济行为。所以即便人们充分获取货币变化信息，仍会改变经济行为，使货币非中性。①

3. 国际贸易中的货币量和物价思想

坎蒂隆认识到，若一国家向所有王国供应自己的制造业产品，贸易量使它每年能从国外得到固定货币余额，该国货币流通规模就比外国大，货币在这里将更充裕，因而土地和劳动就更昂贵。国家贸易部门将能以较少土地和劳动换取外国较多土地和劳动。伦敦流通的货币很充裕，故一个英国绣花工的劳动价格比十个中国绣花工高，尽管中国绣花工比英国绣花工好得多。②

他分析本国金银矿数量增加的后果。在《论一国硬币数量的增减》一章谈道："当金、银矿得到的过度充盈的货币使该国居民人数减少，使留在国内的人们习惯于过度的开支，则会荒废其他产业。这使得该国陷于贫困，并在某种程度上依赖于外国人，因为它每年都不得不把从矿井里得到的货币交给他们。在开始阶段甚为普通的那种货币的大量流通停止了，贫困和悲惨随之而来。"③ 西班牙、葡萄牙就是这样。

他指出："根据事物的正常进程，当一个国家达到它富足的顶峰之后（我一直假设各国的相对富裕程度主要取决于它们各自拥有的货币量），它将不可避免地陷入贫困。只要有货币存在，它就是国家力量的基础。但过于富裕的货币将不知不觉地，同时又自然地把这些国家抛入贫困的深渊。因而，当一个国家靠贸易而发展起来，当土地和劳动的价

① 具体原理参见本书第四章第五部分：一般均衡与货币的关系。

② ［爱尔兰］理查德·坎蒂隆：《商业性质概论》，商务印书馆1997年版，第88页。

③ 同上书，第79页。

格因货币充盈而上升的时候，君主或立法者似乎应使货币退出流通，并把它们保存起来以便在紧急时使用。应试行采取除强制和欺诈之外的各种办法来阻止它的流通，以预防物价过分高涨并防止由奢侈造成的种种弊端。”①

“罗马的货币充盈，导致奢侈，一条鱼花费一万五千盎司白银。每年至少出口一亿塞斯特斯白银。直至塞佛鲁斯皇帝时期，货币一直在减少。这样罗马帝国就因丧失货币而衰落了。”②

他还正确地指出：“高地租是货币充盈的信号。”③

坎蒂隆关于本国货币量增加导致物价昂贵，故本国产品能换取别国更多产品的说法，是基于实际情况而做出的判断。这与管仲国际贸易思想吻合。管仲阐述国际贸易原则时反复强调本国物价不能低于别国物价，否则就会“失国”。管仲的多数国际贸易措施都使本国物价与国际价格持平或高于国际价格，如管仲说：“昔者癸度居人之国，必四面望于天下。天下高亦高。天下高我独下，必失其国于天下。”

本国物价高昂并非指不顾实力一味高价。坎蒂隆认为本国不应以过低价格寻求出口，应提高质量以较高价格出口。他认为货币过多使物价过分高昂导致大量进口，并产生对外国产业依赖性，国家因大量进口使货币流失就会陷入贫困。他提出国家将外贸等原因导致的过多货币（哪怕是足值金属货币）通过国家干预退出流通，这在西方经济思想上是一个伟大设想——虽此想法在中国国计理论看来理所当然。战后美国就用此法废除金本位而建立美元本位。④

坎蒂隆没有认为金属货币有何特别之处。他认为金属货币过多一样会导致通货膨胀。这与后来那些把金属货币神圣化的内在价值学说有极大差别。而美国联邦储备制度就是意识到金属货币内在价值思想的金本位制度缺陷，才转向以实物经济为衡量标准的信用货币制度。⑤

坎蒂隆指出高地租是货币充盈的信号。他已明白地产过热是货币总量过大，通胀威胁的信号。这正好解释当前不少国家的地产泡沫。

---

① ［爱尔兰］理查德·坎蒂隆：《商业性质概论》，商务印书馆 1997 年版，第 87 页。

② 同上书，第 92 页。

③ 同上书，第 87 页。

④ 见本书第四章第十部分：一战英国两废金本位。

⑤ 见本书第四章第十部分：美联储的诞生。

4. 国际贸易的财富衡量思想

坎蒂隆对货币财富与实物财富的分裂也有很深认识。他说："假如布拉邦特居民喜欢喝香槟酒，而且每年为此消费的价值为十万盎司白银，而巴黎贵妇人喜欢穿十万盎司白银的精细网织品。生产如此多的香槟酒需要四千一百六十六英亩半土地种植葡萄，同时需要约两千英亩的牧场和耕地种植拉车的马匹所需要的干草和燕麦。故大约有六千英亩土地要腾出来，不能用于生产法国人的生活必需品。而布拉邦特人的生活必需品却增加四千多英亩的产品，因为它们喝的香槟酒节省四千多英亩的土地。但精细网织品以及有关的一切费用仅使布拉邦特人花去四分之一英亩的亚麻。这样，法国用于造酒、葡萄园主、制桶工人、造车工人、马蹄铁匠、赶车工人、拉车的马匹的劳动以及六千英亩土地，却仅能交换布拉邦特用于生产亚麻、纺纱工人的劳动和四分之一英亩土地。这是一类贸易的例子，在没有引起任何流通的货币外流的情况下，就削弱了这个国家。我选用这个例子是为了更加引人注目地说明，一国如何在对外贸易中可能受到另一国的蒙蔽欺骗，以及判断对外贸易利弊得失的方法。"①

"对各类贸易的结果采用一一审查的办法，可使对外贸易得到有益的调整。通过考察特定的例子总是可发现，输出一切制造业产品对一国是有利的。而换取的产品则应是包含最少劳动的外国土地产品。"②

"若国家每年习惯于向国外输出大量土地产品来换取外国制成品，那就无利可获了。这会在收支两方面削弱和减少居民与国家实力。"③

当前不少发展中国家耗费大量资源并拼命压低本国劳动力价格来生产产品与国际市场交换，这不是特例而是普遍现象。在坎蒂隆看来，这是因为"一国如何在对外贸易中可能受到另一国的蒙蔽欺骗"，和无法"判断对外贸易利弊得失"的结果。坎蒂隆指出，应出口高劳动附加值产品，输入低劳动附加值产品。意即应出口劳动密集型产品，进口非劳动密集型产品。此理论解释了违反要素禀赋理论的里昂惕夫悖论。里昂惕夫悖论是说，根据要素禀赋理论，发达国家资金充足，故应输出资本密集型产品；发展中国家劳动力充足，故应输出劳动密集型产品。但里昂惕夫分析数据

---

① ［爱尔兰］理查德·坎蒂隆：《商业性质概论》，商务印书馆 1997 年版，第 105—108 页。

② 同上书，第 108 页。

③ 同上书，第 109 页。

后发现，美国这样的发达国家竟然以劳动密集型产品输出、以资本密集型产品输入为主，而发展中国家正相反。此称为里昂惕夫悖论。事实上因劳动附加值代表技术，劳动附加值高即技术含量高，因为只有人类劳动才能产生垄断性技术。技术密集型产品多是劳动密集型产品，如微软视窗系统，而人们通常认为劳动密集型产品即粗放型产品的观点有极大局限性。

坎蒂隆指出，耗费自己大量资源来交换别人高劳动附加值产品的做法不是双赢，而是在双赢面纱下“在收支两方面削弱和减少居民与国家实力”。

5. 对外债及顺差的认识

外债问题上，坎蒂隆说：“增加一国中积极流通的货币数量的方法需要提及。一种是向外国客户借款。虽此方式借给该国的货币能给该国带来许多眼前的好处，但到头来，其结果永远是令人忧虑的和有害的。该国不仅必须每年向外国人支付利息，而且还要受外国人摆布，因为外国人一旦打算抽回资本，常会把该国推入困境。当该国最需要钱的时候，如进行战争准备和发生困难时，他们肯定是要把资本抽回的。支付给外国人的利息总是要比其借款所造成的国家收入的增加大得多。经常可看到，这笔贷款随着投资者对其投资对象的信任程度的变化而从一国转移到另一国。但老实说，最常发生的事还是，债台高筑的国家，它们在许多年内已支付大量利息，最后仍因无力偿还资本而陷于破产。”①

外贸顺差问题上，坎蒂隆说：“为了使国家复兴，必须努力创造稳定的、真实的年度贸易顺差”，但“若某国习惯于通过输出它的商品和产品，例如谷物、酒、羊毛等，从国外吸引黄金和白银，它必将使该国变富，但要以人口的减少为代价。若黄金和白银是靠人民的劳动，即包含很少土地产物的制造品和其他物品从国外吸引来的，它就将以一种有益而实质性的方法使该国变富”②。

坎蒂隆还认为：“要想增加本国制造品在国外的消费量，就必须通过在国内的大量消费使它们的质量得到改善并使之具有更大价值。减少一切外国制造品的流入，给国内居民提供充足的就业机会是很必要的。”③

① ［爱尔兰］理查德·坎蒂隆：《商业性质概论》，商务印书馆 1997 年版，第 89 页。

② 同上书，第 44 页。

③ 同上。

坎蒂隆指出，使用外债（包括外国直接投资）短期内能繁荣经济，但从长远看并非越多越好。外国投资必定最终产生利润流出被投资国。很多国家在外资涌进时保持高速经济增长，但随着外资利润汇出就开始失血，出现外汇逆差，本国产业也控制在外资手中成为别国经济附庸。事实上发达国家对于外资进入的审核都比较严格。

坎蒂隆指出两种顺差。一种是输出低级产品获得顺差而变富，但要付出人口减少的代价。“付出人口减少的代价”在西方经济学中即指人们生活贫困，无法再生产劳动力。这是畸形的顺差。另一种顺差是输出劳动附加值高的产品而获得，这是“有益的和实质性的方法使该国变富”。坎蒂隆反对第一种顺差，赞成第二种顺差。坎蒂隆认为，首先要在国内大量消费产品以提高竞争力，然后才可能增加其在外国的销售。这意味着他认为外需是内需的结果，这也与斯密观点相同。斯密认为“国际贸易的发达是一个国家财富发展的结果，而非财富发展的原因”①。

6. 扩张财政政策思想

坎蒂隆也同意为平衡经济而适当侈靡，虽其理论深度还不够。他说：“若无法为一百个人中的这二十五个人找到对国家有用和有利的工作，我看不出有什么理由要反对激励他们从事某些纯属装饰性和娱乐性的工作。不能因为一个国家拥有一千个供女士甚至男人梳妆打扮用的或用于游乐的玩具而不是拥有有用的和耐用的物品，就认为这个国家不富有了。据说在科林思被困期间，戴奥吉尼斯就放倒一个水桶来滚，以表示别人都在工作时他也没有闲着。”② 西方经济思想史上他第一个提出扩张财政政策思想。

7. 金属货币的价值理论

坎蒂隆说：“金属的真实价值或内在价值同在金属生产中所使用的土地和劳动成比例。同其他商品和产品一样，根据需求状况，随着它们的充裕和稀缺程度而变化，有时高于、有时低于它们的内在价值。”③

“我的结论是：在一国流通的货币量的增加总要引起消费的增加，总要使支出达到较高的水平。但这一新增货币所导致的价格上涨并不会与货币数量成比例地对所有产品和商品发生同等的影响，除非新增加的货币补

---

① ［英］亚当·斯密：《国民财富的性质和原因的研究》上卷，郭大力、王亚南译，商务出版社 1979 年版，第 343 页。

② ［爱尔兰］理查德·坎蒂隆：《商业性质概论》，商务印书馆 1997 年版，第 44 页。

③ 同上书，第 47 页。

充到了货币原来所在的同一流通渠道中。"[①]

坎蒂隆同时考虑商品的成本属性和供求属性。数量变化影响供求变化，从而影响成本变化；而成本变化也影响供求变化，从而影响数量变化。不能把坎蒂隆的货币思想分裂为价值思想或数量思想，任何商品的数量、供求和成本是一体的。

他阐述货币数量与实物经济的关系，明确提出货币总量与实物经济有一定相关性，但不完全成比例。以当代西方经济学的语言来说，即货币在经济中有一定内生性。

8. 工资思想

坎蒂隆说："一个最低级成年奴隶的劳动价值，至少应等于庄园主用于给他提供食物和生活必需品的土地数量加上为把一个孩子抚养到能够劳动的年龄所需的土地数量的两倍。"[②] 坎蒂隆关于工资的思想为其后劳动价值理论的劳动力价值衡量方法打下基础。

9. 重农主义思想

坎蒂隆提出重农主义经济循环的初步思想。他说："土地所有者通常取得土地产品的另外三分之一。他用这三分之一不仅供养了那些把土地产品从乡下运到城里的脚夫，而且供养了他在城里雇佣的所有工匠和其他人。"[③]

"总是发现，（城镇的）这些生活资料不是来自租地农场主保留的三分之二，就是来自剩给地主的那三分之一。故一个国家的所有阶级和个人都是依靠土地所有者维持生活和致富的。"[④]

坎蒂隆否定工商业创造财富的理由是充分竞争使工商业获零利润，而零利润意味着没有创造净财富。他说："我一直假定，一国的所有居民都是从他们的财产中获得生活资料和自己的全部财产的。若这些所有者打算仅以地租为生，那将是不成问题的。但此情况下，对于其他居民来说，靠他们的开支使自己富有起来就变得困难得多了。"[⑤]

"故我将提出下述原理：即在一国中，只有土地所有者是天然独立

---

① ［爱尔兰］理查德·坎蒂隆：《商业性质概论》，商务印书馆 1997 年版，第 84 页。
② 同上书，第 17 页。
③ 同上书，第 22 页。
④ 同上书，第 23 页。
⑤ 同上书，第 29 页。

的；所有其他阶级，不论是业主还是受雇者都是不独立的，一国中的所有交换与流通都是仅以这些业主为中介而进行的。”

坎蒂隆对工农业产品循环的论述与后来魁奈“经济表”原理极相似。故不少学者认为“经济表”是对坎蒂隆经济循环思想的发展。

坎蒂隆关于工商业充分竞争无法保障其利润的论述，到魁奈那里发展为充分竞争下工商业零利润假设，成为经济表中否定工商业创造财富的理由。这也是西方经济思想史上零利润假设的起源。魁奈认为完全竞争下的工商业利润为零，故为不生产阶级；而农业有地租，即有超过成本的多余收入，故为生产阶级。

在理解重农主义为何否认工商业为生产阶级，及《经济表》中为何没有工商业的产品价值加总时，不能想当然地认为他们忽略了工商业，是他们认为因工商业利润为零，工商业创造的价值都被成本消耗完，净财富生产为零。

（四）休谟的经济思想

大卫·休谟（1711—1776）是英国哲学家、历史学家和经济学家，与卢梭、魁奈、杜尔哥交往密切。

1. 自然秩序

休谟经济思想主要见于1752年《政治论丛》。这些论文是他参加1748—1758年反重商主义大论战的产物。他们以通信方式讨论在国际社会中“是否有这样的‘自然的’过程，在此过程中，国际经济会自然而然地保持平衡，若平衡被打乱，不需要政府的广泛或有步骤的干预即可自行恢复平衡”①。这是西方经济思想史上自由主义反对重商主义的第一次论战。休谟在讨论中的观点后来被亚当·斯密在格拉斯哥大学编写讲义时“大量引用”②。

休谟自然秩序的思想受到中国儒家哲学影响，包括无神、无为、道德三个方面。在 *Of Superstition and Enthusiasm* 中，他比较基督徒发展过程时，把中国儒家法则与宇宙中的自然法则等同并列：“the only regular body of deists in the universe, the literati, or the disciples of CONFUCIUS in CHI-

---

① 约翰·雷：《亚当·斯密传》，胡企林、陈应年译，商务印书馆1983年版，第439页。

② 同上。

NA。”（宇宙中的自然法则、理性知识或中国儒家法则）

2. 货币思想

休谟和坎蒂隆一样认为适当货币扩散有利经济增长，同时他认为货币绝对数量对经济无关紧要。他说：“从以上（货币扩散过程）的整个论证，得出结论说：货币数量之多寡，对于一个国家内部的幸福安乐，是无关紧要的。行政当局的上策是尽量保持这股增长的势头。只要当局采取此措施，就能调动国内的生产积极性，增加劳动产品的储备，而此储备乃是一切实力和财富的根本。一个货币在减少的国家确实要比当时货币虽不多却在上升的国家贫弱。”①

与坎蒂隆一样，休谟没有机械地认为货币与商品总量成比例，他认为只有流通中的货币和商品才成比例：“与其说价格是取决于国内的商品和货币的绝对数量，不如说它取决于进入或可能进入市场的商品的绝对数量以及处在流通中的货币的绝对数。若铸币锁在箱子里，对于价格来说它就好像消灭了一样。若商品堆在仓库和谷仓里，结果也会相同。正是流通中的货币与市场上的商品之间的比例决定着物价的贵贱。”②

由此他推导货币、实物财富、物价、利息的关系。

“根据物价的对比可推测，中国现有的钱币并不比三百年前的欧洲多；可是那个帝国所拥有的实力是多么巨大。若我可根据它所维持的军政机构来判断的话。贵金属的绝对数量倒是个无关紧要的问题，重要的只是下列两种情况，即贵金属的逐步增多以及在全国各地的彻底扩散和流通。”③

“结果总是和原因保持一致的。从发现西印度群岛以来，价格上升了将近三倍，而金银的增加可能要多得多；可是利息的下降还没有超过原来的一半。故利息率并不取决于贵金属数量的多寡。”④

“所以说，一个国家货币量的多寡对利息没有影响。然而因人们出利息借货币，借的实际上就是劳动和商品，故劳动储备和商品储备的多少，对于利息必定有重大影响。”

---

① ［英］大卫·休谟：《休谟经济论文选》，陈玮译，商务印书馆1984年版，第34页。

② 同上书，第36页。

③ 同上书，第40页。

④ 同上书，第42页。

休谟意识到利率本质不是货币供需而是收益。[①] 他同时认为虽是实物财富而非货币绝对量决定利率，但货币量的变化却能通过收益影响利率。[②]

“在征服国里，当然可设想，这批新获得的钱币会落入少数人之手，并攒成大宗的现金，谋求有保障的收入，或置地，或生息。不久，与工商业大发展时期相同的结果就接踵而至，放贷者的增加超过了借贷者，使利息下跌。但当此新增加的大量金银被吸收流通到全国之后，地主和暴发户照常饱食终日，无所事事。这样用不了多久，情况就又恢复原状。这全部货币可能仍在国内，并且通过物价的上涨让人感到它的存在；只是不再积聚成大宗金额或库存。借贷者与放贷者之间的比例失调还像先前一样，结果造成利息的回升。”[③]

休谟指出利率的重要性。“低利息和商业中的低利润，是彼此互相促进的两件事。”[④] 但他也清楚不是任何时候的低利率都为经济繁荣之标志。

“利息是国家状况的真正晴雨表，低利息率就是人民兴旺的几乎屡试不爽的标志。低利息是工业发展的证明，它迅速传遍全国，简直就像一场示威一样。有时一场突如其来的商业上的大失败造成大量抛售货物，说不定也会临时引起同样后果，不过这时一定伴随发生穷人失业，民生凋敝的严重现象，再加上短期性，故不可能把这两种情况等同起来混为一谈。”[⑤]

休谟认为货币的绝对数量对实物经济无关紧要，重要的是货币数量变化。他用比较静态分析的方法来说明货币绝对数量与实物经济无关，这是正确的。因为在比较静态时货币总量变动只相当于货币单位变化，与实物经济不相干。他又用动态分析方法来论证货币数量变化对实物经济的影响，也是正确的。

3. 贸易平衡思想

休谟批判重商主义以货币为财富的贸易差额论。他认为，货币只是便利商品交换的润滑油，劳动产品储备乃是一切实力和财富的根本；一国货币过多将使物价上涨，削弱该国出口能力；顺差过多使本国货币过

① 见本书第四章第八部分：国计总量运行模型。

② ［英］大卫·休谟：《休谟经济论文选》，陈玮译，商务印书馆 1984 年版，第 49 页。

③ 同上书，第 50 页。

④ 同上书，第 47 页。

⑤ 同上书，第 48 页。

多，物价上涨使进口增多，减少货币，若逆差过多则本国货币过少，物价下跌使出口增多，增加货币。因此休谟认为进出口贸易自动趋于均衡。他说："担心钱币会离开一个有人力有工业的国家，就像担心所有的泉源和江河会干涸一样。只要谨慎地爱护人力和工业，就永远不愁会失去钱币。"①

"总之，一个国家的政府有充分的理由爱护其人民，保护其工业。那它就用不着为货币而担惊受怕，人类事务的发展过程已做出了可信赖的证明。换言之，一个政府若真想关心后者，它只要爱护前者就够了。"②

休谟不仅关注实物财富在进出口中的变化，还提出国际贸易中货币流动的自动平衡原则。但此原则在自由贸易中才成立。若像坎蒂隆那样，动用国家力量来干预货币总量，就像一战后美国动用国家力量迫使黄金退出流通那样，国际贸易自动均衡原则就无效。

金银作为足值货币时，因政府不能滥产金银，休谟的自动均衡原则有效。但信用货币时代政府可能滥印钞票换取产品进口，并付出货币贬值、本国通胀的代价（但并非说信用货币时代大量进口就一定会使本国通胀。若本国外汇储备已很大，现政府大量进口将致外汇储备急剧减少，本国货币总量减少，产生通缩）。故外贸不均衡的经济后果需综合分析。

（五）魁奈的经济思想

弗朗斯瓦·魁奈（1694—1774 年）是重农学派创始人，曾任法王路易十五的侍医，国王因其医学成绩赐封为贵族。自移住到凡尔赛宫后开始同哲学家、思想家们交往，借以熟悉法国政治经济情况。当时法国因柯尔培尔执行重商主义经济政策，军事上连连失利，财政困难，人们生活困苦。在此背景下魁奈创立重农学派。

自然秩序是重农学派的理论基础。魁奈尤其赞赏孔子学说，曾写《孔子的简史》，认为所有学者中他是最伟大的人物，具有崇高声望，立法明智，要求在人民中树立公正、坦诚和一切文明风尚的"贤明大师"等。魁奈的门徒和学界名流把魁奈称为"欧洲的孔子"。魁奈在其专著《中国的专制制度》中认为中国是一个建立在自然秩序上的国家。杜邦·

---

① ［英］大卫·休谟：《休谟经济论文选》，陈玮译，商务印书馆 1984 年版，第 53 页。

② 同上书，第 68 页。

德·奈木尔于1767年将魁奈及其门徒的论文编辑成专集出版，初版的书名、地点和年代分别是《重农主义，或最有利于人类的管理的自然体系》、北京、1767年。

魁奈自然秩序思想是西方经济学自由主义思想来源，其与中国儒家及道家“无为”的“天道”一脉相承。法国皇太子曾问魁奈：“若您是国王，您会干些什么呢?”魁奈回答：“什么也不干。”皇太子又问：“那么谁来统治呢?”魁奈回答：“自然法则（the law）。”①

魁奈的经济自由主义的程度远超斯密，甚至使斯密这位公认的西方经济自由主义鼻祖也难以接受，并在《国富论》中批评重农学派过分的自由主义。②

1.《经济表》与货币实物两分法

魁奈《经济表》是西方经济思想的飞跃，它第一次使西方经济学成为一门科学。米拉波认为《经济表》是有史以来为政治社会带来稳定性的世界上“三个伟大发明”之一。③ G.－F. 勒特龙强调：“这门科学所缺乏的是，一个可用来检验一般性结论的现代公式，这样一个公式现在在《经济表》中找到了。”④ 熊彼得则把魁奈说成是所有时代最伟大的四个经济学家之一。⑤

魁奈把社会分为三个阶级：生产阶级，即从事农业的阶级，包括租地农业资本家和农业工人；土地所有者阶级，包括地主、国王、官吏和教会，他们获得地租和租税；不生产阶级，指从事工商业的阶级。

《经济表》体现实物财富分配和简单再生产流程，也是一般均衡的雏形。

此表顶头分生产阶级、土地所有者阶级、不生产阶级。生产阶级向土地所有者阶级交纳地租A（纯产品），土地所有者阶级又用一部分地租a向生产阶级购买农产品，用其余地租A－a向不生产阶级购买工商品。生产阶级又用收入a向不生产阶级购买工商品。不生产阶级此时总收入为

---

① ［英］H. 希格斯：《重农学派》，纽约，1952年版，第45页。

② 见本书第二章第四部分：斯密的经济思想。

③ ［英］亚当·斯密：《国民财富的性质和原因的研究》下卷，郭大力、王亚南译，商务印书馆1979年版，第245—246页。

④ ［法］G.－F. 勒特龙：《论社会秩序》第8章，第59页。

⑤ ［美］P.A. 萨缪尔森：《经济学家与思想史》，《美国经济评论》第62卷（1962年5月），第3—4页。

A，向生产阶级购买农产品。故最后收入A又回到生产阶级手中，完成一个循环过程。但此循环过处，却是土地所有者阶级享受了价值a的农产品和A－a的工商品，生产阶级支付了地租并享受价值a的工商品，而不生产阶级享受价值A的农产品。

坎蒂隆和魁奈这种思想在欧洲以前没有出现过，以后也逐渐走向其他形式。N. G. 克莱尔是魁奈同时代的皇室御医，他为学生讲述统治基本原理时阐述了中国经济思想与《经济表》的关系，

“若将中国立法家的研究与著作中所包括的诸家思想概而观之，其恒久不变之卓见，无论在欧洲或现存世界，全然无与接近的思想存在。然而，就是这些稀世的伟人，也不过漠然承认自然秩序的基本法则，并把它教给别人而已……法国已产生了应用这一原则的天才，今后各种社会制度均可用《经济表》这一试金石来进行检验……自古以来，被哥特人或野蛮人的褴褛衣衫隐蔽了自然的核心……我听说英国人给翻译这本著作的人以一千基尼的奖赏，并不觉得奇怪。”① 这里所说“自然秩序的原则在十年前已为欧洲所发现”，就是指中国文化思想被介绍到欧洲，让欧洲人了解到中国的自然哲学。

魁奈的弟子米拉波认为《经济表》完全继承孔子思想。“孔子立教的目的在于恢复人类的天性……却还有一件事要我们去做，就是把这种道德教训普行于全世界。这就是吾师的事业，他已发明了自然所给的秘传，这就是《经济表》。”

德国汉学家赖希魏恩认为，“魁奈在他早年的著作中，虽故意把他的材料隐藏起来，但他晚年所著的关于政治经济的理论，我们一望而知其来自中国”②。

法国学者安田朴问道：“蓬巴杜夫人的这名医生最终若不是从孔夫子的书中又是从哪里得到这种‘自然状态’的思想呢？自然状态成了任何立法以及任何政治、经济和社会活动的准则。如果不是从中国，他又是在哪里发现了一个完全依赖其农业和季风流向规律的民族呢？”③

当代英国哲学家克拉克说，魁奈的思想来源是《道德经》。而从该学

---

① 《大禹与孔子》，1769年。

② 朱谦之：《中国哲学对欧洲的影响》，上海人民出版社2006年版，第316页。

③ ［法］安田朴：《中国文化西传欧洲史》，耿昇译，商务印书馆2000年版，第777页。

派所主张的“自由放任”的原则看来，似乎能闻到更多老子思想的气息。法国人把老子的“无为”翻译成“laissez - faire”（自由放任）。

魁奈的《经济表》被作为重农学派的重要著作。该表以简化的表格形式说明纯产品整个流通过程。《经济表》的诞生也表明严谨的科学方法进入经济研究。马克思在《哲学的贫困》说：“这位经济学家是预言法国资产阶级必然要取得胜利的先知，魁奈医生（魁奈曾是宫廷御医）使政治经济学成为一门科学，他在自己的名著《经济表》中概括地叙述了这门科学。”

《经济表》开头有一句格言式的题词：“农民穷，则王国穷；王国穷，则国王穷（Pauvres Paysans，Pauvre royaume；Pauvre royaume，Paureroi）。”此正是中国儒家名言“百姓足，君孰与不足；百姓不足，君孰与足”的翻版。[①]

魁奈根据中国循环思想而发展的经济表正是一般均衡的前身。在一般均衡框架下产生了马克思再生产公式和当代西方经济学的一般均衡范式，毫无疑问这是奠基性的贡献。亚当·斯密《国富论》发表于1776年，其本身是一部经济学概念分析、经济现象解释与经济史结合的书籍，没有系统性的科学化理论，更没有严密的计算论证，其与《经济表》不可相提并论。

正如本书对货币先行模型的批评[②]，魁奈意识到货币并非存量而是流量。只要交易不受限制，货币存量可足够少，甚至可用票据替代。他批评那种以为《经济表》体现货币存量循环的看法，指出《经济表》本质是实物收入循环。但魁奈由忽略货币存量走向另一极端，在《经济表》中连带放弃货币流量考察，只在其他非基础性文章中提到货币流通重要性，使《经济表》脱离货币分析，开创西方经济学货币与实物两分法，并得到亚当·斯密认同和发挥。

有学者如熊彼得认为：“魁奈的《经济表》是货币分析与总量分析相结合的突出例子。”[③] 此认识欠妥，《经济表》阐述的是实物财富分配关系而非货币流通。这在魁奈的解释文章上说得很清楚，魁奈在1766年发表

① 胡寄窗：《中国经济思想史》上册，上海人民出版社1962年版，第512页。

② 见附录A：一个故事讲透西方经济学和金融学。

③ ［美］约瑟夫·熊彼得：《经济分析史》第1卷，朱泱等译，商务出版社2001年版，第432页。

的《关于手工业劳动》中说："对货币我实际上是考虑得很少的；我更为注意国家的繁荣，因为在具有财富的情况下，从来不会感到货币的不足，而且永远可补足它的不足。您记得我们的一个朋友吗？他很富有，但完全没有货币，尽管这样，他还是购买了大量的土地。缺乏货币并不成为获得土地的障碍；相反的，他用有价证券很快就获得了土地。这样，通过有价证券从一个富有的债权人转入另一个债权人的皮包里，就完成了许多次付款，其中只有一次用现金的。"

"毫无疑问，您是想说，不生产阶级把自己的货币向生产阶级换取等价物以后，他们的货币成了生产阶级的财产，生产阶级又把这些货币用来支付劳务，以及向不生产阶级购买制造品。照您的意见看来，这就是这些货币的循环或周转，这些货币不断地改变着主人。故您想在生产阶级和不生产阶级之间规定一个固定的、统一的和相互的循环，但事实上这些货币完全不是按这个方向周转的。况且我已说过，应当注意的重点并不是货币的周转。我们忘记了我们的主要对象：通过生产性劳动每年生产的产品的年分配。请您再一次抛开货币，把您的注意力只集中到分配上。此分配实际上即使不用货币，而用实物或票据来分配也行。"

2.《经济表》计算的绝对自由主义

魁奈经济自由主义不仅是简单的信仰，而且是根据经济表进行流量计算的结果。由于经济表为简单再生产，工商业只有充分竞争使利润为 0，经济表才能配平，所以魁奈主张完全自由的竞争经济；马克思的分析思路大致沿袭魁奈，只不过马克思认为资本有剩余价值，利润不为 0，因此随着资本有机构成提高，再生产难以配平，从而必然产生经济危机。此逻辑与魁奈完全一致。

这是西方经济学第一次使用流量分析的定量计算方法来计算宏观经济。由于一般均衡只能进行实物分析而无法进行货币分析，所以魁奈的计算仍很粗略，与真实经济有一定距离。但比较亚当·斯密"看不见的手"的哲学思想而言，魁奈关于自由主义的论证更有科学基础。

作为魁奈经济理论的继承和发展，马克思理论继承了存在利润率需求下宏观流量匹配的一般均衡分析方法，而西方经济学则无视利润率需求的同时，继承了多要素供需平衡的一般均衡分析方法。

魁奈根据 0 利润的证明提出了纯产品理论。魁奈认为，只有农业才有地租形式的剩余产品（即纯产品），工商业因完全竞争获零利润，故无剩余产品。他举例说，农业节约成本，只要产量不变，农产品价格也会稳定不变，故纯产品就增多；但工商业越节约，产品价格越低，仍是零利润，不能产生纯产品。他推理出，农业创造财富，而工商业不创造财富。此思想坎蒂隆已阐述过，但魁奈明确提出零利润。①

3. 魁奈经济学原则

（1）魁奈货币原则

一个国家货币数量的增加，不可多于再生产的增加，不然，货币数量的增加，必然要损害财富的年再生产。而再生产的减少，不久必然要引起货币数量的减少和国民的贫穷。一国财富没有减少，货币数量也可能减少。因为在国家富裕而有方便的自由贸易的情况下，补足货币的方法是很多的。然而不能没有损失地补充满足人们需要的财富年再生产的不足。甚至可设想贫穷国家保有的货币量，应比富裕的国家更多一些，因为这里一切需要以现金支付。②

收入的总额每年都流回到流通中去，并周转在整个流通领域，不应使它形成金钱的财产，或者，至少要使所形成的金钱财产和流回到流通中去的数量相抵消。③

供应国家很必要的资源，只能从国民的繁荣中求得，而不能期待金融业者的信用。因为金钱资产是不知道国王也不知道祖国的隐秘的财富。④

（2）魁奈政府支出原则

政府与其只注意节约，不如着重于促使国家繁荣所必要的措施。因为支出虽庞大，若财富跟着增加，就不能算过多。但不应把浪费和真正的支出相混淆。原因是浪费会吞噬掉国民和君主的所有财富。⑤

财富行政不要在租税征收方面，或是政府支出方面形成货币财产。因为此财产会把收入的一部分从流通分配以及再生产过程中夺去。⑥

（3）魁奈提出的富裕原则

耕作者的预付要充足。要使耕种土地的支出，每年能取得最大限度的

① ［法］魁奈：《魁奈经济著作选集》，吴斐丹、张草纫选译，商务印书馆 1997 年版，第 393 页。

② 同上书，第 327 页。

③ 同上书，第 334 页。

④ 同上书，第 329 页。

⑤ 同上书，第 339 页。

⑥ 同上。

产量。①

不应降低最下层市民阶级的生活水平。因为若降低他们的生活水平，就会使他们不能充分消费掉只由国内消费的农产品，这样就会减少一个国家的再生产和收入。②

土地所有者和从事于营利事业的人们，不应热衷于不生产的储蓄。不生产的储蓄会把他们的收入或利润中的一部分从流通和分配中削除掉。③

（4）魁奈外贸原则

无论卖出的商品还是买进的商品，都不考虑它所产生的利润的大小，不受单从货币上的差额所判断的和外国相互贸易的表面利益所欺骗。④

不要使国民在同外国的相互贸易中蒙受损失，即使此贸易对于贩卖输入商品的本国商人是有利的。因为在此情况下，这些商人的财产的增加，就会减少收入的流通，妨害分配和再生产。⑤

不要被同外国相互贸易所取得的表面利益所欺骗，只从货币数额的顺差来判断，而不考察贩卖商品和买进商品所得利润的大小。因为取得货币余额得国家常是遭受损失的，此损失引起对收入分配和再生产的不利。⑥

（5）魁奈自然秩序原则

必须维持商业的完全自由。⑦

国民明显应接受构成最完善管理的自然秩序一般规律的指导。对于一个大政治家应具备的学识来说，只研究人为的法律学是很不够的。必须对构成社会的人们最有利的自然秩序进行研究。⑧

（6）魁奈赋税原则

不能对分成租地农场主的生产性财富征税，因为这意味着破坏国家每年再生产财富的源泉。应对土地所有者征税，因为每一次租借费更新时，

---

①［法］魁奈：《魁奈经济著作选集》，吴斐丹、张草纫选译，商务印书馆 1997 年版，第 334 页。

② 同上书，第 337 页。

③ 同上书，第 337 页。

④ 同上书，第 236 页。

⑤ 同上书，第 338 页。

⑥ 同上。

⑦ 同上。

⑧ 同上书，第 332 页。

租地农场主的竞争经常能使土地所有者的收入同土地的产量相适应。[①]

（7）魁奈价值理论

魁奈否认交换产生价值，认为价值在交换前已决定，“生产物的现实价格，是属于售卖以前的事实……谈到我的关于价值的想法，我认为双方在交换前都是存在的，故交换前并不曾生产任何东西”[②]。这与他货币无用思想是一致的。这也成为以后价值论、均衡价格、货币中性论的理论基础。[③]

（六）杜尔阁的经济思想

安·罗伯特·雅克·杜尔阁（1727—1781 年）是法国重农学派重要代表人物之一，1774 年路易十六即位后任海军大臣，一个月后任财政大臣，1776 年被免职。

杜尔阁在赴任里摩日总督以前写信给伏尔泰说自己如何尊崇孔子。1763 年杜尔阁获悉巴黎有两名中国青年高类思和杨德望完成基督教教士培训学业准备返回中国，他特意延长这两位青年在法国学习、研究和考察时间。杜尔阁写了《中国问题集》，希望中国青年回国后，在研究中国经济状况和制度的基础上把情况汇总给法国人，并为这些问题写了一个简略分析，即《关于财富的形成和分配的考察》。

杜尔阁的经济贡献在于他清楚定义经济学名词，并把经济理论条理化、归纳化。《关于财富的形成和分配的考察》一书的目的是简略分类归纳以便中国青年理清《中国问题集》的头绪。《考察》发表后，人们发现它不仅理清了《中国问题集》的头绪，还理清了几乎整个经济学领域的头绪，故成为名著，但杜尔阁没有什么原理性的创造性工作。

（七）斯密的经济思想

亚当·斯密（1723—1790 年）是英国政治经济学大师，在哲学方面久负盛名的学者大卫·休谟是斯密的老师和朋友，对斯密影响很大。

1759 年斯密发表《道德情操论》。1764 年斯密接受青年贵族布克莱

---

① ［法］魁奈：《魁奈经济著作选集》，吴斐丹、张草纫选译，商务印书馆 1997 年版，第 191 页。

② 同上书，第 431 页。

③ 同上书，第 430 页。

公爵之请，在法国停留 3 年多时间，同法国著名学者伏尔泰、魁奈及杜尔阁密切交往并结下友谊。据传，斯密在法国期间已着手起草《国富论》初稿，1776 年 3 月 9 日发表《国民财富的性质和原因的研究》，即《国富论》。通常认为它标志着西方政治经济学作为一门独立学科正式面世。

1. 圈地运动背景

斯密时代英国已进入工业革命时期，英国工业革命的发生有其历史和物质基础。“从其他国家来到这里的任何奴隶和农奴，只要一踏上这块土地，就会变得和他的主人一样自由”。“无论比哪个基督教的或是异教国家的老百姓，都要吃得好、穿得好。”这是十六世纪英国最贫困的农民也可自豪地说的话。

早在十六世纪之前，西欧农业的繁荣已开始。

11—12 世纪，英格兰土地的 4/5 都没有开垦。这促使边疆运动出现，即大量农民开垦荒地。即便英王的森林也不得不屈服于开垦者的蚕食，变通关于林地垦殖的禁令，中小领主林地或荒地被侵占、分割的更不计其数。正如当时一句俗语所言，垦殖是“小人物的事业”，“真正的垦殖先锋是自由农民和小地主”。

西欧垦殖运动持续了三个半世纪，此间大量森林、山地和沼泽被开辟为耕地和牧场。

13—14 世纪的英国，尤其是东南部等较发达地区，农民生产技能及其耕作方式足以同当时欧洲大陆上最先进地区并驾齐驱。其农业技术与 17 世纪末相比，只是细节上不同，而无本质区别。一些地区的小麦亩产量达到 18 世纪晚期水平。施肥技术、带轮的重犁技术和马在耕作中的应用，使农产品大幅增长，中等农户每个劳动力产粮达 1140 公斤。到 15—16 世纪，农业劳动力向非农业部门大量转移，领主土地大量被削减。最严格的农业萧条论者波斯坦也承认，从小农上升到中农的人数要比因中农上升到富农而使中农减少的人数多。当时有 40% 以上的农民持有 30 亩以上土地，每个劳动力劳动生产率达 2400 公斤，其畜牧收入几乎相当于粮食收入的 30%，储蓄率可达 26%。

边疆运动中对大量荒地、领地和公地的开垦，无疑要带来法律界定。一方面贵族、教会和王室要求土地所有权，另一方面大量农民的开垦和使用公地是既成事实（马克思认为，此实际使用应视为农奴也对公地拥有所有权）。故衡平两者关系的法律方案应运而生，即 13 世纪初开始的英国圈地运动。

英国早在十四世纪就废除了农奴制，十五世纪绝大多数人已是自由的自耕农。当时大量农村土地归村社公有或教会所有，很多土地虽贵族拥有终极所有权，但使用上同公地无区别，农民可共同使用。此土地制度导致农民对土地只用不养，降低土地产出率，并恶化环境。圈地是指西欧的公共田地、草场、牧场及其他可耕土地划分或合并成详细标界、个人所有和个人经营管理的现代农场耕地的过程。圈地之前许多农用土地都是为数众多的分散条块形式，他们仅在一年的作物生长和收获季节受个人耕作者控制。此后直至下一个生长季节前土地由社区处置，可用于村里放牧及其他。圈地即在一块露天土地周围竖起篱笆，防止公众放牧或其他侵权事件。因英国有大量的公地荒无人烟可供农民拓展，故小农也可圈公地，其所受到的约束条件是自己的财力能耕种或围起多少土地。

1489 年亨利七世颁布第 19 号法令禁止拆毁附有 20 英亩以上土地的农民房屋。1638 年查理一世任命一个皇家委员会监督法律，保证农业雇佣工人的小屋保有 4 英亩土地。圈地运动明晰了农业土地产权，它相当于把土地从大锅饭和荒芜地带落实到个人权利。即便小农的权利也从不明确到明确，而非剥夺小农已明确拥有土地所有权。

单个教区里，每种形式的圈地都按土地所有者的土地于圈地前在本教区所占比例重新分配，享有公共权利的茅舍农也分得一定土地。就单个教区而言，圈地使土地所有者原先分散的土地几乎数量不变地集中到一起；小土地所有者不仅未消失，且在 1780—1832 年间圈地最为剧烈时增加。[①]边疆运动、圈地运动开垦大量土地并清晰界定产权，极大促进英国农业。英国农民收入比法国富裕得多，这在配第及各种经济学著作中都可看到。有学者提出，英国出现工业革命正是因为其农业经历了这样一个富庶的前积累时期。

法国领土面积大于英国，人口比英国多三四百万，发展经济的条件不比英国差，但法国工农业的剪刀差剥夺农业养工业，导致工业革命滞后。

英国圈地运动的目的和结果不是压低农业，而是提高农业生产力。圈地运动是国家清晰产权的过程，是承认大量农民对公共地、领主土地及国王土地占有的过程。而非通常认为把已确权的农民土地通过国家征收或其

---

① 郭爱民：《十八、十九世纪英国地产结构研究》摘要。

他强权方式进行兼并征用来发展工商业的过程。

在此背景下《国富论》应运而生。

2.《国富论》的体系

《国富论》共分五篇。

第一篇《论劳动生产力增进的原因，并论劳动生产物自然而然地分配给各阶级人民的顺序》，主要讲财富生产、价值标准及要素分配。

第二篇《论资财的性质及其蓄积和用途》，主要阐述资本运行规律。

第三篇《论不同国家中财富的不同发展》，主要阐述经济史。

第四篇《论政治经济学体系》，类经济思想史或经济学说史。

第五篇《论君主或国家的收入》，相当于财政学。

全书由最简单的商品、价值标准和分配开始，阐述资本运行规律和国家通过赋税等方式调控经济的财政学，并把经济思想史、经济史与分析框架结合，形成从理论到思想渊源、思想比较、经济历史和经济现实的分析体系。

3. 价值理论及斯密教条

斯密否认重农主义只有农业才生产财富的观点。他区分了生产性劳动和非生产性劳动。他认为只要为生产产品服务的劳动，即最终以物质产品为客体来满足人们消费的劳动，就是生产性劳动。以劳动为客体来直接满足人们消费的劳动（主要是表演娱乐、家务管理等），就是非生产性劳动。

斯密认为商品价值由生产商品的劳动量衡量，他认同劳动者的劳动被资本所有者分享的事实，认为商品的劳动价值中包含劳动力价格、利润和地租。他批驳那些把利润当做资本所有者工资的说法。他说："也许有人说，资本的利润只是特种劳动工资的别名，换言之，不外是监督指挥此劳动的工资。但利润与工资截然不同，它们受着两个完全不同的原则的支配，而且资本的利润同所谓监督指挥此劳动的数量、强度与技巧不成比例。利润完全受所投资本的价值的支配，利润的多少与资本的大小恰成比例。"①

斯密也同意简单劳动与复杂劳动的区别。但他意识到简单劳动和复杂

① ［英］亚当·斯密：《国民财富的性质和原因的研究》上卷，郭大力、王亚南译，商务出版社1979年版，第42页。

劳动间难以折算，劳动价值难以成为可操作标准，于是寻找与劳动价值高度相关的价格标准。斯密认为生产金银的劳动量也不稳定，而工人工资是维持工人家庭生活的必要标准，谷物价格作为生活必需品与工人工资对应。假使谷物丰富，人口将增加，假使谷物减少，人口亦将减少，而人均谷物工资将相对稳定。故无论物价如何膨胀、劳动生产率如何变化，谷物价格都对应工资价值。故他选定谷物价格作为价值衡量的另一标准。

斯密教条是指商品新增价值由工资、利润和地租三种收入构成。若把利润和地租统称为利润的话，商品的新增价值由工资和利润两种收入构成。其未包含物质成本（即不变资本），故它不能用于分析社会再生产过程。

谷物价格作为价值标准仍是中国国计理论的内容。《管子》中就提出“谷独贵独贱”的价格规律和“谷币”。谷物价格长时间与工资价格保持稳定的前提是人口随谷物供应量变化，是时代还未进步，谷物消费占人们收入很大比例时才适用。现代社会再认为谷物“独贵独贱”就不合适了。

(1) 生产性劳动与非生产性劳动

斯密划分生产性劳动和非生产性劳动，是因当时非生产性劳动未形成可获利润的产业。但今天此划分仍有意义，因为国家竞争力常取决于生产性劳动（运输业、软件业等间接为生产产品服务的劳动也属于生产性劳动，因为其凝结入物质产品的价值中），而非取决于非生产性劳动。斯密的判断今天仍然有效：一国生产性劳动越少，非生产性劳动越多，此国经济越少自主权。

以国家作为整体，生产性劳动可积累财富，非生产性劳动不可积累财富，并占用生产性劳动机会成本。故非生产性劳动耗费一国资源——就微观企业来说，非生产性劳动可获利润——但此利润乃是对国家财富的再分配。只有三种情况下非生产性劳动有利：一是劳动力过剩或人们消费非生产性劳动的愿望极迫切，甚至会因此影响生产性劳动；二是把非生产性劳动作为收入再分配以平衡供需、减少贫富差距的办法；三是非生产性劳动带来外汇收入。即便是第三种情况也不宜过多，因为此收入依赖于别国。

一个国家买进一列先进的车，每天运送自己的国民获 10 万利润。另一个国家研发此先进的车，无论卖给国内或国外一个月都能获得 300 万利润。一个月后这两个国家谁更富裕呢？两个国家的账面利润都是 300 万。但以国家整体来看，第一个国家真正的利润总额为负数，即亏损。因为其企业所赚的就是国内其他人所失去的，并要承担运送所消耗的资源。而第二个国家实实在在获得300万利润——无论从企业角度还是从整个国家角度。第一个国家把国民运来运去并不能增加国家整体财富，而只会消耗资源，除非此运送是生产性劳动——即为生产物质产品服务。

资本是物而非货币。没有物质积累就无经济增长。人力资本是技术进步的积累，没有技术积累也无经济增长。人力资本和物质资本是经济增长两大要素。

银行贴现货币时一般只贴现生产性劳动的产品，而不会贴现非生产性劳动，也不会贴现资本化的票据，这可有效避免经济泡沫。

（2）斯密教条

有人认为，斯密关于三种收入决定价值的教条使西方经济学忽略了不变资本（也即物质成本）的生产性消费，无法分析再生产。此判断既错误，又正确。

西方经济学中生产函数 $Y = f(K,L)$ 中的 K 其实就是不变资本（当然其数量单位是价格，而不变资本数量单位是社会必要劳动时间，但所指向的物相同）。产出 Y 是扣除不变资本成本的当年新增国民收入。新增国民收入 Y 中去掉消费 Yc，剩下当年新增资本 $Y - cY = sY = I = dK$（其中 c 为边际消费倾向，s 为边际储蓄倾向，具体含义见本书第三章第二部分：乘数理论），下年度不变资本总量为 $K + dK$。从这个意义上说，斯密教条中存在不变资本。

从斯密教条直到后面的西方经济学理论也可推出马克思“资本有机构成不断提高”的结论——此即斯密资本平均利润不断下降的结论，也即索洛模型中资本总量不断增大，而劳动力却取决于人口出生率，出现资本总量与劳动增长不匹配的情况。正因经济学中出现与“资本有机构成不断提高”一样的窘境，新经济增长理论提出人力资本概念，认为即便人口和劳动时间不变，随着人们劳动技能提高，人们的劳动 L 也可增长，以解决劳动与资本比例失衡。而这又与李嘉图反对斯密“平均利润率下降”的理由相同。用马克思劳动价值论也可解释：随着技术进步人们劳动更复杂，在时间不变的情况下复杂劳动相当于简单劳动成倍增长，故资本有机构成不一定提高。有意思的是，凯恩斯也根据资本有机构成提高的推论推断出资本极大丰富时应按劳分配。凯恩斯一味追求刺激投资，对消费持消极态度，正是为使资本边际利润及平均利润率下降，降低资本家发言权，以早日实现按劳分配[1]。

透过这些不断争吵甚至水火不容的理论，可以看到它们共同的渊源和逻辑基础，这是很有趣的事。

但研究资本部类与消费部类关系时，不变资本影响着产品再生产和购买力供需平衡。不考虑不变资本的供需就无法分析再生产过程。故斯密教条可分析国民财富分配关系，却不可模拟再生产过程。

(3) 价值、均衡价格、实物货币两分法、生产性经济学

斯密价值标准是西方经济学均衡价格的前身，它意味着可脱离货币而确定物品比价。斯密价值标准是供需关系的结果，指经济均衡时各产品的相对价格，也是劳动价值论渊源之一。劳动价值数值本身已包含供需关系。既然价值标准，或说均衡价格已包含供需关系，故货币分析不再重要，也奠定了货币中性论、货币与实物两分法和均衡价格的基础。在斯密看来，货币只是轮毂，只是经济的润滑剂。

斯密经济理论乃生产性经济理论。其使西方经济学忽略货币分配结构，其储蓄投资指实物储蓄和投资而非货币储蓄和投资。

4. 资本运动规律

斯密认为劳动与资本成比例，劳动既定，资本越多，利润越低。此为当代西方经济学一次齐次生产函数和要素边际递减规律奠定基础。

既然劳动与资本成比例，而劳动又是价值标准，斯密认为，劳动增加取决于资本累积。任何时刻追求短期资本最大化，就为增加生产劳动提供条件，否则若劳动无法增加，生产价值也无法增加。斯密否定为长远目的而扶持特种行业的必要性，而鼓吹自由资本的趋利性——即便此资本常带有短期行为。

斯密这里显露了其生产性经济学的缺陷——只有无视市场需求变化、一味按配方生产的经济学，才会认为劳动与资本的比例机械地不变，才会认为投入多少劳动就会生产多少价值。

斯密认为资本投入行业有先后顺序。

“资本投在农业上的部分愈大，所推动的国内生产性劳动量也愈大，同时，对社会土地和劳动的年产物所增加的价值也愈大。除了农业，当推制造业。投在出口贸易上的资本，在三者中效果最小。故企图以不充足的

---

① 见本书第三章第二部分：小生产视角与储蓄投资恒等式。

资本，在时机未成熟时兼营这三事，不是取得充足资本的最捷途径。”①

“资本投资在国内贸易上，购买国内甲地产物运往乙地售卖，往返一次，一般可偿还两个都是投在本国农业或工业上的资本。而本国与外国的贸易每往返一次，投在此贸易上的资本，也能换还两个不同的资本，不过其中只有一个是用来维持本国产业的。故即使此种贸易能像国内贸易同样快地赚回本利，投在此种贸易上的资本，比较起来，亦只能鼓励半数的本国产业，鼓励半数的本国生产性劳动。再兼国内贸易资本周转速度快得多，两个资本要是相同，投在国内贸易上的资本，与投在对外贸易上的资本比较，前者对于本国产业，常可提供二十四倍的鼓励与扶持。”②

“资本完全投在外国贸易之上，那便比国内与国外之间贸易对于本国生产性劳动所提供的鼓励与扶持更少。”③

“这样，与投在国外贸易上的等量资本比较，投在国内贸易上的资本，所维持所鼓励的本国生产性劳动量，一般较大，所增加的本国年生产物价值，一般也较大。但投在国内外贸易上的资本，与投在国际间运送贸易上的等量资本比较，在这两方面，却提供更大的利益。故为本国计，与其奖励消费品国外贸易，毋宁奖励国内贸易，与其奖励国际间运送贸易，毋宁奖励国内外贸易或国内贸易。为本国计，不应强制亦不应诱使大部分资本违反自然趋势，流到国外贸易或国际间运送贸易方面去。”④

“当然，若资本的分配完全是自然形成，则应尊重资本的事实。因为这常说明此资本分配适合这个国家的国情。例如威尼斯，仍旧拿国内贸易为主就是不适当的。”⑤

“而很显然，国内贸易比国内外贸易的风险成本低，而国内外贸易又比国际间贸易的风险成本低。故就自然规律来说，也是先发展国内贸易，然后国内外贸易，最后国际贸易。国际贸易的发达是一个国家财富发展的结果，而非财富发展的原因。”⑥

---

①［英］亚当·斯密：《国民财富的性质和原因的研究》上卷，郭大力、王亚南译，商务出版社 1979 年版，第 336 页。

② 同上书，第 338 页。

③ 同上书，第 341 页。

④ 同上书，第 341 页。

⑤ 同上书，第 342 页。

⑥ 同上书，第 343 页。

“就如同有一只看不见的手，指引着资本流向适合的产业。”①

斯密关于资本运行顺序的阐述十分精彩。他没有局限于考察利润，而考察资本在国内运行与国内外运行及完全在国外运行三种情况下对“资本偿还”的影响。资本偿还包括物质成本偿还和人力成本偿还，即物质成本持续生产、回收和就业。资本在国内外的平均利润率理论上应趋同。但从物质成本的持续生产和回收（物质成本持续生产和回收能保证生产规模及产业链存在，并为技术改进提供条件），及提高人们收入（人力成本就是工人收入）来说，资本在国内要比在国内外发挥的作用大，更比纯粹在国外发挥的作用大。

斯密清楚，若国内实物资本和人力资本已充分就业，就不再有剩余力量来满足多余货币资本在国内的投资需求。斯密鼓励资本朝国内外贸易发展。国内外贸易资源就业饱和后，再向国际贸易发展。故斯密分析资本在国内外作用，考虑了生产资源的机会成本。

斯密特别指出“国际贸易的发达是一个国家财富发展的结果，而非财富发展的原因”，这对某些一味对外依赖的发展中国家是一记猛拳。国家因过高外贸依存度、过低国内消费能力所致的高经济增长不是正常经济，当然新加坡这样的小国除外。

斯密“看不见的手”也在阐述资本运行规律时提出来。所谓“看不见的手”，只在强调“具有规律”，规律自然看不见。但并非说此规律“不能分析”，或“不能掌握”，也非说“不能利用和干预”。相反，斯密分析各种情况的利弊并研究应对措施。例如他说“为本国计，与其奖励消费品国外贸易，毋宁奖励国内贸易，与其奖励国际间运送贸易，毋宁奖励国内外贸易或国内贸易。为本国计，不应强制亦不应诱使大部分资本，违反自然趋势，流到国外贸易或国际间运送贸易方面去。”此均为规律的应用和干预，而非把规律看为黑箱，视为“想不到的手”。

5. 工资与经济增长

斯密注意到工资与经济增长关系。他说：“使劳动工资增高的，不是庞大的现有国民财富，而是不断增加的国民财富。一个国家，无论其财富多庞大，若是静止不前，人民的生活必定困顿。而无论一个国家多么贫

① ［英］亚当·斯密：《国民财富的性质和原因的研究》上卷，郭大力、王亚南译，商务出版社1979年版，第27页。

困，若是其发展速度极快，人民生活也可超过发展缓慢的富裕国家。”[①] 斯密同时认识到工资对经济增长的反作用，“若一个国家土地肥沃，人口又已经大大减少，因而生活资料并不是十分困难，可是年年仍不免有三四十万人因饥饿而濒于死亡，就可断言，那是因为该国指定用来维持贫困劳动者的资金正在迅速减少。故劳动报酬优厚，是国民财富增进的必然结果，同时又是国民财富增进的自然征候。反之，贫穷劳动者生活维持费不足，是社会停滞不前的征候，而劳动者处于饥饿状态，乃是社会急速退步的征候”[②]。

工资与经济增长的关系在现代社会中表现得很明显。人们常会听到这样的话“经济增长率若低于多少个点，就会产生如何不利的后果”。其背后原理是，经济高速增长时大量的储蓄货币会通过投资等方式流通到市场上，使贫困者收入增加，而大量生产产出时实物财富供给也增加，两方面提高中低阶层收入。

经济高速增长虽提高人们生活水平，但若此高速增长加剧经济失衡，如留给劳动的报酬比例过低，最终必无法维持。高速失衡增长相当于吸毒上瘾：只有不断刺激高速增长人们生活才会满意，但高速增长加剧经济失衡，经济失衡下人们生活开始困顿，政府不得不再次刺激高速增长以保持人们生活水准。

故斯密指出，劳动报酬优厚“是国民财富增进的自然征候”，否则就会经济失衡而停滞。此即从宏观经济人力资本增长、经济平衡角度进行的判断。

6. 货币思想

斯密认为：“任何国家，各种纸币能毫无阻碍地到处流通的全部金额，决不能超过其所代替的金银的价值，或（在商业状况不变的条件下）在没有这些纸币的场合所必须有的金银币的价值。”[③] 此结论只适合于兑换纸币，即按法定比例兑换金银的纸币，不适合于不兑换纸币。[④]

斯密认为，一国货币过多会因价格过高而进口，输出货币，反之则出

---

① ［英］亚当·斯密：《国民财富的性质和原因的研究》上卷，郭大力、王亚南译，商务出版社 1979 年版，第 63 页。

② 同上书，第 66 页。

③ 同上书，第 275 页。

④ 见本书第四章第五部分：国计风险平价原理。

口输入货币。他分析西班牙衰落原因时认为，西班牙开采金矿导致货币过多，物价膨胀，但又禁止黄金输出，故既不能进口又不能出口（价格昂贵），使西班牙经济与外界隔绝而衰落。斯密这是沿袭前人的说法，比坎蒂隆“国家强行退出多余货币”的设想要差了一些。

7. 斯密的自由主义

斯密经济自由主义应放到当时经济背景下去看。欧洲一直对商业控制得很厉害。各国国王总是下令某些商业由某些人专门经营，或禁止某些商品或金银进出口，或禁止技术人才出国。总之，当时欧洲关卡林立，无处不在政府管制之中。《国富论》中就举了不少例子，如乔治一世第五年法令第二十七号规定，凡引诱英国技工或制造业工人到外国去执行职业或传授职业者予以重罚；某一个人如被证明曾勾引某一技工，也将被拘禁；若技工出国并执行其职业或传授职业，则必须在接到警告后六个月内回国，否则剥夺一切国内财产及继承权。

斯密擎起自由大旗以突破欧洲繁多商业壁垒，但这不意味其赞同绝对自由主义。

斯密自由主义的核心是反对垄断赞成竞争，竞争含义是任何一个商家都无法独立操纵市场以获利。操纵市场能力越小，竞争越完全。故完全自由竞争中的“自由”，不是指完全不受行政干预的自由，而是市场不被竞争中任何一方操纵的自由。

斯密说：“其实，不论在哪一种商业或制造业上，商人的利益在若干方面常和公众利益不同，有时甚或相反。扩张市场，缩小竞争，无疑是一般商人的利益。可是前者虽常对于公众有利，后者却总是和公众利益相反。缩小竞争，只会使商人的利润提高到自然的程度以上，而其余市民却为了他们的利益而承受不合理的负担。故这一阶级所建议的任何新商业法规，都应十分小心地加以考察。非小心翼翼地、抱着怀疑态度做了长期的仔细检查以后，决不应随便采用。因为他们这般人的利益，从来不是和公众利益完全一致。一般地说，他们的利益，在于欺骗公众，甚至在于压迫公众。公众亦常为他们所欺骗所压迫。”①

斯密批评重农主义的绝对自由主义说：“若说最完全自由状态所确立

---

① ［英］亚当·斯密：《国民财富的性质和原因的研究》上卷，郭大力、王亚南译，商务出版社 1979 年版，第 242 页。

的自然分配，每一次受侵蚀，都必然会不断地多少减损年产物的价值与总和，因而使社会收入与财富逐渐减少。或说一定要认为，只有在完全自由与完全公平的正确制度下，国家才能繁荣发达起来的话，那世界上没有一国能够繁荣了。”①

斯密赞成适当外贸保护。他说：“一批商人自出费用，自冒危险，在野蛮异域树立新的贸易，政府许其组成股份公司，并于经营得手时，给以若干年的独占权利，那是没有什么不合理的。实在说，政府要报酬此冒险费财而且异日会造福大众的尝试，也只有这是最容易、最自然的方法。像这样一种暂时的独占权利，和给予新机器发明者对这机器的专利权可依同一原理加以辩护。但应有期限。”②

“英国绝对禁止羊毛输出可能是不正当的，但充分证明，对羊毛输出课以重税，是正当的。”③

斯密认为，只有对为国防所必需的特种产业和外国产品赋税比国内产品赋税低时，本国才可增加对外国产品的赋税和奖励本国产品。当然，对本国已中断自由贸易许久的产品，应一步一步地、小心翼翼地恢复自由贸易。若骤然撤废高关税或禁令，较低廉的同类外国货物将迅速流入国内市场，把本国千千万万人民的日常职业与生活资料夺去。④

8. 国际贸易绝对优势理论

斯密认为各国都应发挥自己优于他国的优势进行生产。绝对优势理论与比较优势理论的联系和区别，本书后续阐述。⑤

（八）李嘉图的经济思想

大卫·李嘉图（1772—1823 年）是英国金融界知名人士，西方古典经济学完成者。1799 年他阅读斯密的《国富论》，对政治经济学发生兴趣。曾发表《黄金的价格》等论文，批评当时英格兰银行滥发纸币，要求发行稳定可靠的银行券。1815 年起他发表好几部著作反对谷物法，因

---

① ［英］亚当·斯密：《国民财富的性质和原因的研究》下卷，郭大力、王亚南译，商务出版社 1979 年版，第 240 页。

② 同上书，第 314 页。

③ 同上书，第 221 页。

④ 同上书，第 40 页。

⑤ 见本书第五章：国计比较贸易模型。

为谷物法用高关税禁止谷物大量进口，使谷物价值昂贵。正是在同代表金融贵族和土地贵族利益的经济观点作斗争中，李嘉图形成了经济理论体系。1817 代表作《政治经济学及赋税原理》出版使他成为当时英国最著名的经济学家，1819 年被选为英国议会下议院议员。他在议会中提出许多激进的政治经济改革主张，坚持自由贸易，反对谷物法，建议减低租税和降低粮价，他也反对空想社会主义者欧文的社会改革计划。李嘉图与马尔萨斯、萨伊、西斯蒙第等人交往密切。

1. 李嘉图经济推理逻辑

李嘉图认为“商品的价值或其所能交换的任何另一种商品的量，取决于其生产所必需的相对劳动量，而不取决于付给这种劳动的报酬的多少”①。

李嘉图将不变资本也折算成劳动量，认为商品价值为直接生产此商品的劳动量与生产此商品不变资本的劳动量之和。他指出劳动量不是财富绝对价而是财富比价。“我还必须指出，我并未因为一种商品所用的劳动量值一千镑，另一种商品所用的劳动量值二千镑，就说前者具有一千镑的价值，后者具有二千镑的价值。我只是说它们的价值彼此成为二与一之比，而且它们会按这一比例进行交换。”②

然后他假定包含劳动量较稳定的某实物货币，以实物货币为劳动量等价物来衡量商品价值。因为价值不是绝对量而是比价，所以工资价值提高等价于工资率提高，必致利润价值即利润率下降。而工资率或利润率改变不影响商品比价（商品价值）。“劳动价值上涨，利润就一定会下降。若要在农场主和劳动者之间分配谷物，给予后者的比例越大，留给前者的比例就越小。”③“要正确判断地租率、利润率和工资率，不应根据任一阶级所获得的绝对产品量，而应根据获得此产品所必需的劳动量。可能发现，商品的绝对量虽已增加了一倍，但仍然刚好是以前那样多的劳动的产品。尽管因为商品更为充裕而使付给劳动者和地主的数量增多了，我仍然会说

① ［英］大卫·李嘉图：《政治经济学及赋税原理》，郭大力等译，商务印书馆 1981 年版，第 7 页。

② ［英］大卫·李嘉图：《政治经济学及赋税原理》，郭大力等译，商务印书馆 1972 年版，第 37 页。

③ 同上书，第 28 页。

工资和地租都已跌落而利润已提高。”①

李嘉图认为地租不能影响商品价值，因为他认为谷物价值是由在不支付地租的最劣等土地，或用不支付地租的那份资本生产时投下的劳动量所决定。土地超过最劣土地产出能力部分为级差地租。农产品价格高昂是因为最后生产的一份农产品耗费劳动成本较大。级差地租由最劣土地生产成本决定。试图降低级差地租也不能降低最劣土地的生产成本，故对谷物价格无影响，只是让第三者获得级差地租降低部分。

故他推论：“规定谷物价格的是用最大量劳动生产出来的谷物，地租绝不会也绝不可能成为谷物价格的构成部分。故亚当·斯密认为规定商品交换价值的基本尺度（即商品生产时所用的相对劳动量）会因土地的占有和地租的支付而改变的看法，便不能说是正确的。大多数商品的构成中虽都有原料，但此原料的价值和谷物价值一样，是由土地上所用的不纳地租的最后一份资本的生产力规定的。故地租便不是商品价格的构成部分。”②

他进一步提出级差地租性质，“使相继投在同一土地或新土地上的各份资本的产品的差额减少的任何事物，都有减低地租的趋势；而增加此差额的任何事物必然产生相反的结果，趋向于使地租增加”③。

然后他认为只要劳动者生活必需品价格不上涨，工资率就不上涨，从而不降低利润，“若丝绸、天鹅绒及任何其他非劳动者所需的商品因所费劳动增加而涨价时，会不会影响利润呢？当然不会，因为只有工资上涨才能影响利润，丝绸和天鹅绒即不为劳动者所消费，故就不会使工资提高”④。

换言之，因人口增长导致的必需品价格过高，将提高工资率降低利润率，而地租不受影响。

他推出其赋税理论：“当政府的消费随课税而增加时，若此消费是由人民增加生产或减少消费来偿付的，此赋税就落在收入上面，国家资本可不受损失。但若人民方面没有增加生产或减少非生产性消费，赋税就必然

---

① ［英］大卫·李嘉图：《政治经济学及赋税原理》，郭大力等译，商务印书馆 1972 年版，第 39 页。

② 同上书，第 64 页。

③ 同上书，第 68 页。

④ 同上书，第 100 页。

落在资本上面，也就是说，原来决定用在生产性消费上的基金将因此受到损失。”①

李嘉图推出，对农产品征收价格税或从量税会提高农产品价格，根据其假设的数据，价格刚好提高到与赋税额抵消。故级差货币地租不变，但因农产品价格提高，级差谷物地租降低。若不问土地优劣一律按土地面积征税，则级差谷物地租不变，货币地租增加。他认为对地租征收的税全部会落到地主身上，不能转嫁到消费者身上，因为地租税减少的是级差额度。但若地主的地租中有一部分是地主对土地投资的收益，则若这部分收益被征税，就不是地租税，将会影响地主改良土地。若征收的是利润税，则级差谷物地租不变。

在应答关于土地已全被使用完后如何处理地租时，李嘉图说：“若说耕种事业已很发达的英国目前已没有不提供地租的土地这一点是事实，那它以往会有过不能提供地租的土地这一点同样也是事实。而且有没有土地，对于这一问题无关紧要。因为只要英国有任何投在土地上的资本只能提供补偿资本及其一般利润的收入，那不论它是投在新土地上或是投在旧土地上，都是一样的。价格总是由完全不支付地租的最后一部分资本所获得的报酬所决定的。”②

2. 对李嘉图逻辑的评价

李嘉图指出一个重要事实：“劳动量是用于判断产品生产或分配的比率，而非用于判断产品的绝对数额。”他认为劳动价值反映财富比率，而非财富绝对量。此论点得到马克思首肯。马克思指出：对相对工资或比例工资的分析，是“李嘉图的巨大功绩之一……阶级和阶级相互之间的状况，与其说决定于工资的绝对量，不如说更多地决定于比例工资”③。它意味着：劳动价值的运算是对财富比率的运算而非对财富绝对量的运算。比率运算的特性是在总量不同时比率不能直接加减，故不能因为劳动价值单位是时间就认为它们的量纲相同而可直接运算。劳动价值运算完全遵从比率运算法则。任何时期任何效率的劳动价值，应通过劳动价值对应的财富比率与财富总量的关系还原为财富绝对量，对绝对量进行算术运算，再

---

① ［英］大卫·李嘉图：《政治经济学及赋税原理》，郭大力等译，商务印书馆 1972 年版，第 127 页。

② 同上书，第 280 页。

③ 《马克思恩格斯全集》第 26 卷Ⅱ，人民出版社 1973 年版，第 476—477 页。

还回比率以确定价值。故有以下性质：

第一，生产效率越高，则单个产品占总产品比率越小，以劳动时间衡量的价值越小。

第二，相同生产效率的劳动价值可直接加减，不同生产效率的劳动价值不能直接加减。

第三，不同时期的劳动价值不能直接加减。

第四，一个物品（不是“一种物品”），随着技术进步，其价格可能不变，但价值不断降低。

第五，物品随着时间积累增多，是价格或数量为量纲的总量积累，而非劳动价值为量纲的总量积累。因以前物品的劳动价值随时间不断下降，故积累的劳动价值总量不一定增长。

第六，资本有机构成不一定随生产率提高而提高。因为不变资本的价格虽可能稳定，不变资本价格总量增大，但其劳动价值随生产率提高而降低，从而不变资本总劳动价值量可能相对稳定。

第七，简单再生产时可用劳动价值来直接分析产品生产和消费。但扩大再生产时，因比率不能直接加减，不能用价值的时间量纲直接计算产品生产和消费。

对第六条结论简单举例证明如下：

令初期不变资本占全社会总财富比例为 k，在每期新增财富中也提取比例 k 为不变资本。社会总财富增长率为 r。则可计算不变资本随时间累积的劳动价值总量。

初期不变资本占社会财富比例为 k。

第一期后，原不变资本比例变为 $\frac{k}{1+r}$，即原不变资本劳动价值下降。新增不变资本比例为 $\frac{rk}{1+r}$。此时总不变资本劳动价值量对应比例为 $\frac{k}{1+r}+\frac{kr}{1+r}=k$。

不变资本的劳动价值经过累积后，劳动价值总量仍为原来的数值。资本有机构成不会因不变资本累积而提高。

第七条性质的阐述：

第七条性质使马克思简单再生产公式可模拟现实中生产和消费过程的实物循环流动。但扩大再生产公式因涉及不同时期、不同生产效率下的劳动，故不同时期的劳动价值不能简单加减，而须按生产效率折算。或把现在的复杂劳动折算成以前的简单劳动，或把以前的简单劳动折算成现在的复杂劳动，然后才能加总模拟生产和消费。例如在技术进步时，今天的社会必要劳动时间 1 小时与去年的社会必要劳动时间 1 小时不等。若今天社会必要劳动时间 1 小时能生产 5 双鞋，去年社会必要劳动时间 1 小时能生产 1 双同样的鞋，今天 1 小时相对去年 1 小时即复杂劳动，相当于去年 5 小时的简单劳动。

若把现在及以后的复杂劳动价值折算为过去的简单劳动价值以模拟经济运行，则与现代生产函数模型无本质差别，即生产和消费的增长。而若把过去简单劳动价值折算成现在复杂劳动来模拟经济运行，就如上面有机构成计算一样——这两种方法本质相同，但财富折算方向正相反。

3. 反对斯密资本平均利润不断下降之论断

李嘉图认为，资本增长的同时劳动素质和数量都在增长，故不适合资本边际收益递减，他还赞同萨伊供给自动创造需求的观点。①

斯密认为人口增长有限故劳动价值增长有限，而资本增长速度很快。所以资本过多劳动过少，资本边际利润率下降。熟悉西方经济学一次齐次生产函数特别是索洛增长模型的读者应对此结论有印象。在索洛增长模型中，人口不变时资本增加将导致边际产出下降，人口增加才可使经济稳定增长。李嘉图否定此观点。他认为劳动增加不一定必需劳动力人口增加，也可能是劳动素质增加，用马克思理论的话说即可能为复杂劳动，用当代西方经济理论的话说即人力资本增长。即使人口增长速度不如资本增长速度，若劳动素质增长能弥补此差距，劳动与资本的比例就能保持稳定，资本边际产出，也即边际利润率，或平均利润率就不会下降。

4. 对货币的认识

李嘉图认识到货币自由生产时其价值为生产价值，此价值由供需作用来实现，故货币供给变化会引起货币价值变化。他主张纸币应与实物货币例如黄金按比例自由兑换，以限制滥发纸币。因其以劳动量为价值标准，故不可能摆脱货币实物两分法框架。

自魁奈、斯密以来，西方经济学者一直苦苦追寻终极价值标准。这种追寻反映了西方经济学标量计学的本质。在中国国计学这种矢量计学中，

---

① 见本书第二章第四部分：萨伊的经济思想。

不可能存在任何终极价值标准。[①]《管子·轻重乙》中明确说“衡无数”。

5. 比较优势理论

李嘉图认为，国际贸易中任何一方都应生产己方与对方生产效率之比最大的产品。此原则不但适于斯密所说双方互有所长时（绝对优势理论），还适于一方在各方面都处于劣势时，故叫比较优势理论。

比较优势理论比绝对优势理论有先进之处，它研究了当一方在各方面都处于劣势时，双方采取何种策略能获得最大收益。但比较优势理论基于“双方获得收益之和为最大”来分析各方策略，对于双方如何分配分工收益则无任何考虑。其实强者常将攫取更多分工收益。[②] 故比较优势理论未揭示国际贸易竞争规则。在比较优势理论基础上发展起来的要素禀赋理论也同样未解决国际竞争的利益分配问题。

（九）西斯蒙第的经济思想

让·沙尔·列奥纳尔·西蒙·德·西斯蒙第（1773—1842 年）是著名经济学家、历史学家，生于瑞士日内瓦，法国古典政治经济学完成者。西斯蒙第代表性经济著作为《政治经济学新原理》。他前半生因欧洲革命风暴而颠沛流离，他抨击奴隶贸易，积极为赞助自由主义运动的拿破仑辩护，在“百日政变”期间还曾受拿破仑接见。他一生勤于著述，受到同时代著名古典学者如李嘉图、巴顿的尊敬。

1. 收入与生产决定理论

西斯蒙第认为：“国民收入和年生产是相等的，是等量。”[③]

“国民收入应调节国民开支，国民开支则应在消费基金里吸收全部生产；绝对的消费决定一种相等的或更高的再生产，再生产又产生收入。若说迅速而完全的消费永远决定更高的再生产，财富的其他部分以一种均衡的速度按比例向前发展，并且继续逐渐地增加，国民财富才能不断增加，国家才能不断繁荣。一旦此比例遭到破坏，国家就会灭亡。”[④]

这里西斯蒙第第一次提出了国民收入恒等式的基本设想，为凯恩斯建立西方宏观经济学分析框架打下基础。但西斯蒙第混淆了收入和产出交换

---

① 见本书第四章：国计平衡增长模型。

② 见本书第五章：国计比较贸易模型。

③ ［瑞士］西斯蒙第：《政治经济学新原理》，何钦译，商务印书馆 1997 年版，第 75 页。

④ 同上书，第 81 页。

的意义。他说："归根到底，本年度的生产总额始终只能替换上年度的生产总额。假如生产逐渐增长，每年的替换就只能使人们每年遭受一些轻微的损失，同时却能为将来改善条件。假如此损失很轻微而又分担合适，每个人都会毫无怨言地承担此损失……但假如新的生产和过去的生产很不协调，资本就会枯竭，灾难就会临头，国家就不会进步，而是后退。"① 西斯蒙第把收入看成是前一年收入，而把产出看成是当年产出。他认为前一年收入要用以交换当年产出。因两者存在轻微差距，以至有"轻微的损失"，若增长过快差距过大，经济就要波动。

其实只要有货币充当预付手段就可弥补此差距。故经济波动的原因不是去年实物收入低于今年实物产出所导致。②

因西斯蒙第把增长与消费的失衡归罪于两年间的产出总量不同，或说，归罪于"应用去年的收入来支付今年的生产"，故他认为，若资本家上年节制生产，则会节约更多的资本可用于当年的工人工资及资本家自己的消费，成为购买当年总产出的上年收入。上年收入与当年总产出的差距就不大，经济就能稳定发展。

西斯蒙第认为，消费不足是因为缺乏资本（即上年的收入）。他说："只有在积累资本（即以前的劳动果实）的人利用资本一方面供应原料、一方面供给工人生活资料的时候，工人才能劳动。没有需要劳动加工的原料，就不能进行劳动，不能产生成为一部分财富的任何实际利益。没有养活工人的食物，工人就决不能劳动。故不预先储存一笔消费品形式的资本以提供劳动的原料和工资，任何劳动都不能进行；假使工人自己出此垫支，在这件小事上他就具有资本家和工人的双重身份了。"③

"增加国家资本是对于劳动的莫大鼓励……资本家把这些资本发给工人，就使工人得到一项收入，因而有能力购买并消费上一年的生产，资本家在下一年的生产中也可从工人身上得到他理应得到的，依靠收入增加的资本。"④

"每当涉及私人利益问题的时候，几乎所有表示缺钱的情况都是缺乏

---

① ［瑞士］西斯蒙第：《政治经济学新原理》，何钦译，商务印书馆 1997 年版，第 84 页。

② 见本书第四章：信贷对冲下的币流先行原理。

③ ［瑞士］西斯蒙第：《政治经济学新原理》，何钦译，商务印书馆 1997 年版，第 285 页。

④ 同上书，第 288 页。

资本而非缺乏金钱。”[1]

征税问题上，他强调：“一切赋税必须以收入而不以资本为对象。对前者征税，国家只是支出个人所应支出的东西；对后者征税，就是毁灭应用于维持个人和国家生存的财富……必须保持这部分产品，以维持或增加各种固定资本、一切积累起来的产品，保证或提高所有生产工人的生活。”[2]

西斯蒙第虽主张生产过快会使消费不足，但他解决的方式却是增加投资。西斯蒙第没有想到：若上年节约资本以降低下年产出，并将上年节约的资本补充当年收入，这固然可基本平衡总量。但如果当年使用这么多资本，那下年怎么办？

凯恩斯的国民收入和国民生产都是当年的，故能建立恒等关系。不过其刺激投资的原理和“下年怎么办”的问题同样存在。这在后面分析。

西斯蒙第还认为，技术进步会使工人失业，需求不足。但技术进步需要人力研发，这又增加就业机会。在非经济危机情况下，那种自己不研发技术，一味引进别人生产线的国家，将出现大面积失业。

2. 货币观念

西斯蒙第的货币思想继承魁奈，他认为金钱只是交易媒介而不是资本。

“不仅资本被估作金钱，而且实际上金钱俨然就是资本了；人类的语言也造成这两种概念的混淆，常需用很大的注意力才能分辨出资本并不是钱……富人的收入也同样是用钱来估算的……实际上此收入是富人用来同另一种等值的财富进行交换的那部分可消费的财富……最后，穷人的工资总是用钱来计算的，为了记住它和富人的资本是一样的……此工资是用来交换穷人的年劳动而给予他们的那部分可消费的财富。”[3]

西斯蒙第指出货币利息不是金钱收益，而是资本收益，“利息是资本的收益，不是金钱的收益。”[4] 这为凯恩斯《通论》吸收。[5] 但西斯蒙第

---

① ［瑞士］西斯蒙第：《政治经济学新原理》，何钦译，商务印书馆1997年版，第290页。

② 同上书，第368页。

③ 同上书，第90页。

④ ［瑞士］西斯蒙第：《政治经济学新原理》，何钦译，商务印书馆1983年版，第294页。

⑤ 见本书第四章第八部分：国计总量运行模型。

走向极端，“认为在任何情况下大量输入货币会降低利率，或认为输出货币会提高利率，都是绝大错误”①。否认货币的动态变化影响经济，这是不对的。

西斯蒙第认为实物货币代表足值价值，不兑换纸币缺乏足值制约而易导致滥发，故反对不兑换纸币。

（十）马尔萨斯的经济思想

马尔萨斯（1766—1834 年）英国经济学家，生于英国一个土地贵族家庭。其父亲丹尼尔·马尔萨斯和休谟、卢梭等都有过来往，在启蒙主义思想影响下思想颇为激进。

1. 马尔萨斯经济推理

马尔萨斯认为，谷物是生活必需品，其增加会导致人口迅速跟进，增加对谷物需求。故谷物永远不会过剩。“生活必需品的生产中，需求决定于产品本身。”② 他推论谷物等生活必需品价值不会随产量变化。

他认为级差地租是土地生产能力之差距而非垄断等外因所致，故并非谷物价格高昂的原因，即便地主把全部地租都给租地者，谷物价格也不会变化。

综合以上两点，马尔萨斯反驳李嘉图关于“土地改良会减少地租”的观点，认为土地改良增加产出短期内导致谷物价格下降，但人口增加很快会创造需求使谷物价格重新上涨，恢复原来地租。

经济繁荣会使得劣等土地被利用，地租增加，故地租增加表现经济繁荣。

在论证谷物等生活必需品价格的稳定后，马尔萨斯继续论证利润问题。

决定利润率有两个因素。一个是最后投放在土地上的资本生产力，其决定了劳动者工资率，此称为利润限制原理；一个是偶然或通常的供求变动引起同一劳动数量的产品价格变动，也决定工资率，此称为利润调节原理。当资本和产品增长速度超过人口时，工资率升高，利润率下降，但因

---

① ［瑞士］西斯蒙第：《政治经济学新原理》，何钦译，商务印书馆 1997 年版，第 298 页。

② ［英］马尔萨斯：《政治经济学原理》，厦门大学经济系翻译组译，商务印书馆 1962 年版，第 124 页。

价格并不变，地租不受影响。

马尔萨斯判断：资本家过多节约消费以增加投资，会减少利润。他进一步论证：现实中商品并不都和商品交换，很多商品直接和生产性劳动及私人服务交换。假定原交换已均衡，现保持总劳务不变，因资本积累增加生产性劳务，减少私人服务，则商品供给增大，而劳务需求不变，地主和资本家边际消费倾向又下降，故生产过剩降低利润率。

马尔萨斯继续断言："故很明显，若没有一种足以刺激商业、制造业和私人服务的支出，就没有充分的刺激可促使土地占有者好好地进行耕种。"①

"争论的焦点是，没有一个国家可能通过长期缩减消费来积累资本而成为富国。"

他提出解决方案是：分割大地主地产，减少贫富差距；通过国际贸易打开市场；使社会中占适当比例的一部分人从事私人服务或以其他方式提出对物质产品的需求，而不从事生产性劳动。

马尔萨斯进一步阐述贫富差距问题："从来没有一个只有少数有产业的人的国家能充分发展它的天然资源，不管这些人多么富有和奢华。实际上，总觉得少数人的过多的财富，从有效需求的角度看来，决不能等于多数人的适度的财富。"②

"经验证明，制造业的财富既是财产合理分配的结果，同时又是此分配进一步改善的原因。"③

但他反对过分平均化，因为"小地主和小资本为数过多也不行"。④

马尔萨斯对于国际贸易谈道："一切交易行为的基础的一项简单明显的原理是：用比较不需要的东西交换比较需要的东西。"⑤

关于为何要谨慎对待给予劳动者优厚报酬以满足供需平衡时，马尔萨斯说："为了一个比任何有关财富的理由重要得多的理由，就是为了社会上广大群众的幸福，最好给予劳动阶级以优厚的报酬。但劳动阶级消费的

---

① ［英］马尔萨斯：《政治经济学原理》，厦门大学经济系翻译组译，商务印书馆 1962 年版，第 262 页。

② 同上书，第 309 页。

③ 同上。

④ 同上。

⑤ 同上书，第 326 页。

剧增，必然会大大增加生产费用，因而降低利润。”①

马尔萨斯总结说：“大体可说，一批非生产性消费者的特殊作用在于保持产品与消费的平衡。”②

当时非生产性劳动几乎不创造利润，马尔萨斯认为非生产性劳动就可增加消费，减少供给。但到今天，非营利性消费才是马尔萨斯之意。

马尔萨斯的经济理论与扩张性财政政策相似。但他主张刺激消费来平衡经济，与主张刺激投资来平衡经济有所不同。其主张还是有利于中下阶层平民，不为大资本说话。但其认为人口增长速度快于经济增长，故主张不能给予下层平民好待遇以防止人口膨胀，这限制了其刺激消费的观点。

“经验证明，制造业的财富既是财产合理分配的结果，同时又是此分配进一步改善的原因”，这样的话在布阿吉尔贝尔、魁奈、亚当·斯密等人口里早已听到过，在马尔萨斯这里，又再次听到了告诫。

（十一）萨伊的经济思想

让·巴蒂斯特·萨伊（1767—1832 年）是法国经济学家，生于里昂的一个商人家庭，1794—1799 年间萨伊主编《哲学、文艺和政治旬刊》，曾被派到拿破仑政府财政委员会工作，1803 年代表作《政治经济学概论》出版。这部著作因反对拿破仑的经济政策曾被禁止重印，萨伊也被解除政府职务。1805 年他转而从事工商业活动——开办新型纺纱厂。1813 年萨伊重新恢复经济理论研究，1814 年《政治经济学概论》得以再版，1817 年发表《政治经济学精义》，实际上是《政治经济学概论》的缩写本。1828—1839 年间，萨伊又将讲稿编成了六卷书的《政治经济学教科书》，这部巨著基本观点同《政治经济学概论》一致。

萨伊供给自身创造需求的理论把西方经济理论的实物分析法推到顶峰；因否认经济出现系统性失衡的可能，也将经济放任主义推到顶峰。

1. 供给自身创造需求理论

（1）萨伊的推理过程

货币只是交换媒介，买卖本身是实物财富的交换。若销路疲滞，要么

① ［英］马尔萨斯：《政治经济学原理》，厦门大学经济系翻译组译，商务印书馆 1962 年版，第 331 页。

② 同上书，第 337 页。

产品不符合人们需要，要么消费者（包括生产性消费和生活性消费）缺乏购买力。不合需要的疲滞是人们生产的判断失误，不是经济系统缺陷。因产品购买力不足所致的销路疲滞，表面上看是这些消费者货币不足，实质是这些消费者生产能力不足。若这些消费者能生产出其他持币者所需要的产品，就可用这些产品去交换持币者的货币以增加自己的购买力。用中国古语说即“授之以鱼不如授之以渔”。故货币持有结构不是问题，需求疲惫是因为供给疲惫。

（2）萨伊的推论①

第一，在一切社会，生产者越众多产品越多样化，产品销得越快、越多和越广泛，生产者所得利润也越大，因为价格总是随需求增长。

第二，每一个人都和全体繁荣有利害关系。一个企业办得成功，就可帮助别的企业也成功。

第三，购买和输入外国货物决不至损害国内产业。购买外国产品须以本国产品付价，这就在对外贸易中给本国产品开辟了销路。

第四，仅鼓励消费并无益于商业，因为困难不在于刺激消费欲望，而在于供给消费的手段。激励生产是贤明的政策，鼓励消费是拙劣的政策。

五 新古典经济学的产生

19 世纪 70 年代后产生了德国历史学派经济学说，强调以史为鉴，根据具体情况采取国家主义经济政策。德国经济学家李斯特认为不同阶段应实行不同政策。当一个国家从未开化时期向畜牧时期、农业时期和农工业时期过渡时，应以自由贸易打破原始封闭状态。但到农工业阶段，须实行关税保护政策才能保证本国工业免受外国冲击。国家工业发展强大以后具有同其他国家竞争的能力，可重新恢复自由贸易。

美国在 19 世纪中叶以凯里为代表的国家主义经济理论强调保护关税。19 世纪末受德国历史学派影响出现的制度经济学，仍是国家主义经济学说，主张国家干预经济、强调政府调节和管理经济。

随着数学工具在经济理论中的运用，产生了边际效用学派、数理经济

---

① ［法］萨伊：《政治经济学概论》，陈福生、陈振骅译，商务出版社 1982 年版，第 147 页。

学派（杰文斯、瓦尔拉斯、帕累托等）、马歇尔经济学说。这些经济学说在自由竞争假设下，用现代数学工具解释古典政治经济学，故称新古典学派。随着不完全竞争学说的出现，垄断竞争理论、不完全竞争理论开始用数学化形式表述，最后对非均衡经济的研究扩展到宏观经济领域，出现凯恩斯宏观经济理论。

第三章　当代西方经济学

一　常用概念＊

（一）曲线概念

经济学函数曲线有很多，包括需求曲线、供给曲线等。

函数是指自变量与因变量的关系。函数图像表示自变量与因变量在坐标图上的轨迹关系。

1. 点在曲线上移动和曲线自身移动

令 $y=f(x,z,u,v,\cdots)$，现考察 x 与 y 的函数关系。点在曲线上移动导致的 y 变化，应是 $dy=\frac{dy}{dx}dx$，而不能是 $dy=\frac{\partial y}{\partial x}dx$。

若因变量 y 的变化与自变量 x 无关，则是函数图像自身的移动，此时函数关系已改变。

研究函数上点的移动一般用微分，研究函数的移动一般用变分[①]。（函数中参数变化导致的曲线移动，虽其数学表达式不一定写成变分，但可用变分来理解为函数变化。）

此原理应用到价格需求曲线，若需求量的改变由价格变化引起（包括价格引起中间变量变化，再影响到需求量的情况），则为点在同一需求曲线上移动；若需求量的改变非由价格变化引起，则是需求曲线自身移动。

2. 同时曲线和时间曲线

同时曲线，包括短期曲线和长期曲线。它指未包含时间变量 t 维度的曲线。同时曲线中各个量与时间无关。要么它们指同一时刻变量之间的可能分布，要么它们的分布不随时间变化。不能认为“随着时间变化，点

① 见本书附录 D 第四部分：变分。

在曲线上移动”。

经济学短期曲线一般较陡峭，长期曲线一般较平坦。短期曲线指同一短期内的变量关系分布；长期曲线是同一长期内的变量关系分布。除非曲线不随时间移动，不能把不同时期的曲线放到一起求解。短期曲线只能用于短期决策，不能用于长期决策；长期曲线只能用于长期决策，不能用于短期决策。

不少人认为，长期曲线表达从现在的短期开始，随时间延长而变化的走向。例如供给成本随时间延长而下降，有人误认为这是长期成本曲线下降。

时间曲线，指包含时间变量 t 维度的曲线。时间曲线随 t 变化，乃诸同时曲线的交点轨迹，每一时刻对应一交点。时间曲线的性质与交点处诸同时曲线的性质无必然联系。

（二）弹性概念

令 $y = f(x,z,\cdots)$，则以 x 为自变量针对 y 的弹性为：$\frac{dy}{y}/\frac{dx}{x} = \frac{d\ln y}{d\ln x}$，它指在某确定点，$x$ 变化百分之一时，y 相应变化的百分比。

弹性的图形计算：过点作切线，交于横轴和纵轴。此点到因变量所在轴交点的矢量，与此点到自变量所在轴交点的矢量之比，即为此点弹性大小。

证明：如图 3—1

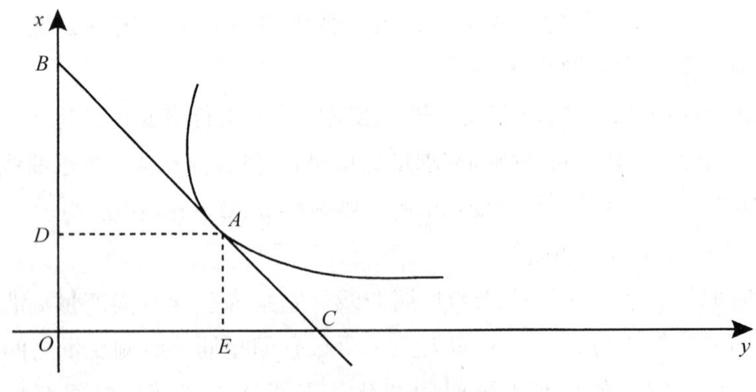

图 3—1　图定弹性

此图按经济学习惯把因变量放到横坐标上，但不影响证明。

证明：

点 A 的弹性为 $e = \frac{dy}{dx}\frac{x}{y} = x\frac{dy}{dx}/y = \frac{CE}{DA} = \frac{AC}{AB}$ (3.1)

(3.1) 式中都是矢量，若弹性取绝对值，则取标量。

弹性用于判断自变量与因变量之乘积如何变化。

$$\frac{d(xy)}{dx} = y + xy_x = y\left(1 + \frac{xdy}{ydx}\right) = y(1 + e) \quad (3.2)$$

$$\frac{d(xy)}{dy} = x + yx_y = x\left(1 + \frac{1}{\frac{xdy}{ydx}}\right) = x\left(1 + \frac{1}{e}\right) \quad (3.3)$$

由 (3.2)、(3.3) 式看出，在弹性小于 -1 时，随着自变量的增加乘积减小；随着因变量的增加乘积增大。弹性等于 -1 时，乘积不变。大于 -1 并小于 0 时，正好相反；大于 0 时，乘积增加。

经济学中常要判断价格与数量乘积（销售收入），故常用到弹性。但若变量的变化是因函数发生平移而致，则乘积变化不完全取决于弹性，此时一般说来受斜率影响。例如征税是通过移动函数来改变变量，其结果一般不取决于弹性而与斜率有关。故不能用某产品弹性大小来作为是否征税的依据。①

二　凯恩斯经济学

（一）实物分析方法

西方宏观经济学的一个传统就是认为货币只是面纱。这在本书西方经济学渊源魁奈、斯密、西斯蒙第、萨伊等人的理论中已细述。

熊彼得在《经济分析史》中说："在现在所考察的这一时期，经济分析史也是以实物分析取胜而告终。而且是大获全胜。在一个多世纪内，货币分析实际上被打入了冷宫……此胜利也是可理解的。当时人们对中世纪和新近银行管理方法的严重失当造成的货币混乱记忆犹新，对约翰·罗（法国财政大臣）的所作所为记忆犹新，并且对重商主义学说抱有敌对情绪……实物分析为何会轻而易举地取得完全的胜利呢？这个问题将由本章

① 见本书第六章：国计产业赋税理论。

最后的两节来回答，那两节将考察实物分析打了胜仗的两个主要战场，即储蓄理论和利息理论。”①

美国保罗·M. 霍维慈在其著作《美国货币政策与金融制度》中专门阐述：“经济学家把一个人的收入和他所持有的货币（美元钞票或类似的资产）严格区别开来。自从凯恩斯的著作《就业、利息和货币通论》纳入经济思想的主流之后的年代里，大家公认的观点是：收入是决定花钱的极端重要因素；而货币，按其严格的定义来说，却不怎样重要。”②

凯恩斯在《就业、利息和货币通论》中说：“在流行的用法中，投资的通俗意义是个人或公司对新的或旧的资产的购买。在偶然的情况下，该名词可专指在证券交易所购买一张有价证券。但是我们所说的投资却包括投资于（例如）一座房屋、一台机器、一批制成或半制成品……当然，必须照顾到债务的形成和偿付（包括信用或货币数量的改变）；但因就整个社会而言，债权数量的增加或减少总是必然等于债务数量的增加或减少，故当涉及的是总投资时，这一信用或货币的复杂之处会相互抵消……一切种类的资本设备的净增加额；为得到净增加额而被减去的原有资本设备的价值改变已在计算净收入中加以扣除。”③

《通论》特别指出：“本书则反是：着重在研究何种决定力量使得总产量与总就业量改变；至于货币的技术细节，虽货币在经济结构中占有重要而特殊的地位，本书却略而不论。”④

故分析西方宏观经济学的成本、生产、消费或储蓄时，虽有时用货币来计量，但本意均指实物。货币只影响物价和利率，故不应把银行存款、债券等金融资产计算进储蓄等项目。同样，投资也不是说从银行贷款，而是指实物财富用于生产或库存。

就货币本身的储蓄和投资来看，有贷款就有相应货币储蓄，而有货币储蓄，就有相应贷款。若不考虑流通中现金，这两者在账面上始终平衡。⑤ 此即凯恩斯所说“这一信用或货币的复杂之处会相互抵消”的

---

① ［美］约瑟夫·熊彼得：《经济分析史》第1卷，朱泱等译，商务出版社2001年版，第435页。

② ［美］保罗·M. 霍维慈：《美国货币政策与金融制度》，谭秉文、戴乾定译，中国财政经济出版社1980年版，第4页。

③ ［英］凯恩斯：《就业、利息和货币通论》，高鸿业译，商务印书馆1999年版，第83页。

④ ［英］凯恩斯：《就业、利息和货币通论》，高鸿业译，商务印书馆1996年版，第2页。

⑤ 见本书第四章：信贷对冲下的币流先行原理。

含义。

要理解西方宏观经济各原理，就一定要看准其是考察实物运动。

（二）小生产视角与储蓄投资恒等式

当代西方宏观经济学分析框架直接起源于凯恩斯理论，故若不对凯恩斯理论进行历史考察，就不能透彻理解当代宏观经济学。

凯恩斯理论继承了鲁滨孙经济传统。读者理解凯恩斯经济学，需站在小生产者立场考虑生产、消费和投资，而不能着眼于整个宏观经济供需调控。小生产者的生产函数既定，例如 $Y = AK^{a}L^{1-a}$ 。小生产者需把此生产函数作为分析的先决条件。

站在实物分析立场上也易理解此问题：要素投入和产出都是实物（只不过其单位是作为面纱的货币价格），故不需担心产品 Y 能否实现货币价值。

凯恩斯认为，小生产者生产后的实物收入作为供给，一部分用于消费，一部分用于储蓄；作为需求，则是消费后，把储蓄部分用于投资。故储蓄恒等于投资。

一般认为，储蓄恒等于投资，为国家经济运行的会计恒等。因为会计处理中把库存算入投资和储蓄两个项目，故无论经济是否平衡都恒等。而宏观经济均衡中的储蓄投资恒等，仅为宏观经济均衡的计划或要求，不一定能达到。

凯恩斯的储蓄投资恒等式却正是国民经济会计恒等。

有人问，既然是会计恒等，则无论经济是否均衡都成立。那凯恩斯如何说有效需求不足？

有效需求并非指与既定总产出平衡的需求。“有效需求是总需求函数上之一点，这一点之所以成为有效，因为如果就业量在该水准，则供给与需求二种情况，恰使雇主之预期利润成为最大量。”① 凯恩斯认为供给与需求相等并非就是有效需求，必须是就业量所能达到的利润最大的需求，才是有效需求。

凯恩斯认为：只要考察了利润率，则库存跟其他投资如闲置固定资产性质一样。

---

① ［英］凯恩斯：《就业、利息和货币通论》，高鸿业译，商务印书馆1996年版，第49页。

凯恩斯说："……故我宁愿着重于有效需求之全部改变，而不仅着重于有效需求之局部改变——即反映上期末出售存货量之增减者。而且，设为固定资本，则未用能力（unused capacity）之增加或减少，就影响生产决策这点而论，其效果与未出售存货量之增减相当。我看不出如何处理这至少是同样重要的因素。"①

在把库存与其他形式的投资视为相同时，凯恩斯提出"储蓄恒等于投资"的恒等式，认为这是经济无论是否均衡都须满足的硬性约束条件。

凯恩斯衡量有效需求的标准不是库存而是利润。凯恩斯专门阐述，人们之所以关注库存，是在正常利润率的隐含约束下。

凯恩斯说："《货币论》② 中所得，与我现在所谓所得不同，因为在计算前者时，我并不以实得利润作为雇主之所得，而用（某种意义的）'正常利润'作为他们的所得。因之《货币论》中所谓储蓄超过投资之数扩大，意思是指实际利润正在减低，故雇主们有缩小其产量之动机。"③

"我现在认为，就业量（亦即产量与真实所得）由雇主决定，雇主之动机，乃在设法使其现在的及未来的利润成为最大量……在《货币论》中，所谓投资减储蓄（二者皆依彼处所下定义）之差额改变，实指利润改变。"④

在认为企业必须获得正常利润率时，自然认为库存是多余产品，是储蓄和投资的差距。《通论》放弃正常利润率约束，以国民收入恒等式的约束把库存和其他储蓄或投资同等看待，并把库存影响计入利润率。故凯恩斯把利润率作为衡量有效需求是否充足，经济是否均衡的指标。

小生产者的产出被消费一部分后，剩下的储蓄部分就是投资。若投资收益低于就业量所能满足的最高利润，说明有效需求不足；若正好相等，说明有效需求充足。

凯恩斯《通论》的任务就是：在储蓄投资恒等式约束下，研究如何提高小生产者投资的收益以解决有效需求不足。

凯恩斯认为，因生产函数的资本边际收益递减规律，随着资本积累速

---

① ［英］凯恩斯：《就业、利息和货币通论》，高鸿业译，商务印书馆 1996 年版，第 69 页。

② 《货币论》是凯恩斯在《通论》前写的一本书，凯恩斯在《通论》中对《货币论》里如储蓄投资等概念的混乱进行说明并道歉。

③ ［英］凯恩斯：《就业、利息和货币通论》，高鸿业译，商务印书馆 1996 年版，第 69 页。

④ 同上书，第 70 页。

度高于人力增长速度，资本收益越来越小，资本扩张积极性越来越弱。故为扩大生产计，只有两条路：一是把一部分资本转化为消费品，从而减少资本量，增加资本边际收益；二是由政府增加投资诱导，例如降低利率，使得资本有扩张积极性。依凯恩斯的逻辑，第二种方法会使资本边际收益率更低，加大政府投资诱导难度。但他虽不完全反对，却并不欣赏第一种方法。其根本原因在于：凯恩斯梦想建立一个资本极大丰富、资本边际收益率为0的世界。在这个世界中，因资本不再稀缺，按劳分配将成现实。这就是凯恩斯主义经济学重点强调投资诱导、消极对待消费提升的原因。

凯恩斯认为“过度投资”有两含义。一种是衰退失业时预期收益不能实现的投资，这就是凯恩斯关注的经济衰退；另一种是在生产技术、偏好、人口及制度既定时，全社会资本品已充足，其边际利润率接近于零或零以下的投资。① 他认为后一种过度投资“是经济繁荣期间的正常特征，补救之道在于采取严峻步骤，例如重新分配所得或其他办法，刺激消费倾向”。②但他认为这种过度投资要一两个世纪的积累才能达到。他说：“我认为在典型情况之下，并不是资本已丰富到一种程度，若再多一些，社会全体便无法加以合理运用，而是从事投资时之环境既不稳定，又不能持久，因而投资时所作预期决不能实现。”③

故凯恩斯在评价消费不足论时说：“在实质上，我和这个思想派别的不同之处仅在于，该派在增加投资仍然对社会很有利的时机，却对消费过分地加以强调。虽如此，该派在理论上却应受到批评，因为，它忽视了产量可通过两个方面来加以扩大这一事实。即使认定，资本数量的增加比较迟缓，从而较好的方式是集中力量增加消费，那么，在做出决策之前，也要把目光放开，以便对各种可能性都加以适当的考虑。我个人深信增加资本数量能对社会带来的巨大利益，从而，应使它增加，一直到资本不再具有稀缺性为止。但这仅是对现实的一个判断，而非在理论上得出的非如此不可的结论。”

“此外，我完全同意，最明智的方案是在两个方面同时行动。有鉴于资本边际效率的日益为甚的下降，我支持旨在由社会控制投资量的政策；

---

① ［英］凯恩斯：《就业、利息和货币通论》，高鸿业译，商务印书馆1996年版，第277页。

② 同上。

③ 同上。

而与此同时，我也支持各种增加消费倾向的政策。其原因在于：在现有的消费倾向下，不论对投资采取何种措施，要想维持充分就业是不大可能的。故有充分的理由使两种政策同时发生作用——促进投资，与此同时又促进消费；其目的不仅在于处于现有的消费倾向下，使消费量随着投资量的增加而有相应的提高，而且还在于通过消费倾向的提高使消费量达到更高的水平。”①

凯恩斯阐述社会资本极大丰富的设想：“我相信资本之需求是有严格限度的；意思是说，资本数量不难增加到一点，使其边际效率降至最低……此情况，跟某种程度的个人主义可很不冲突，但坐收利息这个阶级的确会慢慢自然死亡，资本家也逐渐不能再利用资本之稀少性扩大其压迫力量……故我认为，资本主义体系之有坐收利息阶级，乃是一种过渡时期现象，其任务完毕时即将消灭……故在实际施政时，不妨确立两种目标：第一，增加资本数量，使得资本不再有稀少性，毫无功能的投资者从此不再坐收利益。第二，建立一个直接税体系，使得理财家，雇主以及诸如此类人物之智慧、决策、行政技能等，在合理报酬之下为社会服务……故除了消费倾向与投资引诱二者，必须由中央统制，以便二者互相配合适应以外，实在没有理由要使经济生活比以前更社会化。”②

这解释了许多读者常有的疑惑：按凯恩斯的逻辑，他为何要在知道总产出会越来越超过消费的情况下还狂热鼓吹投资刺激，而不大热心于提高消费？

凯恩斯说：“消费乃是一切经济活动之惟一目的，唯一对象。就业机会必受总需求量之限制，总需求只有两种来源：现在消费和现在准备未来消费……从社会观点看来，要供给未来消费，不能从理财上打算，只能在现在实实在在生产东西。故设当前社会经济组织，可允许财政上准备未来消费与物质上准备未来消费两相分离……已准备好了的未来消费愈大，则愈难找寻更多的未来消费来预先准备，而依赖现在消费以作需求之源之程度愈深。不幸所得愈大，则所得与消费之差亦愈大。设无新奇策略，问题将无法解决——除非让失业增加，社会贫穷到一定程度，使得所得与消费

---

① ［英］凯恩斯：《就业、利息和货币通论》，高鸿业译，商务印书馆 1999 年版，第 336 页。

② 同上书，第 324 页。

之差，恰等于在目前有利可图的这个条件之下，为准备未来消费而生产的产物价值。”

“一切资本投资，迟早总要变成负投资，故如何使新的资本投资，常常超过资本负投资，以弥补所得与消费之罅隙，乃成为一大问题——而且此问题随资本之增加而愈来愈难。只有当人们预期未来消费支出会增加时，当前新投资才会超过原有资本之负投资。每次我们以增加投资来取得今日之均衡，便增加取得明日均衡之困难。今之消费倾向减低，而尚与公共福利不悖者，因为人们预期消费倾向将有提高之日。不禁想到‘蜜蜂寓言’——明日之欢乐，乃是今可严肃之必不可少条件。”①

这两段话曾使得很多读者迷惑不已，因为从这两段话应推理出刺激消费才对。只有仔细阅读《通论》结语中凯恩斯关于资本极大丰富的阐述才能真正理解凯恩斯的原意。对这两段话也可细致解释。凯恩斯本质上仍在鲁滨孙经济立场上分析经济，故他认为，在消费倾向不变甚至随着收入增大而降低时，生产者收入越多，生产者收入越超过消费。为填补此差距，要么增加生产者消费，要么增加生产者的投资需求。前者使得生产者“依赖现在消费以作需求之源之程度愈深”，后者使资本总量增大，生产总量也增大，故收入与消费的差距更大，要设计更大投资诱导就更困难。此即凯恩斯“每次我们以增加投资来取得今日之均衡，便增加取得明日均衡之困难”的真正含义。

凯恩斯丌头就强调“故设当前社会经济组织，可允许财政上准备未来消费与物质上准备未来消费两相分离”。这已充分说明：他只分析实物生产和分配，而不把财政上（即货币安排）对消费品购买力问题所致的投资利润不足列入考虑。这也与本书一再强调的实物货币两分法一脉相承。之所以强调这点，是因为不少学者误解这两段话，以为凯恩斯在抱怨消费购买力不足。

（三）经济周期理论

凯恩斯认为经济周期核心在于：“为何从向上趋势变为向下趋势时，转变得很骤然、剧烈；但从向下趋势变为向上趋势时，却一般说来，并无

---

① ［英］凯恩斯：《就业、利息和货币通论》，高鸿业译，商务印书馆 1996 年版，第 91 页。

尖锐转折点。"[①] 在他看来，若经济衰退后能很快恢复，情况就要好得多。

他认为，经济衰退迅速和恢复迟滞，是因经济繁荣时人们对收益预期较乐观，购买过多，利率提高。但随着资本积累，资本实际边际收益率却不断下降。当资本边际收益率赶不上利率上涨时，资本边际效率崩溃，人们才发觉有过量的资本和库存品。凯恩斯认为此"过度投资"不是资本真正极大丰富，而是人们盲目心理或其他扭曲信息所致。

由储蓄投资恒等式，资本边际收益崩溃使投资急剧减少、有效需求降低，在消费倾向不变时总产出急剧减少。存货和投资损失导致负投资，降低利润率，这需要数年的时间来消化。即便消化完毕，人们的恐惧心理会在资本边际收益已有上升空间时还不敢投资，此即适应性预期，故经济长期衰退。

若政府增加投资引诱，使资本利润率上升，就业增加，根据储蓄投资恒等式，经济总量开始增长，经济恢复。此即凯恩斯的经济周期理论。

抛开凯恩斯刺激经济的最终目的不论，其经济原理及运作方法更接近于当代西方经济学的增长理论而非 IS－LM 模型。故欲理解当代西方经济学，必先理解凯恩斯经济原理。

（四）乘数理论＊

在储蓄投资恒等式约束下，厂家生产的供给等于投资品和消费品需求之和。假定消费倾向为 c，储蓄倾向为 s，未来预期需要的投资品绝对数量为 I，则厂家应有多少产出，才能使产出恰好被投资和消费需求瓜分完呢？

令厂家产出为 Y，则厂家愿意生产的产量应满足方程式：

$$Yc + I = Y \tag{3.4}$$

解之得：

$$Y = \frac{I}{1-c} = \frac{I}{s} \tag{3.5}$$

凯恩斯认为，在投资绝对量和消费倾向既定时，厂家可"完全预期"自己的合理产量，满足恒等式。

---

① ［英］凯恩斯：《就业、利息和货币通论》，高鸿业译，商务印书馆 1996 年版，第 272 页。

（3.5）指厂家生产意愿，与实际生产能力及生产过程无关。凯恩斯认为，若厂家按此数据生产获正常利润则为供需平衡；若利润过低则有效需求不足、经济萎缩；若利润过高则经济过热。

若厂家实际生产小于 Y，说明供给能力不足；若预期投资的自变量利率 i 稳定不变，则在恒等式的强制约束下实际投资小于预期投资需求 I，而与储蓄相等，同时厂家获得高额利润会调高生产向 Y 扩张，以降低对需求的压力。反之若厂家实际生产大于 Y 也同理推之。

虽凯恩斯把正常利润作为有效需求的指标，但实际上正常利润并不一定是经济均衡判据。经济大幅波动时利润会大幅摆动，其中可能经过正常利润，但经济并不均衡。

（3.5）式是动态过程，它表示在既定消费倾向和投资需求下厂家愿意生产的总量。有教科书从（3.4）判断，以为方程左右两边是不同时期产出的相等关系，故是静态经济。此理解是错误的。加上时间标记，（3.4）、（3.5）式可分别写为以下两式：

$$Y_t c + I_t = Y_t \tag{3.6}$$

$$Y_t = \frac{I_t}{1 - c} \tag{3.7}$$

从（3.6）、（3.7）式可看出，即便在加上时间标记的动态过程中，各个变量仍处于同一时间。

同时（3.5）式虽与以下式子形式相同，即：

$$Y = I(1 + c + c^2 + \cdots\cdots) = \frac{I}{1 - c} \tag{3.8}$$

但它们经济意义完全不同。式（3.5）是厂家在下一期的生产意愿，而（3.8）是投资 I 经历无限长时间，且投资 I 导致的国民收入中，新的再投资为 0 时才能达到的总量。故不能用（3.8）式的经济意义来理解（3.5）式。不能因为一个鸡蛋在无限远的时间能产生巨大财富，就说现在这个鸡蛋已是巨大财富。在任何时间点上，一个鸡蛋就是一个鸡蛋。

故有人说投资乘数存在滞后，这不对。投资乘数立即生效，它立刻激发厂家生产意愿。按凯恩斯理论，生产之所以不能立即扩大，是因为生产能力不足。

（3.8）式的确也是一种乘数，这是卡恩（R. F. Kahn）在《国内投资与失业之关系》一文（载 *Economic Journal* 1931 年 6 月号）中提出的“就业乘数”。它是衡量投资品工业中第一级就业增量，与因此引起的总就业增量——两者的比例。

凯恩斯专门对就业乘数和投资乘数加以区别。他说“……则此原动力对于就业量之影响，只有在经过一段期间以后，始能全部发生。这样一件很明显的事实，却使得有些人把两件事情混起来了：其一是乘数理论（投资乘数）本身，这是在任何时间都适用的，没有时间间隔（time lag）；其二是资本品工业扩张时所产生的后果，这只有在经过一段时期后，始能逐渐产生，且有时间间隔。”①

现实中投资乘数滞后，常是因边际消费倾向继续降低而抵消投资。在（3.7）中，若消费倾向变小，经济可能没有起色。

以上分析判断，可引凯恩斯的原话以证明：“我的理论的纲要可表述如下。当就业量增加时，实际收入的总量也会增加。社会的心理状态是：当实际收入总量增加时，总消费量也会增加，但增加的程度不如收入。故若增加的就业量仅被用来满足现期消费量的增加，那么，企业家便会蒙受损失。这样，为了能维持既定的就业量，就必须要有足够数量的现期的投资来补偿总产量多出在该就业量时社会所愿意消费的数量部分。因为，除非存在着这一数量的投资，企业家的收入会小于使他们提供这一就业量所应有的数额。故在既定的被称为消费倾向的条件下，就业量的均衡水平（即对全部企业家说来没有动机促使他们扩大或减少就业量的水平）取决于现期的投资数量。投资数量又顺次取决于所谓投资的诱导；而投资诱导则被发现为取决于资本边际效率表（或曲线）与各种期限和风险的贷款利息率结构之间的关系。”②

了解到凯恩斯理论运作机制后，可把（3.5）式写为如下方程式：

$$\frac{dY}{dI} = \frac{1}{1 - \frac{dC}{dY}} \tag{3.9}$$

由式（3.9）得：

$$\int\left(1 - \frac{dC}{dY}\right)dY = \int dI \tag{3.10}$$

---

① ［英］凯恩斯：《就业、利息和货币通论》，高鸿业译，商务印书馆 1996 年版，第 105 页。

② 同上书，第 33 页。

(3.10) 式中采用不定积分的表达形式。具体上界和下界，在应用时确定，这里用积分表示就行。(3.10) 式边际消费倾向不是常数。积分表达“边际”的概念，这也正是凯恩斯自己的真正意思。

凯恩斯说：“若考虑的是数量相当大的投资变动，那么，必须计入随着数量的变动而发生的边际消费倾向的变动，从而也必须计入乘数的变动。边际消费倾向并不是在一切就业量水平上都保持不变，而且，一般说来，当就业量增加时，边际消费倾向趋向于减少。就是说，当实际收入增加时，社会愿意逐渐减少收入被用于消费的比例。”①

(五) 加速数理论 *

凯恩斯经济理论中并无加速数，加速数是萨缪尔森等人提出来的。他们认为，不但投资变动会引起产量变动，产量变动也会引起投资变动，即引致投资，此即加速数产生原理。根据计算结果，加速数是经济动荡的重要原因。

萨缪尔森的加速数 - 乘数模型如下（本式未考虑政府支出）：

$$\begin{cases} Y_t = C_t + I_t \quad 0 < b < 1 \\ C_t = bY_{t-1} \\ I_t = k(Y_t - Y_{t-1}) \quad k > 0 \end{cases} \tag{3.11}$$

其中 b 为边际消费倾向，k 为加速数，此式的结果是震荡的。萨缪尔森根据此不稳定的结果，认为自己找到了经济周期原因，但他犯了概念性错误。

首先，b 不是边际消费倾向。若 b 是边际消费倾向，那应是 $C_t = bY_t$。萨缪尔森以为用前一年的收入去购买下一年的消费品，故把购买下一年的消费品计划支出作为本年度的消费倾向。正如前面对西斯蒙第和凯恩斯经济理论的分析，此认识是错误的。仅是投资过程中信用货币扩张而导致的购买力增加，就足以推翻萨缪尔森的假设。

其次，I_t 是用于 $t+1$ 期生产的投资，而非用于 t 期生产的投资，它只是 t 期产出的储蓄。故引致投资方程应写为：$I_t = k(Y_{t+1} - Y_t)$。

最后，的确存在国民收入增长的引致投资。但此引致投资是人们的储

---

① ［英］凯恩斯：《就业、利息和货币通论》，高鸿业译，商务印书馆 1996 年版，第 125 页。

蓄。换言之，人们的储蓄就包含为扩大再生产而进行的投资。否则，萨缪尔森就无法解释引致投资从什么地方来。故萨缪尔森遗漏了一个方程：

$$sY_t = k(Y_{t+1} - Y_t) \tag{3.12}$$

现令边际消费倾向为 c，原方程组变为：

$$\begin{cases} Y_t = C_t + I_t \\ C_t = cY_t \\ I_t = k(Y_{t+1} - Y_t) = sY_t \quad k > 0 \\ c + s = 1 \end{cases} \tag{3.13}$$

解之得：

$$Y_{t+1} = \frac{k + s}{k} Y_t \tag{3.14}$$

这是一个稳定增长的方程，没有什么经济周期震荡。

读者在学习经济增长理论时会更清楚萨缪尔森的问题所在，在经济增长理论中并未推导出加速数。不少经济学教科书甚至把无穷时期引致投资与消费之和加总，说这个是复合投资乘数导致的经济增长，这错误就更大了，时间概念都弄混了。

（六）一般均衡与经济均衡理论

即便在长期内，凯恩斯也反对货币中性。一方面，货币总量会引起实物总量物价水平变化，适应性预期又使工资等因素无法对此迅速反应，成本与收入不能同步变化，就会改变利润。另一方面，货币总量变化又影响利率。故货币从利润和利率两个方面影响经济。“即使在长时期中，就业量也不一定充分，也可以改变；有一个银行政策，就有一个不同的长期就业水准与之相应；故长期均衡之位置，亦随金融当局之利息政策而改变”。① 凯恩斯认为，短期货币政策既然可改变当前产出，而未来建立在当前产出之上，故未来长期均衡的位置也就被改变。

凯恩斯有句名言被经济学界一些学者反复引用，“长期内我们都死了”，以此来证明凯恩斯之所以重视经济的短期效果，是因我们生命有限而无法等到长期均衡恢复的那一天，而非否定长期均衡的稳定性。这是误解。凯恩斯在 *Tract on Monetary Reform* 中的原话是：“长期对当前要解决的事情来说是一

---

① ［英］凯恩斯：《就业、利息和货币通论》，高鸿业译，商务印书馆 1996 年版，第 163 页。

个误导，长期内人们都死了。经济学家无视他们的责任，在暴风雨到来的季节，经济学家们仅能告诉大家当暴风雨过去后，海洋又会恢复平静。货币存量的改变将对货币流通速度和真实交易量产生影响。”

凯恩斯说“长期内我们都死了”，依原话本意是“风暴过去后人们都死了”。故风暴过去海洋虽“恢复平静”，但海洋上的人们因没有及时采取应对措施已死于风暴，无法再恢复到风暴前的样子，长期均衡也就发生了改变。

希克斯和汉森在凯恩斯理论基础上提出 *IS* – *LM* 模型，试图同时决定产品市场和货币市场的均衡收入水平和利率水平。*IS* – *LM* 乃是四个英文字的缩写：*I* 是投资（Investment），*S* 是储蓄（Saving），$I = S$ 时物品市场处于均衡；*L* 是流动性偏好（Liquidity Preference），即货币需求（Money Demand），*M* 是货币供应（Money Supply），$L = M$ 时货币市场处于均衡。[①]。*IS* – *LM* 基本公式如下：

$$\begin{cases} Y = C(Y) + I(i) \\ S(Y) = I(i) \\ \overline{M} = L(Y,i) = L_T(Y) + L_S(i) \end{cases} \tag{3.15}$$

方程组（3.15）中，i 为利率；$\overline{M}$ 为货币供给；L 为货币需求；货币需求 L 是总产出 Y 和利率 i 的函数，可分解为因产出 Y 变化而导致的货币交易需求 $L_T(Y)$ 和因利率 i 变化而导致的货币投机需求 $L_S(i)$ 。

根据《通论》，投资驱动取决于利率与利润间的关系（当然，政府扩张财政政策对投资的改变取决于政府意志，不再取决于利率与利润间的关系，这称为财政政策；而央行改变利率产生利率与利润间的诱导关系，此称为货币政策），而利润的信息包含在总产出 Y 里，故投资 I 为利率 i 的函数。

（3.15）方程组中第一个式子无须解释。第二个式子 $S(Y) = I(i)$ 表示随着利率 i 的变动，新增投资总量变动，此变动过程可能有存货发生。若有大量存货发生，说明供需失衡，表现指标为利润降低，但 $S(Y) = I(i)$ 恒成立。

第三个方程表示“货币总供给应等于因产出 Y 引起的货币交易需求与因利率 i 引起的货币投机需求之和”。

---

① Hicks, J. R: “Mr Keynes and the Classics: A Suggested Interpretation”, *Econometrica*, 1937.

根据这三个式子可得以下结论：*IS* – *LM* 模型中，*IS* 反映利率对实物市场的影响，此影响与实物市场是否均衡无关，它是凯恩斯通过利率调整实物市场来调控利润率的工具。在凯恩斯看来，*IS* 必然成立，市场均衡与否的标志不是 *IS*，而是利润率是否正常。

$I(i)$ 是投资方和储蓄方共同作用的结果，而非投资方单方意志决定——除非投资方是理性预期。确定 $I(i)$ 时，需通盘考虑储蓄供给与投资需求间的供需关系，在调整过程中处处满足恒等式要求。调整完毕，只能说通过利率变化对投资的实际影响可计算对经济总量的影响，但不能说经济是否均衡。

故 *IS* – *LM* 在凯恩斯《通论》中逻辑很清楚：凯恩斯根据利率对投资的实际影响，通过恒等式约束，对经济总量施加影响，同时根据利润是否正常来判断此时的经济是否均衡。

今天不少教科书用投资曲线 I 或储蓄曲线 S 的变动来对实物市场进行均衡分析，凯恩斯之前的“经典学派”也一直这么做。瑞典学派甚至认为《通论》中有两个凯恩斯，“一个是强调储蓄恒等于投资的凯恩斯，另一个是认为储蓄若不等于投资，则经济处于不均衡的凯恩斯”。这显然把投资储蓄恒等式中的 I 和 S 看成是“正常利润”下的投资和储蓄，这不符合凯恩斯的本意。

凯恩斯对此严厉批评：“经典学派利息论似乎设想：设资本之需求曲线移动，或相当于一定量所得之储蓄曲线移动，或两条曲线都移动，则新利率定于两新曲线之交点。不过这个学说是不通的。因为既假定所得不变，又假定两曲线之一可自己移动而不影响其他一曲线，这两个假定是冲突的。设二曲线之一移动，则在通常情形之下，所得将改变，故根据所得不变这个假定建筑起来的整个结构即告崩溃……故经典学派所用二函数，即投资对于利率之反应，以及在定量所得下，储蓄对于利率之反应，不足以构成一利率论。此二函数所能指示者，只是：设从其他方面，知道利率之高低，则所得将定在什么水准；或设所得维持于某水准（例如充分就业下之所得水准），则利率将定在什么水准……说老实话，由贷款或投资得到的报酬，与所谓‘纯’利率之间，并没有清楚界线，这些都是甘冒一种或他种风险之报酬……传统分析法之所以错误，乃在其未能正确认明何者为经济体系之自变数。储蓄和投资都是经济体系之被决定因素，而不是决定因素。经济体系之决定因素，乃消费倾向、资本之边际效率表及利率；储蓄和投资只是此决定因素之双胎儿……传统分析法知道储蓄定于所得，但忽视一点：即所得定于投资，故当投资改变时，所得必定改变，所得改变之程度，乃使储蓄之改变恰等于投资之改变。”①

凯恩斯的意思是：既然投资储蓄是恒等式，就不可能有投资曲线和储蓄曲线的各自独立移动，也就谈不上由投资曲线与储蓄曲线的交点来确定利率。利率须由其他因素确定。经济体系的指标是消费倾向、资本边际效率及利率，而非投资和储蓄相等。

凯恩斯还指出，一般均衡本质是投资储蓄恒等式，一般均衡与经济体系是否达到有效需求无关。②

而 LM 货币市场均衡体现了凯恩斯的局限性。凯恩斯基于货币流通速度思想，提出 $\begin{cases}\overline{M} = L(Y,i) = L_T(Y) + L_S(i) \\ L_T(Y) = \dfrac{Y}{V}\end{cases}$ 的关系。其中 V 为货币流通速度。其把货币看为存量而非流量，从而把货币经济和实体经济割裂。③

（七）凯恩斯经济学的总结

凯恩斯经济理论是当代西方宏观经济学特别是经济增长理论的基础。不论今天哪个经济学派，不论它如何反对凯恩斯具体经济观点，其经济学架构都与凯恩斯架构一样，所不同的仅是参数和优化目标。

凯恩斯经济理论与当代西方经济学各流派最大区别在于适应性预期、理性预期及经济增长的优化目标。关于适应性预期和理性预期这里不再多说。在经济增长优化目标上，凯恩斯追求资本极大丰富，资本边际收益为0，从而资本不再稀缺，以实现按劳分配的增长目标。虽当代西方经济学对凯恩斯的投资储蓄恒等式、供需分析存在理解误区，但在作为西方经济学主体的经济增长理论中，因理性预期假设而幸运地逃避了此误区。这出

① ［英］凯恩斯：《就业、利息和货币通论》，高鸿业译，商务印书馆 1996 年版，第 155 页。

② 见本书第四章：一般均衡与国计平衡的关系。

③ ［英］凯恩斯：《就业、利息和货币通论》，高鸿业译，商务印书馆 1996 年版，第 171 页。

现一个滑稽的现象：一个学生能轻易地学懂更复杂的经济增长理论，但他必然要在最简单的 IS – LM 模型面前焦头烂额。

凯恩斯经济理论也是今天学生们理解西方宏观经济学的基础。消费、投资、储蓄、投资储蓄恒等式、供需关系、有效需求、一般均衡及再生产的流程，都是十分核心的内容。不了解这些就不可能理解真正的西方宏观经济学。

1. 供需关系

生产、分配和消费中的供需关系应包括：投资品的供给和需求的平衡；消费品的供给和需求的平衡；投资品与消费品间的平衡（因为任何投资品最后都要成为消费品，故投资品和消费品之间有物理上的联系和利润上的要求）。

凯恩斯经济理论只考察了第一种平衡，即投资产品的供需平衡。其供需理论在于分析投资利润与货币利息所导致的资本供求关系。它完全回避投资品和消费品间的平衡，假设生产者可任意、即时地调整自己的生产，生产出市场需要的任何比例之投资品和消费品，就意味着不存在产业结构。

即便生产者可不考虑已投资种类，任意选择生产投资品或是消费品，但投资品最终能否在正常利润要求下转化为消费品，凯恩斯并未考察。凯恩斯关于投资与消费比例的担忧，也并非担忧消费品的购买力问题。凯恩斯对此以“故设当前社会经济组织，可允许财政上准备未来消费与物质上准备未来消费两相分离”的货币实物二分法来回避。①

西方经济学中有关于供需分析的 AD – AS 模型，正是 IS – LM 模型变形，没有新理论因素进入。

2. 边际消费倾向

西方经济学不少人对边际消费倾向的稳定性已作实证研究，其中包括美国经济学家库兹涅茨（S. Kuznets）、斯密西斯（A. Smithies）、杜森贝利（J. S. Duessenberry）、莫迪格里尼（Modigliani）和佛里德曼（M. Friedman）。公认结果是消费与收入在长期内维持一个比较固定的比例，但短期内此比例不成立。

其实这不是长期或短期的问题，因为无论长期或短期曲线都是同时曲

---

① ［英］凯恩斯：《就业、利息和货币通论》，高鸿业译，商务印书馆 1996 年版，第 91 页。

线[1]。核心问题是，他们实证研究的是时间曲线，却误认为同时曲线。

时间曲线是多条同时曲线的交点随时间而变化的轨迹，其形状性质与同时曲线的形状性质无必然联系，而常取决于如何相交的优化规则。实证中消费与收入随时间维持比较固定的比例，是指诸同时曲线的优化交点轨迹中消费和收入随时间维持比较固定的比例，并不意味着同时曲线中的边际消费倾向也维持比较固定的比例。

换言之，若边际消费倾向的同时曲线改变，则只要相应调整优化规则，就可使消费和投资比例在时间曲线上仍保持不变。

首先，边际消费倾向与财富的持有结构有关。不能想象一个高度贫富分化的社会能有较高的边际消费倾向。其次，边际消费倾向还与经济调整的具体措施有关。例如一笔资金注入西部，与注入沿海，或注入农业，或注入高尔夫球场，其导致的边际消费倾向也不同。凯恩斯自己也指出，对同一个对象，增加投资总量的不同也将导致边际消费倾向变化。

边际消费倾向与消费品的供需紧密联系。若承认同一金额的投资或消费，投向的项目不同，投入的方式不同，所引起的收入、消费和供需关系大不相同，必须承认边际消费倾向也大不相同。若不承认这点，就意味着只要一笔资金投出去，不需要考虑投放方式和投放对象，都将取得同样效益。

稳定发展国家的长期消费和投资比例相对稳定，但此稳定是多方面优化的结果。如转移支付制度等宏观调控手段的直接政策目标是维持经济稳定增长，客观上就已维持消费和投资比例长期稳定。

即便是稳定发展的国家，其同时曲线中的边际消费倾向亦非常数。只需问一句：是否认为，闭着眼睛向社会任意做相同金额的投资，其导致的经济产出都相同？若答案为否定，就说明同时曲线中边际消费倾向是变动的。实际上此变动还相当大。但同时再问：是否认为，无论同时曲线中边际消费倾向随着资金使用方式和对象有多么大的差异，均可通过调控与市场结合使利润率尽量稳定，使得人们消费与投资保持相对稳定的比例？若答案是肯定的，那就清楚地解释了时间曲线中消费和投资比例为何稳定的问题。可再问一句：若同时曲线既定，但调控措施屡屡与经济规律违背，是否会导致人们的消费和投资比例巨大波动？若答案是肯定的，那就说明时间曲线的消费和投资比例很大程度上取决于优化

---

① 见本书第三章第一部分：曲线概念。

规则的选取。

三 经济增长理论*

了解了凯恩斯经济学，就容易理解西方宏观经济学。西方宏观经济学（包括初级、中级和高级）核心是经济增长理论，其他各种经济学内容都在其基础上派生，在数学准备上需用最优化方法。[①]

经济增长理论有一个范式：

$$\begin{cases} \max U = \int_{t_0}^{t_f} U(c(t), x, y, \cdots) e^{-\rho t} dt \\ \frac{dK(t)}{dt} = I(t) = S(t) = sY(t) = (1 - c)Y(t) \end{cases} \tag{3.16}$$

（3.16）式中第一个式子表示经济增长各期的效用贴现总和最大化。U 为效用函数，一般以消费 c 贴现来计算，ρ 为效用贴现率。上式还一般化写入 x 等变量，只是为了给这个范式的可扩展性留下空间，实际上这些变量取决于具体情况，可有可无。K 为资本，s 为边际储蓄倾向，S 为储蓄。（3.16）式中第二个式子即凯恩斯宏观经济理论的 IS 架构。

从这两个式子看出，经济增长理论研究资本和消费两大部类的跨期一般均衡，是在凯恩斯框架上加上最优化约束。由（3.16）式可通过消费贴现最优化计算出投资和消费最优比，得到经济最优增长的路径。

以上是假定整个社会为一个理性人的中央计划者经济增长模型。由此可衍生出其他如家庭消费和厂商共同作用的经济增长模型等。

四 货币分析理论

西方经济学的实物分析并未反映现实经济。破解实物货币两分法是西方经济学成为现实经济理论的前提之一。

（一）货币效用模型#

1965 年 Sidrauski 把货币直接放入效用函数，认为货币能带来正效用，

---

① 见本书附录 D：最优化理论基础。

由此证明货币应当存在。其假定货币由政府外生供给。模型如下（为简化见，不考虑劳动力变化）：

$$\begin{cases} \max\int_0^{\infty} u(c,m)e^{-\beta t}dt \\ \dot{k} + \dot{m} = \omega + rk - \pi m + \chi - c \\ k(0) = k_0 \\ m(0) = m_0 \end{cases} \tag{3.17}$$

（3.17）式中，u 为效用函数，c 为人均消费，m 为人均实际货币（即扣除物价变化后的货币），$\dot{k}$ 为人均资本增长率，$\dot{m}$ 为人均实际货币增长率，ω 为人均工资率，r 为资本回报率，π 为通货膨胀率，χ 为人均政府转移支付（即外生货币供给）。

此模型将货币作为具有效用的实物来优化，本质仍是实物分析法，且其将货币视为存量而非流量放入收入约束进行优化，这也不对。若再考虑货币信贷，即使货币是存量也无法优化，因为信贷经济下货币量不再外生，也不再遵从收入约束。

（二）货币先行模型#

Clower 提出货币先行模型。此模型不再认为实物产品间可直接根据比价交换，而认为产品须用货币来购买，所以考虑了货币购买力。Clower 的产品限于消费品，1981 年 Stockman 提出消费品和投资品均用货币来购买的模型。货币先行模型开始正视货币购买力分析，但仍混淆货币存量和货币流量，且在个体生产而非社会化大规模纵横生产架构上建立模型，仍非真正的货币分析。货币先行模型如下（为简化见，不考虑劳动力变化）：

$$\begin{cases} \max\sum_{t=0}^{\infty}\beta^t u(c_t) \\ c_t + k_{t+1} + \dfrac{M_{t+1}}{P_t} = f(k_t) + (1-\delta)k_t + \dfrac{M_t + \tau_t}{P_t} \\ c_t + \mu k_{t+1} - \mu(1-\delta)k_t \leqslant \dfrac{M_t + \tau_t}{P_t} \end{cases} \tag{3.18}$$

β 为贴现系数，u 为效用函数，c 为人均实物消费，k 为人均实物资本，M 为人均名义货币量，P 为物价水平，$f(k)$ 为人均实物产出，δ 为折旧系数，μ 为资本品中须以货币购买的比例，k_0、M_0 为常数。

（3.18）式第 2 式对应于（3.17）式第 2 式，该式的问题在货币效用模型中已细述。（3.18）式第 3 式为比（3.17）式多的货币先行约束条件，它要求个人拥有的货币存量不低于购买产品的价值，此错误仍在于混淆流量和存量。即使个人保留部分现金，那也是为交易方便，但无须拥有本期所有购买的货币存量。个人可将产出 $f(k_t)$ 销售换得货币，又用此货币换得第 3 式的欲购产品，且第 2 式中 $\frac{M_t+\tau_t}{P_t}$ 与 $f(k_t)$ 同时为此人财富乃重复计算，必致优化错误。

（三）货币搜寻模型#

现代货币搜寻模型始于 Kiyotake 和 Wright（1989、1993）。他们认为货币之所以能存在，是因为它能减少交易中的搜寻摩擦成本。模型如下：

假设经济中各同质主体有三种职能，分别为职能 p：通过消费进行生产，生产系数是 a；职能 s：出售商品（销售收入可为其他商品或货币）；职能 b：购买商品（可用货币或其他商品支付）。卖方销售产品时，销售产品效用为 u_s，进行实物交易的概率为 x，此时获得实物收入效用为 u_b，碰到买方愿意支付货币的概率为 y，卖方愿意接收货币的概率为 π，此时获得货币收入效用为 u_m，无法碰到合适交易者的概率为 $1-x-y\pi$。由于实物交易时买方即卖方，因此只需考虑货币交易时的买方。货币交易时，卖方产品适合买方的概率为 z，实物交易成本为 ε，收益率为 r。有：

$$
\begin{cases}
ru_b = a(u_s - u_b) \\
ru_s = x(u_b - u_s - \varepsilon) + y\max\limits_{\pi}\pi(u_m - u_s) \\
ru_m = z\pi^*(u_b - u_m) \\
\pi^*(u_m - u_s) = \max\limits_{\pi}\pi(u_m - u_s)
\end{cases}
\tag{3.19}
$$

（3.19）式的第 1 式表示经济主体消费原材料效用 u_b 产出效用 u_s；第 2 式表示经济主体产出效用 u_s 后成为卖方并支付出 u_s 和交易成本 ε，然后要么和买方进行实物交易获得原材料效用 u_b，要么调整自己对货币的偏好以获得最大的货币效用净收入 u_m-u_s；第 3 式表示在卖方既定货币偏好 π^* 时，货币买方支付货币效用 u_m 获得原材料效用 u_b。第 2 式等号右边第一项实物交易后，再次进入第 1 式生产，第 2 式等号右边第二项和第三式构成货币交易后，再次进入第 1 式生产。由此实现流程循环。第 4 式为卖方对货币偏好的最优决策。

（3.19）式本质为货币先行模型。若货币可瞬时流动或对冲，其第 2 式的第二项中不会存在 u_m，因为 u_m 将瞬时被再次交换为 u_b；而第 3、4 式将不复存在。

（四）西方货币分析小结

货币是商品交易媒介，在信用经济下它可以随时产生和湮灭，它以流量形式而不是存量形式在经济中发挥主导作用。货币存量主要用于信贷错配研究，是衡量信贷失衡的标志。

魁奈正因以上诸货币分析错误而放弃货币分析，奠定西方经济学实物分析法。① 西方货币模型虽转向货币分析，却又拣起曾被魁奈批评的错误。

① 见本书第二章第四部分：魁奈的经济思想。

第四章　国计运行理论

一　货币储备原理

（一）币值调控

币是用于现在或未来交换的价值符号。

货币，即以货为币。纸币，即以纸为币。电子货币，即以电子信息为币。

足值货币指面值与制造成本之差为正常商业利润的货币，不足值货币指货币面值与制造成本之差为高额垄断利润的货币。

1. 足值货币的价值调控：生产与供需的平衡

实物货币的价值取决于生产货币的成本以及社会平均利润率。因边际成本递增，当实物货币过多时货币生产将减少，生产成本下降使实物货币价值下降；当实物货币紧缺时货币生产将增加，生产成本上升使实物货币价值上升。故实物货币的数量论和生产价值论本质上一致。受生产制约及政府难以通过实物货币来调整收入分配等因素影响，实物货币的价值很难稳定。

2. 不足值货币的价值调控：债权和实物的储备

信用货币的生产成本与票面价值严重偏离，理论上其供给无限。因此常有人认为信用货币的币值完全由政府威权来保证，此认识并不完全。政府威权诚然可辅助维持币值，但也必须服从经济规律，运用经济手段来保障币值。

政府保障币值的方法是用储备（债权储备、实物储备）来常平，债权通常以票据形式存在。以债权储备为例。政府通过信贷放出货币，货币成为政府负债，而贷款债权成为货币的储备。贷款到期时，贷款债权使货币归还，可紧缩货币。即使贷款没有到期，政府也可将债权提前变卖回收货币。贷款有利息，如先前贷款100万单位货币，利息为10%，债权到期后应归还110万单位货币。若政府不再新增信贷，贷款者无法归还多余的10万单位货币，此必致货币升值，甚至使还款者倾家荡产以致坏账。若政府再用实物储备购回市场上的20万单位货币，则市场上只存在80万单位货币，却要归还110万单位本息，贷款者归还缺口更大，货币升值就更剧烈。

因此理论上只要有足够贷款债权储备，就不会因其他货币坚挺或贬值而无法维持本币的币值。按储备能力来看，货币本身的债权优于其他储备，因为货币债权的标的是货币本身，不受物价波动的影响。若以其他如实物作为储备，则随着货币减少，实物价格下跌，实物储备的能力会下跌。

货币储备仅是货币调控的能力保障，其为货币调控目标服务。币值是否符合经济总体及结构平衡目标还要取决于调控手段。

若政府发行的货币大于储备，例如用于公共福利等纯政府支出，则政府控制币值的能力将降低。但这并非否定政府公共福利开支，事实上政府储备可以少于发行货币，根据金匠法则，不可能所有人都同时全部抛出货币。储备的流动性越大，币值控制能力越强，但为保持储备流动性需付出成本（例如短期资金收益率较低）。

信用货币理论上无限供应，但因其需求受限于借贷成本、借贷抵押和银行的资本充足率，其在任何利率水平的扩张都有限度，此即货币需求约束。这体现为未来现金流并非无限增加——若允许无限信贷，未来现金流可趋于无穷大，则无论多高的利率都无法阻止信贷扩张，使货币成为废纸。

（二）本位货币

原始经济为多产品实物交换经济。此经济问题有三个方面。其一，实物货币存储运输成本高。其二，各实物货币共存，难以衡量实物组合价值，例如鞋与鸡不可相加，亦不能把实物清单全列上来算财富价值。故应选择一基本等价物，将其他实物的价值用此基本等价物数量来表示。例如一只鸡值多少桃，一双鞋值多少桃……这样，就可将鸡与鞋的价值加总。

基本等价物为本位货币，即作为某国商品计价单位的货币。

本位货币在交换及价值衡量上优于其他所有实物，故大量本位货币不再被消费使用而独立执行交换、储蓄、支付等功能，从而对本位货币的需求也就大量增加。

本位货币的意义在于给出价值评判标准。本位货币缺乏，商品交换就无法正常进行，即使信息和金融品高度发达以致商品交换的搜寻成本为零，本位货币的计价标准作用仍不可或缺。

本位货币本身即价值尺度，其他商品（例如债券、基金和其他票据）的价格只有与其保持固定比价才可作为本位货币使用，否则不能取得本位货币同等地位，不能成为价值标尺。

一种货币能成为本位货币，需要法律条件和经济条件。

第一，法律条件：法律支持货币交易关系。

某货币能否成为本位货币，国家法律的支持至关重要。货币本身是否真实、能否伪造，仅是货币交易关系的一边，货币交易的另一边是被买卖物品的真实性、违约救济的法律保障。离开国家对“物品真实”和“违约救济”的主动支持，即使国家不主动制裁货币交易行为，货币亦难成为本位货币。

所以类似比特币这样的东西，如果只能从技术上保证其本身稀缺和无法伪造，若无国家法律的支持，即使国家法律不主动制裁比特币的使用，其也极难成为流通货币。

第二，经济条件：足够储备以稳定币值。

货币之所以成为货币，在于其本身为价值尺度，这就要求其币值稳定。

如果货币升值过快，货币收益率过高，人们更愿意将货币作为资产收藏，使货币退出流通，此即劣币驱逐良币；如果货币贬值过快，货币收益率过低，人们将不愿意接收货币，亦使货币退出流通，此即良币驱逐劣币。只有那些收益率适中的东西才适合作本位货币。

通常一国的赋税可用本位货币缴纳，赋税就成为本位货币最重要的储备之一。

（三）债券、基金与票据

有些商品也可在局部范围作为交换媒介或价值储蓄，属广义货币范畴。但因其价格不能与本位货币保持固定比价，故无法取代本位货币。如债券，即使是高信用国债，若其票面利息固定，其价格必随市场利率而波动。债券价格与本位货币间的比价有波动风险，故债券不能作为本位货币。

可随时兑付且其票面利息为零的债券，因可随时提现，其票面价值即债券价值。此价值不受市场利率波动影响，与本位货币比价固定，可作为本位货币使用。

若债券的票面利息可浮动，但无法时刻等于市场利率，则此债券与本位货币比价不固定，不能作为本位货币使用。

一般情况下，债券（包括国债）的信用等级要低于本位货币，故其收益率高于本位货币利率。[①] 与本位货币利率不一致必致其价格波动，不适合做本位货币。很多人鼓吹债券可替代本位货币就是因为不了解此原理。

基金券收益比债券风险更高，其价值更不稳定。

另一种金融品是商业信用票据。商业信用票据分银行汇票和商业汇票。银行汇票是银行作担保的汇票，其并未突破商业银行货币创造的限制。商业银行担保签发银行汇票要有相应基础货币作准备，即使买卖双方通过同一银行结算，基础货币不需任何移动，银行汇票背后的准备金也不能减少。很多人因为同一银行结算时本位货币不在银行间转移，就以为不需要本位货币，这是不对的。

商业汇票，即签票人用自己的实物财富担保而非银行担保发行的汇票，其可脱离准备金限制。但因签票人的信誉不可能超过本位货币信誉——商业汇票最终兑换的目标乃本位货币。故只能在小范围内使用，不能大规模地替代本位货币。商业汇票大规模替代本位货币必有以一揽子资本作为担保的商业银行发钞之后果[②]。

若商业汇票信誉不高，持有汇票者不是将其作为货币用于再流通而是用其向签票者兑换成本位货币，商业汇票就不能完成货币职能，且签票者还须有相应本位货币作准备。故银行汇票的信誉等级一般说来都高于商业汇票。金融越发达，银行汇票越发达，商业汇票越受抑制。

不同的人对利率变动趋势和风险的判断不一样。同样债券在不同人眼里价值也不同，因此债券离本位货币就更远。譬如很难拿一张债券去买衣

---

① 见本书第五章第五部分：国计风险定价原理。

② 见本书第四章第十部分：私人信用货币的缺陷。

服，因为买卖双方很难为这张债券的价值达成共识。

若债券跟本位货币一样执行基础货币职能，央行买卖国债的公开市场业务就无法调控货币量。

故不是债券等广义货币替代本位货币，相反正是先有相应的本位货币，广义货币才能存在。

二 信贷对冲下的币流先行原理

信贷扩张中，人们首先通过信贷或其他方式获得货币性票据，然后购买资本品或消费品。购买完成后人们又各自得到货币性票据，并用以对冲还贷，同时又进行下一轮信贷扩张，此往复循环使资金张缩与生产扩张同时进行。每轮对冲还贷都抵消相应债务，但当轮的产品却未被抵消。在实物经济与货币经济的结合中，与实物累计总量对应的是当期货币性票据的累计总量，而非当期货币性票据的余额。若货币补给完全依靠贷款完成，需予以统计的消费类货币量应该是当期新增消费贷款累计总额，而非当期新增消费贷款余额；需予以统计的资本类货币量应是当期新增资本贷款累计总额，而非当期新增资本贷款余额。若仅计算末期新增贷款余额，就漏掉了中间收入和产品购买。此为资金流量过程，故要将资金流量累计计算。

故信贷和其他资金供给的累计总量乃重要经济分析指标，而贷款（或存款）余额乃当期货币总量。以单一时点来看货币总量又是此刻货币流量，它反映此刻市场上正准备购买的价值数量，粗略对应此刻的实体经济产出。

将货币总量 M 仅看成是此刻的资金流量后，货币流通速度概念就失去意义。货币流通速度 $V = GDP/M$ 表示在产出 GDP 的时期内货币总量 M 流通的次数。它认为货币总量 M 在经济体中循环 V 次就产出 GDP，此即凯恩斯 $IS - LM$ 货币方程式 $\overline{M} = L(Y,i) = L_T(Y) + L_S(i)$ 的基础。

M 既为当前的资金购买流量，那即使在同一年内，不同天、不同月份的资金购买流量也不同，不能用单时点资金流量按货币流通速度来折算整个时期的经济。其实货币流通速度公式仅是个恒等式，需要先知道产出、某时刻货币余额存量（货币总量）后，才能相除得货币流通速度，而不可能先知道货币流通速度再得产出或者货币总量。在经济学界，人们都知道货币流通速度是同义反复，只不过认为它能较好地帮助理解经济含义。

信贷周期却可直接统计，可依其大致判断货币信用张缩速度。

在金融大鳄索罗斯看来，信贷周期是分析经济和金融，特别是找到其漏洞并发起金融狙击的关键点。在《金融炼金术》中索罗斯说："在讨论实际含义时，我将从最简单的事例开始，渐次述及较为复杂的，这个步骤巧合于我在实践中认识反身性过程的历史顺序：先是股票市场，其次是货币市场和国际债务问题，最后是所谓的信贷周期。"①

"贷款行为和抵押品估价之间的反身性相互作用启发我设计出一种模式：一个时期的逐渐的、缓慢的加速增长的信贷扩张之后是一个短期的信贷紧缩，典型的繁荣和萧条递嬗。萧条在时限上被压缩了，因为清偿贷款的努力引起抵押品估价的骤然下降。"②

"本书试图同时达成几个目标，它不仅提出一个一般性理论——反身性理论，同时还提出了另一个特殊的理论，即信贷和管制的循环理论。后者只是一些不成熟的想法，不宜称之为理论。尽管如此，我仍然尝试应用它来解释当代的历史过程并做出预言……首先，信贷——而不是货币——至关重要（换言之，货币主义是错误的观念体系）；其次，一般均衡的概念与现实毫无关系（换言之，古典经济的努力是徒劳的）。"③

索罗斯敏锐地意识到经典货币理论存在的问题，意识到信贷周期的重要性。但正如他在《金融炼金术》中所说，他还未形成成熟的想法，以至于整本《金融炼金术》的理论内容被完全涵盖在其十多页的导论中，其后 300 多页内容都流于重复和啰嗦。作者自己也意识到这点："我可向读者保证，本书的其余部分再也没有比导言更纷繁的内容了。"④

最简单的宏观经济，即社会总产品 Y_t 、Y_{t+1} 、…、Y_{t+n} 的序列变化。若经济增长，则 $Y_{m+1} > Y_m$（Y 是社会总产品，而非国民收入，前者含中间投入和增加值，后者为增加值）。

若 $t-1$ 期实现总收入为 Y_{t-1} ，则 t 期的总产出 Y_t 需用前期的总收入 Y_{t-1} 来购买。然因 $Y_t > Y_{t-1}$ ，等价购买无法实现。此即西斯蒙第所担忧

① ［美］乔治·索罗斯：《金融炼金术》，孙忠、侯纯译，海南出版社 1999 年版，第 7 页。

② 同上书，第 8 页。

③ 同上书，第 10 页。

④ 同上书，第 11 页。

的，使用前一年的收入来购买后一年的产出，购买力会过小。[①]

但信贷经济下这不是问题，若在 t 期用 Y_t 抵押以新增贷款 a_t，使 $Y_{t-1} + a_t = Y_t$，就可在不压低 t 期产品价格条件下实现 Y_t 总价值。

总收入 Y_t 实现后，人们将总资金收入中的 a_t 归还贷款，此时人们的实物财富为 Y_t，资金价值从 Y_t 恢复为 Y_{t-1}。

$t+1$ 期人们的资金价值为 Y_{t-1}，但总产出为 Y_{t+1}，故人们将在 $t+1$ 期以 Y_{t+1} 抵押以新增贷款 a_{t+1}，使 $Y_{t-1} + a_{t+1} = Y_{t+1}$。

总收入 Y_{t+1} 实现后，人们再将总收入中的 a_{t+1} 归还贷款，此时人们实物财富为 Y_{t+1}，资金价值从 Y_{t+1} 恢复为 Y_{t-1}。

此过程可一直持续。经济不断增长，货币信贷继续确保产品价值，但人们的资金总量在信贷归还后保持不变。

此即最简单的信贷对冲机制。每次交易完成后，新增货币量都对冲为零。若人们最初持有的资金 Y_{t-1} 为 0，则每次交易完成后人们都无资金。

宏观层面上，利率是银行向贷款对象收取的服务费和向存款对象支付的服务费。前者构成银行收入，后者和银行其他经营支出一起构成银行成本。银行作为经营主体与市场上其他企业并无区别。央行宏观上承担基础货币调控责任，但其收益上缴国家财政后又反流回市场，也等价于经营主体。故利率和再贴现率并不意味着银行把社会资金回收到自己手里退出市场。若将社会视为一整体，利率的调整固然改变了融资者成本，亦反方向改变提供融资者的收入，二者恰好抵消。故不宜从融资者与被融资者的利益分配入手考察利率于经济的影响，而应考察更本质的因素。

生产目的不是货币而是实物财富。若人们对实物财富缺乏兴趣，不愿意去交易，则人们将不愿新增信贷，因贷款利息常大于存款利息。故货币不是存量而是流量。货币流量大小取决于利率及市场交易需要，这也是货币内生理论的结论。

信贷对冲机制的每个微观交易上的货币数量与被交易金额自然相等，但因交易后货币随时湮灭，故统计货币总量的意义不大。真正需要统计的是信贷资金累计量和实物交易总量，只有这两个量才反映货币流与实物流的对应关系。

现考虑简单结构的经济。经济总产出为 Y_t，消费品占比例为 c_t，则

---

① 见本书第二章第四部分：西斯蒙第的经济思想。

资本品占比例为 $1-c_t$；消费资金占比例为 ω_t，则资本资金占比例为 $1-\omega_t$。一般可假定工资收入为消费资金，资本收入为资本资金。即使拥有巨额财富的资本家，其工资收入为其消费资金，资本收入为其资本资金。消费资金和资本资金亦可相互转换，例如消费者将消费资金用于投资或资本家将资本金用以消费，或者政府转移支付等。故消费资金为工资收入与净资金转入之和，资本资金为资本收入与净资金转入之和。

令 $t-1$ 期已实现总产出收入，则 t 期时应有：

$$\begin{cases} Y_{t-1}\omega_{t-1} + A_t = Y_t c_t \\ Y_{t-1}(1-\omega_{t-1}) + B_t = Y_t(1-c_t) \end{cases} \tag{4.1}$$

此模型假定无工资预付，且第 $t-1$ 期的消费和投资行为已在第 $t-1$ 期完成。A_t、B_t 指总信贷量与归还信贷量之差，即新增信贷量。

令 $A_t = Y_t a_t$，$B_t = Y_t b_t$，物价水平为 π_t，总产出不变价增长速度为 g_t，$Y_t = Y_{t-1}e^{g_t+\pi_t}$，由（4.1）得：

$$\begin{cases} \omega_{t-1}e^{-g_t-\pi_t} + a_t = c_t \\ (1-\omega_{t-1})e^{-g_t-\pi_t} + b_t = 1-c_t \end{cases} \tag{4.2}$$

若假定工资预付（有学者争议，实际企业的月工资制度中，都是职工先工作1个月然后企业才发工资，故很少存在工资预付。但职工先工作1个月仅是人力资本投入，对于职工来说是先付出劳动后获得收入，然而其对企业的价值必须要等产品销售获得收入后才实现，故就产品销售获得收入为时间基准来判断，工资支付一般应在此之前。是否假定为工资预付当然会使结果有差异，但不影响模型主要结论），可将（4.2）式改为：

$$\begin{cases} \omega_t + a_t = c_t \\ e^{-g_t-\pi_t} + b_t = 1-c_t + \omega_{t+1}e^{g_{t+1}+\pi_{t+1}} \end{cases} \tag{4.3}$$

（4.2）、（4.3）式乍看像货币先行模型，其实有两处不同。首先，其方程左边为当期货币总流量，亦可称之为币流先行模型。若信息完全且货币可瞬时流通，（4.3）式中的货币存量可趋近为0（现实并不满足信息完全和货币瞬时流通条件，故要求有一定货币存量）。其次，本模型中消费品购买主要来自工资资金，资本品购买和工资预付主要来自资本资金，信贷则分别补给工资资金和资本资金。这就引入了资金收入分配和实物购买关系。

仅建立资金收入分配和实物购买关系是不够的。宏观经济的特征是大规模纵横生产系统，在此生产系统中消费品和资本品间应有约束关系。而（4.2）、（4.3）式中的 c_t 是预先假设而得，并未体现资本品和消费品的纵横生产关系。

故现有两任务：第一，将货币对冲机制在方程中细化，体现关键对冲过程。第二，找到消费品和资本品在纵横生产系统中的数量关系。下面完成第一个任务。

货币供给方式，一是外生货币供给，例如外汇进入、央行公开市场业务等；二是信贷供给，在增加货币的同时增加同量贷款。信贷供给中银行是货币对冲创造者，贷款者是负债者。

信贷供给的基础货币由市场需求驱动。央行公开市场业务及外汇兑换等方式供给的基础货币由市场外因素驱动。

为清楚地观察货币市场的信贷对冲，本书将货币与贷款通过符号定义捆绑在一起，同时进行数学运算。

资金变量前有“`”前缀的表示为贷款，否则表示为货币资金。若出现 $x^{t_1}`y^{t_2}$ 则表示存款 x 到期时间为 t_1，贷款 y 到期时间是 t_2。无上标表示到期时间为当期末。“`”与“+”、“-”的运算优先级相同。

货币资金可相减但不能为负，因为货币资金面值不可能为负。若结果为负，则应通过“$`s^t$”将负值转化为贷款。

资金和贷款可独立运算。如：

$x_1`y_1 + x_2`y_2 + `y_3 + x_3^t = (x_1 + x_2 + x_3^t)`(y_1 + y_2 + y_3)$

资金 $x^{t_1}`y^{t_2}$，因 $x^{t_1}$ 为正资金，而 $`y^{t_2}$ 为贷款即负资金，故可展开为：$x^{t_1}`y^{t_2} = x^{t_1} - y^{t_2}$，但须同时到期的存款和贷款才能合并计算。

显然 $x^{t_1}`y^{t_2} = x^{t_1} + a`(y^{t_2} + a) = x^{t_1} - y^{t_2}$

币贷差：不考虑到期时间差异，对资金 $x`y$，定义 $z = x - y$ 为币贷差，表示不能被贷款 y 冲销的资金。x 包括银行存款和现金，故币贷差并非存贷差。

若一笔资金通过信贷产生 $x`x$，其值为 $x`x = x - x = 0$，故贷款的本质是对冲。利率影响微观主体对冲成本，但宏观上并不必然使收入从实体经济向银行体系单向流动。宏观上收入的流动取决于经营利润。

银行只要保持与存款成一定比例的现金在手中，就可应付日常取款需要，此比例叫准备金率，其余部分可借贷或投资出去。银行手里的基础货币除以准备金率即为货币储蓄总量。货币储蓄总量与流通中现金之和即为货币总量。

基础货币为 b，准备金率为 m，流通中现金为 h，则商业银行货币扩张后的货币总量为：

$$n = h + \frac{b - h}{m} x \tag{4.4}$$

此式子易理解：现金不参与货币扩张，准备金为 $b - h$，准备金除以准备金率即为其通过信贷扩张的货币储蓄。货币储蓄与现金之和为货币总量。x 为贷款，其值取决于实际情况。

央行币贷差：基础货币与央行再贴现债权之差，为央行对货币的信贷储备缺口，表示央行通过信贷储备来稳定币值的能力，亦体现央行再贴现率的影响能力。

商行币贷差：币贷差与央行币贷差之差，为商业银行对货币的信贷缺口，表示商业银行创造货币过程中出现的非正常对冲损益。

准备金率、流通现金、基础货币既定时，商行币贷差只影响贷款量而不直接影响货币总量。由（4.4）式可见，货币总量只取决于 h、b、m。

央行币贷差影响央行信贷调控能力，也即影响货币内生性。若央行币贷差过大，其通过信贷回收基础货币的能力减弱，货币调控能力削弱，货币内生性削弱。若央行币贷差大等于基础货币，央行完全失去信贷回收基础货币的能力，货币失去内生性，央行只能增加准备金率或采用发行央行票据、卖出国债等公开市场业务控制货币总量。

商行币贷差是商业银行创造货币过程中出现的非正常对冲损益。若某原因导致货币减少（如现金毁损或存款遗忘），因而商行币贷差减少，说明银行系统出现等量的非正常收益。若某原因导致商行币贷差扩大（例如坏账核销），说明银行系统出现等量的非正常损失。

商行币贷差反映商业银行与经济体系（把商业银行看作经营主体时，其也包含在经济体系内）间的非正常损益关系。如银行核销坏账时贷款减少，商行币贷差扩大，但仅是把需对冲的债务从坏账人身上转移到银行身上，货币对冲关系并未消失。故不影响中央信贷系统对经济的控制力。倘若商业银行无能力偿还债务导致央行无偿注资补贴，则增加了央行币贷差，削弱中央信贷系统对经济的控制力。若央行向商业银行提供贷款来帮助其偿还债务，则央行币贷差不变，不影响中央信贷系统对经济的控制力。

周期存贷差：一定期限内到期存款与到期贷款的数量差。

周期存贷差影响信贷系统周期匹配结构。周期存贷差大等于0，则本期限内信贷冲销能顺利完成；周期存贷差小于0，则本期限内信贷冲销不能顺利完成，银行将面临坏账威胁，而坏账将转化为商行币贷差。

例若 $c > a > b$ ，有资金结构 $a^1 + 2b + c^2(b + 2a^1)$ ，此式中，当期周期存贷差为 $2b - b = b > 0$ ，当期信贷冲销可顺利完成，信贷溢额为 b ；1期周期存贷差为 $2b - b + a - 2a = b - a < 0$ ，故1期内信贷冲销不能顺利完成，信贷缺口为 $b - a$ ；2期周期存贷差为 $2b - b + a - 2a + c = b - a + c > 0$ ，故2期内信贷冲销可顺利完成，信贷溢额为 $b - a + c$ 。此资金结构中虽2期信贷冲销可顺利完成，但1期将出现信贷缺口，若此主体是社会，则可能出现金融危机。

总结 t 期周期存贷差数学表达式如下：

$$d^t = \sum_{i|\tau_i \leq t} x_i^{\tau_i} + \sum_{j|\tau_j \leq t} y_j^{\tau_j} \tag{4.5}$$

T 期内无信贷缺口的条件是：

$$d_{t \leq T}^t \geqslant 0 \tag{4.6}$$

解决周期存贷差小于0的办法是向市场上增加使危机期间周期存贷差大于0的资金，故常以长期贷款甚至直接拨款（等价于贷款到期时间为无穷大）来解决周期存贷差小于0的问题。

三 国计平衡增长模型

只有大小没有方向的量称为标量，例 y = 205元为标量。既有大小亦有方向的量称为矢量，亦称为向量。例 $x = \begin{pmatrix} 10\text{斤} \\ 21\text{个} \end{pmatrix}$ 为矢量，其中“10斤”和“21个”为 x 的元素，“斤”和“个”为坐标向量，亦称基本向量，亦即单位。“10”和“21”为相应坐标向量上的坐标。因单位不同，坐标向量间不能算术加减。

若有价格矢量 $p = \begin{pmatrix} 10\text{元/斤} \\ 5\text{元/个} \end{pmatrix}$，则 x 总价值为：

$$v = x^T p = (10\text{斤}, 21\text{个}) \begin{pmatrix} 10\text{元/斤} \\ 5\text{元/个} \end{pmatrix} = 205\text{元}$$

上例 x 为矢量财富，v 为标量财富。长期以来经典经济学努力将矢量财富中各元素换算为统一价值标准，以成为可算术加减的标量财富，方便经济分析，凡劳动价值论、贵金属本位论、效用论等皆如此。但此努力是徒劳的。矢量财富中有多少个元素，就有多少维信息，而标量财富只有一维信息。多维信息转化为一维信息必有多维信息的损失，此为数学基本原理。矢量财富可推出标量财富，而标量财富不可推出矢量财富。任何标量财富只能反映矢量财富的某方面信息，不可能反映矢量财富全方面信息。故矢量财富只存在某方面的统一价值标准，不存在全方面的统一价值标准，所以应单方面分析财富可用标量财富，多方面分析财富应用矢量财富。上例 205 元为 x 的货币价值标量，却失去了 x 和 p 的矢量结构信息。若分析财富竞争力、产业链关系、经济结构、经济波动等信息，标量财富就力不从心，而须用反映经济结构的矢量财富。

经典经济学试图将财富统一在单一价值例如货币价值上，必致片面分析，可称之标量计学。国计学重视矢量财富，使用矢量分析，货币价值仅为分析角度之一，故能系统分析宏观经济，可称之为矢量计学。

（一）国计平衡增长模型

社会生产系统以消费为最终目的。斯密在《国富论》中说[①]："消费是一切生产的唯一目的，而生产者的利益，只在能促进消费者的利益时，才应当加以注意。这原则是完全自明的，简直用不着证明。但在重商主义下，消费者的利益，几乎都是为着生产者的利益而被牺牲了，这种主义似乎不把消费看作一切工商业的终极目的，而把生产看做工商业的终极目的。"

宏观经济本质特征在于社会化的纵横生产。纵向生产指社会产品形成产品链。任何产品都由更初级产品生产而来，一直到原材料采集[②]。横向生产指任何时刻社会都在同时生产从初级产品到最终消费品的整个产品链，可买到产品链任何环节的产品。宏观经济时空纵横联系的整体属性使其区别于简单的多个体经济。

① ［英］亚当·斯密：《国民财富的性质和原因的研究》下卷，郭大力、王亚南译，商务印书馆 1979 年版，第 227 页。

② 王璐：《"剑桥资本争论"与新古典分配理论的质疑》，《当代财经》2004 年第 8 期。

令一国收入分配中，产品价格里支付工资的比例为 ω_t，支付给前一级厂商的物质成本比例为 w_t，扩大再生产的利润比例为 r_t。则：

$$\omega_t + w_t + r_t = 1 \tag{4.7}$$

令 y_t 为 t 期末一国生产的消费品价值量，消费品不变价增长指数为 μ_t，物价膨胀指数为 π_t，则对一国的产品链来说，当期生产的价值总量是当期的消费品 y_t，加上为下期消费品 y_{t+1} 生产的资本品 $y_{t+1}w_{t+1}$，再加上为再下期消费品 y_{t+2} 生产的资本品 $w_{t+1}w_{t+2}y_{t+2}$ ……的总和。

令矢量财富 Q_t 为 t 期实物系统需要的实物数量，若产品链总环节为 n，有以下式子：

$$Q_t^T = (q_{1t}, q_{2t}, q_{3t}, \cdots, q_{nt}) \tag{4.8}$$

（4.8）式矢量 Q 中各元素因单位（量纲）不同，不能简单算术加总。若 Q 的价格向量为：

$$P_t^T = (p_{1t}, p_{2t}, p_{3t}, \cdots, p_{nt}) \tag{4.9}$$

则 q_{nt} 的货币价值为：$q_{nt} \cdot p_{nt} = w_{t+1} \cdots w_{t+n-1} w_{t+n} y_{t+n}$ （4.10）

故 Q_t 的货币价值为：

$$Y_t = Q_t^T \cdot P_t = y_t + w_{t+1}y_{t+1} + w_{t+1}w_{t+2}y_{t+2} + \cdots + w_{t+1} \cdots w_{t+n-1}w_{t+n}y_{t+n} \tag{4.11}$$

解之得：

$$y_{t+m} = y_t e^{\sum_{v=t+1}^{t+m} \mu_v} \tag{4.12}$$

$$w_{t+1} \cdots w_{t+m} y_{t+m} = y_{t+m} e^{\sum_{v=t+1}^{t+m} \ln w_v} = y_t e^{\sum_{v=t+1}^{t+m} (\mu_v + \ln w_v)} \tag{4.13}$$

故：

$$Y_t = \sum_{u=t}^{t+n} \left(y_u \prod_{v=t+1}^{u} w_v \right) = y_t \sum_{u=t}^{t+n} e^{\sum_{v=t+1}^{n} (\mu_v + \ln w_v)} \tag{4.14}$$

得第 t 期的消费率 c_t 为：

$$c_t = \frac{y_t}{Y_t} = \frac{1}{\sum_{u=t}^{t+n} e^{\sum_{v=t+1}^{u} (\mu_v + \ln w_v)}} \tag{4.15}$$

不变价生产增长率 g_{t+1} 为：

$$g_{t+1} = \frac{Y_{t+1}}{Y_t} = \frac{e^{\mu_{t+1}} \sum_{u=t+1}^{t+n+1} e^{\sum_{v=t+2}^{u} (\mu_v + \ln w_v)}}{\sum_{u=t}^{t+n} e^{\sum_{v=t+1}^{u} (\mu_v + \ln w_v)}} \tag{4.16}$$

名义生产增长率 $\hat{g}_{t+1}$ 为：

$$\hat{g}_{t+1} = \frac{Y_{t+1}e^{\pi_{t+1}}}{Y_t} = \frac{e^{\pi_{t+1}+\mu_{t+1}}\sum_{u=t+1}^{t+n+1} e^{\sum_{v=t+2}^{u}(\mu_v+\ln w_v)}}{\sum_{u=t}^{t+n} e^{\sum_{v=t+1}^{u}(\mu_v+\ln w_v)}} \tag{4.17}$$

若令 $n \to +\infty$，则有：

$$Y_t = y_t \sum_{u=t}^{+\infty} e^{\sum_{v=t+1}^{u}(\mu_v+\ln w_v)} \tag{4.18}$$

$$c_t = \frac{y_t}{Y_t} = \frac{1}{\sum_{u=t}^{+\infty} e^{\sum_{v=t+1}^{u}(\mu_v+\ln w_v)}} \tag{4.19}$$

$$g_{t+1} = \frac{Y_{t+1}}{Y_t} = \frac{e^{\mu_{t+1}}\sum_{u=t+1}^{+\infty} e^{\sum_{v=t+2}^{u}(\mu_v+\ln w_v)}}{\sum_{u=t}^{+\infty} e^{\sum_{v=t+1}^{u}(\mu_v+\ln w_v)}} \tag{4.20}$$

$$\hat{g}_{t+1} = \frac{Y_{t+1}e^{\pi_{t+1}}}{Y_t} = \frac{e^{\pi_{t+1}+\mu_{t+1}}\sum_{u=t+1}^{+\infty} e^{\sum_{v=t+2}^{u}(\mu_v+\ln w_v)}}{\sum_{u=t}^{+\infty} e^{\sum_{v=t+1}^{u}(\mu_v+\ln w_v)}} \tag{4.21}$$

由（4.19）、（4.20）、（4.21）可见，未来消费品增长指数 μ_t 和产品物质成本 w_t 决定了当前消费品和投资品的比例结构 c_t、生产增长率 g_t。换言之，决定着当前宏观实体经济结构。

当未来消费品增长指数 μ 和产品物质成本率 w 为常数时，（4.18）、（4.19）、（4.20）式可变为：

$$Y_t = \frac{y_t}{1 - we^{\mu}} \tag{4.22}$$

$$c = \frac{y_t}{Y_t} = 1 - we^{\mu} \tag{4.23}$$

$$g = \frac{Y_{t+1}}{Y_t} = e^{\mu} = \frac{1-c}{w} \tag{4.24}$$

$$\hat{g} = e^{\mu+\pi} = \frac{1-c}{w}e^{\pi} \tag{4.25}$$

因 c 为常数，故消费品和资本品的比例保持稳定，消费品、资本品及生产增长的速度相同。

计算出大规模纵横生产系统的产品结构关系，上述第二个任务就完成了。

现将信贷对冲引入实物流，选择工资预付模型，令 l、m、h、d 为贷款，则有：

$$\begin{cases} \omega_t + a_t \grave{l}_t = c_t + b_t \grave{m}_t \\ e^{-g_t-\pi_t} + q_t \grave{h}_t = 1 - c_t + \omega_{t+1} e^{g_{t+1}+\pi_{t+1}} + s_t \grave{d}_t \\ c_t = \dfrac{y_t}{Y_t} = \dfrac{1}{\sum\limits_{u=t}^{+\infty} e^{\sum\limits_{v=t+1}^{u}(\mu_v + \ln w_v)}} \\ \hat{g}_{t+1} = \dfrac{Y_{t+1} e^{\pi_{t+1}}}{Y_t} = \dfrac{e^{\pi_{t+1}+\mu_{t+1}} \sum\limits_{u=t+1}^{+\infty} e^{\sum\limits_{v=t+2}^{u}(\mu_v + \ln w_v)}}{\sum\limits_{u=t}^{+\infty} e^{\sum\limits_{v=t+1}^{u}(\mu_v + \ln w_v)}} \end{cases} \tag{4.26}$$

再考虑外贸因素。令 z 为本币标价的资本品净进口，资本品净进口不变价增长指数为 η，其他假定同（4.11）式。本国生产由（4.11）式得：

$$Y_t = y_t + (w_{t+1} y_{t+1} - z_t) + w_{t+1}(w_{t+2} y_{t+2} - z_{t+1}) + \cdots + w_{t+1} \cdots w_{t+n-1}(w_{t+n} y_{t+n} - z_{t+n-1}) \tag{4.27}$$

解之得：

$$y_{t+m} = y_t e^{\sum\limits_{v=t+1}^{t+m} \mu_v} \tag{4.28}$$

$$w_{t+1} \cdots w_{t+m-1}(w_{t+m} y_{t+m} - z_{t+m-1}) = y_{t+m} e^{\sum\limits_{v=t+1}^{t+m} \ln w_v} - z_{t+m-1} e^{\sum\limits_{v=t+1}^{t+m-1} \ln w_v} \tag{4.29}$$

故：

$$\begin{aligned} Y_t &= \sum_{u=t}^{t+n} \left(y_u \prod_{v=t+1}^{u} w_v \right) - \sum_{u=t}^{t+n-1} \left(z_u \prod_{v=t+1}^{u} w_v \right) \\ &= y_t \sum_{u=t}^{t+n} e^{\sum\limits_{v=t+1}^{u}(u_v + \ln w_v)} - z_t \sum_{u=t}^{t+n-1} e^{\sum\limits_{v=t+1}^{u}(\eta_v + \ln w_v)} \end{aligned} \tag{4.30}$$

第 t 期本国生产的消费品率 c_t 为：

$$c_t = \frac{y_t}{Y_t} = \frac{1}{\sum\limits_{u=t}^{t+n} e^{\sum\limits_{v=t+1}^{u}(\mu_v + \ln w_v)} - \dfrac{z_t}{y_t} \sum\limits_{u=t}^{t+n-1} e^{\sum\limits_{v=t+1}^{u}(\eta_v + \ln w_v)}} \tag{4.31}$$

不变价生产增长率 g_{t+1} 为：

$$g_{t+1} = \frac{Y_{t+1}}{Y_t + z_t \sum\limits_{u=t}^{t+n-1} e^{\sum\limits_{v=t+1}^{u}(\eta_v + \ln w_v)}}$$

$$= \frac{y_t e^{\mu_{t+1}} \sum_{u=t+1}^{t+n+1} e^{\sum_{v=t+2}^{u}(\mu_v + \ln w_v)} - z_t e^{\eta_{t+1}} \sum_{u=t+1}^{t+n} e^{\sum_{v=t+2}^{u}(\eta_v + \ln w_v)}}{y_t \sum_{u=t}^{t+n} e^{\sum_{v=t+1}^{u}(\mu_v + \ln w_v)}} \tag{4.32}$$

名义生产增长率 $\hat{g}_{t+1}$ 为：

$$\hat{g}_{t+1} = \frac{Y_{t+1} e^{\pi_{t+1}}}{Y_t + z_t \sum_{u=t}^{t+n-1} e^{\sum_{v=t+1}^{u}(\eta_v + \ln w_v)}}$$

$$= \frac{y_t e^{\mu_{t+1} + \pi_{t+1}} \sum_{u=t+1}^{t+n+1} e^{\sum_{v=t+2}^{u}(\mu_v + \ln w_v)} - z_t e^{\eta_{t+1} + \pi_{t+1}} \sum_{u=t+1}^{t+n} e^{\sum_{v=t+2}^{u}(\eta_v + \ln w_v)}}{y_t \sum_{u=t}^{t+n} e^{\sum_{v=t+1}^{u}(\mu_v + \ln w_v)}} \tag{4.33}$$

由（4.31）、（4.32）、（4.33）式可见，未来消费品增长指数 μ_t、产品物质成本 w_t、资本品净进口 z_t 及增长指数 η_t 决定了当前消费品和投资品的比例结构 c_t、生产增长率 g_t，换言之，决定着当前宏观实体经济结构。

当未来消费品增长指数 μ 等于资本品净进口增长指数 η 且为常数、产品物质成本率 w 为常数时，（4.30）、（4.31）、（4.32）、（4.33）式变为：

$$Y_t = \frac{y_t - z_t}{1 - we^{\mu}} \tag{4.34}$$

由（4.34），当 $y_t - z_t < 0$ 时 $Y_t < 0$　　（4.35）

（4.35）表示负生产。

$$Y_t = \frac{Y_t c - z_t}{1 - we^{\mu}} \rightarrow 1 - we^{\mu} - c + \frac{z_t}{Y_t} = 0 \tag{4.36}$$

$$e^{\mu} = \frac{1 - c + z_t / Y_t}{w} = \frac{w + s + z_t / Y_t}{w} \tag{4.37}$$

$$g = \frac{Y_{t+1}}{Y_t + \frac{z_t}{1 - we^{\mu}}} = \frac{y_t - z_t}{y_t} e^{\mu} \tag{4.38}$$

$$\hat{g} = \frac{Y_{t+1} e^{\pi}}{Y_t + \frac{z_t}{1 - we^{\mu}}} = \frac{y_t - z_t}{y_t} e^{\mu + \pi} \tag{4.39}$$

因有净进口 z_t 的外来财富增加，故消费品增长率 e^{μ} 大于生产增长率 g。

令 $n \to \infty$ ，x 为本币标价的消费品净进口，k 为本币标价的当期资本金净流入（含本国所有权资本金净流入和外国所有权资本金净流入），κ 为本币标价的当期本国对外债权，λ 为本币标价的当期本国对外债务，ε 为间接汇率，外币标价的累计本国对外债权为 K ，收益指数为 $\hbar$ ，外币标价的累计本国对外债务为 N ，收益指数为 ƛ 。若要经济平衡，有如下关系：

$$\begin{cases} \omega_t + a_t{}^{\backprime}l_t = c_t + x_t + b_t{}^{\backprime}(m_t + \lambda_t^0\varepsilon_t - \kappa_t^0\varepsilon_t) \\ e^{-g_t-\pi_t} + q_t + k_t{}^{\backprime}(h_t + \lambda_t^1\varepsilon_t - \kappa_t^1\varepsilon_t) \\ = 1 - c_t + z_t + \omega_{t+1}e^{g_{t+1}+\pi_{t+1}} + s_t{}^{\backprime}(d_t + \lambda_t^2\varepsilon_t - \kappa_t^2\varepsilon_t) \\ c_t = \dfrac{y_t}{Y_t} = \dfrac{1}{\sum\limits_{u=t}^{+\infty} e^{\sum\limits_{v=t+1}^{u}(\mu_v+\ln w_v)} - \dfrac{z_t}{y_t}\sum\limits_{u=t}^{+\infty} e^{\sum\limits_{v=t+1}^{u}(\eta_v+\ln w_v)}} \\ \hat{g}_{t+1} = \dfrac{y_t e^{\mu_{t+1}+\pi_{t+1}}\sum\limits_{u=t+1}^{+\infty} e^{\sum\limits_{v=t+2}^{u}(\mu_v+\ln w_v)} - z_t e^{\eta_{t+1}+\pi_{t+1}}\sum\limits_{u=t+1}^{+\infty} e^{\sum\limits_{v=t+2}^{u}(\eta_v+\ln w_v)}}{y_t\sum\limits_{u=t}^{+\infty} e^{\sum\limits_{v=t+1}^{u}(\mu_v+\ln w_v)}} \\ N_{t-1}e^{\text{ƛ}_t} + \lambda_t^0\varepsilon_t + \lambda_t^2\varepsilon_t - K_{t-1}e^{\hbar_t} - \kappa_t^0\varepsilon_t - \kappa_t^2\varepsilon_t = N_t - K_t \end{cases} \tag{4.40}$$

（4.40）式第 1、2 个方程借鉴了本书的借贷表示法，借方系产业分析，贷方系债权分析，将债务放入贷方加项，债权放入贷方减项。债权和债务也可彼此按周期结构对冲。λ_t^0、κ_t^0、λ_t^1、κ_t^1、λ_t^2、κ_t^2 的数字上标仅为不同情况下债务债权的区别标志。

显然 t 时刻 $\lambda_t^1 - \kappa_t^1 = 0$ ；经常项目逆差为：$-(x_t + z_t)\varepsilon_t$ ，经常项目中消费品本国所有权逆差为 $\lambda_t^0\varepsilon_t - \kappa_t^0\varepsilon_t$ ，资本品本国所有权逆差为 $\lambda_t^2\varepsilon_t - \kappa_t^2\varepsilon_t$ ；在本国的外国所有权资金外贸买卖及进出不影响当期本国债权债务和（但会影响债权、债务量），资本项目顺差为 $k_t\varepsilon_t$ 。

本书将以上（5.27）、（5.41）式的第 1 个方程称为消费方程式；第 2 个方程称为资本方程式；第 3 个方程称为结构方程式；第 4 个方程称为收益方程式；（5.41）式的第 5 个方程称为外贸方程式。以上方程的数值结果为标量财富，但其代数表达式仍保留矢量财富信息。

（二）产业效率、收入分配与增长速度

目前中国投入产出表最近是 2005 年。本书使用 2005 年中国投入产出表粗略计算收入分配和增长速度关系。

经济稳定增长时计算经济增长率的公式为：

经济增长率 = 净投资率 × 资本生产率　　(4.41)

资本生产率为一定时期内（一年内）单位资本存量创造的产出（GDP），即：

$$e^{\mu} = (s - d)p \quad (4.42)$$

(4.42) 式中 s 为储蓄占 GDP 的比率，d 为折旧占 GDP 的比率，p 为资本生产率。

作为比对国家，我们先看巴西的数据。巴西真实经济增长率平均约为 3.5%，GDP 投资率平均约为 20%，固定资产折旧占 GDP 比例约为 12%。若资本生产率为 p_1，由（4.42）式有：

$$3.5\% = (20\% - 12\%)p_1 \quad (4.43)$$

解之得：$p_1 = 43.75\%$　　(4.44)

中国真实经济增长率约为 8%，GDP 中投资率平均约为 51%，固定资产折旧占 GDP 比例约为 14%，若资本生产率为 p_2，由（4.42）式有：

$$8\% = (51\% - 14\%)p_2 \quad (4.45)$$

$$p_2 = 21.62\% \quad (4.46)$$

从以上计算可知，巴西每单位资本每年产生 0.4375 单位增加值，中国每单位资本每年产生 0.2162 单位增加值。巴西生产效率是中国生产效率的两倍。

本文所采用的巴西数据与国际平均水平差距不大，因此也可把以上两例看成是国际平均资本生产率与中国资本生产率的比较。

（三）消费与资本的共轭原理

由结构方程式可知消费与资本存在共轭关系。未来消费时间序列及技术水平决定当期资本品总量及结构（开放经济下包括进出口结构）。封闭经济下当期资本品增多对应未来某时期的消费品增多；反之未来某时期的消费品增多也对应当期资本品增多。

（四）消费与资本的正反馈原理

由消费方程式和资本方程式可知消费与资本存在正反馈。若消费方程式失衡，表现为消费购买力不足，资本方程式的资本收入将下跌，资本品购买减少，工资压低，引起消费方程式进一步失衡的正反馈。结构方程式中消费和资本均萎缩，收益方程式的增长率下降。反之则会引起经济泡沫的正反馈。

一般而言，资本总是试图压低成本，包括工资成本。工资成本的压低使消费方程式失去平衡，引起消费方程式和资本方程式的彼此正反馈，并直接使结构方程式和收益方程式萎缩。

（五）扩张财政政策压缩消费结构的原理

消费不足时，以扩张性财政政策增加投资，短期内可扩张工资平衡消费方程式，却使结构方程式中当期消费品比例下降，未来消费品比例上升。若固守此收入分配比例，将在未来产生更严重失衡。

（六）货币流与实物流正反馈的原理

消费方程式和资本方程式均含货币信贷。若大量货币储蓄，周期存贷差便产生，本期限内信贷冲销不能完成，出现金融危机。货币因储蓄而等价于被冻结，消费方程式和资本方程式均失衡，产生消费与资本失衡的正反馈，使结构方程式和收益方程式萎缩。经济紧缩使抵押物价值下跌和赢利前景看淡，信贷加剧紧缩，货币储蓄继续增加，周期存贷差继续扩大，货币危机加剧。反之会有信贷与消费资本方程式、结构方程式及收益方程式扩张的正反馈。

收益方程式受经济物理技术条件限制。当实物资源充分就业，增长便达极限。若信贷继续扩张，货币便转化为膨胀物价。此时只要消费方程式、资本方程式、结构方程式、收益方程式和周期存贷差任一出现相反方向失衡，逆向正反馈发生，泡沫就易破灭。

物价急剧膨胀时，人们将囤积物资、增加投资、压低消费、降低结构方程式中消费比例值。消费比例的变动将在未来引起消费方程式衰退，泡沫破灭。

（七）经济失衡下的经常账户平衡

（4.40）式的消费方程式中，若 $x_t + z_t = 0$，则经常账户平衡。此时若消费内需不足即 $x_t < 0$，资本必有进口 $z_t = -x_t >$，反之同理可得。故若国际市场无限大，通过外贸总可获经常账户平衡。消费内需不足时，消费方程式中为本国使用的消费品将减少 $-x_t$，资本方程式中本国使用的

资本品中有 $z_t = -x_t$ 为外国生产。严重时本国消费水平降低、本国生产为外资替代的现象将出现，且本国从供给和需求两端受控于国际市场。

故衡量对外依赖的一个重要指标是外贸依存度（（当期进口 + 出口）/GDP），而非净出口，有人认为应取消外贸依存度指标，改之以净出口指标，此看法并不谨慎。

若国际市场有限，消费和资本方程式的失衡还将影响汇率等系列因素。如消费需求不足而国际市场有限，间接汇率 ε_t 将被迫下降，即本币贬值，才可满足消费平衡。本币贬值不利资本品进口，故此种经济将于销售末端降低收入，于生产端提高成本。

（八）影子汇率

影子汇率指央行外汇储备为零时，允许市场自由浮动的市场汇率。

（4.40）中消费、资本及外贸方程式含外汇债权债务关系。$N_t - K_t$ 为净债务，但外资持有的债权凭证多是本币，故若净债务大于 0，影子间接汇率将低于现行汇率，以降低 N_t，本币有贬值趋向，反之有升值趋向。

净债务也应区分对冲周期。即使债权总量高于债务，若某周期内可动用债权数量低于到期债务，本币受金融狙击而贬值的威胁仍然存在。

四　国计实物增长模型

国计平衡增长理论解决了资金流与实物流的关系，但从实物角度看，什么样的实物消费和投资结构最优，平衡增长理论并未解决。而这正是当代西方经济增长理论的重点。但经济增长理论解决实物消费与投资结构的方法是求消费效用贴现最大值。消费作为生产终点仅满足人们的效用，这并不合理。

配第在比较英国和法国国力时，比较水手和农民的不同价值及各自土地等物质资产价值。这成为以后劳动价值论的发源。[①]

资本有两类，一是人力资本，一是物力资本。储蓄是物力资本来源，消费则是人力资本来源。没有消费就不可能有人力资本增长，故将消费考虑进人力资本再生产，有以下生产函数：

---

① 见本书第二章第四部分：配第的经济思想。

$$\begin{cases} Y_{t+1} = AK_t^{1-a}L_t^a \\ dK_t = Y_t - C_t \\ L_t = C_t^{\beta} \end{cases} \tag{4.47}$$

此式假定人力资本为消费的函数。消费对人力资本的作用未必在当期立刻发生，这里做了一定简化，现求消费和投资最优比例以使 Y_{t+1} 最大。

对式中第 1 个方程变形得：

$$maxA(K_{t-1} + Y_t - C_t)^{1-a}C_t^{a\beta} \tag{4.48}$$

对 C_t 求导：

$$\frac{C_t}{K_{t-1} + Y_t - C_t} = \frac{a\beta}{1 - a} \tag{4.49}$$

故要想达到最高产出，消费须占总产出一定比例，且此比例与资本存量、人力资本产出率相关。资本存量 K_{t-1} 越多，消费占当期净产出 Y_t 比例就越多；人力资本产出参数 β 越大，消费占 Y_t 比例就越大。

经济增长理论中，减少消费增加投资虽未必增加经济增长的效用贴现，但经济绝对量特别是资本绝对量必会更快增长。但本模型中，不恰当地减少消费增加投资，将使经济增长速度反而降低，削减消费量和资本量。

本模型也能很好解释“列昂惕夫”悖论。由经济学要素禀赋理论，发达国家资本雄厚、劳动力缺乏，故其产品应为资本密集型而非劳动集约型。美国经济学家列昂惕夫用投入产出法检验美国外贸结构，发现美国出口品含劳动力比例比进口品多，其含资本比例却比进口品少。这与要素禀赋理论矛盾，称为“列昂惕夫”悖论。

由（4.49）式，美国把大量国民收入用于人力资本再生产以满足宏观国家增长的参数要求时，出现列昂惕夫之谜就很正常。这说明美国经济主要依靠技术研发等智力推动。而其他不发达国家用于人力资本再生产的资源较少、人力素质较低，其经济主要依靠发达国家转移过来的机器推动。复杂劳动者严重不足，简单劳动者远远过剩，资本密集型产业快速发展，大量失业的困境将在这样的国家发生。

五　国计供需定价理论

（一）一般均衡与国计平衡的关系 *

国计平衡增长模型阐述资金流、信贷对冲与实物流的宏观平衡关系，国计实物增长模型阐述实物消费与投资的关系。此为全面、宏观且动态的经济关系，体现整个经济的集体理性，反映集体理性均衡；一般均衡理论则代表个体理性，反映个体理性均衡。

一般均衡含义如下：市场上各主体都有各产品的供给函数；市场上各主体以自己拥有产品在市场上能实现的价值作为收入约束，产生对各产品的需求；各产品间形成某比价关系，使各产品在此比价关系下的供给量等于需求量，此比价关系即一般均衡价格。

相对价格等价于利益分配。若某甲数年费尽心血生产 10 吨大米，在市场上因讨价还价力量薄弱而不得不交换其他主体数小时生产的一件单薄衣服，显然这就是对某甲极为不利但却不得不接受的均衡分配结果。

故一般均衡是研究市场上具有不同资源禀赋、不同偏好的各主体进行物品交换博弈的利益分配，此结果形成各物品的相对价格。所谓一般均衡有均衡解，即物品交换最后会形成某利益分配格局，使经济中任何主体都不得不接受此格局。

经济中各个体有不同的资本、偏好和计划，这些因素导致各个体在交易中不同的博弈行为，决定不同的利益分配，此利益分配常与国计平衡增长的要求冲突。正如斯密在《国富论》中说："其实，不论在哪一种商业或制造业上，商人的利益在若干方面常和公众利益不同，有时甚或相反。扩张市场，缩小竞争，无疑是一般商人的利益。可是前者虽常对于公众有利，后者却总是和公众利益相反。缩小竞争，只会使商人的利润提高到自然的程度以上，而其余市民却为了他们的利益而承受不合理的负担。故这一阶级所建议的任何新商业法规，都应十分小心地加以考察。非小心翼翼地、抱着怀疑态度做了长期的仔细检查以后，决不应随便采用。因为他们这般人的利益，从来不是和公众利益完全一致。一般地说，他们的利益，在于欺骗公众，甚至在于压迫公众。公众亦常为他们所欺骗所压迫。"①

一般均衡事实上是储蓄投资恒等式。它是说，生产出来的产品总会有某利益分配格局将交换分配完毕。凯恩斯在谈到储蓄投资恒等式时说："故投资行为本身，一定使得储蓄这个余数以同量增加。当然，人们对于投资若干和储蓄若干所作决定，可能过于不正常，以至不能产生一个均衡

---

① ［英］亚当·斯密：《国民财富的性质和原因的研究》上卷，郭大力、王亚南译，商务出版社 1979 年版，第 242 页。

价格，按此价格交易。在此情形之下，产品既然不再有一个一定的市场价值，而价格又在零与无穷大之间，找不到一个静止点，故我们所用名词也不再适用。经验告诉我们，事实上并非如此。社会上有种种心理反应习惯，可使得均衡实现，愿卖愿买之数量相等。产品有一个一定的市场价值，乃是货币所得有一个具体价值之必要条件，同时又是使储蓄者决定储蓄之总数，与投资者决定投资之总数——二者相等之充分条件。"①

凯恩斯这段话精辟论述了一般均衡。他指出，从总量上来说储蓄恒等于投资，且必有一般均衡价格使储蓄恒等于投资。

凯恩斯也一再强调，储蓄投资恒等乃储蓄投资间的传导桥梁而非经济均衡指标。经济均衡指标乃消费倾向、资本边际效率和利率。凯恩斯说："传统分析法之所以错误，乃在其未能正确认明何者为经济体系之自变数。储蓄和投资都是经济体系之被决定因素，而不是决定因素。经济体系之决定因素，乃消费倾向、资本之边际效率表和利率；储蓄和投资只是此决定因素之双胎儿……传统分析法知道储蓄定于所得，但忽视一点：即所得定于投资，故当投资改变时，所得必定改变，所得改变之程度，乃使储蓄之改变恰等于投资之改变。"②

一般均衡是个体理性的结果，国计平衡是集体理性的结果。只有个体理性与集体理性趋于一致，即一般均衡解只有满足国计平衡增长条件，经济才可稳定增长。故一般均衡与国计平衡乃手段与目标的关系。国计平衡是宏观经济稳定运行的目标。可设定不同调控措施，考察其可能产生的各种一般均衡，选择最符合目标的调控措施。

现考察一般均衡范例：设市场上有 n 个主体，m 种产品。第 i 个主体的产品需求向量为 $x_i(p,p^T\omega_i)$，其中 p 为产品价格向量，ω_i 为第 i 个人拥有的初始产品向量。故 $x_i(p,p^T\omega_i)$ 表示第 i 个人在预算约束 $p^T\omega_i$ 下的产品需求函数。

总预算约束条件：对任何价格向量 p 均有：

$$p^T\sum_i^n x_i - p^T\sum_i^n \omega_i = 0 \tag{4.50}$$

所谓一般均衡，即取适当的价格 p^* 向量，使下式成立：

① ［英］凯恩斯：《就业、利息和货币通论》，高鸿业译，商务印书馆 1996 年版，第 57 页。

② 同上书，第 157 页。

$$\sum_{i}^{n} x_i(p^*, p^{*T}\omega_i) - \sum_{i}^{n} \omega_i = 0 \tag{4.51}$$

即在均衡价格 p^* 下供给量和需求量正相等。

一般均衡中有几个相互关联的变量：价格 p 、产品供给函数、产品需求函数。确定任意两个量便可求解另一个量。例如确定产品供给函数、产品需求函数可求解价格 p ，此即一般均衡资产定价。若确定价格 p 和产品需求函数可求解产品供给。若确定价格 p 和产品供给函数可求解产品需求。

若以上任何变量偏离解，一般均衡就不能满足，此即一般均衡意义上的供需失衡。不过一般均衡只可能有计划性失衡，已发生的数据必定满足一般均衡，因为事实本身就是解。

例 4.1：甲生产 A 数量为 q_A ，乙生产 B 的数量为 q_B ，甲的需求向量为 $\begin{pmatrix} a_A \\ b_B \end{pmatrix}$ ，乙的需求向量为 $\begin{pmatrix} m_A \\ n_B \end{pmatrix}$ ，此假设中有供给、需求，故可计算价格。计算如下：

$$\begin{cases} \begin{pmatrix} a_A \\ b_B \end{pmatrix} + \begin{pmatrix} m_A \\ n_B \end{pmatrix} = \begin{pmatrix} q_A \\ q_B \end{pmatrix} \\ a_A p_A + b_B p_B = q_A p_A \\ m_A p_A + n_B p_B = q_B p_B \end{cases} \tag{4.52}$$

上式第 1 个方程是题设条件，根据 2、3 个方程可得 p_A、p_B 。若设 p_A、p_B 为异于解的常量，则本题无解，不可能达到一般均衡，在现实中不可能实际发生。

现做个有趣变换：

令 p_A、p_B 均为 1，则本题若要有解，必满足：

$$\begin{cases} \begin{pmatrix} a_A \\ b_B \end{pmatrix} + \begin{pmatrix} m_A \\ n_B \end{pmatrix} = \begin{pmatrix} q_A \\ q_B \end{pmatrix} \\ a_A + b_B = q_A \\ m_A + n_B = q_B \end{cases} \tag{4.53}$$

解得：$b_B = m_A$

此结果有点眼熟。有读者想起马克思的再生产公式。将 a_A 替换为甲的投资需求 C_1 ，b_B 替换为甲的消费需求 V_1 ，q_A 替换为甲的资本品产出

W_1，m_A 替换为乙的投资需求 C_2，n_B 替换为乙的消费需求 V_2，q_B 替换为乙的消费品产出 W_2，上式变形为马克思再生产公式：

$$\begin{cases} \begin{pmatrix} C_1 \\ V_1 \end{pmatrix} + \begin{pmatrix} C_2 \\ V_2 \end{pmatrix} = \begin{pmatrix} W_1 \\ W_2 \end{pmatrix} \\ C_1 + V_1 = W_1 \\ C_2 + V_2 = W_2 \end{cases} \tag{4.54}$$

其均衡条件是 $V_1 = C_2$。

故马克思再生产公式（包括扩大再生产公式）是一般均衡的一个例子，其与经济增长理论研究范式的区别在于前者研究无优化目标下的一般均衡条件，后者研究特定优化目标（跨期效用贴现和最大）下的一般均衡条件。(4.54) 式即再生产供需关系。由于劳动价值是由供需决定而被社会所承认的社会必要劳动时间，必为（4.54）式的解，因此根据价值定义而求解得到的价值量就不可能使（4.54）式失衡，再生产公式恒成立。经济失衡的原因必须到国计平衡关系中去找。

（二）一般均衡与货币的关系

从信贷对冲角度看，货币乃交换媒介。实物交换完毕，货币媒介便可湮灭，故计算货币存量意义不大。但这并非说货币媒介数量变化不影响经济。

一般均衡比价等价于交易时货币媒介数量。一般均衡比价变化必改变交易时货币媒介数量；反之，若改变交易时货币媒介数量亦必改变一般均衡比价。故仅从货币媒介与一般均衡比价的关系便可破除货币中性说法。

若一般均衡比价与国计平衡增长冲突，可用信贷、财政转移等方式调整货币媒介数量，以调整一般均衡比价使其与国计平衡增长一致，此亦为国计平衡增长模型中货币调控的一般均衡解释。实物交易完毕后货币媒介湮灭，货币连续创生和湮灭表现为货币流量变化，此亦为国计平衡增长模型的货币流量调控解释。两种解释本质一致。

货币虽与一般均衡相互影响和决定，但货币却在一般均衡背后不断创生和湮灭，不以存量形式存在于一般均衡中。故若将货币存量作为变量放入一般均衡优化，以试图找出货币与实体经济的关系，必定徒劳无功。这是魁奈等古典城邦经济学家放弃货币分析的无奈，也是当代西方经济学所有货币模型的宿命。

（三）国计风险定价原理#

资产定价属于一般均衡。在一般均衡中必须知道供给和需求才可能确定资产价格。

资产不用于当期消费，资产的特征是未来可得收入，未来收入分布决定资产特征。

设当前价格为 P 的资产，其单期内收入为 J，定义资产收入率 $R = \frac{J}{P}$（未来收入与未来收益不同。未来收益为 $J - P$，收益率为 $\chi = R - 1$，收入率和收益率的相关系数 $\rho(R,\chi) = 1$，故对分析收入率等价于分析收益率）。若资产价格变动成 P_1，资产收入率也变为 $R_1 = \frac{J}{P_1}$，可见资产价格 P 与资产收入率 R 呈一一对应关系。

若仅知各资产未来收入 J，如何确定资产均衡价格呢？

一般均衡价格是相对比价而非绝对价格。故可假定所有资产总价值为 1（因是比价关系，故也可设为其他常数，不影响结论）。现看均衡条件：

第一，设所有投资者都是同一时刻进行单期决策；

第二，设投资者均为风险厌恶，希望手中总资产的收入率期望值大而方差小；

第三，市场无摩擦，不存在交易费用和税收，所有证券无限可分；

第四，市场无操纵，即单个人的决策不足以影响市场价格，为市场价格的接受者；

第五，制度允许卖空，可自由支配卖空所得；

第六，存在一种无限供应的无风险证券；

第七，信息完全，所有投资者对所有资产的方差、协方差、期望值均已知；

第八，同质预期，所有投资者均有相同信息结构，所有投资者都假定用本风险定价的方法进行投资决策筛选。

多数资产价格非负，但由中心极限定理，若相互独立的任意随机变量足够多，在一定条件下其和为正态分布[①]。因此若众多资产相互独立，则

① 盛骤、谢式千、潘承毅：《概率论与数理统计》，高等教育出版社 2000 年版，第 135 页。

单资产价格能否为负或为何分布，不影响资产组合的正态分布性质。实际上资产间并不独立，中心极限定理未必成立，但单资产的分布仍不重要，重要的是单资产对资产组合的分布贡献。

从市场整体来说，将资金越多投入无限供应的资产（可获更多此资产的收入流），越少投入有限供应的资产（可压低此资产价格，提高其收入率，而此资产收入却不会改变），越为有利。但整体优化与个体优化并非总能一致。若有限资产的价格过低，其收入率过高，必有个体将资金从无限供应的资产抽出以获取有限资产的高收入。全体同质个体的同样行为就将抬高有限资产价格直到某一均衡状态。

故有两均衡，一为有限资产的均衡，一为有限资产与无限资产的均衡。对个体而言两均衡的风险偏好须一致。

计算：

令总资金约束为1，使用在有限资产上的资金为 y ，使用在无限资产上的资金为 $1-y$ 。先计算有限资产均衡：

已知收入流 $J^T=(j_1,j_2,\cdots,j_n)$ ，收入的协方差矩阵为 $V, I^TVI=\sigma_M^2$ 。若资产均衡价格 $P^T=(p_1,p_2,\cdots,p_n)$ ，则均衡收入率 $R^T=\left(\frac{j_1}{p_1},\frac{j_2}{p_2},\cdots,\frac{j_n}{p_n}\right)$ 。

$$令\ N=\begin{pmatrix}\frac{1}{p_1} & 0 & \cdots & 0\\ 0 & \frac{1}{p_2} & \cdots & 0\\ \vdots & \vdots & \ddots & \vdots\\ 0 & 0 & \cdots & \frac{1}{p_n}\end{pmatrix}$$

则均衡时各资产的收入率协方差矩阵 $\overline{V}=NVN$, $P^TI=y$, $R=NJ$, $N^{-1}I=P$ ，资产总收入为 $J_m=P^TR$，令 $L_i=\frac{j_i}{E(j_i)}$ 为 i 资产的单位收入（即 $E(L_i)=1$）, i 资产均衡价格与期望收入之比 $F_i=\frac{p_i}{E(j_i)}$ 称为市入率（对应市盈率）。

优化时市场上任何理性人的选择组合必满足以下条件：

$$\begin{cases} min\{\sigma_m^2 = P^T\overline{V}P\} \\ s.t: P^TI = y, P^TE(R) = E(J_M) \end{cases} \tag{4.55}$$

拉格朗日方程为：

$$L = P^T\overline{V}P - \lambda_1(P^TE(R) - E(J_M)) - \lambda_2(P^TI - y)$$

则：

$$\frac{\partial L}{\partial P} = 2\overline{V}P - \lambda_1 E(R) - \lambda_2 I = 0$$

解得：

$$P = \frac{1}{2}\overline{V}^{-1}(\lambda_1 E(R) + \lambda_2 I) \tag{4.56}$$

由（4.55）式：

$$\begin{pmatrix} E(J_M) \\ y \end{pmatrix} = \begin{pmatrix} E(R)^T \\ I^T \end{pmatrix} P = \frac{1}{2}\begin{pmatrix} E(R)^T \\ I^T \end{pmatrix}\overline{V}^{-1}(E(R) \quad I)\begin{pmatrix} \lambda_1 \\ \lambda_2 \end{pmatrix}$$

$$= \frac{1}{2}\begin{pmatrix} E(R)^T\overline{V}^{-1}E(R) & E(R)^T\overline{V}^{-1} \\ I^T\overline{V}^{-1}E(R) & I^T\overline{V}^{-1}I \end{pmatrix}^{-1}\begin{pmatrix} \lambda_1 \\ \lambda_2 \end{pmatrix}$$

即：

$$\begin{pmatrix} \lambda_1 \\ \lambda_2 \end{pmatrix} = 2\begin{pmatrix} E(R)^T\overline{V}^{-1}E(R) & E(R)^T\overline{V}^{-1}I \\ I^T\overline{V}^{-1}E(R) & I^T\overline{V}^{-1}I \end{pmatrix}^{-1}\begin{pmatrix} E(J_M) \\ y \end{pmatrix} \tag{4.57}$$

将（4.57）式代入（4.56）式得：

$$\overline{V}P = (E(R) \quad I)\begin{pmatrix} E(R)^T\overline{V}^{-1}E(R) & E(R)^T\overline{V}^{-1}I \\ I^T\overline{V}^{-1}E(R) & I^T\overline{V}^{-1}I \end{pmatrix}^{-1}\begin{pmatrix} E(J_M) \\ y \end{pmatrix}$$

化简得：

$$P = \overline{V}^{-1}(E(R) \quad I)\begin{pmatrix} E(R)^T\overline{V}^{-1}E(R) & E(R)^T\overline{V}^{-1}I \\ I^T\overline{V}^{-1}E(R) & I^T\overline{V}^{-1}I \end{pmatrix}^{-1}\begin{pmatrix} E(J_M) \\ y \end{pmatrix}$$

$$= N^{-1}V^{-1}(E(J) \quad P)\begin{pmatrix} E(J)^TV^{-1}E(J) & E(J)^TV^{-1}P \\ P^TV^{-1}E(J) & P^TV^{-1}P \end{pmatrix}\begin{pmatrix} E(J_M) \\ y \end{pmatrix}$$

即：

$$VI = (E(J) \quad P)\begin{pmatrix} E(J)^TV^{-1}E(J) & E(J)^TV^{-1}P \\ P^TV^{-1}E(J) & P^TV^{-1}P \end{pmatrix}^{-1}\begin{pmatrix} E(J_M) \\ y \end{pmatrix} \tag{4.58}$$

令 $\begin{pmatrix} E(J)^TV^{-1}E(J) & E(J)^TV^{-1}P \\ P^TV^{-1}E(J) & P^TV^{-1}P \end{pmatrix}^{-1}\begin{pmatrix} E(J_M) \\ y \end{pmatrix} = \begin{pmatrix} k_1 \\ k_2 \end{pmatrix}$ (4.59)

则：$VI = (E(J) \quad P)\begin{pmatrix} k_1 \\ k_2 \end{pmatrix}$

即：$P = \frac{1}{k_2}VI - \frac{k_1}{k_2}E(J)$ (4.60)

又由（4.59）得：

$$\begin{pmatrix} E(J)^T V^{-1} E(J) & E(J)^T V^{-1} P \\ P^T V^{-1} E(J) & P^T V^{-1} P \end{pmatrix}\begin{pmatrix} k_1 \\ k_2 \end{pmatrix} = \begin{pmatrix} E(J_M) \\ y \end{pmatrix} \tag{4.61}$$

把（4.61）代入（4.60）式，发现两式不独立。故令 $\frac{1}{k_2} = a$，$\frac{k_1}{k_2} = b$，由（4.60）式得：

$$P = \frac{1}{k_2}VI - \frac{k_1}{k_2}E(J) = aVI - bE(J) \tag{4.62}$$

由（4.62）可见，资产价格完全不确定，取决于市场参数 a,b。

现考虑有限资产与无限资产的均衡。个体可在两种均衡间自由选择资产以满足自己的风险偏好，两种均衡对个体而言并无区别，故无限供应资产也应满足（4.62）式。因用于无限供应资产的资金为 $1 - y$，令其收入率为 r，由（4.62）有：

$$1 - y = a\sigma_{rM} - b(1 - y)E(r) \tag{4.63}$$

若无限供应资产为无风险资产，即其协方差 $\sigma_{rM} = 0$，由（4.63）得：

$$1 = -br \Rightarrow b = -\frac{1}{r} \tag{4.64}$$

即：$P = aVI + E(J)/r$ (4.65)

令 $\beta = E(J_M)a$，则：

$$p_i = E(J_M)a\frac{\sigma_{iM}}{E(J_M)} + \frac{E(j_i)}{r} = \beta\sigma_{iL_M} + E(j_i)/r \tag{4.66}$$

$$y = \beta\sigma_{ML_M} + E(J_M)/r \tag{4.67}$$

$$\frac{p_i}{E(j_i)} = \beta\frac{\sigma_{iL_M}}{E(j_i)} + \frac{1}{r} = F_i = \beta\sigma_{L_iL_M} + 1/r \tag{4.68}$$

亦可变形得：

$$\frac{F_i - F_k}{\sigma_{L_iL_M} - \sigma_{L_kL_M}} = \beta \tag{4.69}$$

（4.66）、（4.67）、（4.68）、（4.69）式 β 即风险偏好参数。β 越小于

0，市场就越为风险厌恶型；反之市场越为风险偏好型。β 为 0 时，市场为风险中性。σ_{iL_M} 为 i 的系统风险。

研究资产单位收入的协方差关系看似奇怪，但实际上资产单位收入属于题设已知条件，不随其他量而变化，适合定标分析。而传统 CAPM 研究资产收益率间的协方差关系，资产收益率受价格影响，而价格是不确定的未知量，必致资产收益率间的关系复杂，不适合定标分析。将（4.65）进行另一变形：

$$I^TP = aI^TVI + I^TE(J)/r \Rightarrow 1 = a\sigma_{R_MM} + E(R_M)/r$$

故：$1 = a\sigma_{R_iM} + E(R_i)/r = a\sigma_{R_MM} + E(R_M)/r$

$$\frac{E(R_M) - E(R_i)}{\sigma_{R_MM} - \sigma_{R_iM}} = -ar$$

即：$$\frac{E(R_M) - E(R_i)}{\sigma_{R_M}^2 - \sigma_{R_iR_M}} = -ayr = -a^2r\sigma_M^2 - aE(J_M) = \gamma \quad (4.70)$$

可见（4.70）式右端 γ 为包含众多变量的非线性函数而不是常数，亦非单调函数。γ 大，未必风险偏好高，γ 小，也未必风险偏好低。其原因在于，资产收入（益）率建立在单位资产价格上，而资产价格本身就是被求解的未知变量。所以资产收入（益）率协方差关系式不适合作为风险偏好的度量。

均衡时由（4.70）得：

$$E(R_i) = r + \frac{\sigma_{R_iR_M}}{\sigma_{R_M}^2}(E(R_M) - r) \quad (4.71)$$

（4.71）在形式上恰是传统 CAPM 定价的结论。（4.71）由（4.70）推导来，而（4.70）右侧为非线性多变量表达式，体现风险偏好变化的影响。

传统 CAPM 论证过程如下：

令 Y 为资金投在均衡市场里各证券的比例向量，V 为均衡市场上各证券收益率协方差矩阵，R 为均衡市场上各证券收益率向量，R_M 为均衡市场平均收益率，r 为无风险收益率。

当事人在资金总量为归一化常数 1 时，选择适当比例 Y 使自己资金收益尽量大而风险尽量小。因市场各主体同质，各主体资金收益率必定均为市场平均收益率。故各主体优化策略为：满足市场平均收益率且风险最小。列式如下：

$$\begin{cases} min\{\sigma_M^2 - Y^T VY\} \\ s.t: Y^T I = 1, Y^T E(R) = E(R_M) \end{cases} \tag{4.72}$$

解为：

$$E(R_i) = r + \frac{\sigma_{R_i R_M}}{\sigma_{R_M}^2}(E(R_M) - r) \tag{4.73}$$

由（4.72）知，传统 CAPM 未意识到资产收入（益）率及协方差会随价格变化，其将资产收入（益）率及协方差作为不变量来定价，这必然使市场因素无法影响资产价格——资产收入（益）率和协方差确定时，资产价格便已确定。故传统 CAPM 宣称资产均衡价格与投资人风险偏好无关。

传统 CAPM 推导出的资本市场线在国计风险定价中并不存在。资本市场线上无风险资产和风险资产可随意组合而不改变风险资产的收入（益）率和协方差，此违反了风险资产数量既定的约束。例若人们都希望减持风险资产，增持无风险资产，则风险资产价格将下跌，风险收入率将提高，同时也改变风险收入（益）率的协方差。故不可能真有资本市场线来让人们任意调整资产比例。

传统 CAPM 和国计风险定价都属一般均衡。与一般均衡一样，其结果仅反映人们的心理等实力博弈，其可能引起或正处于经济动荡，并不反映经济稳定增长的资产价值，常需调控货币媒介来改变一般均衡比价以符合经济稳定增长要求。

国计风险定价的结果表明，资产价格无恒定标准，即“衡无数”①。不要迷信市场价格的正当性，而要从经济运行结构的角度去判断资产应有价格。

（四）国计收益率期限结构

1. 国计收益率期限定价

（1）国计收益率期限定价#

现实中需对长期资产定价。若每期利率是 i，那 n 期复利收入是 $(1+i)^n-1$，单利收入是 ni，多期风险收益率也可如此计算。此计算方法常见于经济学。计算未来多期效用贴现时常用折现率 ρ^n 对 n 期效用折现，

① 《管子·轻重乙》。

严格说来这不对。银行存款一年期年利率若为2%，两年期年利率常要高于2%，即长期存款的年利率常要高于短期存款的年利率，特殊情况下也可能反之。

故利率具有期限结构。相应地收益率也有期限结构，因市入率为收益率期望值的倒数，也可称市入率期限结构。

已知国计风险定价中有式（4.68）：

$F_i = 1/E(R_i) = \beta\sigma_{L_iL_M} + 1/r$

现引入收益期限模型，为简化计算，先计算两期模型。

设已知第1期市场组合的单位收入分布 $L_{M0,1}$，第1期无风险利率 $i_{0,1}$，第2期无风险利率分布 $i_{1,2} = \mu + \varepsilon$（$\varepsilon$ 为期望值为0的随机数），现计算第1期初到第2期末的无风险利率 $i_{0,2}$。

计算：

无风险利率是常量还是分布取决于它是否已发生而不取决于它什么时候到期。已发生的无风险利率为常量；未发生的无风险利率不是常量，只是预测的分布。

1期初，$i_{0,1}$ 和 $i_{0,2}$ 是已发生的常量，$i_{1,2}$ 是未发生的不确定量。例如银行储蓄利率，当前储蓄利率是常量，下一年的储蓄利率无法准确预测，只是可能性分布。

令无风险资产1期初的价格为 p_0，1期末的即期价格（即当时的实际价格）为 p_1，2期末的无风险价格为 p_2（参见下节“收益率类型”中的远期价格），则：

$$p_1 = \frac{p_2}{1 + i_{i,2}} = \frac{p_2}{1 + \mu + \varepsilon} \approx \frac{p_2}{1 + \mu} - \frac{p_2}{(1 + \mu)^2}\varepsilon \tag{4.74}$$

p_0、p_2 均为无风险价格，p_1 为有风险价格。令此资产第1期的市入率为 $F_{0,1}$，则此资产第2期单位收入分布为：

$$L_{1,2} = \frac{1 + i_{1,2}}{E(1 + i_{1,2})} = \frac{1 + \mu + \varepsilon}{E(1 + \mu + \varepsilon)} = 1 + \frac{\varepsilon}{1 + \mu} \tag{4.75}$$

$$\sigma_{L_{0,1}L_{M0,1}} = \mathrm{cov}\left(\frac{p_1}{E(p_1)}, L_{M0,1}\right) = -\,\mathrm{cov}\left(\frac{\varepsilon}{1 + \mu}, L_{M0,1}\right) = -\,\sigma_{L_{1,2}L_{M0,1}} \tag{4.76}$$

上式 $L_{M0,1}$ 为市场组合第1期的单位收入。由国计风险定价公式：

$$F_{0,1} = \frac{p_0}{E(p_1)} = \frac{p_0}{p_2}(1 + \mu) = -\beta_{0,1}\sigma_{L_{1,2}L_{M0,1}} + \frac{1}{1 + i_{0,1}} \tag{4.77}$$

解得：

$$1+i_{0,2}=\frac{p_2}{p_0}=\frac{1}{\frac{1}{(1+i_{0,1})(1+\mu)}-\frac{\beta_{0,1}\sigma_{L_{1,2}L_{M0,1}}}{1+\mu}} \tag{4.78}$$

即：

$$i_{0,2}=\frac{1}{\frac{1}{(1+i_{0,1})(1+\mu)}-\frac{\beta_{0,1}\sigma_{L_{1,2}L_{M0,1}}}{1+\mu}}-1 \tag{4.79}$$

$i_{0,2}$ 即为 1 期初到 2 期末的无风险收益率。

算毕。

可见 $i_{0,2}$ 并非 $i_{0,1}$ 与 $i_{1,2}$ 的简单累积，而受制于 $L_{1,2}$ 与 $L_{M0,1}$ 的协方差。

（4.79）中不同期资产单位收入的协方差体现前后期经济的反馈关系。在风险厌恶假设下（即 $\beta_{0,1}<0$），协方差为正表示第 2 期资产单位收入与第 1 期市场组合单位收入为正反馈，而正反馈经济易放大动荡；协方差为负表示第 2 期资产单位收入与第 1 期市场组合单位收入为负反馈，而负反馈经济易稳定。当 $i_{0,1}$ 、μ 既定时，经济越稳定，负反馈性越强，协方差就越小，（4.79）式中 $i_{0,2}$ 就越大；经济越不稳定，正反馈性越强，协方差就越大，（4.79）式中 $i_{0,2}$ 就越小。而当经济介于稳定与不稳定之间，协方差为 0 时，得：

$$i_{0,2}=(1+i_{0,1})(1+\mu)-1$$

此即不考虑期限结构的结果。

计算出 $i_{0,2}$ 后，可解得人们在第 2 期的风险偏好：

$$\beta_{0,2}=\frac{F_{M0,2}-1/(1+i_{0,2})}{\sigma^2_{L_{M0,2}}} \tag{4.80}$$

假定已知第 n 种资产从 1 期初到 2 期末的单位收入系统风险 $\sigma_{L_{n0,2}L_{M0,2}}$，其市入率为：

$$F_{n0,2}=\beta_{0,2}\sigma_{L_{n0,2}L_{M0,2}}+1/(1+i_{0,2}) \tag{4.81}$$

得市入率期限结构：

$$F_{n0,2}=\frac{F_{M0,2}-\frac{1}{(1+i_{0,1})(1+\mu)}+\frac{\beta_{0,1}\sigma_{L_{1,2}L_{M0,1}}}{1+\mu}}{\sigma^2_{L_{M0,2}}}\sigma_{L_{n0,2}L_{M0,2}}+\frac{1}{(1+i_{0,1})(1+\mu)}-\frac{\beta_{0,1}\sigma_{L_{1,2}L_{M0,1}}}{1+\mu} \tag{4.82}$$

将 n 资产在第 2 期末的收入期望值乘以 $F_{n0,2}$ ，便得 n 资产当前均衡价格，完成跨期资产定价。

（2）收益率类型

由前述证明可知收益率有多种类型，以下对各种收益率进行解释。

到期收益率（yield to maturity，YTM）又称最终收益率：使资产未来现金流的现值等于资产当前市值的贴现率。

即期收益率（spot rate）也称零息利率：零息债券到期收益率的简称（零息债券指以贴现方式发行，不附息票，而于到期日时按面值一次性支付本利的债券）。

现在就在合同上把未来价格约定下来，在约定时间内按现在签定的合同规定价格交易。此合同规定的收益不是利率，但却无风险（除非合同违约）。

当前签定，在未来以约定价格交易的合同，叫远期合同。当前合同中确定的远期交易价格为远期价格。前面谈期权定价时在合同上签定的到期执行价格即远期价格。

期望价格：当前对未来某时间点价格的预测期望值。

即期价格：确定时间点的实际价格。

远期价格与期望价格、即期价格有何联系和区别?

举个例子。假定银行一年期年利率为 5%，您到基金公司去买基金，基金公司会告诉您未来的年期望收益率，假定为 15%。若您用 100 元购买基金，则此资产在一年后期望价值为 115 元。但这仅是可能值，实际收益率须等一年后才知道，它在期望值为 15% 的概率分布下随机发生，实际可能是 1%，也可能是 22%。正因有系统风险，此基金的期望收益率高达 15%。115 元是购买基金一年后的期望价格，101 元或 122 元，是基金一年后的实际价格。

现在您对基金公司说，既然公司许诺此基金一年期望收益率为 15%，那现在就签合同约定一年后此基金价格为 115 元。基金公司愿签此合同吗? 没有一家基金公司乐意和您做成这笔交易。若他们和您签定这样的合同，就意味着他们将给您 15% 的无风险收益率，而此时市场上的无风险收益率才 5%。既然合同的未来价格无风险，基金公司只愿约定到时支付相当于无风险收益率的价格，即 $100 \times (1+5\%) = 105$（元），此即远期价格。

远期价格反映当期无风险套利关系，反映当期资产供需。远期价格与当期价格差为当期贴息而非反映预期价格。

现实中若基金公司急需资金又无其他筹资渠道，可能愿意支付超过5%的无风险收益率。但缺乏筹资渠道本身就是风险，且筹资额必然有限。

现用远期价格来解决一个小问题：

若银行一年期年利率为5%，两年期年利率为7%，某人有一张现存本金为100元的两年期存折，您现和他签定合同约定在一年后购买此存折，您愿意出多少价格，最后一年的收益率将是多少？

现签定合同约定一年后购买此存折，应用远期价格。一年期年利率为5%，此存折远期价格为：

$100\times(1+5\%)=105$（元）

故现在合同上约定的购买价格应是105元。

两年后此存折的本利和为：

$100\times(1+7\%)^2=114.5$（元）

故以远期价格105元计算，第二年存折的收益率为：

$$\frac{114.5}{105}-1=9\%$$

远期收益率（forward rate）也称远期利率：以远期价格为价格基准获得的收益率。以上二年9%的收益率，即第二年的远期收益率。在当前看来，远期收益率蕴涵着风险，故应获风险溢价。以上过程正是国计收益期限结构证明的例子。

2. 收益率曲线

（1）收益率曲线的含义

收益率曲线（yield curve）是汇率和信贷风险均相同，但期限不同的债券或其他金融产品收益率的曲线。纵轴是到期收益率，横轴是距离到期的时间。

收益率曲线包括政府公债的基准收益率曲线、存款收益率曲线、利率互换收益率曲线及信贷收益率曲线等。国债在市场上自由交易时，不同期限及其对应的不同收益率形成债券市场的“基准利率曲线”。市场因此而有了合理定价基础，其他各种金融资产均在此曲线基础上考虑风险溢价后确定适宜的价格。收益率曲线的形状多样，也随时可能发生快速变动。

资产收益期望和收益波动风险均可影响资产价格。收益率曲线下降时资产未来的实际价格倾于下降，因为要么未来的到期收益下降，要么未来到期收益之间为正反馈因而风险增大；收益率曲线上升时资产未来的实际价格倾于上升，因为要么未来的到期收益上升，要么未来到期收益之间为负反馈因而风险降低。但这仅为定性分析，仅仅根据收益率曲线并不能精确计算未来到期收益或到期收益之间的相关关系。

（2）收益率曲线分析示例

现用收益率曲线来分析澳元的汇率走势。图4—1是澳大利亚不同时间点的国债收益率曲线：

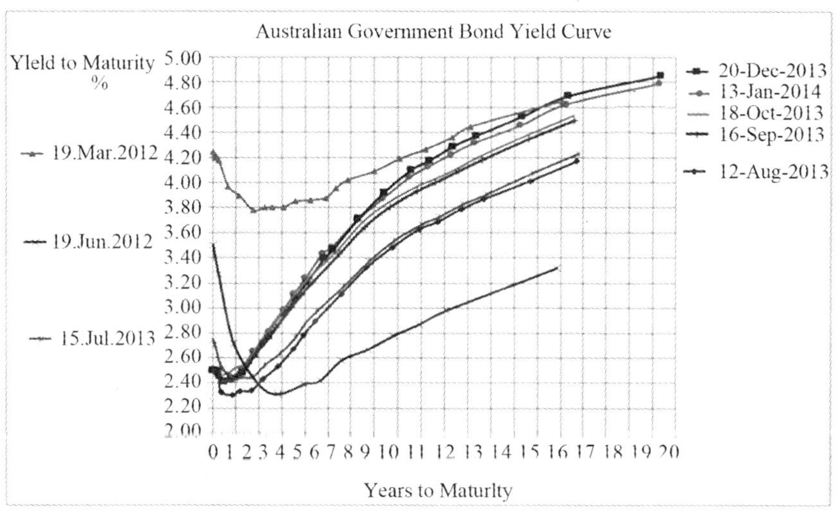

图4—1 澳大利亚不同时间点的国债收益率曲线

以2012年3月19日的收益率曲线来看，0—2期的到期收益率均下降，说明未来0—2期（即2012年3月—2014年3月）中澳元将倾于下跌。2期后相当长时间内的到期收益率上升，说明2期（2014年3月）后相当长时间内澳元将倾于升值。

再从收益率曲线的变动来看，2012年3月到2014年8月收益率曲线也经历了先下移再上移的过程，与澳元的变化过程吻合。

不过货币升值是相对的。当说澳元升值时应说清楚它相对其他什么货币升值。设若欧元国债收益率曲线也与澳大利亚国债收益率曲线大致相同，我们就无法判断澳元对欧元的汇率是上升还是下降。因此若精确研究澳元相对欧元的走势，就还要分析欧元国债的收益率曲线。

(3) 定量分析与定性分析的相互转化

由于不能精确计算未来到期收益及到期收益之间的相关关系，在收益率曲线分析示例中主要采用定性分析的观察方法。但定性分析背后的逻辑体系正来自数学公式，所以应当把数学看成一门语言，它通常以定量的形式来讲述定性的逻辑。

但实际操作中常需获得某定量判据以确定下一步的行动，那么如何通过定性分析获得定量判据呢？以收益率曲线的定性分析为例，需要掌握两大要点：差距与边界。差距指比较多个同类变量的差距，通过观察此差距的变化来推测未来走向，例如澳大利亚国债收益率曲线与欧元国债收益率曲线的差距来大致判断 EURAUD 的走向；边界指变量的正常波动范围，通常在边界处会有大幅回调，而越过边界则可能大幅突破。观察变量是否超过边界来判定 EURAUD 的走向。正是差距和边界两种分析将定性分析转化为定量计算，获得下一步行动的信息。

(五) 均衡资产组合定理#

前已述及不存在资本市场线来让人们任意调整资产比例。不过市场上存在很多已均衡的资产，这些资产组合的均衡价格应为各资产均衡价格的总和。现用国计风险定价计算组合资产的均衡价格，看猜想是否正确。

均衡资产组合定理：若某资产收入流为其他均衡资产收入流的线性组合，则此资产均衡价格为各均衡资产价格的线性相加。

证明：

令 x,y 为两资产收入，x 和 y 组合的收入 $z = x + y$；$p(x)$、$p(y)$ 为 x、y 的均衡价格；令市场均衡组合收入为 M。

由（4.66）式：

$$p(x) = \beta\sigma_{xL_M} + E(x)/r$$

$$p(y) = \beta\sigma_{yL_M} + E(y)/r$$

$$p(z) = \beta\sigma_{zL_M} + E(z)/r = \beta(\sigma_{xL_M} + \sigma_{yL_M}) + E(x + y)/r = p(x) + p(y)$$

证毕。

由本定理，两资产未来收入相同则其均衡价格也必相同，此即 MM 定理。

金融里常用风险复制或风险抵消的办法。但它们复制或抵消的都是金融资产自身风险而未考虑系统风险。均衡资产组合定理保证了只要完全抵消或复制自身风险，则系统风险也自动抵消或复制。

（六）均衡价格核定价原理#

现在介绍均衡价格核。以 Lucas 著名的连续时间资产定价模型为例①。

假定人们同质，且消费者亦为投资者。作为投资者，其资产获得价格增长收益和红利收益；作为消费者，其消费获得效用满足。单个人无力改变市场供需，但都试图优化自己的个体财富。

一般均衡定价本质是供需定价，须假设有供给函数和需求函数方可计算均衡价格。故再设资产红利在每期都被人们消费掉，由此给出实际供给量和实际需求量，这是最简单的供需假设。现计算此供需关系的一般均衡价格。此即 Lucas 大名鼎鼎的“水果树模型”：资产为树恒定不变，红利是水果只能吃掉否则就要腐烂。下面为论证过程：

t 期开始时，以消费品为标准的总资产价值为 A_t，每份资产价格 a_t 为 t 时刻以后整个时段红利分布函数，表示通过未来红利预期对当前资产定价；红利为随机过程 d_t，消费为 c_t，用于再投资的资产价值为 v_t，有 $A_t = v_t + c_t$；设个体除买卖资产和获得红利外无其他收入；消费效用函数为 $u(c_t)$，效用贴现率为 β。

令 $R_t = \frac{a_{t+1} + d_{t+1}}{a_t}$，为 t 期到 $t+1$ 期资产的总收入率，有优化问题：

$$\begin{cases} \max\limits_{c_t} E_0 \sum\limits_{t=0}^{\infty} \beta^t u(c_t), 0 < \beta < 1 \\ s.t: A_{t+1} = R_t(A_t - c_t) \end{cases} \tag{4.83}$$

（4.83）式中效用贴现率为 β。解得：

$$\max_{A_t} E_0 \sum_{t=0}^{\infty} \beta^t u\left(A_t - A_{t+1}\frac{1}{R_t}\right), 0 < \beta < 1 \tag{4.84}$$

利用变分②优化得：

$$E_t\beta \frac{u'(c_{t+1})}{u'(c_t)} R_t = E_t\beta \frac{u'(c_{t+1})}{u'(c_t)} \left(\frac{a_{t+1} + d_{t+1}}{a_t}\right) = 1 \tag{4.85}$$

（4.85）为消费与资产相对价格、供给量与需求量的关系。

---

① Robert E. Lucas, Jr. “Asset Prices in an Exchange Economy”, *Econometrica*, 1978.

② 见本书附录 D 第四部分：变分。

又因实际供给量和实际需求量 $c_t = d_t$，故：

$$a_t = E_t\beta\frac{u'(d_{t+1})}{u'(d_t)}(a_{t+1} + d_{t+1}) = E_t\sum_{j=1}^{\infty}\beta^j\frac{u'(d_{t+j})}{u'(d_t)}d_{t+j} \tag{4.86}$$

由（4.86）得 t 时资产价格 a_t。故通过资产红利折现可得资产定价。

此推导有五个矛盾：

其一，短期内将资产和消费假定为外生有一定道理，因为实物生产不可随时在资本品和消费品间转产，但中长期内实物生产有内生性。消费品比价过高必会减少消费品消费，增加资本品投资；反之会增加消费品消费，减少资本品投资。同质个体行为汇成集体行为，不但使当期既定供需下价格均衡，还会使中长期的实物供需趋向个体优化，消费品和资本品的一般均衡比价趋向于生产替代率，否则就等于说市场中的群体行为无法影响实体经济。故若考虑实物生产内生性，此资产定价模型就不成立。

其二，由于贫富差距等所有权结构，消费资金和资本资金间不能无障碍转化。解决此障碍正是国计学收入分配的任务。

其三，资产定价与所有权结构是孪生兄弟。若资本金和消费金可无障碍转化，则资本品和消费品比价就取决于资本品与消费品间的实物生产替代率，而不取决于资本收入流。正是所有权结构分割资本和消费，使资本市值偏离资本生产价格。故忽略所有权结构的资产定价，本身逻辑就是矛盾的。

其四，应当对未来收益取期望值后贴现，而不是对未来实际收益贴现后取期望值。

其五，连续时间资产定价在任意期均用 X 来计算复利，这违反了收益率期限结构。

连续时间资产定价在中长期、收入分配、所有权结构及贴现等问题上的捉襟见肘，反映了国计平衡增长模型、风险定价、收益率期限结构的合理性，但连续时间资产定价提出了均衡价格核的概念。

由（4.85）式得：

$$E_t\beta\frac{u'(c_{t+1})}{u'(c_t)}R_t = 1 \tag{4.87}$$

为方便可把（4.87）式中 $\beta\frac{u'(c_{t+1})}{u'(c_t)}$ 写为 ξ_t，称之为均衡价格核。即：

$$E_t \xi_t R_t = 1 \tag{4.88}$$

$$E_t \xi_t P_t = P_0 \tag{4.89}$$

（4.88）、（4.89）式给出资产均衡定价的直观办法，其适用于任何资产。从（4.88）式看出，资产均衡价格的核心是收入率与均衡价格核的协方差，这与国计风险定价的结论相似。假定不深究 Lucas 资产定价的错误，则国计风险定价的 R_{Mt} 同样有关系 $E_t \xi_t R_{Mt} = 1$ 。可以这样理解：ξ_t 反映经济体中资本与消费的结构，决定资本市场中各资产（包括市场资产组合）的价格，是理论上包含经济整体信息的全局价格核。国计风险定价在既定资本市场结构下研究资本市场中各资产与市场资产组合的价格关系，R_{Mt} 是理论上包含资本市场信息的局部价格核。国计学认为应用国计平衡增长模型而不能用家计学模型来研究经济体的资本与消费结构。

依照价格核的逻辑可计算任何资产价格，包括期权、期货等金融衍生品价格：只要知道金融衍生品收益率与价格核的协方差即可。

（七）无套利定价原理#

衍生品知识准备：以买进期权为例。所谓买进期权，即在当前合约中约定，于未来特定时候向特定对象以约定的执行价格买进某资产如股票的权利。期权到期时，若资产市场价格大于执行价格，期权持有人将执行期权，获得市场价格大于执行价格的价差；反之则不执行期权，期权持有人不赚也不赔。期权由执行标的资产衍生而来，故归为金融衍生品。期权是包赚不赔的权利，但世上无免费午餐，既是权利就有价格。

计算均衡价格需考虑风险偏好等系统风险。但若已知某资产集的收入率联合分布，无论是否均衡均可组合这些资产寻找占优价格获得套利，并在未定权益可达时确定其无套利价格（但未必是均衡价格）。

完备性：选定 n 种非完全相关的资产构成资产集，并在 t 时刻有 m 种可能状态价格，状态价格矩阵 $A(t) = \begin{pmatrix} a_{1,1}(t) & \cdots & a_{1,m}(t) \\ \vdots & \ddots & \vdots \\ a_{n,1}(t) & \cdots & a_{n,m}(t) \end{pmatrix}$，$A_{i.}^T(t) = (a_{i,1}(t) \quad \cdots \quad a_{i,m}(t))$，$A_{.j}^T(t) = (a_{1,j}(t) \quad \cdots \quad a_{n,j}(t))$ 。具有同样状态数 m 的未定权益 v 的状态价格向量 $V(t)^T = (v_1(t) \cdots v_m(t))$ 。若存在如下关系的向量 $X(t)$ ，则称未定权益 v 可达。若任何同样状态数 m 的未定权益均可达，则称资产集完备。

$$A(t)^T X(t) = V(t) \tag{4.90}$$

0 时刻的资产价格是确定的，只有一个价格状态，故此时资产集状态价格不是矩阵而是向量，可写为：

$$A^T(0) = (a_1(0) \cdots a_n(0)) \tag{4.91}$$

(4.91) 式中，$a_i(0)$ 不是向量而是确切的数，表示 i 资产在 0 时刻的价格。

占优（占劣）：资产集内所有资产收入率分布既定时，若有某资产组合 Φ 对所有 j 有 $a_{\Phi,j}(t) \geqslant 0 \geqslant a_{\Phi}(0)$（或 $a_{\Phi,j}(t) \leqslant 0 \leqslant a_{\Phi}(0)$），并对某些 j 严格不等式成立，则称资产集有占优（或占劣）。资产集有占优等价于其有占劣。

资产集无占优称为无套利，无套利资产集内的资产价格称为无套利价格。

无套利价格的条件很宽松。只要资产集中没有任何资产的收益率在各概率上都不劣于（至少某概率上优于）其他资产的组合，此资产集就无套利。

例 4.2：假设无交易障碍的市场上已有资产 A 和 B 。A 、B 的未来收益完全一样（注意，不仅是分布相同还完全相关），A 现价为 P_A ，B 现价为 P_B ，若 $P_A \neq P_B$ ，我们易判定是有套利市场，P_A 和 P_B 至少有一个不满足均衡条件，至少有一个市场无效（见本书第四章第六部分：市场分层原理）。

现设有第三个资产 C ，其未来收益与 A 、B 完全一样，其现价为 P_C 。我们可以说：C 相对于 A 的无套利价格是 $P_C = P_A$ ，C 相对于 B 的无套利价格是 $P_C = P_B$ 。在 $P_C = P_A$ 的情况下，若 P_A 是均衡价格，则 P_C 也是均衡价格；若 P_A 不是均衡价格则 P_C 也不是均衡价格。$P_C = P_B$ 时亦同理分析。

从例 4.2 可知，无套利价格并不一定是均衡价格，资产集的选取很重要。当一个资产复制另一个资产时，就复制了另一个资产的所有价格信息，包括均衡与否、有效与否的信息。

例 4.3：若某 A 资产 $P_0^A = 3$ ，$P_T^A = \begin{pmatrix} 2 \\ 4 \end{pmatrix}$ ，B 资产 $P_0^B = 4$ ，$P_T^B = \begin{pmatrix} 6 \\ 1 \end{pmatrix}$ ，则收益率 $R^A = \begin{pmatrix} \frac{2-3}{3} \\ \frac{4-3}{3} \end{pmatrix} = \begin{pmatrix} \frac{-1}{3} \\ \frac{1}{3} \end{pmatrix}$ ，$R^B = \begin{pmatrix} \frac{6-4}{4} \\ \frac{1-4}{4} \end{pmatrix} = \begin{pmatrix} \frac{1}{2} \\ \frac{-3}{4} \end{pmatrix}$ ，A、B 间无全面占

优关系，构成无套利组合，称（$P_0^A=3,P_0^B=4$）为无套利价格。易知（$P_0^A=3,P_0^B=4$）、（$P_0^A=3,P_0^B=4.1$）……也是无套利价格。

若此时 $P_0^A=5$，$P_0^B=1$，则 $R^A=\begin{pmatrix}\frac{2-5}{5}\\ \frac{4-5}{5}\end{pmatrix}=\begin{pmatrix}\frac{-3}{5}\\ \frac{-1}{3}\end{pmatrix}$，$R^B=\begin{pmatrix}\frac{6-1}{1}\\ \frac{1-1}{1}\end{pmatrix}=\begin{pmatrix}5\\0\end{pmatrix}$，$B$ 资产在各概率上的收益率均优于 A 资产，这是套利组合。所以，（$P_0^A=5,P_0^B=1$）是有套利价格。

例 4.3 中无套利价格数量无限，有套利价格数量也无限。任何无套利价格下都不可能获得超额无风险收益，但不同无套利价格下超额风险收益不同。同样是无套利价格，（$P_0^A=3,P_0^B=4.1$）中的 B 资产比（$P_0^A=3$，$P_0^B=4$）中的 B 资产风险收益率更低，显然 B 资产持有者偏好 $P_0^B=4.1$，B 资产求购者偏好 $P_0^B=4$。实际市价取决于供需交点，即均衡价格。在没有交易障碍的情况下，均衡价格的数量必然不多于无套利价格的数量。

所以，无套利价格是能否获得超额无风险收益的标志，不是能否获得超额风险收益的标志。均衡价格才是能否获得超额风险收益的标志。

无套利定价时，计算无套利价格并不是目的，找到套利价格才是目的。正确的做法是计算出无套利价格的集合，其补集就是套利价格集合。一旦市价进入套利价格集合，则构造超额无风险收益资产组合获得超额无风险收益。只要离开无风险收益的资产组合，无套利价格就没有意义，有意义的是均衡价格。

在无套利价格不唯一的情况下，有学者生硬地设定条件，硬要选其中一个作为资产无套利价格的唯一解，这违反了无套利定价的本质。我们不能说套利行为让资产获得唯一的无套利价格，只能说套利行为会让资产价格进入无套利价格集合。进一步确定资产唯一价格属于供需均衡分析范畴。

命题 1：资产集内所有资产收入率分布既定时，存在正的向量 Z 满足 $A(t)Z=A(0)$，等价于资产集无套利。

证明：

若资产集有占优，则存在某资产组合 Φ 对所有 j 有 $a_{\Phi,j}(t)\geqslant 0\geqslant a_{\Phi}(0)$，并对某些 j 严格不等式成立。

$Z > 0$ 则 $A_{\Phi.}(t)Z = a_{\Phi}(0)$ 。故不存在 $Z > 0$ 使 $A_{\Phi.}(t)Z = a_{\Phi}(0)$ 成立。证得：若存在 $Z > 0$ 使 $A_{\Phi.}(t)Z = a_{\Phi}(0)$ 成立，则资产集无占优。

若不存在 $Z > 0$ 使 $A(t)Z = A(0)$ ，则根据 Farkas 选择①，$Y^T A(t) \geqslant 0$, $Y^T A(0) < 0$ 有解 Y ，这就构成占优组合。证得：若不存在 $A_{\Phi}(t)Z = a_{\Phi}(0)$ ，则资产集有占优，故若资产集无占优，必有 $Z \leqslant 0$ 。

证毕。

命题 2：资产集内所有资产收入率分布既定且无占优时，存在唯一的正向量 Z 满足 $A(t)Z = A(0)$ ，等价于 $r(A(t)) = r(A(t), A(0)) = m$ ，也等价于资产集完备。

证明：

资产集完备性本质是相关性，其要求任何未定权益均为资产集内资产的线性组合。（4.90）有解的条件是 $r(A(t)^T) = r(A(t)^T, V(t))$ ②。因 $V(t)$ 为任意未定权益，故 $X(t)$ 恒有解的充分必要条件为 $r(A(t)^T)$ 极大，即 $r(A(t)^T) = r(A(t)^T, V(t)) = m$ 。

$A(t)Z = A(0)$ 中，若已知存在正向量解 Z ，则 Z 存在唯一正向量解的充分必要条件为 Z 为唯一解。而 Z 为唯一的充分必要条件为 $r(A(t)) = r(A(t), A(0)) = m$ 。故 Z 取值唯一等价于资产集完备。

证毕。

命题 3：资产集完备时，若资产未来价格有 m 种状态数，则应有 $n = m$ 种线性无关的资产收入率联合分布信息，才可能计算出满足 $A(t)Z = A(0)$ 的唯一正向量 Z 。

证明：

因为资产完备时 $r(A(t)) = r(A(t), A(0)) = m$ ，故命题 3 是显然的。若只有 $n < m$ 种线性无关的资产收入率联合分布信息，因信息不完备，将获得无穷多正向量 Z 。

证毕。

若取 $\theta_j = Z_j / P(j)$ ，$P(j)$ 为 j 状态的概率，则：

$$A(t)Z = \sum_{i=1}^{m} A_{.i}(t) Z_i = \sum_{i=1}^{m} P(i) A_{.i}(t) Z_i / P(i) = E(A(t)\theta) = A(0) \tag{4.92}$$

---

① 王永县：《运筹学》，清华大学出版社 1998 年版，第 24 页。

② 这里的 r 是矩阵的秩。

$$\mathrm{cov}(A(t),\theta) = E(A(t)\theta) - E(A(t))E(\theta) = A(0) - E(A(t))E(\theta) \tag{4.93}$$

命题 4：若资产集无套利，v 是可达未定权益，$V(t)^T = (v_1(t)\cdots v_m(t))$，则 v 相对此资产集的无套利价格为：

$$v(0) = V(t)^T Z = E(V(t)^T\theta) \tag{4.94}$$

$$\mathrm{cov}(v(t),\theta) = v(0) - E(v(t))E(\theta) \tag{4.95}$$

（4.94）式与卢卡斯资产定价的数学形式类似，（4.94）式中的 θ 类似于卢卡斯资产定价中的价格核，因此将 θ 称为无套利价格核。

若取 $$\tilde{P}_j^{(i)} = \frac{a_{j,i}(t)Z_i}{a_j(0)} \tag{4.96}$$

$$\sum_{i=1}^{m} A_{.i}(t)Z_i = a_j(0)\sum_{i=1}^{m}\left(\frac{a_{j,i}(t)Z_i}{a_j(0)}\frac{A_{.i}(t)}{a_{j,i}(t)}\right) = a_j(0)\sum_{i=1}^{m}\tilde{P}_j^{(i)}\frac{A_{.i}(t)}{a_{j,i}(t)} =$$

$$a_j(0)\tilde{E}_j\frac{A_{.i}(t)}{a_{j,i}(t)} = A(0) \tag{4.97}$$

直观上理解，（4.96）式中的 $\tilde{P}_j^{(i)}$ 为 j 资产未来 i 状态价格所对应无套利价值占 $a_j(0)$ 的比例；$\frac{A_{.i}(t)}{a_{j,i}(t)}$ 为其他资产未来 i 状态价格与 j 资产未来 i 状态价格之比，所以 $\tilde{P}_j^{(i)}\frac{A_{.i}(t)}{a_{j,i}(t)}$ 即其他资产未来 i 状态价格的无套利价值占 $a_j(0)$ 的比例。因 $\sum_{i=1}^{m}\tilde{P}_j^{(i)} = 1$，故 $\tilde{P}_j^{(i)}$ 的数学形式与概率相同。又因 $\tilde{P}_j^{(i)}$ 取决于资产集内资产收入率分布，与其他经济因素如人们的风险偏好无关，故金融学上将 $\tilde{P}_j^{(i)}$ 称为风险中性概率。以风险中性概率为金融世界的基本假设，金融学发展出了鞅定价。

无套利价格核是资产集内所有资产既定收入率的因变量，是判断资产集是否占优或完备的指标。若资产集无套利，可用无套利价格核计算可达未定权益相对此资产集的无套利价格。资产集可依实际情况选择，不同资产集可有不同的无套利价格核。

资产集占优筛选的前提是确定资产集内所有资产的收入率联合分布。故除非已通过合约或等价于合约的方式确定收益，资产集占优筛选将承受资产收入率联合分布变化的风险，此风险包括（4.69）式的系统风险。

由命题2，若基础资产 s 有 $m = 2$ 种状态价格，则基于 s 的期权 v 也有

$m = 2$ 种状态价格，故 s 和另一线性无关的基础资产（如无风险资产）组合 $n = m = 2$，构成对 v 的完备性，可线性组合成 v。

若基础资产 s 有 $m = 3$ 种状态价格，则基于 s 的期权 v 也有 $m = 3$ 种状态价格（不同状态的价格可能相等），故 s 和另一线性无关的基础资产（如无风险资产）组合 $n = 2 < m = 3$，不能构成对 v 的完备性，无法线性组合成 v，s 需和至少两种以上线性无关的资产才能构成对 v 的完备性，线性组合成 v。

若基础资产 s 状态价格连续，$m \to +\infty$，则基于 s 的期权 v 也有 $m \to +\infty$ 种状态价格（不同状态的价格可能相等），故 s 和有限个线性无关的基础资产（如无风险资产）组合 $n < m \to +\infty$，不能构成对 v 的完备性，无法线性组合成 v。

（八）利率平价原理

远期价格为无风险价格，其在均衡市场上必有无风险收益性质，否则将有套利。外汇交易上即利率平价性质。以下“汇率”默认为“间接汇率”。

利率平价为汇率理论的重要基础。在货币资本自由流动的金融市场上，两国储蓄利率的国际价格应相等。两国远期汇率差应等于两国利率差，高利率国家的远期汇率贬值。

当甲国利率高于乙国利率，若甲国远期汇率过高，人们将在当期买进甲国货币并大量签定远期空头协议以实现无风险套利，导致甲国货币即期汇率上升，远期汇率下降，实现利率平价。以数学形式描述如下：

令 i 为本国利率，i^* 为外国利率，ε 为本国货币即期汇率，f 为本国货币远期汇率。若要无套利，应有：

$$\varepsilon(1 + i^*) = f(1 + i) \tag{4.98}$$

即：

$$q = \frac{f - \varepsilon}{\varepsilon} = \frac{i^* - i}{1 + i} \approx i^* - i \tag{4.99}$$

（4.99）式即利率平价。$q\varepsilon$ 为远期汇率升水（premium）或贴水（discount）。升水表示远期汇率高于即期汇率。直接标价法时升水代表本币贬值，贴水表示本币升值；间接标价法时升水表示本币升值，贴水表示本币贬值。若远期汇率与即期汇率相等，则无升水或贴水，称作平价（par）。

远期汇率反映当期货币供需，升水或贴水即货币贴息，并非未来预期汇率或实际汇率。例如，若本国货币利率过低，人们将抛出本国货币，并签定远期协议在获得外国高利率后买进，以获无风险套利，此时即期汇率常下降，远期汇率常上升。升水为人们购买本国货币时应支付的贴息，以削除利率套利，并非表示本国货币未来会升值。若出现贴水，情况则相反。

远期汇率对未来经济的影响等价于当期利息对未来经济的影响。那些与利率平价有差距的远期汇率，反映市场扭曲的某些信息，需仔细分析。差距越大，市场扭曲也越大。

经典经济学汇率冲击理论将远期汇率升水或贴水作为未来汇率变化以分析汇率走向。此即假定市场为风险中性的无抛补利率平价，远期汇率为未来即期汇率的无偏预测。例如，波恩布什的汇率超调理论①，及克鲁格曼—佛勒德—加伯模型。然本书已论述，资产定价并不存在风险中性，故无抛补利率平价无法进行汇率分析。本书认为利率平价为抛补利率平价，远期汇率并非未来即期汇率的无偏预测。

（九）国计风险平价原理

1. 国计风险平价

利率平价作为当期发生的远期交易，可消除无风险套利，但并不能处理两国货币因风险收益率失衡的即期交易。若 A 国货币风险收益率优于 B 国货币风险收益率，即使已达利率平价，B 国货币还是倾向于被兑换成 A 国货币，并在未来按即期价格进行即期交易。

国计定价公式（4.66）$p_i = \beta\sigma_{iL_M} + E(j_i)/r$ 适合于货币风险定价和货币替代分析。此分析中货币作为普通资产。根据（4.66）式易判断：货币价格取决于其自身风险收益 j_i 、系统风险 σ_{iL_M} 、市场风险偏好 β 和无风险收益率 r 四个要素。其中，j_i 为货币利率和货币价格波动之和。由于货币利率无风险，因此货币风险收益率的风险来自于货币价格波动。

若 A、B 币的价格满足国计定价均衡条件，就定义其为货币的风险平价，则此风险平价含以下两种情况：

---

① 1976 年，多恩布什（Rudiger Dornbusch）在《政治经济学期刊》（*The Journal of Political Economy*）上发表了“Expectations and Exchange Rate Dynamics”，讨论汇率超调问题。

（1）A、B币期望汇率保持稳定

A币利率高于（低于或等于）B币利率，但只要A币价格的系统风险大于（小于或等于）B币价格的系统风险，A、B币的风险收益率就可能处于平价，A、B币期望汇率亦可保持稳定。

（2）A、B币期望汇率持续变化

从货币储备等原理看，对同种货币，维持高币值难于维持低币值，因此高币值的系统风险常大于低币值的系统风险。

若A币利率高于B币利率，A币价格的系统风险太小，则A币相对B币的期望汇率持续贬值时，A、B币的风险收益率可能处于平价；亦可升值A币以增大A币系统风险，货币期望汇率可逐渐稳定并满足风险平价条件。

若A币利率高于B币利率，A币价格的系统风险太大，则A币相对B币的期望汇率持续升值时，A、B币的风险收益率可能处于平价。亦可贬值A币以减小A币系统风险，货币期望汇率可逐渐稳定并满足风险平价条件。

在风险平价下，期望汇率的持续升值或贬值可能与实物市场并不矛盾——只要两国的物价变化率保持差距。

风险平价关注期望汇率与利率的关系，所以可能与实际发生的汇率与利率情况有较大偏离。

由上可见，货币利率与汇率的关系非常复杂，甚至高利率货币持续升值亦可能满足风险平价条件——只要此货币价格的系统风险足够大。这突破了传统经济学的利率平价理论。

然而，更多的情况是经济处于正负反馈交替。政府调控的目标通常是物价稳定。物价过低时，降低本币利率可降低本币价格，在外汇市场上体现为本币贬值，在实物市场上体现为物价上扬。当本币价格降低到一定程度时，政府通常会提高本币利率抑制本币下跌，稳定物价。反之亦可推。此时货币期望价格处于运动之中，理性预期并不存在，风险平价亦不存在。超额风险收益率推动市场朝政府调控的方向运动。

2. 国计货币替代

（1）货币替代原理

货币替代与货币区域化、国际化紧密相联。据美联储估计，美元发行量的55%为外国人持有，而在欧元正式启动以前，约有1/3的马克在德国以外流通；IMF统计表明，至少有52个国家存在高度或中度的外币替代本币现象。1969年3月，V. K. Chetty发表论文提出“货币替代”概念①，Marc A Miles阐述了货币服务的生产函数理论②，姜波克等认为要抑制货币替代，就必须提高本国金融资产的实际收益率和公众对人民币的信心③。

若有某货币根据 $p_i = \beta\sigma_{iL_M} + E(j_i)/r$ 计算出来的货币价值 p_i 与其他货币价值之比高于其现有价值比，则此货币将倾于升值，人们将增加此货币持有量，货币需求增加，货币供给减少；反之倾于贬值，人们将减少此货币持有量，货币供给增加，货币需求减少。

货币升值倾向过大，虽然货币需求剧烈增加，但因货币供给减少过多，所以货币交易量将降低；货币贬值倾向过大，虽然货币供给剧烈增加，但因货币需求减少过多，所以货币交易量亦将降低。

若有某货币，其收益率使得其交易量最大，则此货币具有计价货币的经济能力，对其他货币具有最大的替代作用。

由国计风险定价公式可见，货币的替代能力取决于其自身风险收益率、系统风险、市场风险偏好和无风险收益率四个要素。

（2）多本位制与平行本位制

一国既可发行单一货币，亦可发行多种货币。发行多种货币时，一种是双（多）本位制，即各币值按国家法定比价流通的币制；另一种是平行本位制，指各币值不取决于外生的汇率挂钩，而取决于各自市场价值的币制。1886年H. Grote使用了平行本位制的概念。凯恩斯清算同盟方案中国际货币Bancor和各国货币并行且保持固定汇率，偏向多本位制。1975年欧洲8个国家的9位学者在英国《经济学家》杂志发表《关于欧洲货币联盟的万圣节宣言》，提出欧洲平行货币设想：欧洲货币——欧罗巴（Europa）具有固定购买力，与各国货币同时流通，与各国间的汇率采用蠕动挂钩，各国政府可以经常以事先宣布的百分比小幅度调整汇率。此汇率制度介于可调整汇率制度与管理浮动汇率制度之间。20世纪80年代

---

① Chetty V K, *On Measuring the Nearness of Near Money*, *American Economic Review*, 1969, 59 (3), pp. 270 - 281.

② Miles M A, *Currency Substitution, Flexible Exchange Rates and Monetary Independence*, *American Economic Review*, 1978, 68 (6), pp. 428 - 436.

③ 姜波克、李心丹：《货币替代的理论分析》，《中国社会科学》1998年第3期。

末英国财政部长正式建议欧共体将欧洲货币单位变为与各国货币同时流通的平行货币。Eichengreen 关于亚洲货币也提出平行货币的汇率合作方案，认为不必强求亚洲各国货币间的汇率稳定，以降低经济脆弱性。国内学者余元洲提出国际货币与黄金挂钩在国际上流通，国内货币在国内流通的双重币制。① 前方认为货币有更加基本的价值标准，并将此标准称为“货币的货币”，建议实行货币与“货币的货币”同时发行的双重货币制度。② 李富有提出平行货币梯度推进的亚洲货币合作路径。③

（3）国计区域本位制

根据国计货币替代原理，不同目标区域的市场收益及风险不同，会有不同的最优货币，即使在完全自由的市场上也会形成自然分割的区域货币体系。若目标区域过大，多个目标区域使用共同货币并不是最好的选择；多个目标区域使用共同货币，同时各个目标区域并行使用各自的货币，亦不稳定，因为各目标区域的区域货币可能替代共同货币。

国计区域本位制指同一政府针对不同区域发行不同货币，并根据各区域的市场收益及风险来独立调控各区域币值的制度。这些区域不一定在政府所在国，亦可能分布在不同国家。

国计区域本位制将货币发行主体与货币作用区域完全分离。能否充当某区域的最优货币只与货币调控能力有关。在单个目标区域，最优货币单一，而当政府调控多个目标区域时，又在调控多种独立货币。因此它既不是单一本位制，也不同于平行本位制。

一国政府可能同时发行本国区域货币和外国区域货币。以中国而论，可以将人民币作为中国区域货币，将港元、澳元等作为东南亚、亚洲，甚至更广泛的其他区域货币。这种方法可以有效杜绝人民币作为亚洲或世界区域货币而给中国经济带来的风险。

国计区域本位制并不能阻挡投机者对本国区域货币的直接攻击。只要资本和金融项目放开，本国区域货币自由兑换，投机者就可能通过买卖本国区域货币而发起攻击。国计区域本位制是通过不同区域货币之间的浮动

---

① 余元洲：《货币二重化与欧盟货币统一》，《欧洲》1997 年第 5 期。

② 前方：《解决人民币升值问题的新思维——实行“一国二币”，化解汇率危机，维护外汇储备安全，构建国际货币新体系》，《战略与政策》2010 年第 17 期。

③ 李富有：《国家准入与平行货币梯度推进：亚洲货币合作的路径》，《上海金融》2006 年第 7 期。

汇率来阻隔不同区域的经济风险传递。

但不可忽略政府支持对货币替代的影响。如前所述，不被当地政府支持的货币，由于没有交易物的真实性和违约救济保障，替代能力极差，通常在当地政府货币剧烈膨胀或紧缩以致濒于崩溃时才能发挥较大的替代作用。

（十）国计贸易平价原理 *

利率平价处理无风险收益的远期货币交易，风险平价处理风险收益的即期货币交易。现分析货币与实物平价交易。

绝对购买力平价（The Theory of Purchasing Power Parity）由瑞典经济学家卡塞尔在1922年提出，并在《1914年以后的货币与外汇》一书中完整地阐述。该理论认为汇率可表示为：

$$\varepsilon = \frac{p^*}{p} \tag{4.100}$$

（4.100）式中 ε 为间接汇率。p 和 p^* 分别表示本国和外国综合物价水平。（4.100）式称为绝对购买力平价，表明汇率取决于两国相对价格。

相对购买力平价则说明在一段时间内汇率变动的规律。假定绝对购买力平价在 t_0 和 t_1 时刻均成立，令 π 和 π^* 分别为本国和外国通货膨胀率，有：

$$\frac{\varepsilon_1}{\varepsilon_0} = \frac{p_1^*/p_1}{p_0^*/p_0} = \frac{p_1^*/p_0^*}{p_1/p_0} = \frac{1+\pi^*}{1+\pi} \tag{4.101}$$

（4.101）式表明，本国间接汇率变化率等于外国与本国通货膨胀率之比。

购买力平价理论隐含下列假设条件：①市场完全竞争，商品价格呈完全弹性；②本国和外国的产品结构和价格体系完全相同；③不考虑运输成本、保险及关税等交易费用。

但此假定违反了国际贸易分工原理。若本国和外国产品结构和价格体系完全相同而无互补，就不会有国际贸易。

巴萨—马尔萨斯汇率模型研究同时存在可贸易部门和不可贸易部门的汇率关系。其假设可贸易部门符合一价定律，一国内可贸易部门和不可贸易部门的货币资本和劳动力自由流动，故货币资本报酬率及劳动力报酬率应相同。即使不可贸易部门生产率较低，但因生产要素要求回报率与可贸易部门相同，故要么不可贸易部门价格上扬，要么汇率上升，使不可贸易部门要素收入提高以与可贸易部门相同。其结论为：一国汇率取决于其可贸易部门和不可贸易部门的生产率差距。不可贸易部门生产率越低于可贸易部门，此国汇率将越升值。

巴萨—马尔萨斯汇率模型混淆了货币资本和实物资本。货币资本自由流动并不意味实物资本自由流动。生产力较低的不可贸易部门通过压低实物资本价格来保证货币资本收益率，而非提高产品价格来保证收益率。这正与巴—马模型结论相反。按巴—马模型逻辑，改变物价或汇率，虽似乎可达不可贸易部门平衡，但却破坏可贸易部门的一价定律状态而失去平衡。

国计贸易平价从国际贸易供需角度分析汇率平价关系。

令有 n 个国家，m 种商品；第 i 个国家对商品系列需求向量为 $Q_i^T = (q_{i,1}, q_{i,2}, \cdots, q_{i,m})$，供给向量为 $Y_i^T = (y_{i,1}, y_{i,2}, \cdots, y_{i,m})$，价格向量为 $P_i^T = (p_{i,1}, p_{i,2}, \cdots, p_{i,m})$，间接汇率向量为 $S = (\varepsilon_1, \varepsilon_2, \cdots, \varepsilon_n)^T$，其中第 1 个国家为本国。为简便计，以下式子未严格按行列式符号标记。显然 $\varepsilon_1 = 1$，$P_i = P_1\varepsilon_i$。

若供需平衡，有一般均衡：

$$\begin{cases} \sum_{i=1}^{n} (Y_i - Q_i) = 0 \\ \sum_{i=1}^{n} (Y_i^T - Q_i^T) P_1 \varepsilon_i = 0 \end{cases} \tag{4.102}$$

（4.102）式为国计贸易平价模型。若供给函数和需求函数发生变化有：

$$\begin{cases} \delta \sum_{i=1}^{n} (Y_i - Q_i) + \sum_{i=1}^{n} (Y'_i - Q'_i)(P_1 d\varepsilon_i + \varepsilon_i dP_1) = 0 \\ \delta \sum_{i=1}^{n} (Y_i^T - Q_i^T) P_1 \varepsilon_i + \sum_{i=1}^{n} ((Y_i^T - Q_i^T) + (Y'^T_i - Q'^T_i) P_1 \varepsilon_i) \\ \qquad (P_1 d\varepsilon_i + \varepsilon_i dP_1) = 0 \end{cases} \tag{4.103}$$

可将（4.103）式变形为：

$$
\begin{cases}
\delta\sum_{i=1}^{n}(Y_i - Q_i) + \sum_{i=1}^{n}(Y'_i - Q'_i)P_1\varepsilon_i\left(\frac{d\varepsilon_i}{\varepsilon_i} + \frac{dP_1}{P_1}\right) = 0 \\
\delta\sum_{i=1}^{n}(Y_i^T - Q_i^T)P_1\varepsilon_i + \sum_{i=1}^{n}((Y_i^T - Q_i^T)P_1\varepsilon_i \\
\quad + (Y'^T_i - Q'^T_i)P_1^2\varepsilon_i^2)\left(\frac{d\varepsilon_i}{\varepsilon_i} + \frac{dP_1}{P_1}\right) = 0
\end{cases}
\tag{4.104}
$$

方程组第1式为平价关系，称平价方程；第2式为收入关系，即国家间贸易顺差或逆差关系，称收入方程。

定义 $\psi_i = (Y'_i - Q'_i)P_1\varepsilon_i$ 为容量，$\psi_i^Y = Y'_iP_1\varepsilon_i$ 为供给容量，$\psi_i^Q = -Q'_iP_1\varepsilon_i$ 为需求容量。由（4.104）第1式可知，某产品容量越大，其调整能力越强，产品供需变化对汇率及价格影响越小；反之影响越大。供给容量小的产品有两类，一是规模过低品，二是规模过大品。需求容量小的产品亦有两类，一是急需品，二是饱和品。

a、b 两国贸易，若 a 国生产的 X 产品对两国均过饱和，X 产品的本国价格 $\frac{dP_a}{P_a}$ 将会急剧下跌，并带动 b 国 X 产品价格 $P_a\varepsilon_b$ 下跌。若 a 国不愿 $\frac{dP_a}{P_a}$ 下跌，则须 b 国有更大需求，必致 $\frac{d\varepsilon_b}{\varepsilon_b}$ 更大幅度下跌，此即 a 国货币贬值。

固定汇率制下，各国 X 产品价格变化 $\frac{d(P_a\varepsilon_i)}{P_a\varepsilon_i} = \frac{dP_a}{P_a}$，故必相同。若浮动汇率制下 a 国 X 产品价格上扬 $\frac{dP_a}{P_a}$，且 b 国汇率下降 $\frac{d\varepsilon_b}{\varepsilon_b} = -\frac{dP_a}{P_a}$，则 b 国此产品价格未变，但 a 国此产品已供大于求。故须 b 国汇率下降 $\frac{d\varepsilon_b}{\varepsilon_b} < -\frac{dP_a}{P_a}$，$b$ 国方能消化 a 国过剩产品。

国计贸易平价并非指商品不流动。设 X 产品完全由 a 国生产，则平价方程中 a、b 两国 X 产品价格仍满足贸易平价，但收入方程中 X 产品却从 a 国向 b 国单向流动，a 国产生贸易顺差，b 国产生贸易逆差。

故贸易顺差或逆差，非汇率低估或高估的标志。凡国计贸易平价计算的汇率和价格均满足平价方程。平价意义上的汇率低估使本国产品价格上扬，指因本国汇率过低，本产品在他国售价 $P_a\varepsilon_b$ 过低，使产品供不应求破坏平价方程，P_a 上扬。若因收入方程产生外贸顺差使货币供应过大而物价膨胀，则此物价上扬非汇率过低的原因，而是外贸收入使用不当的结果。此时，加大进口或资本输出即可抑制物价。反之，汇率高估使本国产品价格下跌亦同理。

国计贸易平价中，汇率 S 取决于（4.102）式而非取决于物价水平（模型虽假设具体产品满足一价定律，但具体产品价格并非物价水平）。汇率 S 与价格 P 对整体格局的影响程度不一样。价格变化常仅影响个别产品供求，而汇率变化影响所有产品国际市场价格。故任何一国汇率 ε 变动将引起整个市场价格及汇率重新调整。此即国际汇率市场易波动的原因。

（十一）蒙代尔—弗莱明模型

蒙代尔—弗莱明模型在 $IS-LM$ 模型基础上融入国际收支因素，研究开放经济下内外均衡实现问题，其必有本书前述 $IS-LM$ 模型的固有缺陷，这里不再赘述。它假设在小国经济下资本完全自由流动、短期内价格不变，则开放经济三个均衡条件如下：

$$\begin{cases} Y = G + A(Y, r, \varepsilon) \\ D + R = L(Y, r) \\ r = r^* \end{cases} \tag{4.105}$$

其中 Y 表示国民收入，G 表示政府支出，A 表示私人需求，r 表示国内利率，ε 表示汇率，D 表示政府债券，R 表示外汇储备，L 表示货币需求，r^* 表示国外利率。G（财政政策）和 D（货币政策）分别为政府和央行控制之外生变量，ε 和 R 的关系取决于汇率制度。

（4.105）式中的第 1 个公式表示国民收入由政府支出及私人需求决定，私人需求又由国民收入、国内利率和汇率决定。第 2 个公式左边为货币供给，由央行持有的政府债券和外汇储备决定；右边为货币需求，由国民收入和国内利率决定；均衡时货币供给等于货币需求。第 3 个公式表示均衡时国内利率和国外利率相等，因资本自由流动，套汇活动将迅速消除国内外利率差异。

蒙代尔—弗莱明模型有三个前提：小国模型、购买力平价理论和利率平价理论。此模型对大国并不适用，因为大国自身政策可影响国际市场，国际价格和国际利率不再是外生变量。

固定汇率制下，基于购买力平价假设，蒙代尔—弗莱明模型认为国际物价不变，汇率固定，故小国物价和利率 r 稳定。政府财政支出 G 可增加

国民收入 Y，货币政策则无效。但国计贸易平价中，保持平价的是具体产品的价格。若小国产品结构与国际市场产品结构显著不同（所谓产品结构不同，非特指产品种类不同，亦含产品品牌、产地等差异），致使国际市场对小国产品容量低，小国财政支出就可能改变这些产品的供求，改变其价格，从而改变小国物价水平，影响利率。

金融危机起因常表现为此现象：固定汇率制下因财政政策或经济结构调整出现国内通货膨胀。此膨胀不是因购买力平价而很快消失，却常持续膨胀使名义利率 r 不断上升，国外资金持续涌进，形成膨胀正反馈。

浮动汇率制下，基于购买力平价假设，蒙代尔—弗莱明模型认为扩张性财政政策使国民收入 Y 增加，利率 r 有上升压力，引起资本流入，汇率 ε 上升，出口减少进口增加，国民收入 Y 减少。政府支出 G 引起的国民收入增加和汇率 ε 引起的国民收入减少完全相互抵消，财政政策无效。但国计贸易平价中，若国际市场对小国出口的产品容量低，财政政策刺激的内需将扩大本国实物使用，其价值远超出口收入的减少，此时国计风险平价亦将取代利率平价发挥作用，情况更加复杂。蒙代尔—弗莱明模型认为出口减少，进口增加，故国民收入减少的结论欠妥。内需扩张，总量增加，进口也增加，三者完全可同时发生。

六　金融市场的基本特征

（一）金融资产的价格分布#

1. 经典连续时间资产价格分布

目前连续时间下基础资产的价格常表达为以下类型：

$$\frac{dS}{S} = \mu dt + \sigma_t dB \tag{4.106}$$

这类价格特点是一阶项随机，二阶项非随机，高阶项为0。

证明：

$$\left(\frac{\Delta S}{S}\right)^2 = \mu^2(\Delta t)^2 + \sigma_t^2(\Delta B)^2 + 2\mu\sigma_t\Delta t\Delta B = o(\Delta t) + \sigma_t^2(\Delta B)^2$$

因为：

$$\begin{aligned} D(\Delta B)^2 &= E(\Delta B)^4 - (E(\Delta B)^2)^2 = E(\varepsilon^4(\Delta t)^2) - (\Delta t)^2 \\ &= (\Delta t)^2(E(\varepsilon^4) - 1) = o(\Delta t) \end{aligned}$$

因此当$\Delta t \to 0$时，$(\Delta B)^2$是t的确定函数，为Δt，故：

$$(\Delta S)^2 \to d\langle S,S\rangle = \sigma_t^2 S^2 dt \tag{4.107}$$

证毕。

（4.107）式非常重要，正是它保证了其价格一阶项随机，二阶项$(\Delta S)^2 \to d\langle S,S\rangle$非随机，高阶项为0。这个特点确保衍生品价格$V(S,t)$的微分展开式$dV(S,t) = \frac{\partial V}{\partial t}dt + \frac{\partial V}{\partial S}dS + \frac{\partial^2 V}{2\partial S^2}d\langle S,S\rangle$（$\langle S,S\rangle$为$S$自身的二次协变差，相当于离散时协方差）中只有一阶风险dS，从而实现衍生品$dV(S,t)$与dS彼此复制或对冲风险。即：

$$dV(S,t) - \frac{\partial V}{\partial S}dS = \frac{\partial V}{\partial t}dt + \frac{\partial^2 V}{2\partial S^2}\sigma_t^2 S^2 dt \tag{4.108}$$

方程左边为1份衍生品与$-\frac{\partial V}{\partial S}$份基础资产的组合，方程右边无随机项，这是无风险组合。而无风险组合的无套利收益为无风险收益率r，（4.108）式变形为：

$$r\left(V - \frac{\partial V}{\partial S}S\right)dt = \frac{\partial V}{\partial t}dt + \frac{\partial^2 V}{2\partial S^2}\sigma_t^2 S^2 dt \tag{4.109}$$

整理得：

$$\frac{\partial V}{\partial t} + \frac{\sigma_t^2}{2}S^2\frac{\partial^2 V}{\partial S^2} + \frac{\partial V}{\partial S}Sr - Vr = 0 \tag{4.110}$$

这个方程无随机项，求解即得衍生品无套利价格。

根据命题3，若资产未来价格有m种状态数，则应有$n = m$种线性无关的资产收入率联合分布信息，资产集才完备。在资产价格连续变化时，资产的未来价格状态数无限，有限的资产种类不可能组合出任意未来价格分布。迈伦·斯科尔斯和罗伯特·默顿使用上面的方法，将衍生品与无风险资产不断构造瞬时组合以最终复制基础资产的未来价格分布。由于瞬时组合的数量无限，突破了有限资产种类难以组合未来价格分布的“瓶颈”，实现了连续价格下的市场完备性。这就是BS期权定价过程。

可证明，在此连续时间资产价格分布下无套利价格核唯一。

假设无风险资产价格为P_t，无套利价格核为$d\theta = \theta a_t dt + \theta b_t dB + \theta\varepsilon$，$\theta a_t dt + \theta b_t dB$与$dS$完全相关，$\theta\varepsilon$与$dS$完全不相关。

根据（4.92）式构造期望值为常数的式子：

$$E(\theta_t P_t) = P_0 \tag{4.111}$$

$$d(\theta_t P_t) = P_t d\theta_t + \theta_t dP_t + d\langle \theta, P \rangle_t \tag{4.112}$$

（4.112）式中 $\langle \theta, P \rangle_t$ 为 θ 和 P 的二次协变差，相当于离散时方差。因 P_t 不是随机变量，$d\langle \theta, P \rangle_t = 0$。故：

$$d(\theta_t P_t) = P_t(a_t\theta_t dt + b_t\theta_t dB) + \theta_t P_t r dt = \theta_t P_t((r + a_t)dt + b_t dB) \tag{4.113}$$

因 $E(\theta_t P_t) = P_0$，故（4.113）式中漂移项为零，即 $a_t = -r$。无套利价格核表达式为：

$$d\theta_t = -\theta_t r dt + \theta_t b_t dB + \theta_t \varepsilon \tag{4.114}$$

再由（4.92）式构造期望值为常数的式子：

$$E(\theta_t S_t) = S_0$$

则：

$$d(\theta_t S_t) = S_t d\theta_t + \theta_t dS_t + d\langle \theta, S \rangle_t = S_t(\theta_t a_t dt + \theta_t b_t dB + \theta_t \varepsilon_t) + \theta_t(S_t\mu dt + S_t\sigma_t dB) + \theta_t S_t b_t \sigma_t dt = S_t\theta_t(a_t + \mu + b_t\sigma_t)dt + S_t\theta_t(b_t + \sigma_t)dB + S_t\theta_t\varepsilon \tag{4.115}$$

因 $E(\theta_t S_t) = S_0, E(S_t\theta_t\varepsilon) = 0, E(S_t\theta_t(b_t + \sigma_t)dB) = 0$，故（4.115）式中漂移项为零，即：

$$b_t = \frac{a_t + \mu}{\sigma_t} \tag{4.116}$$

将 $a_t = -r$ 代入（4.116）式得：$b_t = \frac{\mu - r}{\sigma_t}$

无套利价格核表达式为：

$$d\theta_t = -r\theta_t dt - \frac{\mu - r}{\sigma_t}\theta_t dB + \theta_t \varepsilon \tag{4.117}$$

由于 dB 和 ε 均为正态分布，而不相关的正态分布彼此独立，因此 dB 与 ε 也彼此独立。

由于（4.117）式的无套利价格核唯一，因此基础资产价格、无风险资产价格之间构成了完备资产集，可以组合成期权价格。

将期权价格分布 V_t 代入 $E(\theta_t V_t) = V_0$，即可计算出期权的无套利现值，其结果与 BS 复制方法计算的期权无套利价格相同，计算过程略。

获 1997 年诺贝尔经济学奖的布莱克·斯科尔斯期权无套利定价中的 σ_t 为常数。当 σ_t 不是常数时，（4.106）式并非无套利。例如，当 $\sigma_t = \delta\sqrt{2Ht^{2H-1}}$ 时，（4.106）式便成为几何分数布朗运动，其中 H 称为 hurst

指数。当 $H=\frac{1}{2}$ 时为标准布朗运动，资产价格变化与时间无关，服从随机漫步。当 $1/2<H<1$ 时序列趋势正相关，体现为单边市场；当 $0<H<1/2$ 时序列趋势负相关，体现为震荡市场。只要能准确预判市场为单边还是震荡，就可以使用单边或震荡操作手法获得超额利润。然而，更多的情况是我们并不清楚市场是单边还是震荡，因此无法确定何种操作手法来获得超额利润。也就是说，H 本身也是随机的。这就是后面所提到真实世界的连续时间资产价格分布。

即使在几何分数布朗运动假设下，只要放弃套利机会，复制仍然可以进行（因为套利是无风险超额收益，所以最简单的做法是把这部分超额收益直接扣除掉，剩下的就无套利了）。这就是 Hu 和 ksendal 在分数伊藤积分意义下证明：分数 Black - Scholes 市场不存在套利且完备。

2. 真实世界的资产价格分布及其完备性

无论是几何布朗运动还是几何分数布朗运动，都具有一个基本特征：其二阶项 $(\Delta S)^2 \to d\langle S,S\rangle$ 为无随机的确定数，更高阶项为 0。这样，以资产价格为中间变量的衍生品价格微分表达式中，只有一阶项为随机，从而把随机因素线性化，将衍生品和资产共同构成无风险组合来复制衍生品。

我们需要从理论上证明现实世界中资产价格分布的完备性。

证明：

验证资产价格完备性的关键是（4.107）式，即 $(\Delta S)^2 \to d\langle S,S\rangle = \sigma_t^2 S^2 dt$。

（4.107）式是判定某随机运动是否完备的关键内容，它是非随机的。若能构造出对未来价格进行预测的价格分布函数，且无误差地精确预测到 $\frac{(\Delta S)^2}{\Delta t} \to \sigma_t^2 S^2$，则此未来价格完备；若不能无误差地精确预测到 $\frac{(\Delta S)^2}{\Delta t} \to \sigma_t^2 S^2$，则此未来价格不完备。

现实世界是个复杂系统，我们并不清楚所有因素对资产未来价格的影响。我们对未来价格的几乎所有特性（包括 $\frac{(\Delta S)^2}{\Delta t}$）都不可能无误差地精确预测。因此真实的未来价格不可能完备。

证毕。

$\frac{(\Delta S)^2}{\Delta t}$ 具有较大随机性时，其价格分布的数学形式是什么样的呢？一种情况是资产价格一阶跳跃，典型如泊松分布；另一种情况是资产价格一阶连续，二阶及以上的高阶跳跃。

（1）资产价格服从泊松分布

当资产价格服从一阶跳跃的泊松分布时，基础资产价格分布可写为：

$$\frac{dS}{S} = \mu dt + \sigma dB + UdN \tag{4.118}$$

上式 μ 为资产预期收益率，σ 为资产价格无跳跃时的波动率，B 为标准布朗运动，U 为资产价格跳跃时的相对跳跃高度，N 为参数为 λ 的泊松过程。dB 、dN 相互独立。概率 $P(dN = 1) = \lambda dt, P(dN = 0) = 1 - \lambda dt$ 。可证（4.118）式的价格分布不完备。

证明：

$(\Delta S)^2 \to \sigma^2 S^2 \Delta t + U^2 (\Delta N)^2$

由于 $\frac{(\Delta N)^2}{\Delta t} \to \frac{d\langle N, N\rangle}{dt}$ 具有随机性，因此 $\frac{(\Delta S)^2}{\Delta t} \to \frac{d\langle S, S\rangle}{dt}$ 具有随机性，资产价格不完备。

证毕。

（2）资产价格一阶连续，二阶跳跃

构造资产价格运动方程：

$$dS_t = S_t \mu dt + S_t(\sigma + \omega_t) dB \tag{4.119}$$

其中，dB 与 ω_t 独立，$\mathrm{cov}(\omega_t, \omega_{t+\Delta t}) \neq 0$ ，$E(\Delta B) = 0$，$D(\Delta B) = \Delta t$，$E(\omega_t) = 0$ ，$D(\omega_t) = \delta_t^2$ ，σ 是非随机数。为确保资产价格方差有限，允许 ω_t 与 $\omega_{t+\Delta t}$ 相关。下面证明（4.119）式满足资产价格连续、无套利且不完备三个条件。

证明：

将（4.119）式中的漂移项去掉，考察随机增量与历史数据的相关性。

$$\mathrm{cov}(S_t, S_t(\sigma + \omega_t)(B_\tau - B_t)) = E(S_t^2(\sigma + \omega_t)(B_\tau - B_t)) - E(S_t)E(S_t(\sigma + \omega_t)(B_\tau - B_t)) \tag{4.120}$$

因为 dB_t 与 ω_t 独立，$E(dB_t) = 0$ ，$E(\omega_t) = 0$ ，所以：

$$\mathrm{cov}(S_t, S_t(\sigma + \omega_t)(B_\tau - B_t)) = 0 \tag{4.121}$$

因此（4.119）式的随机增量与历史数据无关，随机序列不具有趋势，无套利机会。

由此可见，虽然 ω_t 与 $\omega_{t+\Delta t}$ 可能相关，但因为 ω_t 与 dB_t 无关，所以价格随机增量与价格历史数据无关，价格分布无套利。

现考察资产价格高阶不连续时资产价格的连续性。有：

$$\lim_{\tau\to t}E\mid S_\tau - S_t\mid^2 = S_t^2\lim_{\tau\to t}E\mid(\sigma+\omega_t)\Delta S_t\mid^2 = S_t^2(\sigma^2+\delta^2)\lim_{\tau\to t}E\mid\tau - t\mid = 0 \tag{4.122}$$

所以（4.119）式描述的资产价格连续。现计算：

$$\frac{(\Delta S)^2}{\Delta t}\to S^2(\sigma^2+2\sigma\omega_t+\omega_t^2) \tag{4.123}$$

（4.123）式中 ω_t 为随机项。因此其价格不完备。

证毕。

此模式可推广到所有多因子资产定价模型。现实中由于无法保证多因子模型中各因子的高阶连续性，多因子模型事实上无法进行无套利定价。

3. 不完备市场中的无套利定价

前已述及不完备市场中的无套利价格不唯一，而是一个价格集合。无套利分析的目的是获得无套利价格集合的补集，即套利价格集合，以获得无风险套利。任何套利行为只能将资产价格逼入此集合，要进一步确定资产价格，必须依赖于均衡分析。

然而学者们不清楚无套利分析的目的。他们以为均衡分析可以获得唯一均衡解，所以用无套利方法也要计算出不完备市场下的无套利价格唯一解。学者们不明白这个无套利唯一解其实毫无用处。由于剔除了其他无套利价格，无套利唯一解的补集亦不再是套利价格集合，因此当市价进入这个补集时，不能确定能否进行套利操作。

所以，当代金融理论不把主要精力用在无套利价格集合的求解上，而是用在限定无套利价格唯一的求解上，是在错误哲学思想指导下的无用行为。在错误哲学思想指导下，可以看到很多削足适履的做法。

（1）价格跳跃不是系统风险吗

以莫顿为代表，其解决办法是把资产未来收益难以处理的部分通过种种理由予以忽略，于是就人为构造了一个新的完备市场。例如，假定跳跃价格作为连续价格的例外，是出乎意料的外来冲击而不是系统风险。既然其系统风险为0，则跳跃部分的期望收益一定等于无风险收益，这等价于处理为风险中性。但此处理欠妥。

首先，与莫顿等学者的理解相反，“In this world, there is no accident, but some certainty that pretends to be accident”（这个世界没有偶然，只有以偶然面貌出现的必然）。金融市场也不例外。有金融操作经验的人应有体验：价格趋势通常并不以连续微变的形态出现，而恰以跳跃形态出现。连续微变通常是多空双方拉锯或者积蓄力量的过程中形成的杂波，其波动为高随机性；价格跳跃才是力量释放、趋势突破的过程，其波动为高趋势性。连续价格的预测通常难于跳跃价格的预测，其典型表现为短期操作的随机性大于长期操作的随机性。而长期价格更多由跳跃价格构成。

其次，莫顿等学者把外来冲击归为泊松分布，说明他们认为外来冲击仍服从既定随机分布，并非真的出乎意料。而既定随机分布就应有相应的系统风险。

最后，系统风险只与均衡价格有关，与无套利价格无关。在计算无套利价格时讨论系统风险完全没有意义。

（2）保险精算的衍生品定价

1998 年，Mogens Bladt 和 Tina Hviid Rydberg 首次提出保险精算的衍生品定价方法。其推理过程很简单①。

证明：

若已知基础资产价格 S_T 的分布和现价 S_0，可知此资产的期望收益率：

$$e^{\mu T} = \frac{E(S_T)}{S_0} \tag{4.124}$$

Bladt 和 Rydberg 认为（注意，其原论文中关于此结论无进一步的严谨数学推导过程）：

$$S_0 = e^{-\mu T} S_T \tag{4.125}$$

Bladt 和 Rydberg 进一步推理出，若资产组合 V 拥有基础资产 S 多头和无风险资产 a 空头，则其贴现值为：

$$V(a,T) = E(e^{-\mu T} S_T - e^{-rT} a) \tag{4.126}$$

Bladt 和 Rydberg 认为，到期日为 T、执行价格为 a 的欧式看涨期权在到期日被执行的充要条件为在初始时刻 $e^{-\mu T} S_T > e^{-rT} a$。（4.127）

① Mogens B, Rydberg T H., *An Actuarial Approach to Option Pricing under the Physical Measure and without Market Assumptions*, *Insurance: Mathematics and Economics*, 1998,（01）: 65－73.

在（4.126）式加上条件（4.127）式得此期权价格：

$$V(a,T) = E((e^{-\mu T}S_T - e^{-rT}a) \mid e^{-\mu T}S_T > e^{-rT}a) \qquad (4.128)$$

根据（4.128）式可算得BS资产定价相同的结果。

证毕。

证明过程中（4.124）式当然正确，但（4.124）式并不能推导出（4.125）式。资产期望收益率以全概率上的期望价格 $E(S_T)$ 为前提，而不以单个概率可能性上的 S_T 为前提。同样地，（4.126）式建立在全概率期望收益率之上，但（4.128）式中并无全概率，两式不应使用同一个期望收益率 μ 。

期权执行条件原本为 $S_T > a$ ，但在保险精算法中被改为 $e^{-\mu T}S_T > e^{-rT}a$ ，显然此两个执行条件完全不同。而 Bladt 和 Rydberg 并未给出执行条件为何不同的数学证明，仅通过计算结果与BS无套利价格相同来说明保险精算法的合理性。这说明，保险精算法与其说是独立的证明，毋宁说是对BS证明结果进行拼凑的结果，其仅具有形式简化的意义，不具有严格金融含义。因此也就只能用于BS等少数情况下的无套利定价。2005年，Norbert Schmitz 用反例证明 Mogens Bladt 与 Tina Hvid Rydberg 提出的期权定价的精算公式是错误的①。Norbert Schmitz 的证明如下：

证明：

无风险利率 $r = 0$ ，股票 S 有如下性质：

$$S_1 = \begin{cases} \frac{4}{3}S_0 \mid p = \frac{2}{3} \\ \frac{2}{3}S_0 \mid q = \frac{1}{3} \end{cases} \qquad (4.129)$$

（4.129）式中，p 、q 分别是两个价格状态的概率。

设现有以 S 作为基础资产的欧式看涨期权 V ，执行价格 $a = 1.2S_0$ ，可知期权 V 在 $T = 1$ 时的收益分布为：

$$V_1 = \begin{cases} \frac{4}{3}S_0 - 1.2S_0 \mid p = \frac{2}{3} \\ 0 \mid q = \frac{1}{3} \end{cases} = \begin{cases} \frac{2}{15}S_0 \mid p = \frac{2}{3} \\ 0 \mid q = \frac{1}{3} \end{cases} \qquad (4.130)$$

---

① Norbert S. , *Note on Option Pricing by Actuarial Considerations*, *Insurance: Mathematics and Economics*, 2005, (01): 517 -518.

构造资产组合 C，C 中包含 $\frac{1}{5}$ 份 S 和价值为 $-\frac{2S_0}{15}$ 的无风险资产，可知：

$$C_1=\begin{cases}\frac{1}{5}\times\frac{4}{3}S_0-\frac{2}{15}S_0 \mid p=\frac{2}{3}\\ \frac{1}{5}\times\frac{2}{3}S_0-\frac{2}{15}S_0 \mid q=\frac{1}{3}\end{cases}\tag{4.131}$$

解得：

$$C_1=\begin{cases}\frac{2}{15}S_0 \mid p=\frac{2}{3}\\ 0 \mid q=\frac{1}{3}\end{cases}\tag{4.132}$$

（4.130）式与（4.132）式的收益分布完全相同，根据无套利原理，

$$V_0=C_0=\frac{1}{5}S_0-\frac{2}{15}S_0=\frac{1}{15}S_0\tag{4.133}$$

现在使用保险精算法计算 V_0。

股票期望收入率 $e^{\mu}=\frac{E(S_1)}{S_0}=\frac{10}{9}$　（4.134）

保险精算的期权执行条件为：

$$e^{-\mu T}S_T>e^{-rT}a\tag{4.135}$$

然而木例中，

$$e^{-\mu}S_1\leqslant\frac{4/3}{10/9}S_0=1.2S_0=a\tag{4.136}$$

不满足期权执行条件，故 $V_0=0$　（4.137）

保险精算与资产无套利组合两种方法计算出的期权价格不同，保险精算方法的结果有套利。所以保险精算法是错误的。

有人认为，保险精算法没有大问题，只要把期权执行条件从 $e^{-\mu T}S_T>e^{-rT}a$ 恢复为 $S_T>a$ 即可。但这也不正确。同上例，根据：

$$V_0=E((e^{-\mu}S_1-a)\mid S_1>a)\tag{4.138}$$

即：

$$V_0=\left(\frac{4/3}{10/9}S_0-1.2S_0\right)\times\frac{2}{3}=0\tag{4.139}$$

使用期权执行条件 $S_T>a$ 的保险精算法仍然不正确。

进一步地，那种宣称保险精算法可用于不完备市场的说法就更缺乏数

学证明。因为不完备市场下，既不存在唯一无套利价格，保险精算又不能计算均衡价格，那么保险精算计算的是什么价格呢？

（二）市场分层原理

1. 随机性、完备性与观察者

在经典金融学里，由于假定市场主体同质，每种资产价格只有一种随机分布。这为简化问题无可厚非。但一批金融学者用实证检验出真实市场上资产价格服从某随机分布，这就有问题了。我们应弄清楚：何为随机性？

某运动是否随机取决于未来轨迹是否可知。若能预知其未来轨迹，此运动就是确定的、非随机的；若不能预知其未来轨迹，此运动就是非确定的、随机的。

常识 1：不能根据资产价格的波动性来判断其是否随机，而应根据人们是否预判到这种波动性来判断其是否随机。

明天的再贴现率如何变化，对于老百姓来说为随机，对于央行行长来说则为非随机；城市交通中一辆车的曲折轨迹，对于本车司机来说为非随机，对于不认识司机的路人来说则为随机，对于司机的家人来说，可能是随机项和非随机项（漂移项）的结合。

常识 2：运动的随机性取决于观察者的知识和分析能力。对不同的观察者，同一运动的随机性不同。

常识 3：某交易系统的历史回测绩效无论多优秀，都不能证明此交易系统可以用于实战。

常识 3 亦为实盘操作的基本规则。历史回测或计量看起来高深复杂，但本质上无异于先打枪后画靶。任何一条既有轨迹总可找到与其吻合的模型，但这与模型能否预测未来无关。

由上可知，仅研究资产价格的历史轨迹，只可证明此轨迹对于研究者的随机性，不能证明此轨迹对于其他人的随机性。在实证中泛泛讨论某价格轨迹是否随机，甚至具体为何种随机分布，除了误导读者别无意义。然而西方金融学的关键模型大都以资产价格的随机性为基础。

既然资产价格的随机性取决于观察者，那么市场完备性也取决于观察者，相应地，能否无套利定价也取决于观察者。假定市场中同时有甲、乙、丙、丁四个观察者，若甲对市场一无所知，既不能无误差地预测到 $\frac{(\Delta S)^2}{\Delta t} \to \frac{d\langle S,S\rangle}{dt}$，也不能获得超额无风险收益，则市场对于甲来说无套利但不完备。若乙拥有的市场信息使乙能无误差地预测到 $\frac{(\Delta S)^2}{\Delta t} \to \frac{d\langle S,S\rangle}{dt}$，则乙就可以构造衍生品与基础资产的无风险组合。若此无风险组合无法获得超额收益，则市场对于乙来说就完备，可计算衍生品无套利价格。若丙（如政府）比乙更能提前知悉财政、货币等政府调控计划，但无法无误差地预测到 $\frac{(\Delta S)^2}{\Delta t} \to \frac{d\langle S,S\rangle}{dt}$，则市场对于丙就不完备，虽然丙有能力获得比乙更高的风险收益，但丙却没有能力像乙那样构造衍生品与基础资产的无风险组合，无法计算衍生品的无套利价格，无法获得无风险套利收益。若丁既提前知悉财政、货币等政府调控计划，又有能力无误差地预测到 $\frac{(\Delta S)^2}{\Delta t} \to \frac{d\langle S,S\rangle}{dt}$，显然丁的期望收益率高于乙，面对资产价格的风险小于乙，因此丁与乙观察到的 $\frac{(\Delta S)^2}{\Delta t}$ 并不相同。此时丁可以构造衍生品与基础资产的无风险组合，但将获得套利收益。假使丁放弃套利收益，或因为丁的特权而提高其无风险收益折现水平，则市场对于丁也完备。

所以，那种“无套利市场、无套利价格与市场主体无关”的说法并不正确。

2. 有效市场、理性预期及其检验

若资产价格并不由于向所有交易参与者公开 A 信息而受到影响，则该市场对 A 信息有效，称为有效市场①。这意味着以 A 信息为基础的交易不可能获得超额利润。

若 A 信息仅是历史信息，为弱式有效市场；若 A 信息为所有公开信息，为半强式有效市场；若 A 信息为所有信息，则为强式有效市场。在强式有效市场下，由于所有信息都不能影响资产价格，因此任何人都可准确预测其未来期望收益率，此称为理性预期。理性预期是在有效利用一切

① Samuelson 和 Mandelbrot 在 Working - Cowles - Kendall 实验的基础上提出有效市场假说（简称“EMH”）。

信息的前提下，对经济变量做出的在长期中平均说来最为准确的，而又与所使用的经济理论、模型相一致的预期。它是有效市场的微观基础。

强有效市场并非如某些学者所说的不可预测。相反，只有所有人观察到并准确预测到相同价格随机过程，从而准确预测到相同期望收益率而无人可获超额期望收益（但可以获得超额的实际收益）的市场，才是强有效市场。此时资产的未来收益就表述为人们相同的期望收益项（漂移项）与随机收益项之和。相同收益项表示所有人都可获得的收益；随机收益项表示超额收益虽然实际上可能存在，但无法被人们掌控而只能听天由命。

一些学者混淆了有效市场与一般均衡。在他们看来，有效市场就均衡，非有效市场就不均衡。这种认识是错误的。利用垄断信息、垄断权力等优势获得超额利润并不是有效市场，而是一般均衡市场。市场是否有效的核心是资产价格的可预测性；市场是否均衡的核心是供需曲线是否相交。预测对错不影响供需曲线是否相交。

一般均衡市场指供给曲线与需求曲线相交的市场。由于供给曲线向上、需求曲线向下，因此任何市场，不管是泡沫还是萧条，供需总有交点，故总是均衡的。凯恩斯说“投资恒等于储蓄”就是对一般均衡恒成立的表达[①]。满足一般均衡条件并不意味着经济好或坏。利润率很差或不稳定的均衡，是坏均衡；利润率合理且稳定的均衡，是好均衡。但都是均衡。有效需求则处于好均衡的位置[②]。

当代西方经济学常把一般均衡作为经济调控的终极目标，其看到经济满足一般均衡条件就以为完事了。事实上，真正的经济分析还没有开始。

有效市场与完备市场也无必然联系。所有人观察到并准确预测到相同价格随机过程的市场为有效市场，但若此随机过程二阶跳跃，市场就不完备。若某人观察到的价格随机过程完备，则市场对此人完备，但若此人和其他人观察到的价格随机过程不同，则此市场无效。

有效市场或者理性预期具有严苛的假设前提，最重要的两条假设是：一是所有人信息完全；二是所有人完全理性。信息完全指所有人拥有的信息及其解释相同；完全理性指所有人具备完全的计算和推理能力。最重要的推论是：理性人对未来任何事情都具有准确预测能力。

---

① ［英］凯恩斯：《就业、利息和货币通论》，高鸿业译，商务印书馆 1996 年版，第 57 页。

② 同上书，第 157 页。

（1）理性预期只适于负反馈的简单系统

“准确预测能力”来自于西方经济学的微观本质。当把整个经济视为鲁滨孙个体经济时，所建立的经济学模型是经济增长模型，也就是个体的长期投资回报模型。此模型的数学范式，是个体根据假设的生产函数和消费效用贴现率计算不同投资率下未来消费流的效用贴现最大值。通常还对效用函数、生产函数做数学上的限定，以使此模型可解且解的数量有限，甚至使解的数量唯一。

由于最大值可解，故此数学模型是负反馈系统。负反馈是指当主体的选择无论从哪个方向偏离最优解，函数值都将减少。因此市场中任何主体都没有偏离最优解的意愿。又因解的数量有限甚至唯一，故此数学模型是简单系统，市场中所有人的解都相同，能形成一致预期。当市场中所有人都面临类似“1 + 3 = ?”这样的问题时，显然整个市场能形成一致预期：“4”。而这个预期与模型解必定相同。这就是当代西方经济学理性预期推导的全部逻辑。它的本质是说，当把一道解唯一的数学题放到市场中，市场中所有人都可以计算出这个正确的解，由此形成理性预期。

然而负反馈的简单系统在人类经济中极为个别，人类经济总体来说是正负反馈交织的复杂系统。

（2）理性预期不适于复杂系统

宏观经济是复杂系统。复杂系统的基本标志即解的数量趋于无穷，或至少相对人类计算能力来说趋于无穷。最简单的复杂系统范例就是围棋。围棋规则是博弈双方的共同知识，棋子也是双方的共同知识，符合西方经济学关于完全信息的假设，然而优化过程和结果却无穷无尽，西方经济学想通过跨期优化方法来求得围棋的最优解就绝无可能。故理性预期或有效市场在围棋中不可能存在。区区一个围棋尚且让西方经济学束手无策，而人类经济远比围棋复杂。

理性预期在经济正反馈系统中也无法存在。正反馈是指人们的行为朝某方向偏离时，所获收益更大。而此收益将反馈回经济系统，使行为更加朝此方向偏离。

负反馈系统中对系统的随机扰动会被负反馈损耗，从而降低噪声，提高预测准确度，因此具有稳定概率分布，可形成理性预期的期望值。正反馈系统中对系统的随机扰动可能被正反馈放大，形成整个系统的震荡，不具有稳定概率分布，无法形成理性预期的期望值。复杂性和正反馈性是人类经济社会的一般特点；负反馈的简单系统只有在家庭理财等极个别领域出现。理性预期不存在于复杂系统和正反馈系统，是纯粹逻辑推导的结论，亦表示为国计运行模型的数学形式。

（3）市场信息的分层

与有效市场或理性预期的“信息完全”假设相反，现实市场中各主体由于法律地位、业务范畴、主体规模不同，对市场信息的掌握不是平等的。

①政府的信息层级

政府对于市场信息的搜集、处理、发布具有法定特权。政府有权依法要求任何市场主体提供内部信息，有权依法将信息处理后延迟一定时间发布，有权决定财政货币政策。政府比其他市场主体可以更早地获得财政货币政策信息。

②交易所的信息层级

交易所是市场信息集中地。美国 CFTC（美国国会组建的商品期货交易委员会）每周五公开一次持仓报告，成为全世界交易者赖以做出交易决策的重要判据。而若有人能同步得到 CFTC 的即时持仓报告，那就会得到领先一般交易者一周的决策信息。CFTC 公开的报告中仅有一些简单的总量分类数据，更详细的数据如具体交易者的仓位、止盈和止损是不会公开的。然而 CFTC 的密切合作者却可以拿到这些数据，这等价于其他交易者在“裸奔”。一般交易所的持仓报告也是交易的关键性指标之一，但也要滞后几天，且公布的也都是简单的总量数据——即使这样粗糙和滞后，其也是一般交易者珍贵的交易决策依据。

③企业与机构的信息层级

企业对自己的股票拥有先于市场的内幕信息。机构亦先于市场知悉自己的巨量操作。

④散户的信息层级

散户拥有的市场信息最少。对绝大多数散户来说，市场俨然完全随机。但真实情况比完全随机更残酷。

若散户和其他市场主体同时出牌，则虽然散户在法律地位、市场信息上处于劣势，亦可凭借自己的分析能力在博弈中有一线获胜机会。但由于散户看不到别人的牌，而别人能看到散户的牌，其他市场主体常等待多数散户出牌后再决定自己的出牌。这种交易规则下多数散户的任何中短期交易策略都必输无疑。散户个体的最优策略是不要和多数散户待在一起。然而散户个体并没有多数散户操作的信息。散户获得的市场持仓信息仍然是交易所延迟释放出来的。

若散户完全随机出牌，其他市场主体的出牌以散户出牌为依据，资产价格在统计意义上也可能呈现无套利随机波动。然而在这个波动背后是其他市场主体对多数散户的绝对猎杀。

为避免市场过分血腥以维持经济平衡，不少国家都制定法律来制止滥用市场信息。以美国为例，有《证券法》、《证券交易法》、《内幕交易制裁法》、《内幕交易与证券欺诈执行法》等包括联邦法（制定法、判例法、SEC 宣布的行政规则）、州公司法与商法的内幕交易法群，以及《国家信息安全保密法》等涉及国家安全的法群。一般来说，市场的“瓶颈”环节、信息集中环节应处于政府强力管制中。在重要的批发业务环节如证券发行、承销、承保这些领域，美国政府以各种手段阻止外国企业进入，实现对国内市场的保护。在银行业方面，依靠特别法案，从原则上对外国银行做出限制。由美联储牵头协调美国货币金融局（OCC）、美国联邦存款保险公司（FDIC）等其他机构，在特别法案的框架内制定监管条例、实施细则和操作手册，将法案具体化。

一句话，若说西方发达国家的市场比中国更有效，恰是因为其政府严格管制市场信息。但当市场成为国家间对弈的工具时，我们不能指望对方政府还会自觉限制他们滥用信息。

（4）有效市场的检验及弥补

美国经济学家尤金·法玛、罗伯特·希勒以相反的观点同时获得 2013 年诺贝尔经济学奖。法玛认为市场有效，而希勒则予以反对。由于忽略了随机性与观察者的关系，法玛和希勒的争论意义不大。法玛等检验出有效市场，只能证明他们自己对资产价格缺乏判断能力，并不能证明其他。

2013 年经济诺奖同时授予正反双方，并不意味其总会押对一个。希勒反对有效市场的立场不错，但不表明他的论证和结论没有问题。希勒的推理过程如下：

用单期利率折现股票历史价格的红利现金流，计算出各历史时点的理论价格，然后与相应时点的真实价格比较。若市场有效，理论价格应趋近实际价格。但希勒发现实际价格的波动性远大于理论价格。故希勒断言市场无效，并将此差距归于人们的心理因素如动物精神。希勒以股票盈利的30年移动平均作为基本价值，再除以股票当前价格，发现此比值越大，股票价格越可能上扬，比值越小，股票价格越可能下跌，由此可预测股票价格。希勒的问题有以下三个：

①贴现率是行业平均期望收益率

总资产在某期间的贴现率是总资产在同一期间的平均期望收益率，其等于总资产在此期间的增值与期初总资产价值的比率。总资产增长快，贴现率必然高；总资产增长慢，贴现率必然低。但总资产现值不会因其未来波动而变化。

希勒的贴现率并非股票在价格变化同一期间的贴现率，而是单期利率或多年平均收益率，这已违反贴现率定义，必然产生真实价格波动过大的结论。事实上希勒承认，“如果允许实际贴现率自始至终不受限制地变化，那么该模型将变得不可检验……总存在（使有效市场成立）的贴现率序列”[①]。

②贴现率中已包含影响价格的心理因素

CAPM是金融均衡价格理论的支柱，其推导结论使西方金融学认为资产均衡价格与投资人心理偏好无关。这是希勒等人把心理因素与贴现率分割分析的基础。但CAPM本身是循环论证。其先假定资产收益率及其与市场平均收益率的协方差为不变量，这必然使市场因素无法影响资产价格（资产价格与资产收益率同步变化，当资产收益率及其与市场平均收益率的协方差确定时，资产价格无法变化）。故CAPM宣称资产均衡价格与投资人风险偏好无关。

但在国计风险定价中，贴现率中的风险溢价就体现了人们的心理因素，贴现率会随市场风险偏好而变化[②③]。希勒等人认为贴现率是与人们心理因素独立的稳定量，这是对贴现率的错误认识。此错误认识会推导出理论价格更稳定的结论。

③对股票价格的准确预测不代表市场无效

若所有人都准确预测股票价格上扬，则所有人的预期收益率同等提

---

① ［美］罗伯特·希勒：《市场波动》，文忠桥、卞东译，中国人民大学出版社2007年版，第107页。

② 程碧波：《国计学》，中国文联出版社2006年版，第258页。

③ 程碧波：《国计学（修订版）》，社会科学文献出版社2010年版，第152页。

高，并无超额利润，市场仍有效。希勒用事后分析的方法计算出可获高于实际平均收益率的超额利润，这并不奇怪。即使在强有效市场下回测历史股价也易找到获得超额利润的操作方法。因为历史数据已经确定。

以希勒为代表的西方经济学者认为市场之所以无效，是因为道德、感情、宗教等非理性因素引起人们非理性行为，而没有意识到这是西方经济学自身的逻辑体系缺陷所致。若不解决自身的逻辑缺陷，只把过错推诿到人类自身情感等非理性因素上，则人类不可能真正解决经济失衡问题。

他们主要从两方面做这种无谓的修补工作。一是把心理学引入到经济分析中，试图改造和重建人类经济行为的分析框架，此称为行为经济学；二是通过各种实证研究的技术和方法逼近真实世界人类行为，此称为实验经济学。行为经济学和实验经济学都是研究人类自身的“错觉”行为，即何种情况下人会产生与真实情况相异的“错觉”，以及这种“错觉”为何而产生，并且会对经济有什么影响。他们认为，只要把人类的道德、感情、宗教等错觉因素考虑进来，理性人问题就可以得到解决，市场就不会失灵了。

我们不能说对人自身行为的细致研究完全没有意义，但当代西方经济学在解决市场失灵这个问题上的方向显然走偏了。他们在一辆自行车上不断地刷飞机型号，以为这样就可以让自行车飞到月球。

（5）市场分形理论 *

市场无效影响到资产价格分布的数学表述，因为资产价格的几何布朗运动不适合于无效市场。作为弥补，西方金融学者提出市场分形理论。

分形最早由 Benoit Mandelbort 提出，用以描述不规则的、破碎的、琐屑的几何特征。分形的维数是分形的核心。

若某图形的相似形线长（可以是边长或径长，但必须为有限值，因为有限值意味着可被线长度量）增至 a 倍时，此相似形的某 Y 量增至 n 倍，则此 Y 量的维数为 $d = \log_a n$ 。

例 4.4：若矩形的相似形边长增为 2 倍，其相似形面积必增为 4 倍，所以矩形面积的维数为 $d = \log_2 4 = 2$ 。

例 4.5：若圆球的相似形半径增为 2 倍，其相似形体积必增 8 倍，所以圆球体积的维数为 $d = \log_2 8 = 3$ 。

例 4.6：图 4—2 是科赫曲线的变换产生过程。

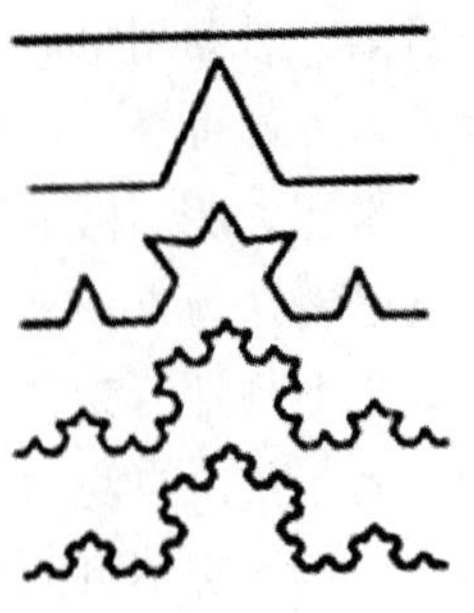

图 4—2

图 4—2 按图示规则无限变换下去就得到科赫曲线。放大科赫曲线的任何部分都可得到完整的科赫曲线。这就是科赫曲线的自相似。

首先取出科赫曲线缩小版如图 4—3：

图 4—3

现在放大科赫曲线，使其底边长放大 3 倍：

图 4—4

图 4—4 与原图相似，底边长放大比例为 3，但其周长包含了 4 个原图，因此周长放大 4 倍。所以科赫曲线周长的维数为 $d = \log_3 4 = 1.26$。这里维数为分数，不再是整数维。

注意，在分数维图形中选择用以计算相似缩放比例的线长不能是被无限细分的边，因为这个边不是整数维，无法用线长来量度（本例中科赫曲线的周长是用科赫曲线本身的相似形来度量的）。而应把整个分数维图形视为整体，将整体的长、宽、高或直径、半径等作为缩放线。例如，亦可选科赫曲线的高作为缩放线。

从以上分形维数的计算过程可得以下结论：第一，分形图形整体与局部的自相似是计算分形维数的前提。没有自相似特征就无法解决分数维的度量问题。然而不规则、破碎的几何特征不一定就自相似。分形理论只能解决极为特殊的非线性问题。

第二，自然环境下的分形图形可能具有稳定的维数。社会环境下的不规则变化一般不具有稳定的维数，具体到资产价格运动就是不可能准确预测其维数。因此资产价格运动虽然破碎，但不是分形。

第三，不同时间结构上的资产价格运动具有某些相似性，但这并非分形计算的结果，亦达不到通过自相似来计算维数的要求。

第四，现实市场不同结构，尤其是不同时间结构上的自相似性不可估计过高。对散户而言，时间周期越短，长记忆性越弱，随机性越强（此随机性可回归为确定数学分布，但无法预测为确定数学分布），交易成本越高（交易越频繁，点差费用越高）。对交易机构而言，时间周期越短，市场越易被操纵，随机性越弱。而政府通常只感兴趣于中长期的市场控制。

几何分数布朗运动，是分形市场的数学描述之一，其具有不同时间结构下自相似、长记忆的特征。但用它来描述市场则是错误的。市场的确存在某些自相似、长记忆、破碎的特征，但这不是分形。就好比醉汉开车，车走的轨迹具有长记忆（车具有惯性）、破碎（不规则）的特征，醉汉作为车的子部分，与车的轨迹有某种自相似（但不完全重合，因为醉汉可能在车上扭动），我们可能对此回归出分形方程，但不能说这是分形。市场分形理论中任何确定的数学式及其参数都只有历史回归的意义而不具有预测的意义，因为只要在预测状态下，数学式和参数就无确定性，正如几何分数布朗运动中的 hurst 指数不可能存在于现实市场。

否定市场价格形态的数学式描述并非否定市场背后的数学机制。就好比下围棋，我们当然否定对围棋棋子的位置搞什么分形的数学式描述，但我们并不否定对围棋棋谱进行推演分析。只知道描述价格的形态而不去分析价格背后的作用机理，是舍本逐末。

（三）国计学的金融操作方法

1. 国计学的机构操作方法

（1）宏观经济的流量勾检分析

国计学把握复杂系统的出路是从宏观到微观建立起经济流量勾检[①]分析。

宏观经济各流量的边界条件、勾检条件都具有国计簿意义上的确定性，这是经济系统的硬性约束，与市场自发行为无关。通过此约束可获诸宏观要素间的方程联动关系，构造宏观流量分析模型，建立基于物理定律而不是心理学的宏观经济分析理论，来确定性地描述经济社会，使其成为科学。

（2）宏观经济的市场驱动分析：棋谱推演

通过宏观经济流量约束分析，可获经济体的约束边界，但这并非全部。宏观诸流量的边界等约束条件犹如市场中的一条条无形管道。我们知道市场必须要在这些管道中流动，但各市场主体却可自主决定流向哪条管道及其流动速度。此自主性来自人类智力博弈，具有无穷创造性。也因此经济体成为正负反馈交织的复杂系统，常具有无穷多解而不存在理性预期。

依据宏观经济流量管道建立宏观经济约束模型，让真实人扮演市场角色，在模型约束下完成市场行为。各扮演者发挥自主性来争取更多利益，就构成宏观经济推演系统。解的无穷性使每次推演都有不同棋谱。犹如围棋学习一样，棋谱数量无限并不妨碍人们通过大量棋谱学习来提高棋艺、分析市场。棋谱学习将是未来宏观经济分析的重要方法。

国计学相关经济金融理论在政府、交易所、大企业、大机构等市场主体分析经济上有更大优势。这些主体有条件掌握较多的市场信息。市场信息越充分，经济方程中未知数越少，方程求解越精确，反之方程求解越不精确。

（3）对冲操作

对冲操作即做多 A 风险的同时做空与 A 风险高度相关的 B 风险。

令 A 资产未来收入为 $P_A = \mu_A + \omega_A + \varepsilon$，$B$ 资产未来收入为 $P_B = \mu_B + \omega_B + \varepsilon$，$\omega$、$\varepsilon$ 为期望值为 0 的随机数。则做多 A 资产并做空 B 资产的收入为：

---

① 勾检：钩稽检核。中国古代利用国家诸数据间的钩稽关系，来检核数据合理性的方法和制度，例如唐代在财政财务上的勾检，其对象上自中央六部诸司，下至地方州县，其内容几乎包括国家所有的财政财务收支。唐初四柱账法已在实际财务勾账中使用。

$$P_A - P_B = (\mu_A + \omega_A + \varepsilon) - (\mu_B + \omega_B + \varepsilon) = \mu_A - \mu_B + \omega_A - \omega_B \tag{4.140}$$

上式中，若 ε 为操作者无法把握的风险，而 ω 为操作者可接受的风险，则此操作对冲了 ε 风险并获得低风险收益 $P_A - P_B$。

例如，已判断某支股票表现会优于大盘，但对大盘涨跌无把握，因此对此股票价格涨跌亦无把握。可买进此股票并卖空股指（相当于卖出大盘）以对冲大盘风险，获得股票优于大盘的低风险收益。

机构投资者可能通过（4.140）式对冲掉 ε 风险后，不惜增大 ε 风险来增大 P_A 以提高低风险收益 $P_A - P_B$。

例如，机构投资者大量买入某公司股票并卖空此公司股票。投资者凭借买入的股票获得控股权，可强制公司分红或输送其他利益。由此导致的股价动荡被投资者之前的操作对冲，不会影响投资者。

例 4.7：利率调整与币值关系

政府在提升本币利率之前已知悉此消息，与政府关系密切的交易者预期本币升值而在市场上买进本币，此时利率与币值的关系符合经济方程。当政府向市场公布提升本币利率的信息时，币值可能不但不上升，反而因消息已提前泄露而下降。

例 4.8：与狼共舞效应

外汇交易的与狼共舞效应由美国拉瑞·威廉姆提出，他发现股票期货交易员持仓报告 COT 的秘密：只要商品期货持仓达到极高，此商品价格随后会大幅度上扬，反之亦然。拉瑞·威廉姆认为这是由于有市场巨鳄在操纵市场设局，因为商品价格上扬有利于期货多头，商品价格下跌有利于期货空头。此即其所谓“狼”。与狼共舞就是追随这只看不见的“狼”，当商品期货持仓达到极高点时买进商品，反之则卖出商品。

拉瑞·威廉姆错误理解了期货价格与现货价格的作用机制。

商品期货持仓达到极高，此商品价格随后会大幅上扬；商品期货持仓达到极低，此商品价格随后会大幅下跌。此现象其实是商品期货持仓与商品现货价格负相关的佯谬。商品期货持仓与商品现货价格负相关的原因在于实物市场交易的套期保值。实物生产者是风险规避者。他们卖出商品现货，同时买进商品期货，或者买进商品现货，同时卖出商品期货，以对冲风险。套期保值中商品现货与期货的买卖方向始终相反，因此形成负相关关系。

商品期货持仓极高，对应商品现货价格极低，故此时商品价格倾于上扬（因为已经低无可低）；商品期货持仓极少，对应商品现货价格极高，故此时商品价格倾于下跌（因为已经高无可高）。从期货持仓对外汇现价的影响亦可判断，实物市场决定外汇市场而不是相反。

在中短期交易中，及时获悉期货持仓报告对于研判商品现货价格走势具有重要作用。但由于每周五才公布一次，因此持仓信息延迟一周，使散户失去交易优势。

例 4.9：投机者情绪指数

投机者情绪指数是全美外汇经纪商（FXCM）推出的一个指数，是该经纪商统计自己平台上散户交易者的多空比例。投机者情绪指数是反向指标。当散户多仓时价格下跌，散户空仓时价格上升。通常将其反向特性解释为散户喜欢抓顶抄底，导致逆势而为。这种纯粹心理因素的解释并不科学。真相是此指数体现了市场主力（非散户）的主导性。散户多仓正是市场主力空仓，价格下跌；散户空仓正是市场主力多仓，价格上升。散户多仓到极限就是市场主力空仓到极限，价格倾于上升；散户空仓到极限就是市场主力多仓到极限，价格倾于下跌。

投机者情绪指数每天公布两次，并非实时发布，所以也会导致信息过时。

例 4.10：外汇持仓报告

一些外汇经纪商如 OANDA 可以每 20 分钟刷新一次外汇散户持仓数据（其反面就是市场主力持仓数据）。这是极快的刷新速度。从这个刷新速度可以看到实时数据的重要性。

在中长期内，散户持仓数据与商品现价呈负相关关系。虽然相关关系对于研判价格走势有一定参考作用，但不可对此指望过高。因为对于预测有用的不是实时相关性而是时序相关性。只有时序相关才能根据现在数据推测下一阶段数据。这是持仓报告在中长期分析中作用有限的关键原因。由于持仓数据与商品现价并非完全相关，因此也可利用这个相关性差异提高对商品现价的预测水平。虽然散户持仓数量与现价高度负相关，但持仓数量波动曲线却比现价波动曲线规整，判断持仓极值比判断现价极值容易，而一旦知道持仓极值，就知道此时现价也大致处于极值范围内，现价将可能出现反转。

欧元、美元这样总量大的货币，其价格相对于持仓数量常有几分钟的时差。散户持仓减少（即主力持仓增加）后几分钟商品价格常上扬，反之商品价格常下跌。虽然每20分钟刷新的持仓报告可帮助预测轻微变动的价格方向，但不足以预测代表趋势的跳跃价格。常会发生这样的事情：20分钟内持仓数量已急剧逆转，但散户交易者对逆转信息一无所知，坐视价格逆向跳跃。而信息发布者却能实时获得任何时刻持仓信息。

这是总量较大货币的分钟级高频交易方法之一。它对总量较小货币的适用性要差一些，因为较小资金量也可左右这种货币的价格，所以散户亦有能力在较长阶段主导市场，在分钟级交易中很难区分谁是主力，难以研判价格走势。不过在中长期阶段中总量较小货币的价格仍与散户持仓负相关，因此在可实时获得持仓信息的情况下，按照持仓与价格变化的时序关系仍可有一定胜率。

2. 国计学的散户操作方法

散户凭借较强理论能力有机会运用国计学理论研判长期经济形势。虽然散户仍缺乏内部信息，但其他市场主体不大可能设置太遥远的局。但长期研判的超额期望收益率不会太高，对散户微薄的个人资产来说意义有限。

下面介绍在极端情况下，即除了价格和成交量再无其他信息的散户市场下，散户可能做出哪些努力。

前已证明现实资产价格分布不具完备性。事实上在复杂系统下，我们不能指望资产价格分布遵循任何已知数学分布形式或具有此数学分布形式下的确定参数。这是自然系统与复杂系统最大的区别。散户既缺乏必要市场信息又缺乏影响市场的能力，同时还有其他市场主体看着散户的牌出招，散户面临比完全随机市场还要困难的处境。但少数散户精英仍可能抓住复杂系统的某些特征使自己少犯错，或可获得中短期超额利润。

若观察者除了市场价格和成交量外对其他市场信息一无所知，此时复杂系统下的资产价格有五个特性：

（1）波动性

资产价格不会直线运动而具有波动性，任何低时间级价格波动都是高时间级价格波动的一部分。将价格运动分为行进和振动。行进方向接近于移动平均值；振动方向垂直于行进方向，围绕行进方向振动。行进和振动各有其边界。

(2) 边界性

复杂系统受制于众多环境因素制约，其价格在一定期间会有边界，此即价格变动极限。价格接近此边界就常成强弩之末而倾于回调。此时朝回调方向买卖资产并设置止盈和止损。由于止盈概率远大于止损概率，因此其期望收益为正。

价格对边界的突破常意味着趋势将加强而不会回调，此时应重新评估价格行进和振动的边界。

(3) 光滑性

复杂系统下资产的价格运动并不光滑，但中长期内因为受制于众多环境因素而具有惯性，产生较大时间尺度上的光滑性，这是顺势而为的物理基础。但顺势而为应止于边界。

众多环境因素中，政府调控对光滑性至关重要。通常政府不干预价格的短期波动，但无法承受较大时间尺度上价格剧烈变化的代价，因而总有动力保持资产价格在较大时间尺度上的光滑性。

(4) 流量性

资产交易量十分重要，大的交易量虽未必能立刻改变价格运动方向，但会改变价格光滑度的曲率。

(5) 共振性

若相关性弱的各指标指向相同，则此方向在大概率上正确。仅相关性强的指标指向相同，判断精度较低。时序相关的指标才是宝库。

上面是复杂系统中资产价格的五个特性。本书以下八条戒律并未指出边界、止盈、止损如何确定，但调试这些戒律可找到确定这些量的方法。读者需认真阅读本书，辅以实践经验自己揣摩。散户处于鱼肉地位，散户中的精英只是少数，一旦多数散户的操作手法相同就会被其他市场主体吃掉。但这不是说散户对金融微观规律的揣摩没有意义。好比某棋谱的公开会降低此棋谱的威力，但对棋谱的研究没有止境。一个散户高手只要知道市场不是完全随机就有办法获得超额收益。

(1) 不知价格方向，不宜入场

很多交易书籍宣称，不用判断资产价格运动大致方向，只要做好仓位管理就可获得利润。这是错误的。理论上可证明，若期望收益率为0，怎么管理仓位都无济于事。只有在研判价格运动大致方向的前提下进行正确的仓位管理，超额期望收益率才可能大于0。若真有交易者只用仓位管理来获得稳定收益，其仓位管理规则必已暗含价格方向的判断元素。

（2）不知入场位置，不宜入场

若已判断价格行进方向，就可进一步判断入场位置。资产价格向上行进时，价格接近振动波幅底部是最优入场做多位置。资产价格向下行进时，价格接近振动波幅顶部是最优入场做空位置。资产价格水平行进运动时，价格接近振动波幅顶部是最优入场做空位置，价格接近振动波幅底部是最优入场做多位置。

（3）不知止盈止损，不宜入场

不少交易者把主要精力用于确定入场点，但入场后既不知何时止损也不知何时止盈，极易亏损。设置好止盈和止损可最大限度减少人的心理影响。

（4）止盈小于止损，不宜入场

我们很难评估每手交易的具体概率分布，但止盈和止损的位置代表对风险的基本评估。若止盈小于止损，说明止盈收益太小而止损损失太大，风险极大。因此有人说下单时止盈应大于止损，这有一定道理。但必须搞清楚因果关系：不是下单后设置止盈大于止损，而是止盈大于止损才下单。

边界位置通常止盈不会远小于止损，这也是确定边界的方法之一。

（5）不知时空跨度，不宜入场

日线上操作的时间单位是天，一个振动跨度是几十天，波幅是这几十天内价格的变化范围；周线上操作的时间单位是周，一个振动跨度是几十周，波幅是这几十周内价格的变化范围；月线上操作的时间单位是月，一个振动跨度是几十个月，波幅是这几十个月内价格的变化范围。

通常交易者有一个错觉（这个错觉来自于现在流行的分形或自相似理论），以为周线的价格方向会提高日线上同样方向的概率，月线的价格方向会提高周线上同样方向的概率。但由于价格趋势体现为跳跃而不是连续微变，因此不同时间层次上价格的自相似是有限度的。若低时间级的止盈止损期间没有首先发生高时间级价格方向的跳跃，则其止损极易被突破。而首先发生高时间级价格方向跳跃的概率不高。

因此，若在周线上研判价格行进方向，就应在周线上设置止盈和止损，此止盈和止损对应的时空跨度是周线振动。若在日线上设置止盈和止损，因为日线止盈止损范围太小，高时间级价格方向首先跳跃的概率又不高，所以很难获得正向期望收益率。但若高时间级与低时间级上的价格方向相同，可增加低时间级上的仓位，反之应减少低时间级上的仓位。这可增加交易者在本时间级的期望盈利，减少高时间级价格跳跃带来的损失。

（6）不知资产组合，不宜入场

资产组合能有效降低风险。用于组合的资产应有两特点：一是所有资产的价格运动方向均有基本正确的判断；二是资产之间相关性较弱。条件一优先于条件二。资产间即使完全相关问题也不大，但若其价格运动方向正确率太低就得不偿失，所以不能为了组合而组合。

资产组合依据各资产的波动风险而定，通常某资产波动率越大，其在组合中所占比例应越少。实际操作中很难计算资产未来波动，故可用止损来代替波动率。即某资产止损越大，其在组合中所占比例越小，反之越大。止损是交易者对价格未来特定时段、特定价格范围内风险估值，综合考虑了众多因素，而波动率是利用统计方法对资产历史价格的回归值，止损比波动率更简便，也更科学。

（7）不知下单规范，不宜入场

为防止心理干扰导致轻率下单，应制作下单决策表对影响下单的各因素进行打分，确定下单方向和仓位后执行下单决策表。

（8）没有八成把握，不宜入场

交易者看到大把市场盈利机会总会后悔自己之前为何未入场。应记住一点：散户市场是庄家看到散户出牌后再出牌的作弊市场，并且交易有手续费，所以散户即使研判出60%的胜率也常无济于事。但交易者只是散户之一，庄家不可能盯着单个散户操作，所以有80%以上的胜率感觉就可以入场。

（四）金融概念的辨析

区分均衡市场、无套利市场、完备市场、有效市场的关键是了解其判断条件。

市场均衡的判据是供需曲线是否相交，与是否存在交易障碍无关。任何已实现的市场总是均衡的，通常说计算均衡价格，是指计算预设前提下的均衡价格以研判价格的未来走势。

无套利条件是纯数学条件，只考虑资产价格间的关系，不考虑是否存在交易障碍。

完备性条件是纯数学条件，只考虑资产价格间的复制关系，不考虑是否存在交易障碍。

有效性条件是资产价格的可预测性，不考虑是否存在交易障碍。

由以上条件可知：

①套利交易会让资产价格进入无套利价格集合，但不能确保无套利价格唯一。无套利价格不一定是一般均衡价格。进一步确定资产唯一价格，为供需均衡分析范畴的均衡价格。

②无交易障碍时，不满足无套利条件会导致套利行为产生，获得无风险套利收益；有交易障碍时，不满足无套利条件不一定导致套利行为产生，不一定能获得无风险套利收益。

③一般均衡与经济稳定与否无关。经济波动时已经发生的价格是一般均衡价格，因为任何时候供需曲线都相交。

④没有交易障碍时一般均衡价格必定是无套利价格；有交易障碍时一般均衡价格不一定是无套利价格，此时即使不满足无套利条件，交易障碍也使套利操作无法进行。

⑤无套利市场不一定是完备市场，完备市场一定是无套利市场。

⑥一般均衡市场不一定是有效市场。利用垄断信息、垄断权力等优势获得超额利润是一般均衡市场，但不是有效市场。

⑦无套利市场不一定是有效市场。即使人们缺乏预测能力因而市场无效，市场亦可能无套利。

⑧有效市场不一定是无套利市场。无交易障碍时有效市场一定无套利；有交易障碍时有效市场不一定无套利。

⑨完备市场不一定是有效市场。

⑩有效市场不一定是完备市场。即使人们缺乏预测能力因而市场无效，市场亦可能完备；无论是否有交易障碍，有效市场都不一定完备。

⑪无套利价格核是资产集的因变量，资产集里任何资产的风险收益率发生变化就可能改变价格核，甚至使价格核不存在或多解；均衡价格核是资产风险收益率的自变量，资产风险收益率被价格核决定，价格核始终存在且唯一。若资产集无套利但不满足预设均衡条件，则此资产集的无套利价格核不等于均衡价格核。若资产集完备但不满足预设均衡条件，则此资产集有唯一的无套利价格核和唯一的均衡价格核，但无套利价格核不等于均衡价格核。

⑫风险中性概率与无套利价格核在数学上等价，与均衡价格核在数学上不等价。

⑬只有完备的资产集才有唯一的风险中性概率，因此可用风险中性概率确定唯一无套利价格。有效市场上资产集不一定完备，风险中性概率不一定唯一，因此不一定能用风险中性概率确定资产的无套利价格。

⑭风险中性概率不是概率而是由资产集收益率分布变换而得的比值，故其与资产集外的经济因素如人们的风险偏好无关。存在风险中性概率只意味着市场无套利，并不意味着人们的风险偏好为中性，更不表示人们的风险偏好不影响资产价格。

⑮风险中性概率 $\tilde{P}_j(i)$ 与无套利价格核 Z_i 是等价变换。Z_i 不存在等价于 $\tilde{P}_j(i)$ 不存在；Z_i 不唯一等价于 $\tilde{P}_j(i)$ 不唯一；Z_i 唯一等价于 $\tilde{P}_j(i)$ 唯一。

⑯在金融学中 $\tilde{P}_j(i)$ 称为风险中性概率，这并不准确，因为其既非概率，$\tilde{P}_j(i)$ 又受资产集内资产收入率联合概率分布影响，故 $\tilde{P}_j(i)$ 同样承受系统风险和非系统风险，并非风险中性。

七　虚拟经济的价值衡量

资产有双重价格：其一为资产收益价格，其二为资产实物价格。资产市值反映资产收益能力及人们风险偏好。资产实物价格反映资产重置价值。实物价值与资产物理性质联系，常反映在资产负债表中。资产实物价格与收益价格并不完全重合。收益价格中包含实物价格及对实物资产的管理运营。管理运营良好则资产收益价格将高于实物价格；否则资产收益价格将低于实物价格。

（一）份额所有权

若某人拥有某物全部所有权，则所有权证的全部或部分转移等价于此物的全部或部分转移；此物价值增减也等价于权证价值增减。故对权证交易等价于对此物交易。

多人按各自份额拥有对某物的所有权称份额所有权。份额所有权证全部或部分转移等价于此物对应份额价值的全部或部分转移；此物价值增减等价于所有份额所有权证价值增减。

故资产所有权有同一性：某资产的某物权有任何形式的丧失，必致另一资产的物权发生同样形式的丧失，则此两资产为同一资产，不能将两资产的价值加总重复计算。通俗来说，一物不能两卖。这是计算金融虚拟经济总量的原则。

（二）实物资产、所有权证与衍生权证的合并计价

典型实物资产与权证即公司资产与股票。若公司资产丧失则公司股票价值也丧失。而股票丧失则公司资产也就丧失。故公司资产与公司股票为同一资产。

衍生权证是依照约定价格在约定时间买卖约定标的的权证。此约定标的既可以是实物资产也可以是权证。衍生权证衍生于约定标的但常并不实际交割标的物，期满时常由义务方弥补执行价格与市场价格的差价。然而，协议本身有违约风险。为确保协议被遵守，一般要求协议义务方支付保证金。

在交易所交易衍生品时，交易双方各自与交易所交易，交易所作为清算机构保证协议执行。这消除了当事人对交易对手违约的担心。由于交易所承担违约风险，其要求协议义务方交纳一定数额保证金。不同交易所的保证金规定不同。一般流程如下：衍生品义务方在交易所开立保证金账户。初始保证金常是交易所认为合约价值在一个营业日里可能发生的最大变动数额。维持保证金常是初始保证金的75%。每个营业日末计算义务方的账面损益。账面损益与前日保证金之和就是客户当日在保证金账户存放的资金，盈利时可随时提取超额部分。亏损使保证金余额降到维持保证金数额以下时，客户在接到交易所追加保证金通知书后应立即补足差额使之恢复到初始保证金水平，否则交易所将按现价买卖与义务方相反操作的衍生品，并用保证金补足差价，此即强制平仓。也可理解为，每个营业日交易所都重新计算初始保证金和维持保证金。

交易所计算的是交易者当日的账面损益而非交割损益（衍生品的交割损益只有到期才能确定）。如交易者出现巨大账面亏损以至没有能力追缴保证金，则将被交易所强制平仓，账面亏损转化为实际亏损。故在金融战中，甲方拼命把基础资产价格朝不利于乙方的方向打压，并非说甲方有信心长时间打压资产价格，他只要将资产价格拉到乙方无力支付保证金即

可。而交易所每天都盯住并调整保证金数额，最低保证金能保证交易所承受基础资产价格一天内的最大波动，承担的风险很小。

因初始保证金是合约价值在一个营业日发生的最大可能变动数额而非全额支付基础资产价值，故交易者只需要很少的保证金就可签署数倍价值的远期交易，此即衍生品的杠杆交易。

衍生权证价格取决于基础资产价格与市场价格的差距，其保证金为权证义务人的财富。交易衍生权证等价于交易权利义务人的财产；权证义务人的保证金减少时，衍生权证价值也相应降低。故衍生权证与权证义务人的财富仍满足所有权同一性原则。

（三）单一所有权的多重交易

实物资产若和其对应的金融资产价值不同，却为同一权，应如何计算其价值呢？答案很简单，实物资产价值和其对应的金融资产价值乃同一物品不同角度的价值。如公司净资产价值体现账面价值，或公司重置价值；而公司股票价值（市值），体现公司未来赢利能力价值。要么统计公司重置价值，要么统计公司市值，但不能把公司重置价值和市值加总来作为公司总价值。

故金融产品种类扩大而致虚拟经济体扩大，并不影响经济体真实价值，也不影响货币总量供需（但资产流动性变化可能影响货币供需）。所有权同一的资产不能独立交易也不能累积交易，无法通过扩大金融产品种类来扩大交易价值。

若资产的实物价格或收益价格高估，就必然带来虚拟经济价值成倍数放大。但此倍数放大乃重复计价而不是价值高估的危害性被放大。若资产实物价格或收益价格紧缩，也会使虚拟经济价值成倍数紧缩。此成倍数紧缩亦重复计价而不是价值紧缩的危害性被放大。

任何金融虚拟市场的扩大或金融品的发明，都是增加资产流动性而不是立刻增加总资产。资产流动性可能改变资产生产能力，但不能增加还未生产的资产。

金融工具创新会提供各种金融手段。当金融工具使用者作为无法左右市场的完全竞争者参与市场时，金融工具有助于弥补市场不足，降低市场风险。但当金融工具使用者有能力左右市场时，金融工具将成为它们掀起市场波浪的武器，通过控制市场朝自己有利的方向变化以攫取财富。大量

财富被攫取后，贫富差距扩大及市场资源错配等原因可能导致大量破产和需求不足，紧缩实体经济信贷，萎缩货币，形成经济衰退。若此财富攫取者来自国外，则整国财富被攫取，经济紧缩更易发生。

八　国计运行模型

（一）国计总量运行模型

经典学派将利率视为储蓄曲线与投资曲线的交点本无可厚非，但以两曲线变动来分析利率则有困难。因储蓄恒等于投资，任一曲线皆无法孤立变动。其实利率与其他收益率并无本质区别，无非风险大小不同。故对经典学派将利率视为二曲线交点的观点，凯恩斯指出："错误之处，乃由于把利息看作是等待本身之报酬，而不看做是不贮钱之报酬。其实各种贷款各种投资都有风险，只是程度不同，故由贷款或投资得到的好处很可看做是甘冒风险之报酬，而不是等待本身之报酬。说老实话，由贷款或投资得到的报酬，与所谓'纯'利率之间，并没有清楚界线，这些都是甘冒一种或他种风险之报酬。"①

当把利率视为投资报酬时，利率的作用便通过（4.66）式、（4.67）式体现。（4.66）式 $p_i = \beta\sigma_{iL_M} + E(j_i)/r$ 和（4.67）式 $y = \beta\sigma_{ML_M} + E(J_M)/r$ 中，若利率 r 提升或风险偏好 β 下降或未来收入 J 减小，则所有风险资产价格 P 将下跌，y 降低，资金将从风险投资流向无风险投资（储蓄或还贷）；反之所有风险资产价格 P 将上升，y 上升，资金将从无风险投资（储蓄或借贷）流向风险投资。由此调控宏观经济。故将（4.66）式、（4.67）式命名为定价方程式可全面分析经济收益。

（4.67）式和国计平衡增长模型共同推导出关系（这里将人力也看作资本）：

$$(1 - c_t + \omega_{t+1} e^{g_{t+1} + \pi_{t+1}}) Y_t = \beta_{t+1} \sigma_{Mt+1 L_M t+1} + Y_{t+1} e^{\pi_{t+1}} / r_{t+1} \tag{4.141}$$

$$(1 - c_t + z_t + \omega_{t+1} e^{g_{t+1} + \pi_{t+1}}) Y_t = \beta_{t+1} \sigma_{Mt+1 L_M t+1} + Y_{t+1} e^{\pi_{t+1}} / r_{t+1} \tag{4.142}$$

（4.141）式为不含外贸的产出定价方程式，（4.142）式为包含外贸的产出定价方程式。

---

① ［英］凯恩斯：《就业、利率和货币通论》，高鸿业译，商务印书馆 1996 年版，第 155 页。

将国计风险定价与国计平衡增长模型一起构成国计运行模型，收益方程式被定价方程式取代。

$$
\begin{cases}
\omega_t + a_t \grave{l}_t = c_t + b_t \grave{m}_t \\
e^{-g_t-\pi_t} + q_t \grave{h}_t = 1 - c_t + \omega_{t+1} e^{g_{t+1}+\pi_{t+1}} + s_t \grave{d}_t \\
c_t = \dfrac{y_t}{Y_t} = \dfrac{1}{\sum\limits_{u=t}^{+\infty} e^{\sum\limits_{v=t+1}^{u}(\mu_v + \ln w_v)}} \\
p_{it} = \beta_{t+1}\sigma_{it+1L_{M}t+1} + E(j_{it+1})/r_{t+1} \\
(1 - c_t + \omega_{t+1} e^{g_{t+1}+\pi_{t+1}})Y_t = \beta_{t+1}\sigma_{Mt+1L_{M}t+1} + Y_{t+1}e^{\pi_{t+1}}/r_{t+1}
\end{cases}
\tag{4.143}
$$

含外贸的国计运行模型为：

$$
\begin{cases}
\omega_t + a_t \grave{l}_t = c_t + x_t + b_t \grave{}(m_t + \lambda_t^0 \varepsilon_t - \kappa_t^0 \varepsilon_t) \\
e^{-g_t-\pi_t} + q_t + k_t \grave{}(h_t + \lambda_t^1 \varepsilon_t - \kappa_t^1 \varepsilon_t) \\
= 1 - c_t + z_t + \omega_{t+1} e^{g_{t+1}+\pi_{t+1}} + s_t \grave{}(d_t + \lambda_t^2 \varepsilon_t - \kappa_t^2 \varepsilon_t) \\
c_t = \dfrac{y_t}{Y_t} = \dfrac{1}{\sum\limits_{u=t}^{+\infty} e^{\sum\limits_{v=t+1}^{u}(\mu_v + \ln w_v)} - \dfrac{z_t}{y_t}\sum\limits_{u=t}^{+\infty} e^{\sum\limits_{v=t+1}^{u}(\eta_v + \ln w_v)}} \\
p_{it} = \beta_{t+1}\sigma_{it+1L_{M}t+1} + E(j_{it+1})/r_{t+1} \\
(1 - c_t + z_t + \omega_{t+1} e^{g_{t+1}+\pi_{t+1}})Y_t = \beta_{t+1}\sigma_{Mt+1L_{M}t+1} + Y_{t+1}e^{\pi_{t+1}}/r_{t+1} \\
N_{t-1}e^{\bar{\lambda}_t} + \lambda_t^0 \varepsilon_t + \lambda_t^2 \varepsilon_t - K_{t-1}e^{\hbar_t} - \kappa_t^0 \varepsilon_t - \kappa_t^2 \varepsilon_t = N_t - K_t
\end{cases}
\tag{4.144}
$$

（4.143）式、（4.144）式中结构方程式处理空间横向生产不同种类产品和时间纵向生产产品的成本收益关系，虽其数值结果为标量财富，但其代数表达式仍保留矢量财富信息，可分析经济波动、经济结构、产业发展、产业结构等内容；资本方程式、定价方程式、产出定价方程式处理资本品价格关系；消费方程式处理消费品价格关系；外贸方程式处理外贸债权债务关系。

以（4.143）式为例，利率提高对经济影响过程为：若未来产出预期 $Y_{t+1}e^{\pi_{t+1}}$ 不变，产出定价方程式中 r_{t+1} 提高，方程左侧资本价值下降；资本方程式右侧资本价值下降，货币储蓄或还贷增加，货币还贷湮灭而减少，货币储蓄增加，资本方程式失衡，收益降低；工资下降使消费方程式失衡；消费疲软使结构方程式失衡，资本收益降低。利率降低对经济影响过

程也同理分析。将利率放入资产定价分析而非个体生产成本分析，是宏观经济脱离微观纠缠的重要步骤。因微观上利率虽为某个体的生产成本，也为另一个体的收入，宏观上两者抵消使微观纠缠失去意义。

（4.143）式、（4.144）中 y_t 、w_t 均可由投入产出表直接获得数值。然而投入产出表仅体现一年内产品的成本结构关系，并非指生产周期为 1 年。在实证时应先计算出投入产出表对应的生产周期（也就是 t 到 $t+1$ 的时间间隔）。作为简便计算有以下关系：

$$k_t = \left(\frac{w_t + r_t}{w_t}\right)^{\tau} \tag{4.145}$$

（4.145）式中 k_t 为年经济增长率，τ 为 1 年内生产周转次数。可得：

$$\tau = \log_{\frac{w_t+r_t}{w_t}} k_t \tag{4.146}$$

可得生产周期为 $\dfrac{1}{\tau}$ 年。

（二）国计产业运行模型 *

考虑产业结构时，（4.11）式

$Y_t = Q_t^T \cdot P_t = y_t + w_{t+1}y_{t+1} + w_{t+1}w_{t+2}y_{t+2} + \cdots + w_{t+1}\cdots w_{t+n-1}w_{t+n}y_{t+n}$ 可写为矩阵形式。

投入产出表中各产业并非完全按照消费品和资本品来分类。同一产业内既有消费品生产又有资本品生产。本产业结构模型与投入产出表的统计口径统一。

$$令\ y_t = \begin{pmatrix} a_{0,t} \\ a_{1,t} \\ \vdots \\ a_{n,t} \end{pmatrix},\ w_t = \begin{pmatrix} b_{0,0,t} & b_{0,1,t} & \cdots & b_{0,n,t} \\ b_{1,0,t} & b_{1,1,t} & \cdots & b_{1,n,t} \\ \vdots & \vdots & \ddots & \vdots \\ b_{n,0,t} & b_{n,1,t} & \cdots & b_{n,n,t} \end{pmatrix} \tag{4.147}$$

（4.147）式中，n 表示产业序号，$a_{i,t}$ 表示 t 期第 i 产业产出消费品的货币价值，$b_{i,j,t}$ 表示 t 期第 j 产业产品成本中含有第 i 产业产品的比例，y_t 为所有产业组成的消费品向量。

（4.147）式代入（4.11）式得：

$$Y_t = y_t + w_{t+1}y_{t+1} + w_{t+1}w_{t+2}y_{t+2} + \cdots + w_{t+1}\cdots w_{t+n-1}w_{t+n}y_{t+n} \tag{4.148}$$

（4.148）式右边各项代表各时间纵向的投入产出产品链关系；右边各项并列代表空间横向生产关系；右边各项加总即为当期消费部类与当期

资本部类加总。此对应于投入产出表、国民资产负债表和企业财务报表。右边也体现当前各级投资与未来消费增长的逻辑关系、未来各时点的投资收益关系和收入分配关系。全式体现投资率、消费率与经济增长率的关系。根据以上各关系可引入货币流分析。研究工资收入、转移支付、消费信贷与消费生产的平衡，销售收入、转移支付、资本信贷与投资的平衡，并建立货币信贷对冲关系，分析信贷周期。此对应于资金流量表。根据货币信贷对冲原理，建立货币储备、汇率和替换关系，研究国内货币、区域货币和世界货币。此对应于央行及金融系统资产负债表。根据投资收益率、货币信贷对冲原理，建立资产定价理论。将一般均衡理论归入微观激励范畴，形成与宏观流量的互动，也在资产定价中引入宏观经济，摆脱西方金融学与经济学割裂的困境。可扩充到包含进出口、国际资本流动的国际贸易模型。此对应于国际收支平衡表和国际收支头寸表。

$$令\ \boldsymbol{\mu}_t = \begin{pmatrix} c_{0,t} & 0 & \cdots & 0 \\ 0 & c_{1,t} & \cdots & 0 \\ \vdots & \vdots & \ddots & \vdots \\ 0 & 0 & \cdots & c_{n,t} \end{pmatrix} \tag{4.149}$$

（4.149）式中 $c_{i,t}$ 为第 i 产业的消费品不变价增长指数。

解之得：

$$y_{t+m} = (\prod_{v=t+1}^{t+m} \mu_v) y_t \tag{4.150}$$

$$w_{t+1} \cdots w_{t+m} y_{t+m} = (\prod_{v=t+1}^{t+m} w_v) y_{t+m} = (\prod_{v=t+1}^{t+m} w_v \prod_{v=t+1}^{t+m} \mu_v) y_t \tag{4.151}$$

故：

$$Y_t = \sum_{u=t}^{t+n} (\prod_{v=t+1}^{u} w_v) y_u = \sum_{u=t}^{t+n} (\prod_{v=t+1}^{u} w_v \prod_{v=t+1}^{u} \mu_v) y_t \tag{4.152}$$

得第 t 期的消费率为：

$$c_t = \frac{I^T y_t}{I^T Y_t} = \frac{I^T (\prod_{v=1}^{t} \mu_v) y_0}{I^T \sum_{u=0}^{t} (\prod_{v=1}^{u} w_v \prod_{v=1}^{u} \mu_v) y_0} \tag{4.153}$$

上式 $I = (1,1,\cdots,1)^T$ 。

（4.143）式变换为：

$$
\begin{cases}
\omega_t + a_t \grave{l}_t = c_t + b_t \grave{m}_t \\
e^{-g_t-\pi_t} + q_t \grave{h}_t = 1 - c_t + \omega_{t+1} e^{g_{t+1}+\pi_{t+1}} + s_t \grave{d}_t \\
c_t = \dfrac{I^T y_t}{I^T Y_t} = \dfrac{I^T (\prod\limits_{v=1}^{t} \mu_v) y_0}{I^T \sum\limits_{u=0}^{t} (\prod\limits_{v=1}^{u} w_v \prod\limits_{v=1}^{u} \mu_v) y_0} \\
p_{it} = \beta_{t+1} \sigma_{it+1 L_M t+1} + E(j_{it+1}) / r_{t+1} \\
(1 - c_t + \omega_{t+1} e^{g_{t+1}+\pi_{t+1}}) I^T Y_t = \beta_{t+1} \sigma_{Mt+1 L_M t+1} + I^T Y_{t+1} e^{\pi_{t+1}} / r_{t+1}
\end{cases}
\tag{4.154}
$$

考虑外贸因素。

$$
令\ z_t = \begin{pmatrix} d_{0,t} \\ d_{1,t} \\ \vdots \\ d_{n,t} \end{pmatrix},\ \eta_t = \begin{pmatrix} e_{0,t} & 0 & \cdots & 0 \\ 0 & e_{1,t} & \cdots & 0 \\ \vdots & \vdots & \ddots & \vdots \\ 0 & 0 & \cdots & e_{n,t} \end{pmatrix} \tag{4.155}
$$

令 $d_{i,t}$ 为本币标价的第 i 产业 t 期净进口，$e_{i,t}$ 为本币标价的第 i 产业 t 期净进口不变价增长指数，其他假定同（4.147）式。本国生产由（4.148）式得：

$$
\begin{aligned}
Y_t = {} & y_t + (w_{t+1} y_{t+1} - z_t) + w_{t+1}(w_{t+2} y_{t+2} - z_{t+1}) + \cdots \\
& + w_{t+1} \cdots w_{t+n-1}(w_{t+n} y_{t+n} - z_{t+n-1})
\end{aligned}
\tag{4.156}
$$

解之得：

$$
y_{t+m} = (\prod_{v=t+1}^{t+m} \mu_v) y_t \tag{4.157}
$$

$$
z_{t+m} = (\prod_{v=t+1}^{t+m} \eta_v) z_t \tag{4.158}
$$

故：

$$
Y_t = \sum_{u=t}^{t+n} (\prod_{v=t+1}^{u} w_v \prod_{v=t+1}^{u} \mu_v) y_t - \sum_{u=t}^{t+n-1} (\prod_{v=t+1}^{u} w_v \prod_{v=t+1}^{u} \eta_v) z_t \tag{4.159}
$$

第 t 期本国生产的消费品率 c_t 为：

$$
c_t = \frac{I^T y_t}{I^T Y_t} = \frac{I^T y_t}{I^T \sum\limits_{u=t}^{t+n} (\prod\limits_{v=t+1}^{u} w_v \prod\limits_{v=t+1}^{u} \mu_v) y_t - I^T \sum\limits_{u=t}^{t+n-1} (\prod\limits_{v=t+1}^{u} w_v \prod\limits_{v=t+1}^{u} \eta_v) z_t} \tag{4.160}
$$

（4.144）式变为：

$$
\begin{cases}
\omega_t + a_t' l_t = c_t + x_t + b_t'(m_t + \lambda_t^0 \varepsilon_t - \kappa_t^0 \varepsilon_t) \\
e^{-g_t - \pi_t} + q_t + k_t'(h_t + \lambda_t^1 \varepsilon_t - \kappa_t^1 \varepsilon_t) \\
= 1 - c_t + z_t + \omega_{t+1} e^{g_{t+1} + \pi_{t+1}} + s_t'(d_t + \lambda_t^2 \varepsilon_t - \kappa_t^2 \varepsilon_t) \\
c_t = \dfrac{I^T y_t}{I^T Y_t} = \dfrac{I^T y_t}{I^T \sum\limits_{u=t}^{t+n} \left(\prod\limits_{v=t+1}^{u} w_v \prod\limits_{v=t+1}^{u} \mu_v \right) y_t - I^T \sum\limits_{u=t}^{t+n-1} \left(\prod\limits_{v=t+1}^{u} w_v \prod\limits_{v=t+1}^{u} \eta_v \right) z_t} \\
p_{it} = \beta_{t+1} \sigma_{it+1 L_M t+1} + E(j_{it+1}) / r_{t+1} \\
(1 - c_t + z_t + \omega_{t+1} e^{g_{t+1} + \pi_{t+1}}) I^T Y_t = \beta_{t+1} \sigma_{Mt+1 L_M t+1} + I^T Y_{t+1} e^{\pi_{t+1}} / r_{t+1} \\
N_{t-1} e^{\bar{\lambda}_t} + \lambda_t^0 \varepsilon_t + \lambda_t^2 \varepsilon_t - K_{t-1} e^{\hbar_t} - \kappa_t^0 \varepsilon_t - \kappa_t^2 \varepsilon_t = N_t - K_t
\end{cases}
\quad (4.161)
$$

(4.160) 式、(4.161) 式的消费率方程式里已有 y_t、Y_t 向量数值，这既是产出结构的数值，也是货币购买力结构的数值，可体现产业结构平衡的所有要素。因此不必在其他方程中再体现产业结构。

九　国计分析简例

(一) 稳定汇率的经济分析

1. 汇率与物价

由国计贸易平价模型，国际容量相对大的产业物价稳定；国际容量相对小的产业物价取决于国内经济运行情况，不一定稳定。容量是相对的，若某经济体规模过大，亦可使国际容量低于此经济体容量，经济体物价取决于自身经济情况。

2. 固定汇率制与钉住汇率制

本国通胀或通缩时，本国政府有两选择：一，不采取任何试图稳定物价的措施，只严格地固定本国与他国汇率。此称为“固定汇率制”。二，既试图采取措施稳定物价，又严格地固定本国与他国汇率。此称为“钉住汇率制”。

以通胀而论，若采取固定汇率制，国际容量小的产业物价膨胀将提高国际容量大的产业的成本，但其物价被固定汇率钉住而缺乏弹性，将使国际容量大的产业亏损萎缩。

故政府在本国经济压力下，可能考虑“钉住汇率制”，提高利率控制通胀，短期内本国经济可能紧缩。

3. 利率差与投机资金的跨国流动

由国计风险平价模型，稳定汇率下若两国出现名义利率差，投机资金将从低利率一国流向高利率一国。故政府为控制通胀而提高利率将使国际投机资金流向本国，增大本国央行币贷差。

4. 市场利率与货币供给

由国计信贷对冲机制，央行币贷差削弱央行信贷调控能力。若央行币贷差大等于基础货币量，货币具有完全外生性，央行失去货币调控能力。故高利率使投机资金大量进入本国扩张本国货币供给，在经济紧缩基础上重新造成通胀，提高风险资产收入。

由国计风险定价理论，风险资产收入增加使储蓄资金或新增信贷资金转入风险投资，提高市值加剧通胀。政府不得不再次提高名义利率以抵消通胀，进入正反馈循环。

由国计贸易平价理论，通胀首先集中在供给容量小的稀缺资源上。但稀缺资源增值并不增加生产力，却提高正常产业成本，造成成本推动型滞胀。因正常产业供给容量大，故其产品价格上涨幅度不如稀缺资源，且投机资金的储蓄成本低于正常产业资金的信贷成本。通货胀缩在利率提高与投机资金涌进中交替，正常产业被打击萎靡。

若政府调控通胀不力、让投机资金占据国内稀缺资源以获取暴利将致影子汇率下降。若影子汇率低于现行汇率，投机资金可能发起外汇攻击，纠合或借取大量本币，在即期市场和远期市场同时卖空本币。一旦汇率崩溃，投机资金可在远期交易中获得价差，并回购贬值本币以偿还当初借取本币的债务。此过程中大量资金从稀缺资源撤出，导致稀缺资源价格崩溃。

故通胀中稀缺资源价格狂升是金融危机前兆。

若政府采取有效措施摧毁通胀中投机资金对稀缺资源的占有，则投机资金在通胀后货币比例缩小，影子汇率上升，狙击能力被削弱。适当的可控通胀可削弱投机资金。但外向型产业仍将在通胀中受打击。故通胀时，应先扩大内需以提高本国对外向型产业的需求。由国计贸易平价模型，此可用于如何降低汇率贬值压力。

故从消费终端启动适度通胀可有效吸引资金投资实业，提高影子汇率。

5. 本币债券与汇率

投机资金涌进时，本国央行可发行本币债券来减少央行币贷差，提高货币调控能力，但此非长久之计。因债券利率高于银行利率，债务负担更大，且高息债券会吸引投机资金继续涌进。

6. 国计运行模型与利率、汇率调控

以上困境，因为利率只能调控总量，无法调控结构。由结构、资本、消费方程式，若消费率过低、储蓄率过高，则资产收入降低；由定价方程式，资产市值降低，货币长期储蓄增大；由国计信贷对冲机制，周期存贷差减少，出现信贷危机。为弥补信贷危机必扩张信贷以增加周期存贷差，故货币总量扩大，未来周期存贷差扩大，埋下通胀种子。若央行币贷差也过大，央行调控能力削弱与高周期存贷差结合，影子汇率降低，投机资金将可能集中本国资金狙击汇率。

故一国受金融攻击大多因自己经济结构有问题。解决问题的办法也为收入分配等结构调控，而非利率等总量调控。

通胀与通缩常为一个钱币的两面。通胀原因也即通缩原因，系以完全相反的两个极端表现同一本质。若大量货币长期储蓄使当期周期存贷差减小，便有通缩之忧；大量货币储蓄若流入市场使当期周期存贷差扩大，便有通胀隐患。

（二）浮动汇率的经济分析

1. 风险平价的经济后果

风险平价下货币价格的系统风险是重要变量。若本币利率高且汇率期望值稳定，则本币的系统风险必大。若政府试图稳定本币，甚至使本币与它币的汇率固定，则本币的系统风险减小，无法满足风险平价，大量资金将涌进本国，本币承受升值压力。反之大量资金流出本国，本币承受贬值压力。

浮动汇率下，若本币利率过高且本币价格的系统风险较小，可升值本币以增加本币价格的系统风险，稳定期望汇率，使本币处于风险平价，防止资金跨国流动。若本币利率过低且本币价格的系统风险较大，可贬值本币以降低本币价格的系统风险，稳定期望汇率，使本币处于风险平价，防止资金跨国流动。

当然，改变本币价格系统风险的方法有很多，并非只是改变本币汇率。

2. 汇率变动措施

汇率变动措施可直接变动汇率，也可先吞吐货币，再由市场变动汇率，或制造贸易差额来变动汇率等。不同汇率变动措施下经济后果不同。例如，一国大量购买别国产品致贸易巨额逆差而贬值，此贬值乃因滥用信用，以纸币换取对方产品所致，故贬值并不意味扭转逆差，即经济学上J曲线在此不成立。若一国主动贬值以图增加出口，此有助于扭转逆差，经济学J曲线可成立。

两国外汇争相贬值时，若一国先变汇率再变货币总量，这是不明智行为。应在别国贬值时以自己相对升值的货币大量兑换对方贬值的货币，赚取对方贬值差额，同时因收购对方货币亦抛出本币达到贬值的目标。

（三）中国收入分配与增长展望

1. 中国的投资率与消费率

有一些研究者试图证明中国消费低估，其主要有六大理由：①统计局消费品零售数据大于消费者支出数据，因此中国消费低估；②统计局资金流量表的消费者收入数据大于普查调研的消费者支出数据，因此中国消费低估；③中国自有房屋没按市场估价，租金比例过低，因此中国消费估；④购置住房计入投资，但住房实际是供人们消费，因此中国的消费估；⑤中国净出口占GDP比例很小，因此内需不足不能成立。⑥中济萧条时固定资产投资大，经济繁荣时固定资产投资小，因此不存在资拉动经济的问题。

第一个理由说明相关研究者并不清楚投资和消费的经济学概念一个东西计入投资还是消费不是看它的物理形态，而是看它在未来取收益。只要计入企业的投资成本，消费品也可作为资本。不能说了企业请客吃饭就不算投资。投资与收益联系而不是与形态联系，所以消费品这种物质形态的零售量大与消费多少没有直数与算平均数的区

第二个理由说明了收入差距大。其忽2元，一收入是30万别，好比三个人，一人收入是1元，一平均数来算则人均收入10元，依照中位数来算人均收入2元，P的消费是已发生的行为，万零1元。普查调研的数据来自。在贫富差距较大的地方中位它更多地与中位数而不是与算术来算租金消费，也自然要按市场数会远远低于算术平均数。低的情况下两相比对，难说谁更占

第三个理由，若自有

估价来算房价投资。在

2. 国计三角悖论

当前中国有两个政策目标：①中国未来十多年内的真实经济增长速度不会长久超过8%；②中国未来十多年内要实现中国经济转型升级，提高资本生产率。

由以上两个指标根据（4.42）式可得：

$$s = \frac{8\%}{p_2} + d \tag{4.162}$$

其中 $p_2 > 21.62\%$ ，$d < 14\%$ 。

假设中国产业升级换代成功，中国的资本生产率和折旧率赶上巴西的水平，则：

$$s = \frac{8\%}{43.75\%} + 12\% = 30\% \tag{4.163}$$

消费率为 $c = 1 - s = 70\%$ （4.164）

若中国出现固化的收入分配制度使中国未来的投资率不下跌，仍然保持在51%，那么中国实现产业升级换代的资本生产率 p_2 将受限于下式：

$$\frac{8\%}{51\% - 12\%} \leqslant p_2 \leqslant \frac{8\%}{51\% - 14\%} \tag{4.165}$$

即：$20.51\% \leqslant p_2 \leqslant 21.62\%$ （4.166）

这就是说，若有三个宏观调控目标：①中国经济以不高于8%的真实增长率稳定增长；②产业转型升级以提高资本生产率；③不降低投资率或不提高消费率。三者不可能同时实现。可称为国计三角悖论[①]。

因此，中国应将产业转型升级与提高消费率并重。

单看（4.41）式，可认为消费率低是中国资本生产率低的必然结果，因此贸然降低投资率、提高消费率可能进一步降低中国增长速度。也可断定若不降低投资率、不提高消费率，则中国资本生产率无法提高，产业转型升级难以实现。这是一个总量互锁关系。[②]

多年来中国经济依赖于政府扩张财政政策，很难说高投资率是中国资本生产率低的必然结果，更可能是提高投资率的政府行为压低了中国资本

---

① 净出口在这里视为投资。

② 事实上宏观经济的数据关系远比这里提出的数学关系复杂，如还有需求关系等。这里仅仅从增长速度的数学表达出发阐述问题，不涉及宏观经济运行的复杂关系。但是本数学约束关系在任何情况下均成立。

生产率。

若中国的产业水平与巴西相当或与国际平均水平相当，依据（4.162）式、（4.163）式的计算中国保持8%增长率的投资率应为30%左右。若再加5%的裕度，中国投资率可到35%，消费率到65%。在国际上这仍是极高的投资率水平。但比起中国当前51%的投资率来已大大降低。这意味着中国在保持高投资高增长的同时，可抽出GDP15个百分点的资源用于消费。若稳定中国经济增长率为7%，则消费率应再提高两个百分点。

总量约束与政策目标冲突，政策目标固然难以达成，总量约束与政策目标一致，政策目标也未必一定成功。总量约束是政策目标成功的必要但非充分条件。总量约束下还有更细的经济结构、区域经济平衡、激励机制等综合因素。

3. 正确的投资观和消费观

按投资率与生产效率的关系，若中国资本生产率与国际水平平齐，则50%的投资率下经济增长速度将高达18%以上。先不说此增速能否长期维持，先看需要什么类型的投资才可达此增长率。

西方经济学中投资品和消费品同质可相互转化。投资多，消费就少；消费多，投资就少。现实中虽然财务上与物质形态上的投资品和消费品有所交叉，但商品的物理形态会决定商品的主要用途。例如，生产出来的电视机主要供人消费，即使其作为投资品也仅限于企业采购来做培训等用途，除此之外，不能把它又拿来生产其他产品——除非把它砸烂作为废品回收。此时消费和投资就不是此消彼长的关系，消费电视机并不会导致电视机的投资减少，相反不消费电视机反会导致电视机的投资减少。

不管消费率和投资率是多少，合理的原则是，若最终产品已经生产出来而且其物理性质决定其很难转化为其他投资，那么这些最终产品就应当被消费。

由此投资率和消费率就转化为另一问题：生产消费品的比例。若要提高投资率就应少生产消费品，多生产资本品，反之可推。

一些理论一方面鼓吹高投资率，另一方面鼓吹中国不宜发展高科技产业而应发展粗放型回收期短的产业。从微观上看，这两个主张完全可以统一：一个企业投资回收期短、高投资率，完全可以发展得很快。但落实到宏观经济领域则是矛盾的。回收期短、产业链末端的生产常是消费品生产，而离终端产品越远的生产就是消费品产出滞后、资本品产出越多的生产。排除掉产业链上游的原材料开采业，产业链上游的生产主要是基础研究、高精尖科研、重工业等回收期长的生产。因此，国家要追求高投资率的高速增长，就必然应发展回收期长的产业；若发展短期见效的产业，短期内就会有大量消费品产生。大量生产消费品的同时却鼓吹扩大投资率、降低消费率，那就会出问题。

又或者有学者提出，即使发展短平快项目，只要大量终端产品出口换回投资品，就可以高速增长、高投资率与短平快项目兼顾。然而，由于大量终端产品用于出口而不是国内消费，人民生活水平并不会比发展长周期产业更好，不会因为回收期短而获益。相反，却有大量人力和时间被耗费在低层次的重复生产上。

西方经济学缺乏消费的一席之地。虽然西方经济学的公式都以消费效用作为优化目标，但消费本身并不反作用于生产函数。消费越少投资越多，西方经济学公式中财富增长就越快——虽此时消费效用贴现不一定最优。但决策者包括学者们谁又真把效用贴现这个虚无的东西当一回事呢——财富增长才是看得见摸得着的东西，消费除了给人快感外不过是在损耗财富，因此都恨不得把消费压到最小。

然而，在国计学中消费并不是纯粹的财富损耗，相反消费是人力资本的再生产。合理的消费数量和质量可培养出高素质人才，这才是真正的财富之源。若认同各种群的人们天生资质分布类似，那么只要向数亿农村孩子提供等同于北京、上海的饮食、穿着、医疗、教育等消费条件，则未来10年到20年间中国将完全消灭农民阶层，彻底解决“三农”问题，全国人民的素质都如北京上海。这是合理消费的生产力效果。相反，若不重视人的再生产而一味追求物质财富，中国农村问题不但长期内难以解决，还可能产生不稳定因素。

当然，18%的增长率显然不可能，由于土地等自然资源和人力资源的稀缺性，中国能长期维持8%的经济增长率已极为了不起。8%的假定下中国的有效投资率就是30%左右，可放裕度到35%，消费率应同步上升到65%以上。投资率超过这个比例，无论是否出口都会是无效投资。无效投资一个体现是投资失败，另一个体现是贪污腐败。贪污腐败在数据上一方面体现为投资中出现大量消费品，另一方面体现为大量资金被私人占用，拉大贫富差距。最终都会导致信贷危机与通胀并存。若增长率低于

8%，则有效投资率应更低，消费率应更高。

关于信贷危机也要纠正一个误区。一般人认为货币总量过大必与通胀并存，这并不正确。货币分狭义货币 M1 和广义货币 M2 等。M2 中包括长期存款。若长期存款 M2 过多而流动资金 M1 少，说明大量资金退出市场，银行无法回收信贷，企业无法获得经营收入，经济有趋冷威胁，由此迫使政府要么继续放松银根来补充资金增加货币量，要么信贷危机爆发。若政府勾销坏账，将失去回收贷款能力，削减货币储备，从而削弱货币控制能力，导致未来通胀。所以 M2 过大常是资金紧缺、信贷危机的标志，M1 大常是通胀标志。不分货币结构而用一个货币量来衡量经济，是错误的行为。

中国不得不寻求出口来解决资本收益率不足问题。但为了缩小外贸顺差中国又不得不大量进口，形成对国内资本品的挤压，在产品销售和原料供给两方面依赖于国际市场。

每年的贸易顺差累积使中国外汇储备迅速增大（虽然中国单年的净出口占 GDP 比例不大，但累年都是净出口，累积速度就很快），物价上扬。国外热钱涌进中国进入经济体投资，而中国外汇储备用于购买外国国债，等价于国外热钱可推进中国通胀、控制中国紧缺资产，而中国外汇储备却进入外国政府手中，退出流通。在双方竞相印刷钞票来互换的情况下，中国发生通胀外国产生通缩。又因为外资收益率高于中国外汇收益率，以及人民升值、地下黑钱等因素，若资本项目贸然开放，中国很难守住历年外贸的成果而不得不管制资本。

资本管制下中国主要依赖央行和外管局等少数机构对外投资外汇储备，太少的人力导致投资过分集中，即使投资于外国国债也由于金额太大而暴露在高风险中，外国政府和资本容易围剿集中投资。

中国要想降低对外投资的风险，提高对外投资的效率，不得不开放资本，允许广大企业主体根据自己的需求对外投资分散投资风险，将这些投资渗入外国经济体的毛细血管以使对方无法精确打击。但开放资本又将面临前述外资金融攻击威胁。此两难困境来自经济结构失衡与腐败并存。

十　货币体制的演化

（一）从复本位到单本位

欧洲货币历史是从足值货币向不足值货币进化的过程。

欧洲长期是分离孤立的庄园经济或城邦经济，庄园之间、城邦之间商品交易所需要的货币为私人生产，无国家统一权威支持，故为足值实物货币。

欧洲经济的落后也体现在选择足值货币上。作为价值尺度的本位货币应唯一。但从罗马帝国一直到 1775 年，欧洲同时采取多种商品作为本位货币，如罗马帝国同时把金、银、铜等贵金属作为本位货币；16 世纪后的欧洲，把金和银同时作为本位货币，这接近于把多种实物都作为货币来使用的原始经济。

在货币史上，同时有两种或两种以上本位货币的制度叫复本位制。复本位制分两种形式，一是金银两币按其各自实际价流通的“平行本位制”，如英国金币“基尼”与银币“先令”就同时按市场比价流通；二是两币按国家法定比价流通的“双本位制”或“两币位制”，也即通常所称“复本位制”。如前所说，一种商品成为本位货币的前提是其能和本位货币按固定比率自由兑换。平行本位制连汇率都未确定，体现了多实物货币的残余。此币制注定不稳定。但在今天，平行本位制经适当改造，使同一主体发行的不同货币分别用于不同区域则是可行的。

在“国计货币替代”部分，我们指出：

“货币升值倾向过大，虽然货币需求剧烈增加，但因货币供给减少过多，所以货币交易量将降低；货币贬值倾向过大，虽然货币供给剧烈增加，但因货币需求减少过多，所以货币交易量亦将降低。

若有某货币，其收益率使得其交易量最大，则此货币具有计价货币的经济能力，对其他货币具有最大的替代作用。”

这两段话不但指出劣币驱逐良币的经济现象，也指出良币驱逐劣币的经济现象，并给出背后的原理。

双本位制和平行本位制都存在货币替代。双本位制下由于国家强制货币间的法定兑换比率，货币持续高收益率或低收益率下替代效应很强。平行本位制下允许货币间的价格自由浮动，高收益率的货币会因升值而降低收益率，低收益率的货币会因贬值而提高收益率，从而减弱货币替代效应。但货币升值或贬值的过程也是货币交易量调整的过程，所以仍有货币替代效应。

因复本位制不稳定，随着欧洲经济发展，1775 年英国货币制度过渡到高级货币形态：黄金单本位制。随后，整个欧洲也逐渐选择黄金单本位制。

无论单本位还是复本位，足值货币制度都是实物交换经济的残余。足值货币本质上是使用特定材料生产的实物商品。既然是实物商品，其供给就受自然条件限制。例如，黄金数量受金矿数量限制。

（二）白银时代 VS 黄金时代

欧洲金和银的紧缺使其长期以来实行金银复本位制，也迫使欧洲人满世界寻找币材，由此发现新大陆。随着美洲和非洲金银开采量扩张，金和银供应量急剧增大，已不需将黄金和白银的总和作为货币来满足经济需要。金和银生产扩张速度不成比例，必有本书前述的复本位下良币驱逐劣币或劣币驱逐良币问题①。

葡萄牙、西班牙等国从美洲、非洲掠夺来的黄金，大部分辗转流入英国。16 世纪末西班牙控制了世界黄金开采量的 83%。金银大量流入使欧洲物价上涨，出现第一次价格革命，推动欧洲封建主义解体和资本主义生产关系。17 世纪葡萄牙为对抗西班牙而与英国结盟，并向英国工业品开放市场。此时葡萄牙控制下的巴西黄金开发高潮兴起，但因统治者封建专制，葡萄牙成了黄金漏斗，流入英国国库的黄金就有 600 吨，再加上其他国家流入，英国迅速地积累了巨额黄金，为英国金本位体制打下基础。第二次价格革命不仅未影响英国金融业，反而为英国商品出口创造条件，英国产品出口量占了全世界总量的 1/4。

英国注意到金和银生产扩张，并注意到白银的生产速度更快。若白银以远高于黄金的速度扩张，而黄金扩张速度能跟进经济发展速度，由良币驱逐劣币原理，黄金就会驱逐白银。英国就选用白银还是黄金作为本位币的国会辩论中，李嘉图出于对货币生产的考虑，使国会同意选用黄金而非白银作为英国本位币。李嘉图起初支持银本位，但后来几名技术人员的话使他认识到，“机械特别适合于银矿使用，故导致此金属量的增加，并故而使其价值发生变动”。

英国利用复本位的套利法则将越来越廉价的白银按复本位的固定比率向其他国家兑换成黄金以套购金银。在大多数欧洲和亚洲国家实行金本位制之前英国已获大量黄金。英国最后决定废除白银的本位货币地位，即废

---

① 见本书第四章第五部分：国计风险平价原理。

除金银复本位制，率先于1717年施行金本位制，并于1816年颁布法令确定金本位制度，1821年在法律上实现完全金本位制。英国虽有足量黄金，但整个欧洲黄金数量仍不足，故其他国家不得不继续实行金银并行的复本位制度。此权宜之计使黄金继续流入英国。

1850年加利福尼亚和澳大利亚发现黄金，黄金潮使世界黄金存量突然增加，升值率降低，黄金已可能作为单一本位货币来满足欧洲经济发展。欧洲国家相继从金银复本位制转向金本位制。到1880年各主要工业国家相继采用了金本位制。

英国率先看到金和银的供给前景，率先套购金银以获得巨额黄金储备，并率先废除白银实行金本位进入黄金时代，奠定金融霸主地位。此货币革命震撼了遥远的中国。中国先进的主权信用货币制度在明代受欧洲贵金属货币制度严重冲击，并在以后逐渐崩溃而被迫进入白银时代。

16世纪60年代以前，外国白银对明朝中央政府财政的影响很小。1567年明朝弛海禁，从1528—1643年明朝太仓银库岁入数额表可看到，4年以后即1571年马尼拉中西贸易开始，明朝银库收入迅速增加，从75000—86000公斤增加到116250公斤，进口白银开始发挥影响。到1577年银库收入达到163478公斤。直到明亡，政府每年的白银收入从未低于100000公斤。

白银是足值实物货币，黄金也是足值实物货币。为何是白银而非黄金取代主权信用货币成为中国本位货币呢？

与金银这两种足值实物货币相比，中国主权信用货币的信誉要低一些。拥有当时世界上最强大海军的明永乐大帝意识到白银威胁，下令禁止白银流通以维护中国主权信用货币体系。但之后的中国统治者缺乏永乐大帝的眼光，未意识到金银对中国的破坏性威胁，而去追逐贵金属货币。中国主权信用货币失去统治威权支持而成为不折不扣的劣币。

当时黄金呈世界性缺乏。中国庞大经济体决定了黄金货币相对稀缺。而欧洲输入中国的大量白银使中国白银货币相对充足。由良币与劣币的关系，白银充足而为驱逐主权信用货币的良币，并为驱逐黄金的劣币。此即中国明朝后选择银本位而非金本位的原因。

1581年明朝张居正“一条鞭法”标志中国银本位正式确立。“一条鞭法”将大部分田赋、徭役和其他杂税折成银两缴纳，从政府角度承认白银地位，否决中国传统主权信用货币的权威。短期来看，由“一条鞭法”，户丁只要出钱就可免除力役，使户丁有一定程度人身自由，银两代替实物缴纳赋税，扩大货币流通，有利于商品经济发展。“一条鞭法”的实施和货币法的强化使南京、苏州、松江、宁波、漳州、广州等城市经济繁荣。但长期来看它标志中国放弃世界上最先进的主权信用货币制度，倒退回贵金属实物货币制度。自兹中国的命运就不再由自己把握而被世界金银动荡所左右。中国将承受贵金属实物货币的所有弊端。

更严峻的是，自古以来奉行主权信用货币制度的中国对贵金属实物货币制度还很生疏。贵金属实物货币制度下最重要的是控制和预测贵金属币材生产，决定金属货币的选择和储备。欧洲探寻新大陆目的即控制和预测金银生产。若不从生产源头把握贵金属币材、根据实际情况储备，实行贵金属实物货币制度的国家将陷入被人左右的悲惨境地。中国作为当时足以左右世界经济走向的大国却将金银的价值看成是天然，被动地从世界接受金银，而未控制和预测金银生产。其从实行“一条鞭法”这一天起就将自己的命运放到任人宰割的砧板上。

即使中国意识到金本位威胁，以其庞大经济体的货币需求也很难一时转向金本位。中国转向金本位必致当时世界性黄金紧缺，使世界经济衰退，中国自己衰退将更严重。故除非有永乐大帝那样的气魄以国家威权重新恢复主权信用货币体系，银本位选择就成必然。若中国采取金银复本位制，必因保持金银固定比价，在银价不断贬值的情况下被更加严重地套购黄金，加剧黄金流失。

白银输入促进了中国经济发展。但在主权信用货币制度崩溃和白银本位制度建立的背景下，各银庄票号相当于分散的小发钞机构。白银供给过多时金融品迅速扩张加剧通胀，白银紧缩时金融品迅速紧缩加剧通缩，加剧中国经济动荡。

因缺乏白银开采权，中国的银本位还须用大量实物财富去换白银。这又使财富向欧洲流失。

殖民地时期西属美洲生产大约 10 万—13 万吨白银；向美洲以外地区输出大约 80% 以上，这些白银近一半流入中国。[①]

随着中国经济发展，对白银的货币需求量增大，黄金则主要用于装饰、收藏等而并不作为支付手段。故中国白银价格相对昂贵，黄金相对便

---

① 韩琦：《美洲白银与早期中国经济的发展》，《历史教学问题》2005 年第 2 期。

宜（但若中国实行金本位，中国黄金价格将比欧洲更昂贵）。欧洲实行金本位，对黄金需求大，对白银需求少，同时世界白银产量迅速扩张，故欧洲黄金昂贵而白银便宜。结果是欧洲将大量白银运到中国换取黄金。全球白银源源进入中国，中国黄金源源流往欧洲。巨额贬值白银的流入给中国带来通胀和财富流失。

英国对欧洲金银套购，欧洲对中国金银套购。此即当时世界经济格局。

（三）金本位上的世界货币：英镑

完全金本位体制下金币可自由铸造，可自由兑换辅币和银行券等价值符号，可自由出入境，实质是可自由利用黄金创造信用。

英国以黄金做准备可发行自由兑换黄金的英镑。英镑可自由从英国换黄金，故英镑信誉等级很高，结合其便于携带等特点可直接等价于黄金。拥有英镑者并不关心是否立刻兑换成黄金。英国无须兑现所有英镑，只须保持一定比例黄金准备即可。故英镑成为世界货币，相应地英国获巨额铸币税。英国只要源源不断地印刷钞票来满足世界上其他国家外汇储备和交易需求，就可换回巨量实物财富。

凭借英镑世界货币体系，当时的世界经济取决于英镑胀缩。在黄金供应量不能满足经济发展时英镑可替代黄金。当时英国是国际资本供给最主要来源国，直到1914年它还占全部资本输出43%的份额，其作为对外贷款国的记录在整个国际投资史上都未被打破。伦敦是最重要的国际金融中心，各国间大部分商业关系都通过英国筹措资金。

“一战”前英国工业实力相对美国、德国不断下降，对外贸易也长期逆差，但其国际收支却能长期维持顺差。究其原因，英国利用英镑特殊地位获取大量铸币税，“使得英国的黄金储量远远低于其对外国的短期负债”，因而英国可大规模海外投资和贷款，巨额利润和利息回报加上其他海外服务业收入不仅弥补了对外贸易逆差，还壮大了英国经济实力，延缓英国霸权衰落。

利用伦敦世界金融中心和英镑国际货币的优势，英国扮演了世界央行角色。在准备金制度下英镑数量远超黄金准备量，英国黄金准备金只要些微变化就可通过英镑成倍张缩来控制世界市场的黄金和英镑供应，谋求本国利益最大化。

但若世界黄金供应量与经济差距太大，如若黄金供应量过少，英国为维持英镑世界货币地位将不得不使英镑发行速度与世界经济增长速度保持相对稳定。此必致英镑发行速度远超黄金增长速度，降低英镑的黄金准备比率，最后英镑相对黄金贬值。若英国试图维持英镑与黄金的固定比价，必致自己的黄金被回流的英镑置换，黄金大量流失。

英镑的情况与“二战”后美元的情况相同。

（四）生于忧患：美国信用货币

欧洲加速向金本位过渡，美洲却被隔离于货币体系外。美国独立战争以前，英国严格管制北美货币发行，不许北美各殖民地发行硬币和银行券，甚至不许从英国进口硬币，以使北美殖民地长期处于原始经济。很长一段时间，作为交易媒介的货币在北美很稀缺。

万般无奈下，1696 年马萨诸塞为偿付战争债务发行信用券。随后其他殖民地先后发明土地或税收抵押发行纸币等方式。各殖民地货币都以英镑定值，比如纽约英镑、宾夕法尼亚英镑、马里兰英镑等。各殖民地间的货币按市场汇率相互兑换。

美国独立后，大陆议会于 1777 年 11 月 15 日通过《邦联条例》，各州和大陆议会均有权发行货币。1775 年大陆议会为筹集军费而发行大陆券。最初 1 元大陆券相当于 4.5 英国先令，但战争期间大陆券迅速贬值，到 1781 年币值已为零，1781 年以银行券取代。

1781 年春，英国海军有绝对制海权，英国人几乎完全控制以商贸为本的北美十三州所有良港，把握了北美十三州的脉门。美国大陆军队伍不足四千人，因充当军饷的大陆币一文不值，已有将近十分之一的军队兵变。法国皇家军队陆军中将罗尚博伯爵借给华盛顿 12 万里弗尔（银币）发军饷，对稳定军心起重要作用。法国主导了美国独立战争。在关键的约克敦战役中，大陆军投入兵力约 9500 人，法国投入兵力约 18300 人。海上法国 32 条战列舰对英国 18 条战列舰占绝对优势。大陆火炮数量仅占美法联军 8.54% 左右。北美独立战争并非孤立战争，它是当时法英全球争霸战争中的一个战场。

1783 年英法美三国签署《巴黎条约》，英国承认美国独立。1787 年春天在费城召开制宪会议，产生新宪法以取代《邦联条例》。1789 年 3 月 4 日，国会批准该宪法生效。根据该宪法，国会拥有“铸造货币，规定国币及外币之价格”权力。各州不再有权力发行本地货币，也不再拥有独立货币政策。

1791年3月，国会授权成立美国第一银行。这并非真正意义上的“央行”，但第一银行也标志着“政府与货币控制发生关系的开始”。第一银行三个基本特征是：①财政资金的存放处；②管理公共债务；③是一个私有、营利性组织。作为国家财政资金主要存放处，第一银行获得至为关键的开展业务所需资本金。通过管理公共债务，第一银行处于经济上统一美国的位置。第一银行吸收了大量私人股东，私有产权也提高了银行效率。其主要职能有：代理国库、发行基于商业信用的统一国家纸币，为政府提供信贷。但第一银行不得“把增减纸币的发行作为稳定贸易的手段”。第一银行的经营许可在1811年3月4日到期，因公众认为其不过是享有政府权力寻租的商业银行，受强烈反对而未延期。

1812年英美再度爆发战争。英国军队入侵美国海岸，焚毁白宫和国会大厦。为偿付战争债务，麦迪逊向国会提议再度成立国民银行。此即美国第二银行。第二银行仍未突破商业银行框架。其主要业务是作为财政部财政代理供应纸币和持有国家金属储备，以商业银行身份从事经营。它仍像私有公司一样发行票据。结果第二银行的西部和南部地区分行没有管好信贷而过多发行纸币，客户不得不到其他分行请求兑付贵金属货币。巨量兑付请求耗尽西部、南部等分行的资源。第二银行被迫向欧洲银行告贷，债台高筑。安德鲁·杰克逊总统行使否决权，第二银行于1836年正式停业。他说，“必须承认……第二银行在创设统一、健全货币的大结局中失败了”。

伴随着州银行发展，联邦银行体系衰弱，美国进入“自由银行”时代。自由银行法允许有足够资金的任何人都可建立银行。最低资本金一般要求为10万美元，无其他要求，且各州办事手续也大大简化。如此轻松即可创办银行，被称为“又一个独立宣言”。[①] 此时美国国内货币发行准备包括足值货币金银和一揽子资本等。各商业银行根据自己的货币准备来发行自己的货币，形成整个美国的货币供给，央行仅是名义上的，其发行货币同样要以足值货币或一揽子资本做准备，与商业银行无本质区别。在商业银行货币发行机制下，经济衰退时商业银行将压缩信贷以保护其储备，加剧经济衰退。由此爆发了一系列银行危机。

---

① 陈显忠：《美国银行发展简史》，《价值中国》，2008年。

那是绝对自由的金融时代，是今天许多主张取消央行的经济学者的最好研究对象。美国第一、第二银行被反央行者认为是央行失败的例子，这是错误的。相反，它们恰是商业银行执行央行职能失败的例子。

分散的商业银行供币机制作为原始经济形态已走到尽头，一种新的央行制度，以国家宏观经济参数为指标的调控体系即将建立，此即发源于中国古典宏观货币调控制度的现代央行制度。

（五）美联储的诞生

自由银行的失败使美国决定采取欧洲的金本位制度以稳定货币。但美国忽略了一点：它当时的黄金存量不足以支撑美国金本位。虽 1851 年至 1855 年美国黄金产量占全世界 45%，成为最大的产金国，但内战期间这些黄金大都成为美国购买武器物资的支出而流出美国。黄金不足使美国恢复金银复本位制，即黄金和白银同时作为货币流通。美国倒退回 1717 年前的欧洲[①]。

南北战争导致的黄金紧缺逼迫美国迈出突破金本位的重要一步。

南北战争之初美国有 1600 多家州立私有商业银行，共发行 7000 多种价值相殊、式样繁多的银行券。但美国国库总共只有不到 200 万美元的黄金储备。财政部长蔡斯保守估计，即使战争很快结束联邦政府也要花费约 3.2 亿美元。贵金属本位制下，1846 年《独立国库法》规定政府财政只能收支黄金，不得收支价值不稳定的州银行券。

为战争经费急需，美国政府被迫突破货币发行的贵金属储备机制。1862 年 2 月国会通过《法币法》授权蔡斯发行 1.5 亿无息、且不可兑赎金银硬币的绿背纸币。《法币法》规定绿背纸币除不可支付关税和政府债券利息外可支付一切公私债务，包括政府其他税收。1862－1864 年，为支付战费联邦政府共三次发行此无硬币支持的信用货币，总额是 4.5 亿，几乎占全部流通货币的一半。[②] 大规模货币扩张使得 1861－1864 年美国物价上涨 74%。

但美国人并未意识到这是货币制度革新。蔡斯、谢尔曼等共和党人把

---

① 1717 年英国首先废除金银复本位，实行金本位。

② Bray Hammond, *Sovereignty and an Empty Purse: Banks and Politics in the Civil War*, Princeton, 1970, pp. 165－229.

发行政府信用货币看作不得已，计划战争结束立即收回绿背纸币，用新建国民银行体系所发行的纸币取代为全国统一通货。1875 年 1 月 4 日，共和党任期将满的国会又进一步通过《恢复硬币支付法》（*Resumption Act*）。该法有三个重要规定：第一，取消 3 亿美元国民银行券限额，允许各国民银行根据需要发行纸币。第二，将增加国民银行纸币发行与按比例撤回绿背纸币结合，每发行 100 美元国民银行纸币，财政部撤回 80 元绿背纸币。第三，为确保尚未撤回的绿背纸币安全性和可接受性，授权财政部于 1879 年 1 月 1 日起以每盎司 20 美元的战前平价，用黄金兑赎绿背纸币，此即恢复硬币支付。① 这就回到了战前货币体系。

1873 年美国通过铸币法不再铸造银圆，银被用来铸造辅币，这标志美国恢复金本位制度。但单一金本位制度减少美国货币基础。从 1874 年到 1896 年美国物价一直下降，这段时间被经济史学家称为“萧条时期”。国会和行政部门被迫对恢复金银复本位制度让步。1878 年的《布兰德—阿利森法》实际上就是对此妥协。但金银复本位对美国来说是饮鸩止渴。全世界白银供给速度远高于黄金，白银相对黄金不断贬值。金银复本位制使其他国家拿白银套换美国黄金，美国财政部的黄金更加迅速地流失。

美国不得不废除金银复本位制。1900 年美国通过《金本位法》确认黄金为唯一货币。但美国信用货币调控思想已萌芽。萧条时期谷物、小麦价格年复一年下降，农民们认为价格下降由货币不足引起，他们呼吁联邦政府积极干预货币银行体系。如凯洛格认为不应通过纸币与金银硬币的对赎机制来限定货币供给量，货币价值与金银硬币储量间并无固定联系。② 此时美国已率先注意到纸币价值可与贵金属无关，而贵金属价值又与实物经济总量无必然联系。废除纸币与贵金属固定比例兑换的设想开始成型。

1886 年 8 月农民同盟在德克萨斯的克莱伯恩召开全国会议，要求从根本上进行货币改革。农民同盟要求停止价格紧缩，放弃金本位，由财政部发行适应季节信贷需求变化、供给具有弹性的法币。

1889 年在圣路易斯同盟大会上，麦丘恩提出货币改革计划。具体措施是，美国财政部在各县建立联邦仓库和谷物输送设备以储藏农产品。这

---

① Irwin Unger, *The Greenback Era: A Social and Political History of American, Finance, 1865 - 1879*, Princeton, 1964, pp. 254 - 255.

② 陈明：《美国联邦储备体系的历史渊源》，中国社会科学出版社 2003 年版，第 95 页。

些数量逾千的分库可作为货币创造的阀门。农民将谷物和棉花存储于分库作抵押，或以土地作价抵押，获得利息为 1%—2% 的贷款。财政部支付给农民法币，即由政府印制作为国家通货的美元，由此创造货币并投入流通。农民出售农产品归还贷款后，通货回流财政部，退出货币流通。

美国 1889 年的货币改革计划以政府买卖农产品实物方式来吞吐货币，而非以买卖债券等有价证券吞吐货币。这与中国春秋战国时的货币调控，连对象和手段均相同①。不同在于中国古代货币调控目标为物价水平，故叫常平法。此与当代央行目标相同。而美国 1889 年的货币改革计划把担保发钞的微观安全与宏观安全混淆，犯了单纯依靠一般资产担保发行信用货币的错误。这在经济膨胀时必致滥发钞票，加剧通胀，消耗美国黄金储备②。1907 年美国发生大规模通胀和紧缩的金融危机。沃伯格认为，给予每个银行以其一般资产为担保发行货币的权力不是解决问题的办法。只有建立央行，在秋季农产品产出时央行逐步扩张通货对国内外经济施加影响。认为这种央行将使美国成为“一个现代的和完全文明的国度”。③

当时美国很多商业银行家反对设立央行。银行家认为商业银行发行钞票体现市场经济，央行是政府权力对公民权利的粗暴干涉。他们混淆了央行与商业银行的区别④。直到今天以芝加哥学派为代表的新自由主义者还认定不需要央行，只要商业银行发行钞票就能保证国家经济稳定。

1908 年 5 月美国国会通过《奥德利奇—弗里兰货币法》要求成立一个国家货币委员会来调查货币系统并给出改革建议。委员会最终给出 23 份研究报告及一卷最终建议。这些研究报告指出美国金融系统需要一个最后借款人（a lender of last resort）。在建议书中提出明确的立法建议。1912 年委员会向国会提交报告。1913 年 12 月 23 日国会通过《联邦储备法》（Federal Reserve Act），基本内容沿袭委员会建议，按常平原理制定通过实物票据来吞吐货币的法案。

此法案提出一种新形式的货币——《联邦储备法》（Federal Reserve Notes），它能被快速发行以满足流动性要求。只要商业银行以合格证券担保，联储就能向它发放贷款。这些“合格证券”（eligible securities）包括

① 见本书第一章第一部分：管仲的国计思想。

② 见本书第四章第五部分：国计风险平价原理。

③ E. R. A Seligman, ed., *The currency Problem*, New York, 1908, pp. 121 - 151.

④ 见本书第四章第十部分：私人信用货币的缺陷。

了大部分的银行资产，但排除了投机性投资比如店头垫款（call loan），这是为了鼓励银行多投资于有真实票据保证的短期、能够自我保持流动性之资产。联储可在公开市场上买入国债，然后以国债为准备发行联储券。当时可能还未意识到公开市场业务是货币扩张的主要途径。

当时美国还不敢完全脱离金本位，故法案要求联储券至少有40%黄金储备。残存的金本位制度必然扭曲美国货币体系。但现代央行雏形已出现，只需等待一场挤兑黄金的危机来迫使美国放弃金本位残余。

《联邦储备法案》建立的是一家银行的银行，联储不允许向私有企业或个人发放贷款，这使它超脱于商业银行，避免商业利益和国家利益的冲突，没有重蹈合众国第二银行的覆辙。且《联邦储备法案》未规定联储授权到期日。

联储的形式在欧洲前所未有，既不同于合众国第一银行和第二银行，也不同于欧洲模式。全国分成12个联邦储备区，成员银行须把储备放在本储备区的联储分行；理事会（board of governors）实施监督职能。理事会与地区分行（尤其是纽约分行）之间的权利斗争在以后的年份中将很激烈。

联储也有监督职能，它能要求成员银行满足储备要求和其他规定。这等于在现有银行监管体系（当时美国银行分为国民银行和州立银行）的最上方又加了一层。

（六）美国联邦储备体系

1. 组织架构

（1）权力机构：美国联邦储备委员会。美国联邦储备委员会是美联储的最高决策机构。其所有成员为政府工作人员而非私人银行家。它由七名委员组成，由总统商得参议院同意后任命，任期14年。同一联邦储备区域不能有两个委员。美国总统有权在7名委员中任命正、副主席。正、副主席任期4年。委员采取均匀分步卸任的办法，每两年任满一名，保证委员会不受总统干扰。联邦储备委员会直接对国会负责。

较早的格拉斯方案中，银行家在联邦储备委员会中有少数由成员银行选举产生的代表，这被威尔逊总统坚决否决。威尔逊认同“政府的政策与金融家以及大企业愿望的冲突，是不可调和的”。[1] 他质问银行家们，

---

① Greider, *Secrets of the Temple*, p. 277.

“你们中间有哪位先生能告诉我，世界上有哪一个文明国家曾让私人利益代表参加重要的政府控制委员会?”① 不过为抚慰银行家，威尔逊建议建立由银行家组成联邦顾问委员会作为联邦储备委员会的政策咨询机构。

（2）联邦公开市场委员会。联邦公开市场委员会由 12 名委员组成。联邦储备委员会 7 名成员和纽约联邦储备银行行长是当然成员，其余 4 名委员由 11 个联邦储备银行的行长轮流担任。主要负责公开市场业务的决策。

（3）联邦储备银行。联邦储备银行是执行联邦储备委员会命令的工具。

全国共分 12 个区，每区设立一个联邦储备银行。所有国民银行都需交纳一定资金作为认购本地区联邦储备银行的股本，成为会员银行。但这并不意味联邦储备银行为私人所有。联邦储备银行凡超过 5% 以上的收益都须以税收形式上缴财政部。任何会员银行不要指望利用联邦储备银行的股本获得暴利，所有的收益包括发钞收益都归国库。

联邦储备银行为会员银行保存存款准备金（该项准备金无利息），通过公开市场业务买卖贴现商业票据，以及发行钞票（联储券）。钞票发行要求有黄金券、政府债券和其他特定资产等担保品。

因各地货币供给情况不一样，故各区储备银行可实行不同贴现率，执行不同货币政策，以确保本地区货币稳定。

联邦储备银行执行政府职能，其收益也为政府所得，故其理事会人员设立也反映专业人员和公共利益的结合。

《联邦储备法》规定各联邦储备银行设 9 人组成的理事会。为防大银行主宰小银行和确保小银行在联邦储备银行理事会的代表性，将本地区所有成员银行分为大、中、小三类，每组选出 A 类理事（要求为银行家）一人，B 类理事（与任何商业银行无关系，从事农、工、商企业的人士）一人。C 类理事（不能与任何商业银行有关系）由联邦储备委员会任命，并任命 C 类中一人为联邦储备银行理事会主席。

2. 运行机制

威尔逊总统在关于政府是否发行纸币的问题上说，这些通货即使不是政府纸币，也应使它成为政府负债。他对反对政府发行纸币的格拉斯说了

---

① Link, *The Papers of Woodrow Wilson*, vol. 27, p. 559.

一句很有意思的话："政府负债仅是一种想法。若得到了事情的实质而给予其他人一个模糊的影子，若这样做能拯救我们的方案，何乐而不为呢?"[①] 这句话表面上是在安抚主张私人银行发行纸币的格拉斯，嘲弄要求政府控制纸币发行的布赖恩。事实上威尔逊在政府负债的名义下不露声色地进行了政府发行纸币的暗度陈仓。

理解联邦储备制度的核心乃是联邦储备银行收益上缴财政部与政府负债两者的结合。此结合使政府实际上有能力发行货币，完成国债与货币互换。很多人误认为联邦储备委员会及其银行独立于政府或财政部，且因剥夺财政部发钞权力，故能阻止财政支出。

联邦储备委员会可防止财政部利用国库资金的储蓄来要挟商业银行，施加不正当的金融压力扰乱金融秩序，或防止财政部与其他机构直接联系导致权力腐败。但对国会批准、按正式法律程序的财政支出，联邦委员会应配合调控货币市场以适应财政支出。

1913 年—1978 年，财政部可直接从联邦储备银行取得 50 亿美元以下的借款。1979 年《联邦储备法修正案》完全禁止联邦储备银行直接购入财政债券。该修正案规定联邦储备银行只能在公开市场上间接地买卖财政债券。但这并非意味政府与联邦储备银行不再发生关系，完全由联邦储备银行掌握发钞权。

政府扩大支出时发行国债，联邦储备银行然后买进国债发出联邦储备券（即美元）。联邦储备银行现持有国债获得政府国债利息。但因联邦储备银行超过 5% 以上的收益都上缴财政，故这部分国债利息被财政部直接冲抵，并不构成利息负担。而此时钞票却已发行在外。

整个程序即，政府向私人借债用于政府支出；随后私人凭借债券及利息向联邦储备银行兑换美元；联邦储备银行支付美元获得政府债券，通过利息冲抵实际上解除了财政部的偿还义务。《美国联邦政府预算管理——2001 年财政年度》第二十八章中"美联储对预算的影响"部分，谈到了"美联储收取的部分属于财政部净利息支出的一部分，但实际上所有这些利息又流回财政部"。由此完成政府发钞过程。

故央行货币发行很隐蔽。美国政府向公众发行债券时好像是等价交换给了公众付息债券。然后公众持有债券向联邦储备银行兑换成美元。一进

---

① Clifford, *The Independence of the Federal Reserve System*, pp. 54 – 55.

一出抵平，还额外获得利率。实际上在联邦储备银行买进债券过程中已完成了货币投放，使用这笔货币的正好是政府。

政府先使用钞票，美联储根据经济情况独立确定什么时候兑付、如何兑付。此即美国国债与钞票间暗箱转化。

3. 美国财政支出

了解美联储运行原理后，就易理解美国财政支出。

美国财政支出来源除正常税收收入外，还包括与经济增长相适应的货币增发。因美国财政支出主要用于公共福利，故政府增发部分货币实际上是直接用于消费渠道。同时联邦储备银行通过商业票据贴现扩张资本及消费信贷（其中主要是资本信贷）以扩张货币。

而联邦储备银行通过信贷获得的贴现收益，也上缴财政部，通过财政支出又重新回投入市场，也保证了货币稳定扩张。

故美国的货币扩张同时走两条渠道：政府直接支出的消费货币扩张和通过联邦银行信贷进行的资本及部分消费信贷扩张。此吻合国计运行模型。

4. 美联储的独立常平职能

那么美联储与政府独立难道仅是程序制约吗？其有无职能独立性呢？

当然有，此即独立的常平。介绍王安石政策时本书指出："青苗法和常平法应由相互独立的机构实施。青苗法有赢利性，而常平法却无赢利性。两者合为一个机构，必成寻租工具，无法执行常平职能。常平不在，青苗必成搜刮民膏的猛虎。王安石公然允许青苗法的收益添支吏人餐钱，吏人必用常平力量，增大价格波动，运用青苗法获取暴利。"

这与财政部和联邦储备银行的关系相同。财政部常有解决财政平衡的压力，某种意义上可看成是赢利寻求者。储备银行则执行稳定物价的常平职能。政府货币发放总量归根结底由议会批准而政府发放的国债决定，非联邦银行能左右。但此发放经严格的议会审核和程序控制。若常平职能也在政府手中，则政府除了直接发放国债完成国债与货币互换外，还可操纵市场获取青苗法一样的套利，这就逃脱了议会等法定机构和程序的监管，使常平职能走向反面而加大经济波动。

故联邦银行常平职能独立行使乃分权的必然，千万不要认为联邦储备银行能独立发行货币。联邦储备银行独立行使常平职能也就自然完成国债向货币的转化，其选择的转化时机、转化规模将尽可能降低经济波动。

5. 会员银行

会员银行即私营银行，它们在联邦储备委员会及联邦储备银行管理下进行经营。

6. 美国对外汇的管理

从 20 世纪 30 年代罗斯福总统明确表示美国不以牺牲国内经济目标换得汇率稳定起，美国历届政府基本上都奉行此原则。历次美元危机中美国都把四大宏观目标中的国际收支与汇率目标放到国内经济平衡目标之后。美国的汇率政策基本上围绕着美国国内经济目标。[①]

汇率管理措施中，西方国家一般采用：①外汇市场干预；②利率调整；③贸易管制；④资本管制；⑤多国联合行动；⑥调整国内宏观经济，如增加或减少财政开支，增加或减少货币供应量及利率或财政与货币政策组合。

美国常使用外汇市场干预汇率。美国创立双边“互换货币协定”（SWAP），并先后与 10 多个国家签约扩充其干预市场的能量。浮动汇率以来美国常发动多国联手共同干预外汇市场的大规模行动。20 世纪 80 年代以来几乎每年都召开七国财长与央行行长会议讨论汇率形势。

美国亦调整国内经济来控制汇率。例如，其通过赤字支出导致美元贬值。此方法常为美国要挟他国的手段，美国主张这是由自己的经济状况决定、或由市场决定的汇率变动，而非美国对外汇市场的直接干预。此法最具隐蔽性。

美国也管制资本流动。如收取利息平衡税以阻止国外投机资金获得利率差。

当代央行，不管具体形式是什么，本质都与美联储运作流程相同。如中国《中国人民银行法》规定：“中国人民银行不得对财政透支，不得直接认购和包销政府债券。实行独立的财务预算管理制度，依法提取总准备金后的净利润全部上缴中央财政，亏损由中央财政拨款弥补。”这里，“依法提取总准备金后的净利润全部上缴中央财政，亏损由中央财政拨款弥补”乃央行与政府关系的关键。

---

① 干杏娣：《经济增长与汇率变动：百年美元汇率史》，上海社会科学出版社 1991 年版，第 106 页。

（七）私人信用货币的缺陷

既然私人可以发行票据，那么私人可否承担央行职能发行国家货币呢？

若一国无央行仅靠商业银行供给货币，其要么以黄金等足值货币作为基础货币（如金本位），要么以外国高信誉货币作为基础货币（如货币局制度[①]）。以足值货币为基础货币时，商业银行发行与基础货币挂钩的钞票，受基础货币数量约束。

金本位缺陷前已述及。即便通过商业银行货币乘数扩张，足值货币仍无法满足经济增长，且难以用足值货币来调整经济结构。此外，金本位下亦易形成正反馈经济。经济繁荣时商业银行降低准备金率加大货币供应，经济紧缩时商业银行提高准备金率降低货币供应。

那么私人银行可否用一揽子资产担保来发行钞票？

以单一足值货币为准备金，足值货币为货币本位的标尺；以一揽子资产为准备金，多种实物货币间比价常变动，缺乏价值标尺来衡量一揽子商品价值。此时一揽子资产只能起货币储备的作用，而无法将一揽子资产价值与货币价值挂钩，货币价值取决于货币发行者的调控而无客观标准。

从美联储机构设置以及中国古代青苗法、常平法的历史，可知信用货币发行机构（即央行）应以公益性为主。公益的含义在于：①央行不享受自己的盈利；②央行不承担自己的亏损。

作为国有机构的央行满足以上两点要求并不困难。从储备角度看，由于央行的盈亏均由财政资金来平衡，央行的储备事实上是整个国家的国有资产，包括赋税。从盈利角度看，央行固然没有营利性，即使是财政部的营利性也有限，要求在行政、立法等机构监控下基本实现财政预算平衡。

私人银行则不然。不能亏损是私人银行的底线，这限制其调控货币的能力，也增加了货币风险；更高盈利是私人银行的本性，对贪婪本性的制约不求诸完善的制度约束而求诸所谓自由市场竞争，是荒唐的。1907 年美国发生大规模的金融危机，就是其银行以一揽子资产为担保发行钞票导致的后果。

---

① 见本书第四章第十部分：货币局制度。

（八）“一战”英国两废金本位

英镑作为世界货币并未发展到极致，第一次世界大战已来临。战争巨额支出和本国生产停滞使巨额黄金流入美国。“一战”结束后美国已占世界上1/3黄金。在此情况下各参战国不得不实行黄金禁运和停止纸币兑换黄金，国际金本位实际上已解体。1922年在意大利召开的世界货币会议上，决定采用“节约黄金”原则。除美国实行金本位制外，英法实行金块本位制，其他国家多实行金汇兑本位制。

金块本位制特点：国内不流通金币，只发行代表一定重量黄金的银行券，银行券只能有限制地兑换金块。金汇兑本位制又称“虚金本位制”，主要特点：银行券在国内不能兑换黄金和金币，只能兑换外汇。该国货币一般与另一个实行金本位制或金块本位制国家的货币保持固定比价，并在后者存放外汇或黄金作为平准基金，间接实行金本位制。

无论金块本位还是金汇兑本位，其目的都只有一个：国家为保护有限的黄金资源而不愿自由兑换黄金。只有必须使用黄金支付的场合（即满足限制条件的场合）才愿按既定比价支付黄金。

金块本位和金汇兑本位均为黄金缺乏的权宜，不能解决根本问题。当黄金供应量不适应世界经济发展时，任何权宜之计都无法长久。

但英国被逼进了死胡同。战后英国因部分殖民地市场丧失，各国购买力锐减及美日商品竞争影响，国外市场日益缩减，英国工商业衰退，动摇其世界霸主地位。为维护英镑权威地位，英国于战后的1925年又恢复了一度停止的金本位制。

不过现在英国面对的是黄金大量为美国等少数国家控制的战后经济。战后黄金供应总量已无法跟上世界经济发展速度。但世界经济因需一段恢复时间，故世界黄金总量并不缺乏。传统金本位下，美国拥有巨量黄金将使美国物价膨胀形成贸易逆差，黄金流出美国弥补世界黄金不足。但美国这时已有美联储采用新的黄金控制策略，即政府大量发行国债并提高贴现率，紧缩通货吸收黄金，将黄金置于政府手中。1934年美国采用有限金本位制，尽管美元和黄金仍有官定比价（35美元一盎司黄金），但美国财政部仅按这一比率和央行交易，私人交易者已无法直接兑换黄金。

美国实践了坎蒂隆的设想：“当土地和劳动的价格因货币充盈而上升的时候，君主或立法者似乎应使货币退出流通，并把它们保存起来以便在紧急时使用。应试行采取除强制和欺诈之外的各种办法来阻止它的流通，以预防物价过分高涨并防止由奢侈造成的种种弊端。”巨额黄金被美国冻结。战后萎缩的世界经济反而出现世界性黄金缺乏。

黄金大量为美国等少数国家控制下，英国恢复金本位注定是一场不自量力的闹剧。因为游戏规则已被美国改变。

1923年凯恩斯首先觉察到美国这一做法的含义。在其著作《货币改革论》中，他说：“从那一天起黄金被一些仍然空口好话的最后一个国家废止了其货币作用。美元本位就是在这个金犊的基础上建立起来的。在过去两年中美国装出维护金本位的样子，实际上它建立了美元本位。它不但没有保证美元值适应黄金值，相反，它准备不惜付出巨大代价使黄金值适应美元值。这就是一个富国把新计谋与旧的损人利己方法结合的手段。它享有哈佛经济学试验室设计的最新科学进步，而同时却让国会去相信决不允许轻率地背弃已由邓吉、达赖厄斯、康斯坦丁、利夫普尔爵士以及参议院奥尔德里奇等人的智慧和经验使之神圣化的硬通货。”

哈罗德评价道：“现在形势完全变了，因为黄金已为美国大量吸收，堪称金本位的独立实体已不复存在，金本位简直就是美元本位，美元已是一种管理通货。联邦储备银行据认为根据黄金进出与基金对负债之比赖以制约其贴现政策的理论已寿终正寝了。”①

此时英国还是世界霸主，若它断然废除金本位建立“二战”后凯恩斯提出的世界信用货币，未必没有成功可能。但英国企图重建金本位，在重建金本位失败后又仅宣布废除金本位，这使它失去世界货币金融体系的主导权。

美国1929年的经济危机原因是多方面的。其投资与消费比例失调及黄金紧缩政策是主要原因。1920年到1929年工人小时工资只上升2%，生产率却猛增55%。且因美国紧缩黄金政策使世界性购买力不足，美国出口受压制。内需外需双重不足使美国供需失衡而发生危机，出现供大于求的萧条。巨量黄金一方面为政府持有，另一方面因缺乏投资机会成为游离资本脱离于实体经济。世界实体经济出现黄金结构性紧缺：一是黄金在国家之间分配不均导致资金紧缺，二是黄金在美国投资和消费部类间分配失衡导致资金紧缺。

---

① ［英］R. F. 哈罗德：《凯恩斯传》，刘精香译，商务印书馆1995年版，第372页。

英、德等国家成了摆上祭坛的牺牲品。

1929—1933年世界经济危机期间，因货币受金本位制制约不能满足经济需要，资本主义货币信用领域危机日趋严重。世界工业生产比危机前缩减44%，国际贸易衰落近2/3。危机期间英国国际收支急剧恶化，而各国却纷纷向英国兑换黄金，给英国金本位制敲响丧钟。在国际收支逆差加重尤其是国际性收缩背景下，许多大银行接连破产导致金本位制全线崩溃。到1931年6月17日德国流失黄金14亿金马克，黄金储备率由60%下降为48%，黄金储备量由5.28亿美元减少到2.34亿美元，减少了55.7%（“一战”后德国并未直接付出多少经济代价，1924年9月至1931年7月德国共支付赔款110亿金马克（约合27亿美元），而同期德国从美、英等国得到的贷款约为210亿金马克（约合50亿美元）。当然德国背上了沉重的债务负担）。英国黄金储备由7.18亿美元减少到5.88亿美元，减少18.1%。1931年7月德国宣布停止偿付赔款、外债，严格管制外汇、禁止黄金交易和黄金输出，金本位制解体；9月英国政府宣布停止黄金兑现、禁止黄金出口、放弃金本位制。

在符合英国国家利益时黄金被英国选为本位货币。当它不符合英国国家利益时英国就果断地否决其货币地位。

一年后在47个采用金本位制的国家当中，只有美国、法国、瑞士、荷兰以及比利时仍采用金本位制。六年后已没有一个国家允许人民将货币或存款兑换成黄金。

在1929年开始的十年通缩环境下，每种货币都对黄金贬值了，就像黄金从每盎司20.67美元升至35美元一样。所有国家商品与劳务价格都大幅下降，30年代中期每盎司黄金可买到的商品与劳务是1929年的两倍。

尽管美国经济已赶上并超过英国，“二战”前美元却始终未取代英镑的地位。英镑仍作为国际货币的地位有所衰落，但美元在国际货币体系中的地位仍和其经济实力有较大差距。美国还需要足够的时间来树立美元霸权。但美国已开始积极地主导世界金融体系。美元取代英镑成为世界货币仅是时间早迟而已。

“一战”后全球进入多极世界。黄金结构性失衡导致的稀缺使其似乎失去往日荣耀。主权信用货币体系开始浮现出水面。

（九）英美金本位与世界央行之争

“二战”结束战国时代，世界进入美国垄断的寡头时代。美国拥有世界上2/3以上的黄金。英国历史在美国重演①。一场因拥有巨量黄金而实行金本位，并在金本位面纱下实现英镑本位的闹剧，现在其主角换成美国。基于同样问题：在黄金总量或结构量不能适应经济发展时，美国是否会重走英国的老路，最后不得不废除金本位呢？

答案是肯定的。摆在美国面前不是要不要金本位，而是什么时候要金本位，什么时候不要金本位，以及如何安排金本位的后事。

英国很清楚美国拥有巨量黄金的后果。美国将把英国对付世界的一招来对付英国等国家。英国决定把美国拥有的黄金变成钢铁一样的东西——只用来打造如首饰一样的玩意儿而不再充当货币职能。

作为英国的后代，美国对老祖宗的算盘掌握得炉火纯青。美国不惜一切代价建立金本位，进而建立金本位之上的美元世界货币。

英国有凯恩斯这样重量级的经济学家。就像今天的诺贝尔经济学奖获得者们来中国游说一样，凯恩斯开始以学者的身份从学理上游说美国人放弃黄金。他说：“黄金今后再也不会从一个人的手中转到另一个人的手中，人们那渴望触摸黄金的手已被夺走了触摸它的机会。这很讨人喜爱的家庭守护神以前居住在钱包、长袜、罐盒里，如今在各个国家都被一个大金像给吞并了，它住在地下，人们看不到。黄金现在是看不见了——它又回到地下。但当再也看不到那穿着金黄华服的神在尘世上行走时，便开始将它理性化，就在不久之前，对它什么感觉也没有了。”

黄金作为货币显然不是好的选择。凯恩斯试图说服美国人。黄金供应取决于天而非取决于经济发展。当自然增长不能适应经济发展时黄金会过多或过少而导致经济不稳定。英国吞下过的苦果美国最终也无法避免。当然凯恩斯闭口不提英国因此获得的巨额收益。凯恩斯还试图让美国人相信，若美国人非要英国人归还战争欠款，这将对美国人不利，因为这相当于英国以极低的价格向美国倾销，最后将扼杀美国相关产业而扶持英国相关产业。且若英国缺少黄金，美国的产品也销售不出去，美国出口将受抑制而经济萎缩。

---

① 见本书第四章第十部分：金本位上的世界货币：英镑。

中国人应不陌生这样的话语。不过很多中国人相信了这一套，而美国人并未蠢到相信这一套。

凯恩斯向美国人推销新的世界货币方案。这套方案在英国掌握巨量黄金时从未被提起过。但当英国失去巨量黄金、美国拥有巨量黄金时，凯恩斯把它贴上最新学术成就的标签试图说服美国人。

美国谈判代表怀特最初是个记者。他狂热崇拜凯恩斯。这并不妨碍他在凯恩斯面前保持清醒的头脑。大约这就像巴顿战胜了隆美尔后大骂："您这个聪明的笨蛋，我看了您写的书！"一样。

凯恩斯提出了世界信用货币方案。这是一套完全模仿中国主权信用货币的体系，即清算同盟。

1. 清算同盟

(1) 清算同盟的内容

"二战"后凯恩斯提出"清算同盟"方案。

清算同盟的基本原理是完全按国内央行架构建立国际央行。国际央行统一发行世界货币，凯恩斯把世界货币叫作 Bancor。各国央行以本国拥有的 Bancor 为本位再发行本国货币，保证本国货币与 Bancor 间的币值维持确定比例。各国间以 Bancor 结算。此即两级央行制度：最高一级为国际央行；次级为各国央行。

国际央行的 Bancor 以黄金定值，但国际央行有权调整其价值。

Bancor 发行有两方式。一是根据经济增长增加各国 Bancor 数量，好比国内央行一样。各国 Bancor 的最初分配份额以战前 3 年的进出口贸易平均值计算，但会员国并不需要缴纳黄金或外汇。以后则以国际央行的利润增加准备金或分配给各国（按各国在国际央行中的份额分配）。国际央行经所属兑付国央行同意后有自由裁决权进行公开市场业务。另一是信贷扩张。逆差国可按份额向"同盟"借款，顺差国则应将顺差款项存入"同盟"账户或购买逆差国商品。同国内央行一样，国际央行将回收黄金。各国可用黄金换取 Bancor，但不得以 Bancor 换取黄金。

凯恩斯为解决债权国过分顺差的问题，提出若储蓄超过一定水平时，储蓄国要向同盟支付利息，以促使债权国和债务国积极配合处理过分顺差或逆差。

若债务国最后连信贷额度都用完，则只有贸易管制或货币贬值了。故哈罗德向凯恩斯指出，"从长远看，清算联盟并未为恢复平衡提供自动机制；若所有债务国都用尽了它们的定额，则债权国将达到巨大的余额，这样就又回到原来的地方了”。①

（2）凯恩斯清算同盟的含义

废除美国的黄金地位。若凯恩斯方案实现，美国的黄金就跟一般商品如煤炭钢铁之类无区别，不再有国际货币功能。美国失去国际金融中的主导地位。

以战前3年的进出口贸易平均值计算，无须缴纳黄金或外汇来分配各国的Bancor，这意味着战后负债累累的英国还能以战前的经济地位凭空获得巨大份额和资金。英国可占“Bancor”份额的16%，整个英联邦可占35%。

清算联盟的透支功能在当时就是向美国透支。这意味着美国将付出巨额物质财富然后收到一大堆Bancor，但这些Bancor却向当时一穷二白的战后国家买不到什么。而美国还将承担调整巨大顺差的义务。

2. 国际货币基金组织

（1）怀特计划与国际货币基金组织

20世纪30年代中期开始美国对外货币政策主要由财政部长摩根索及其顾问亨利·怀特主持。美国战后货币计划直接出自怀特之手。

美国当然否决了凯恩斯方案，提出怀特计划。1944年在怀特计划的基础上布雷顿森林会议否决了世界货币。新建立的国际货币基金组织仅具有存贷款功能，以向处于临时性国际收支赤字的国家提供短期贷款，用于纠正暂时性不平衡。基金要求各国认缴实际资金，包括黄金、各国本国货币与政府有价证券，而非像凯恩斯那样无中生有地创造一种国际货币。按认缴资金数额确定投票权。

各国货币按黄金定值，汇率固定，只有在“纠正根本性不平衡”且只有在成员国投票权的五分之四赞成时才能改变汇率，在基金组织规定的狭小范围即10%内的变动除外。

基金组织成员国在一定期限后放弃贸易歧视和外汇管制。

（2）怀特计划的含义

以现金认缴基金份额，美国战后占世界2/3的巨量黄金储备就具有优势，而英国等其他战后国家因为负债累累而受打压。

---

① ［英］R. F. 哈罗德：《凯恩斯传》，刘精香译，商务印书馆1995年版，第573页。

否决世界货币，黄金仍然为世界货币。拥有巨量黄金的美国可凭此发行美元，建立金汇兑本位的美元世界货币。

以认缴资金为有限责任，使美国无须像凯恩斯方案那样几乎无限制地向战后国家提供资金。

因各国黄金认缴到基金组织，美国今后获得的巨量顺差可直接向基金兑换成黄金，使黄金进一步向美国集中（这使凯恩斯怒吼："你们美国人把世界各债务国的黄金搜刮得一干二净还不满足，现在又发明了一套目的在于将所有债权国的黄金也吸收得一干二净的方案。"）。

英国凯恩斯等所谓的关于稀缺货币条款的胜利（即若某国债权过大，其货币在国际市场上就供给严重不足，稀缺货币条款允许其他国家对此国进行贸易管制或要求此国货币升值），对于美国来说实在算不了什么。因为连凯恩斯方案都不能提出过分逆差时消除贸易管制和汇率变动的办法，估计美国也压根没指望一个存贷机构能解决此问题。

布雷顿森林体系确立了美元在国际货币体系中的霸权。摩根索公开声称，作为财政部长，他的主要目标是"使世界金融中心从伦敦与华尔街转到美国财政部"。怀特在提出第一份计划草案时就强调，"美国应拥有足以阻碍任何决定，即拥有20%以上的投票权"。

（十）美国再废金本位

布雷顿森林体系中确立美元为世界货币，为美国带来巨额铸币税。美国只需用纸印刷美元就可交换别国实物财富。因世界经济增长，各国的美元储备及美元交易也增长，美元源源不断流出，实物财富源源不断流入。

虽美元面值与黄金维持固定比例，但与银行通过货币乘数扩充基础货币原理一样，只要其他国家不挤兑美元，美元发行数量就可远超其实际拥有的黄金。若美元不是世界货币，美元流出后别国很快会用美元回购美国实物财富以达到贸易平衡。美元就收不到任何铸币税。

黄金增长有限，世界经济发展速度更快，要求世界货币增长速度超过黄金，必致黄金相对美元升值。人们纷纷用美元换黄金，使美国黄金储备流失。而美国自恃美元为世界货币，滥发美元，使美元不但相对黄金贬值，连相对其他国家的货币也贬值。

美国早就清楚此技术缺陷，事实上凯恩斯介绍清算联盟时已讲清楚。但利用缺陷狙击国际金融可使美国获取暴利。美国决策集团于1956年公开讨论了 R. 特里芬关于美元作为世界货币快速增长，必致与黄金比值变化，否则将出现黄金流失的问题，并提出应设定美元以外的准世界货币（接近凯恩斯清算同盟思想）。但美国下决心在危机发生之前对此惘然不顾。因为一旦危机发生，美国可在假装黄金部分流失后向世界宣布自己受到挤兑，下令停止美元与黄金的兑换。美国将完全获得金融体系缺陷的最大收益。

人们告诉特里芬说他的建议“提早了几年”，并断言：“在人们被一场现实危机所震撼而采取行动之前，您将枉费心机。”① 因为新世界货币将威胁美元，使美国“丧失无偿资本输入。过去 10 年这些无偿资本输入使能承受较之舍此所能支持的更为繁重的对外贷款与援助方案的负担……”②

正如人们所预料，20 世纪 60 年代中期以后出现抛售美元抢购黄金的空前风潮。

但美国并未立刻宣布放弃黄金与美元的比价。那样的话它在新世界货币的创建中就缺少话语权。七国黄金总库的央行总裁应美国邀请于 1968 年 3 月 16 日、17 日紧急磋商，会后发表公报宣布各国央行间的官方黄金交易维持原定平价，七国不再以黄金供应伦敦市场或其他黄金市场，亦无须再由市场购买黄金，自由黄金市场的价格由供需状况决定。此即黄金双价制。

各国央行黄金官方交易仍保持原价，而随着经济发展央行储备也必增长。故黄金双价制只能解燃眉之急。

美国控制的国际货币基金组织于 1970 年创建各国央行间结算的准世界货币——特别提款权，以补充现有储备资产增长。

特别提款权按各国在基金组织中的份额分配。

在美国仍表示要维持黄金官价的情况下，特别提款权纯粹是为解决各国央行储备而提出。特别提款权可换取基金组织所指定国家的货币，或在某国家同意的情况下换取其货币以补充储备。但是“其目的应是为了国际收支方面的需要，或因其货币储备地位的需要或货币储备变化。不能使

---

① R. Triff, *op. cit.*

② R. Triff, *op. cit.*

用特别提款权来有意识地改变货币储备的构成”。[①] 更不能兑换黄金，不能直接作为国际支付手段用于贸易或非贸易支付。此即本书定义特别提款权为“准世界货币”的原因。

美国通过创立功能极有限、但基本能应付各国储备增长的特别提款权消除对美元的威胁，使其只可在各国间调整储备。国际贸易的世界支付手段仍由美元充当。

特别提款权创立后，美国于1973年宣布完全停止美元与黄金的比例兑换。各国货币由固定汇率制转为浮动汇率制，布雷顿森林体系解体。美元替代黄金成为世界货币。

凯恩斯国际央行（清算同盟）设想被美国巧妙利用，成为维护美元地位的工具。

（十一）美元汇率变化历程[②]

“一战”前的美元汇率相对稳定。大战后较小幅度上升，随后稳定。战后初期较大幅度上升，20世纪20年代中期后回复稳定。

布雷顿森林体系建立初即1945—1959年，美元汇率趋于上升。这是因当时美元作为世界货币，刚刚开始供应诸国，成为稀缺币种；同时美元要摧毁英镑、法郎、日元等的世界货币地位。这次变动使美元国际声誉和地位上升到历史最高峰。

汇率上升过程中，美元从非储备货币逐步成长为次要储备货币（20世纪20年代），再到主要储备货币之一（20世纪30年代），最后成为唯一主要储备货币即中心货币（第二次世界大战之后）。

布雷顿森林体系后期美元进入长期贬值阶段。

美元夺得唯一主要储备货币地位后开始有计划增发以掠夺世界实物财富。此过程中虽有美元短期上涨，但那不过跟庄家托市下套一样。美元整体趋势是贬值。

美元先后于1960年、1971—1973年进行贬值。实行浮动汇率以后美元汇率发生更大变动。主要分三个阶段：

---

① 《国际货币基金组织法》第19条。

② 史料主要来自于杏娣《经济增长与汇率变动：百年美元汇率史》，上海社会科学出版社1991年版。

1973—1979 年美元的贬值；1980—1985 年美元的升值；1985 年至今美元的贬值。

1980—1985 年美元的升值主要因美元发行过多，国内出现严重通货膨胀，美国采取货币紧缩政策所致。当时美国国内利率高达 21.5%。其他国家都比美国要低得多。随后日本、西欧也跟着提高利率以减少国内资本向美国的流入。1985 年 9 月 5 国财长和央行行长会议决定联合干预美元，使美元暴跌。

此阶段升值是美国通胀压力下过高利率所致，其使国外资金继续涌入美国，就跟 1998 年东南亚经济危机类似。

1985—1988 年美元汇率继续下跌。克林顿时期美国经济强劲增长，美国的高投资回报使美元升值。

小布什时期美元重新下跌。美国官方常放手任其下跌。下跌过程中，巨额美国外债贬值，美国向世界收取巨量铸币税。故当美国诉苦说其国内经济不景气、市场要求美元贬值时，要记住美国至今比哪个国家都发展得好，而其他货币却相对美元升值。

同时也应知不单外汇买卖可干预汇率，改变利率、改变财政支出同样可干预汇率。

（十二）欧洲货币体系

自英镑的世界货币地位被美元取代，欧洲就再无货币与美元抗衡。欧洲小国各自为政，犹如一个个小商业银行各自发行钞票。

欧洲诸国均为罗马帝国分裂后的小国，地理上欧洲诸国相互靠近，规模上欧洲版图与中国、美国差不多。

战后欧洲决定仿效国际货币基金组织建立欧洲货币基金（European Monetary Fund，EMF）。其本质为商业银行。要求各成员国缴纳其黄金外汇储备的 20%（其中的 20% 为黄金）创建欧洲货币基金，以向成员国发放中短期贷款调节欧洲内部资金。与国际货币基金组织的特别提款权对应，欧洲货币基金也创建新的货币单位，其相当于欧洲货币基金发放的钞票，可向基金要求兑现或用于欧洲内部支付。1975 年 3 月此货币单位命名为“欧洲记账单位”（European Unit of Account），完全用于共同市场国家货币定值。

1979 年 3 月 13 日欧洲记账单位发展成为欧洲货币单位，其功能开始向欧洲统一货币方向演化。根据各成员国国民生产总值和在共同市场内部贸易所占比重确定各国货币在“欧洲货币单位”（ECU）中所占权重，并用加权平均法逐日计算欧洲货币单位的币值。欧洲货币单位实为一揽子货币本位，其不仅为成员国货币当局、财政当局间结算工具和储备资产，还可为各成员国汇率定标。成员国对内以欧洲货币单位为基准实行固定汇率，对外汇率联动。成员国间规定波动的界限，货币汇率超过此界限时有关国家的中央银行及时采取行动来保证汇率稳定。此即双中心汇率体系。

但双中心汇率体系有致命缺陷。各国经济发展和政府调控能力不同，货币信誉和利率亦不同，易有劣币驱逐良币或良币驱逐劣币现象，使相应国家放弃固定汇率制度。1992 年欧洲金融危机即由此缺陷引起。

为解决此缺陷并消除各货币波动最小界限，欧洲决定使用单一货币。1995 年 12 月 15 日欧洲货币联盟马德里高峰会议上将未来欧洲货币定为欧元（Euro），以取代欧洲货币体系创立的 ECU，由此建立欧洲央行体系。

历史上最独立的央行无过于德意志联邦银行。德意志联邦银行是联邦的直接法人，具有和联邦政府同等地位。1957 年制定的《德意志联邦银行法》规定，原各州央行和柏林央行与德意志诸州银行合并组成德意志联邦银行为德国央行。法律上不再独立的州央行成为联邦银行的分支机构，在其辖区内仍有管理及办理统一规定业务的独立权力。该法赋予德意志联邦银行独立于联邦政府和州政府的权力，成为与联邦政府并列，向议会负责的第四权。

不过《德意志联邦银行法》规定德国联邦银行是公法意义上的联邦法人。其总数为 2.9 亿联邦德国马克的设立资本为联邦政府持有。联邦银行的盈利除根据法规条例使用外须上缴联邦政府。此即央行的核心。只要盈利归中央财政，政府负债的利息负担就可被冲销——无非在哪一级冲销而已。央行失去营利性激励，可把目标锁在物价稳定等公益性指标上。故美联储、德意志联邦银行和中国人民银行的运作原理均同。

欧洲央行体系仍为国家主权信用货币体系，其虽继承央行一般原理，但各国却是独立主权国家。此必要求欧洲央行体系分权，如解决欧洲央行盈利归属。

欧洲央行股本为 50 亿欧元，其成员国央行是唯一认购人和持有人。股本认购数量依各成员国 GDP 和人口（欧洲央行建立前一年的数据）分别占欧盟的比例为基础来确定。各成员国缴纳股本数量不得超过其份额。各成员国认购份额每五年调整一次，份额调整后的下一年生效。

其利润分配原则是：各国央行所获收益由欧洲央行划账和余额结算，按各国央行股份比例分配给各国央行。欧洲央行取得的纯利润，其不超20%的部分应转入储备基金，直至该项基金数额达100%时为止。剩余部分按股本比例向股东发放。欧洲央行蒙受损失时亏损部分先从储备基金中抵扣，不足弥补的由决策理事会决议在相应年度内向各成员国央行摊派，而并不向欧盟其他机构或成员国政府寻求财政支持。

故欧洲央行的收益并不直接上缴给更高权力机构，而是除维持本身基本运作外返还给各成员国央行，这也体现了欧洲各国主权尚未统一到欧盟。

虽然欧洲央行的收益返还给各成员国央行，但欧洲央行必须对欧洲议会负责，向其报告工作并接受质询。若未来欧洲政治走向一体化，各国失去主权，欧洲央行的收益上缴给欧盟财政，成为完整的中央银行模式。

在此分权体系下，各国央行的直接收益按股份比例由欧洲央行分配给所有成员国央行；欧洲央行的收益也要返还给各国央行；各国央行再将返还的收益上缴本国财政。由此完成欧洲央行和各成员国中央银行的利润制约。各国央行无追求利润的动机，因为其收益并不归自己。各国政府无逼迫本国央行获得利润的动机，因为本国央行直接收益还要由欧洲央行再分配。欧洲央行也无追求利润的动机，因为其收益要返还给各国央行。所有央行的目标均为稳定经济以完成央行调控经济的职能。

但此分权体制亦有致命缺陷。各国政府的利息负担不能在本国央行对冲。政府交给本国央行的利息由欧洲央行统一再分配，故各国政府的国债将造成政府的实际财政负担，迫使政府缩小赤字。国债与钞票的无差异互换将无法完成。

故此体系中政府将可能增大赋税负担以解决财政收入。货币供应渠道减少，货币扩张主要由信贷扩张完成。若欧元利率与国际利率相同，欧元将偏紧缩；若欧元汇率稳定，则需降低利率，这又将导致欧元贬值。

根据国计风险平价，欧元将可能有以下三种形态：

①欧元处于利率略低、略升值、物价略低迷和资金不大规模跨国流动的状态。

②欧元处于低利率、低系统风险、期望汇率稳定和资金不大规模跨国

流动的状态。

③在以上两种状态之外，欧洲资金将可能大规模跨国流动，出现较大震荡，欧元期望价格下行。

欧洲各国未必愿意停留在第1状态，因为低利率的紧缩经济有碍经济增长。但欧洲各国若希望进入第2状态以保持欧元稳定，结果可能是悲摧的，因为缺乏调控手段、笼罩在债务乌云下的政府很难降低欧元的系统风险，从而进入第3状态。

（十三）货币局制度

货币局制度与一般央行的区别在于其以某外国货币为准备金来供应货币。货币局制度产生于殖民时期的货币制度。殖民地由其宗主国代为制定货币政策，其所有铸币税上缴宗主国。这里以中国香港货币局制度为例进行分析。

中国香港原与英镑挂钩，1973年后改为与美元挂钩。1993年4月成立的香港金融管理局是香港准中央银行，从体制上提供维护联系汇率制的保障。金管局下设外汇基金，由财政司司长掌握控制权，主要运用于财政司司长认为适当而直接或间接影响港币汇价的目的，及其他附带目的，如买卖港币、外汇、黄金、白银、证券或资产；在咨询外汇基金咨询委员会后订立他认为对审慎管理外汇基金而言为合适的任何财务安排；以政府一般收入作为抵押，为外汇基金的账户在香港或其他地方借入款项，但净借款总额在任何时间均不得超过500亿美元。

外汇基金来源有：发钞银行交付的美元、香港政府财政盈余、发行外汇基金票据（exchange fundnotes/bills）所得资金、基金投资所得收益。

外汇基金可用来调整港币的外汇价值，财政司通常用外汇基金直接干预汇市。

财政司司长取得行政长官会同行政会议的批准后，可发行纸币①。

财政司司长取得行政长官会同行政会议的批准后，可借书面通知，授权银行发行纸币。目前指定的发钞银行为汇丰、渣打、中国银行三家。发钞行需向外汇基金交纳等值美元并换取（外汇基金）债权凭证。（即每发行7.8港币，发钞行须向外汇基金交纳1美元来换取债权凭证）。债权凭

---

① 中国香港《法定货币纸币发行条例》1999年第68号第3条修订。

证是外汇基金负债的一部分。发钞银行可凭债权凭证发行港币，也可以同样比价用港币向外汇基金买回美元赎回负债证明书，回笼港币现钞。

发钞行和其他银行间及银行同业、银行与客户间的港币交易全部按市场汇率进行。

因金管局与发钞银行间汇率固定，港币市场汇率过高时发钞银行将向金管局卖出美元，买进港币发行权（等价于买进港币）以扩充港币数量、压低港币市场汇率。反之则向金管局卖出港币，买进美元紧缩港币数量，提高港币市场汇率。由此建立固定汇率自动平衡机制。

财政司司长可用发钞银行为发行港币而向其支付的外汇来买入外汇、黄金或作其他投资，也可用以支付政府负债。

财政司司长可将以上职权授予金融管理专员。

印刷港币的单位为港币印刷公司。港币印刷公司于 1996 年 1 月 22 日被中国香港政府以 2.55 亿港币收购。由金管局首席执行官出任主席。为在中国得到技术支持和安全保证，该公司于 1997 年 3 月向中国造币公司出售 15% 股份，并计划向三家发钞行出售股份，但金管局将保留最终控制权。

本币以外汇储备一定比例发行是货币局制度根本特征。货币局制度决定基础货币供应量，然后通过货币乘数扩大为广义货币量。

此制度下央行公开市场业务仍可进行，因为央行买卖是等价的。如若央行发行债券，则市场上增加债券，但相应本币被回收，支付的债券利息，基本上相当于因回收本币而少支付的本币利息，并不构成额外负担。

以外汇储备做准备金，限制了央行滥发货币；而公开市场业务也为央行调控货币政策留下空间。

货币局制度与直接使用外币流通不同。货币局制度下作为准备金的外汇可对外投资获得收入。而外币流通制度下无法从流通外币获得对外投资收入。货币局制度下外汇流入兑换成本币，外汇成为外汇储备。若境外资金想操纵金融市场，本国央行可借力使力用外汇储备与境外资金对抗。外币流通制度下境外资金大量流入本国金融市场，本国央行只能用自有资金与境外资金对抗。

货币局制度下若当局宁愿破产清算也不变动汇率，其后果就跟外币流通相同。但当局可变化汇率来规避破产清算，故总选择变化汇率而非破产，也给了国际投机商博弈空间。若当局宁愿破产清算则与国际投机商两败俱伤，使其失去发起汇率狙击的动机——但这并非说国际投机商一定不会发起银行挤兑的金融狙击。

香港货币局制度100%的准备金从法律上说仅是对发钞银行的要求而非对金管局的要求。发钞银行将100%的美元准备金交给金管局，财政司司长有权使用这部分外汇基金，包括投资、公开市场业务和填补财政赤字。法律仅要求财政司司长需“审慎管理”，并未要求其对发钞银行发行的港币保持100%准备金。

随着香港经济增长港币发行增多，发钞银行交给财政司的美元准备金也越多，总量上并不赎回。故外汇基金只要对港币保持一定准备金比例即可。

因金管局毋须有100%美元准备金，其多出部分即可视为政府收入。故香港金管局仍可获铸币税。考虑到一般央行也需满足外汇兑换要求，也需按照一定比例持有美元等外汇储备，损失掉此部分储备的铸币税，故货币局制度与一般央行制度的不同主要在于外汇准备金比例大小和本币发行条件的严格程度。

香港货币局制度下外汇基金可直接弥补财政赤字，这比一般央行制度更宽松。尤其是1999年修改法律后规定财政司司长可直接发行纸币，这更为香港货币局向一般中央银行转化创造条件。

因发钞银行需以100%的准备金发行港币，故发钞银行无法从发行港币中获直接收益，这就限制了发钞银行。以香港为例来看货币局制度，发钞银行虽是一般商业银行，但金管局才真正行使中央银行职能，这有力反驳了商业银行执行中央银行发钞职能的论调。

第五章 国计贸易理论

一 国计比较贸易模型

斯密在《国富论》中最早提出绝对优势理论，随后李嘉图提出比较优势理论。瑞典经济学家赫克歇尔和俄林师生俩在比较优势理论基础上提出要素禀赋理论①。此后经萨缪尔森等人不断完善形成现代国际贸易理论体系。

绝对优势理论是指参与国际贸易的各方都应生产自己比对方效率高的产品。比较优势理论是指参与国际贸易的各方都应生产自己与对方效率比最高的产品。因比较优势理论只考虑自己与对方效率比最高的产品，没有像绝对优势理论那样要求这个效率比一定大于1，故其适于所有产品都劣于对方的弱势国家。

比较优势理论革新了国际贸易观念，因为它指出在国际贸易中，完全处于弱势一方与完全处于强势一方可形成分工，各自生产有比较优势的产品使双方共同获得较大分工收益。

但这些理论均考虑分工的共同收益最大，未考虑分工收益的分配。其实弱势一方若按比较优势原则行事，因分工所获共同收益将主要被强势一方攫取；弱势一方常只获比较劣势产业的收益。此时弱者不应继续按比较优势原则参与国际贸易——哪怕共同收益最大。

国计比较贸易计算国际贸易分工中如何分配分工收益。

令 A 生产 X 产品的投入产出比为 x_A，Y 产品的投入产出比为 y_A；令 B 生产 X 产品的投入产出比为 x_B，Y 产品的投入产出比为 y_B。

令 A 对 X 产品的效用函数为 $U_{AX}(X)$，对 Y 产品的效用函数为

① ［瑞典］俄林：《区际贸易和国际贸易》，商务印书馆 1986 年版。

$U_{AY}(Y)$；B 对 X 产品的效用函数为 $U_{BX}(X)$，对 Y 产品的效用函数为 $U_{BY}(Y)$。

若 A 需要 X 产品，有两个途径：一是自己生产 X 产品，另一是生产 Y 产品来换取 B 生产的 X 产品。若交换时 X、Y 的交换比例为 a、b，有如下关系：

$$\begin{cases} R_A = U_{AX}(a) - U_{AY}(b) \geqslant 0 \\ a \geqslant \dfrac{b}{y_A} x_A \\ R_B = U_{BY}(b) - U_{BX}(a) \geqslant 0 \\ b \geqslant \dfrac{a}{x_B} y_B \end{cases} \tag{5.1}$$

（5.1）式化简为：

$$\begin{cases} R_A = U_{AX}(a) - U_{AY}(b) \geqslant 0 \\ R_B = U_{BY}(b) - U_{BX}(a) \geqslant 0 \\ \dfrac{y_A}{x_A} \geqslant \dfrac{b}{a} \geqslant \dfrac{y_B}{x_B} \end{cases} \tag{5.2}$$

（5.2）式第 1、2 式为 A 和 B 在此次交换中所获效用，第 3 式即比较优势理论。

由（5.2）式看出，Y 产品对 B 效用越低，R_B 越小，（5.2）式就越难成立，需交换 Y 产品数量 b 越大。当 b 取极限使 $\frac{y_A}{x_A} = \frac{b}{a}$ 时，A、B 合作分工收益将完全被 B 占有。X 产品对 A 效用越高，A 越不惜增加 b 数量的 Y 来交换，直到极限 $\frac{y_A}{x_A} = \frac{b}{a}$ 时，A、B 合作的分工收益完全被 B 占有。

国计比较贸易模型中的产品价格若过低，则在公平交易表象下多占生产者的劳动和实物。研究国际贸易时不但要注意价格，更要注意价格背后产品物质成本和人力成本。由国计比较贸易模型易得以下结论：

若对方 Y 产品的市场已经或接近饱和，或生产能力强，或替代性强，对方在 Y 产品上的效用函数就可能低，此时若凭己方在 Y 产品的比较优势分工生产，则分工利益主要由对方获取。若己方生产 X 产品的难度太高，效用函数高，若凭己方在 Y 产品的比较优势分工生产，则分工利益主要由对方获取。己方若降低 X 产品生产难度以降低效用函数，即使 X 产品仍处比较劣势也将获更大份额的分工收益。

故弱者若遵从比较优势原理分工将失去分工收益。弱者若增强自己在非比较优势产业上的能力，即使仍无法获得此产业的绝对优势，但因增强要价能力反可获更多分工收益。

典型例子即芯片制造。若弱者无法制造芯片，强者可能提高芯片价格。弱者加强芯片研究，即使芯片仍停留在实验室，强者也会被迫降低芯片价格。此降价策略主观上为扼杀弱者芯片产业，客观上使弱者获得分工收益。

本结论非反对粗放型、低技术含量产品的生产，但此类事让市场自己去做就行了，国家力量应放在技术垄断性产业上。

二 国计贸易收益模型

微观经济角度，收益指净利润而不包括人力成本。而宏观经济角度，收益如 GDP 或 GNP 则包括人力成本。此因宏观与微观视角不同。有以下结论：

若本国生产产品的成本不大于进口产品价格，则不考虑本国资源机会成本时，本国生产的效益更高。

证明：令本国生产成本为 W ，进口价格为 P_M ，且 $W \leqslant P_M$ ；本国内此产品价格为 P ，则：

$$P - W \geqslant P - P_M \tag{5.3}$$

证毕。

若本国生产产品的物质成本不大于进口产品价格，则不考虑本国资源机会成本时，本国生产物质财富增长速度更快。

证明：令本国生产物质成本为 w ，进口价格为 P_M ，且 $w \leqslant P_M$ ；本国内此产品价格为 P ；因不考虑本国资源机会成本，故本国生产的人力资源在产品进口时将会闲置，但照样消费；令其消费为 C 。则：

$$P - w - C \geqslant P - P_M - C \tag{5.4}$$

证毕。

若本国生产产品的物质成本不大于进口产品价格，则不考虑本国资源的机会成本时，本国生产获得附加值更高。

证明：因产品附加值包含人力成本和利润，而人力成本又是对人力资本投资，或说是工人的工资收入，故人力成本也是财富增长的一部分，而不能简单看成财富损耗。本国生产产品获得的附加值与进口产品获得的附加值的关系为：

$$P - w \geqslant P - P_M \tag{5.5}$$

证毕。

以上结论不适于本国资源有更好机会成本的情况。若本国资源有能力生产更有效率的产品则应去生产其他产品以获更大收益。前述结论适用于一国内转行困难的产业或资源。斯密也正是秉承这样的思想，提出国内资本饱和导致效率低于国外时，会向外扩张的资本运行规律，他很清楚“机会成本”在其中所起的作用。

三　国际贸易简史

欧洲以关税保护、补贴甚至直接下达禁令来完成国家工农业发展。

例如，18 世纪英国在棉纺工业方面制定法令：“任何印花棉织品如不是在大不列颠制造的话，都不得在王国范围内被任何人所使用。”① 英国还补贴输出的白棉布和细棉布，重税进口产品等。《乔治一世 5 年法令》规定，到外国安家的工人若不回国即失去英国臣民资格，其在英国的财产被没收。《乔治三世 22 年法令》规定，输出工具或机器处以五百镑罚金。等等。

以上在西方经济学渊源中已详述。

为确保贸易顺差，英国国会在 17 世纪 30 年代通过一系列法律杜绝外国人与殖民地开展贸易。内战中这些规定并未得到执行。内战停止后英国国会重申加强控制。这些规定被编撰成新法律——《贸易和航海条例》，该条例规定，凡殖民地贸易所用船只必须由英国人或殖民者制造、拥有和指挥，船员也必须至少 3/4 是英国人或殖民地的人。所有和殖民地进行的英帝国以外的贸易都要经英帝国操办。某些殖民地商品只能出口到英国，如大米、蜂蜜、糖、棉花和海军补给品等。②

对殖民地的掠夺激起 1775 年美国独立战争。美国独立后，英国市场

---

① 《议会史》第 17 卷，第 1155 页。

② ［美］杰里米·阿塔克、彼得·帕塞尔：《新美国经济史》，罗涛等译，中国社会科学出版社 2000 年版，第 63 页。

对美国出口商关闭，而西班牙和法国的重商主义管制也使美国在欧洲的市场难以扩大。美国也实行贸易保护主义。1794—1816 年美国国会通过 24 项修改关税的法案。到 1804 年通常关税税率已至 17.5%。1816 年棉布的关税税率定到 25%。1816 年和 1817 年通过重要关税法案使平均关税急剧增加，到 1828 年所谓的“厌恶关税”（Tariff of Abominations）法案中将平均关税率提高到大大超过 50% 以上的水平。1837 年约翰·泰勒总统签署法律降低对原材料和半成品的关税，增加制成品进口的关税，烈性酒的关税高达 100%。1842 年纯棉床单布关税税率超过 100%。

美国财政部长亚历山大·汉密尔顿在其 1792 年《关于制造业的报告》中指出：

“那些已抢先发展并完善一工业部门的国家以前就享有的优势，在阻碍一从未有过该工业部门的国家引入该工业部门时所起的作用，比那些已提及的因素都要来得令人生畏。要在一最近才建立该工业部门的国家和另一该工业部门已成熟很久的国家之间，维持质量和价格上的同等地位竞争，这在大多数情况下是行不通的。质量上的差异或价格上的差异或质量和价格两方面的差异，一定得足够大，并且在没有政府特别的帮助和保护下，才能足以压制对手的竞争。”

美国工业迅速发展。南北战争前的 1860 年已有 130 多万工人在制造业工作。在 1810 年甚至在 1860 年，美国工业产值落后于英国、法国并且可能也有德国，但 1894 年美国工业产值高于世界上其他任何国家。1890 年美国制造业产值已是农业的 3 倍。“一战”前夕美国工业产值是英、法、德的总和。

在这期间美国也开始自己的经济学说。美国经济学家亨利·查尔斯·凯里（1793—1879）提出国家主义经济学说，主张国家关税保护主义，防止英国竞争，积极发展本国工业。他对激烈批评英国当时的政策，指责它企图使自己成为世界工厂，而强迫其他国家陷于脱离制造业的农业中成为英国的原料供应基地。凯里认为，国家保护关税政策是实现人类高度联合的手段。因为在国家保护关税政策指导下可加快开辟国内市场、促进这一地区工厂的建立和原材料生产发展。工厂生产出产品后通过市场卖给当地消费者。人们之间相互交换和接近扩大必然推进人们团结。[①]

---

① 陈孟熙、郭建青：《经济学说史教程》，中国人民大学出版社 1992 年版，第 300 页。

19 世纪末在德国历史学派影响下，美国出现以凡勃仑为代表的制度经济学。美国制度经济学家极力主张国家干预经济，强调政府在调节和管理经济中的作用。

经两次大战后美国力量空前强大。如其前宗主国英国一样，强大的美国开始转向鼓吹自由贸易，要求各国降低关税、自由汇兑，并以此为武器摧毁了战后英国的帝国特惠制和英镑地位。"二战"初法国败降后，罗斯福所任命的 N. H. 戴维斯等人为首的战后经济计划研究人员得出结论，认为以德国为首的欧洲集团的自给自足程度远超美国为首的西半球。美国国家利益包含着毫无阻碍地获得英帝国、远东及整个西半球的市场和原料。[①] 美国为英国提供的租借协定草案第七条明确规定："最终确定的联合王国接受美利坚合众国防务援助的条件，及后者故作为交换而得到的好处，不应妨碍两国间的商业，而应促进它们之间的互利经济关系及改善世界范围的经济关系。美利坚合众国或联合王国内部不得对进口另一国产品施加歧视。"凯恩斯怀疑该条款涉及帝国特惠制及外汇和贸易控制，当美方对此直言不讳时，凯恩斯"冲口说出了只有他才能说出的话"。他声称英国不可能"真诚地承担此项义务"。但最终英国迫于美国压力，为了获得贷款援助而拱手让出权利。在布雷顿森林会议中，美国挟美元储备和本国工业之强大迫使各国放弃外汇管制，实行自由汇兑，建立了美元世界货币。

---

① 王在帮：《霸权稳定论批判——布雷顿森林体系的历史考察》，时事出版社 1994 年版，第 45 页。

第六章　国计赋税理论

当代西方经济学最优赋税理论强调赋税作为个人生产函数的成本影响产出效用，最后影响到所有效用之和——社会总效用。以对社会总效用影响最优化来计算最优赋税。

国计学的赋税可分收入分配调节型和产业调节型。前者在第四章“国计运行理论”中分析，后者即本章内容。

一　级差地租与国计央地赋税模型

在西方经济学渊源中已分析过地租理论。地租原理和概念不仅适用于土地，也适用于所有供给量受限制的资源。

（一）国计央地赋税模型*

1. 级差地租

有 A、B、C、D 四个物品，甲拥有 A，乙拥有 B。若丙利用 A、C 物品生产 D 的收入为 Y_A，利用 B、C 物品生产 D 的收入为 Y_B。令 A 的价值为 V_A，B 的价值为 V_B，C 的价值为 V_C，则在利润率趋同的市场中有：

$$R_A = \frac{Y_A - V_A - V_C}{V_A + V_C} = R_B = \frac{Y_B - V_B - V_C}{V_B + V_C} \tag{6.1}$$

解之得：

$$\frac{V_A + V_C}{Y_A} = \frac{V_B + V_C}{Y_B} \tag{6.2}$$

令 $V_A = V_B + \pi$　　(6.3)

（6.3）式代入（6.2）式得：

$$\frac{V_B + \pi + V_C}{Y_A} = \frac{V_B + V_C}{Y_B} \tag{6.4}$$

解之得：

$$\pi = \frac{(Y_A - Y_B)(V_B + V_C)}{Y_B} = \left(\frac{Y_A}{Y_B} - 1\right)(V_B + V_C) \quad (6.5)$$

（6.5）式中 π 的正负性取决于 $Y_A - Y_B$ 的正负性。$V_B + V_C$ 越大，π 越大；$V_B + V_C$ 越小，π 越小。除非 $Y_B = V_B + V_C$（即利润率为0），$\pi \neq Y_A - Y_B$。

π 为丙愿意为 A 支付比 B 高的价值，称为级差收入。而甲、乙的利润率还取决于 A、B 产品的生产成本。若 A、B 均为竞争性产品，则甲、乙的利润率也趋于相同。但若 A、B 是垄断性产品（如土地），则甲、乙的利润率可能不同。

进一步地，若 A、B 是两块投入成本相同的土地，C 为其他竞争性社会资源，则丙愿意为 A 支付比 B 高 π 的价值，此 π 即级差地租。

若政府对 A 土地征税，只要税额不高于 π 就可在保证丙正常利润率的同时甲获得不低于乙的收入。若 A 土地的成本不大于 B 土地的成本，则甲获得不小于乙的利润率，故甲愿意承担税额而不会影响 A 供给。

在资本市场不发达的社会，A 土地不参与市场交易，甲自始至终获得级差地租。政府对甲的级差地租征税，仅仅使甲、乙利润率趋同，不影响 A 土地供给。

2. 级差价格

在资本市场发达的社会，A 土地未来可能的垄断收入流已被折现在 A 的市场价格中。虽甲可获得比乙更多的收入 π，但甲获得 A 土地时亦需支付昂贵成本，从而使其利润率趋于社会平均利润率，不再有级差地租。此时政府若对甲按照级差地租征税，将使甲无法获得正常收益率甚至破产，这将使赋税转嫁到丙身上，影响正常生产。

因此在资本市场上，关键是要找到级差地租资本化的获得者。本书将级差地租资本化的表现形式称为级差价格。

级差价格：由于资产未来收入流意外变化而导致此资产现价超过正常风险收益率的增值量。

意料中的资产未来收入流已折现到资产现价中，不存在级差地租，也就不存在级差价格。只有意料之外的资产未来收入流改变才会导致资产现价出现正常风险收益率之外的增值，此时对资产现价的改变量征税本质上是对未来的级差地租征税。

无论级差地租还是级差价格，通常都要达到某个显著的数量级并且有垄断的显著证据，才适宜用级差赋税进行调节，滥用级差赋税将可能抑制资本市场。

3. 国计央地赋税模型

由级差地租模型中的（6.5）式可计算级差收入：

$$\pi = \frac{(Y_A - Y_B)(V_B + V_C)}{Y_B} = \left(\frac{Y_A}{Y_B} - 1\right)(V_B + V_C)$$

A、B 的成本分为两部分。一是甲、乙的取得及维护成本，即所有者成本；二是社会成本。社会成本由社会承担，并不由甲、乙承担。例如，地铁旁的土地所有者，其土地因地铁增值，但土地所有者并不承担地铁修建及运行费用。社会成本常影响土地产出因而影响级差收入，级差收入与所有者成本共同决定级差地租。

土地本身的土壤质量对商业经营并不重要，围绕土地所支付的社会成本（即土地相关配套建设）决定土地的级差收入，并进一步决定级差地租或级差价格。

级差税额：政府对级差地租或级差价格征税的收入。

收益税额：政府对经营主体的收入或利润征税的收入。

若政府将一定量社会成本 K 在 A、B 间平均分配，A、B 土地的质量都将获得提高，产出 Y_A、Y_B 同步增长，收益税额增加，但级差地租和级差税额均为 0，政府无法获得土地出让金。反之，若政府将社会成本 K 主要分配在 A 土地，则产出 Y_A 远超 Y_B，形成较大的级差地租和级差税额，政府将获得高昂的土地出让金。

现实中由于地理条件不同，不同土地需要配置的社会成本 K 并不同，所以不能简单套用边际递减的土地生产函数，认为社会成本 K 越平均分配收益税额越高。但当既定土地面积的社会成本超过限度后，社会成本 K 对土地生产的边际贡献下降则是必然趋势。当 K 的边际贡献小于边际成本时，土地产出净利润及关于利润的收益税额下降，但级差地租及级差税额仍在增大。

（二）构建合理的国税与地税体系

若政府是盈利追求者，有如下结论：当政府没有能力改变级差地租时，级差税额比收益税额对生产经营的影响小。当政府有能力改变级差地租时，从微观角度看级差税额比收益税额对生产经营的影响要小，但从宏观角度看级差税额将进一步降低低收入地区收入，提高高收入地区收入。因此，级差税额和收益税额对政府的激励不同。通常而言，级差税额驱使政府扩大地区差异，收益税额驱使政府缩小地区差异。

级差税额和收益税额上的利益诉求区别正是中央政府与地方政府的区别之一。

管仲说："以家为乡，乡不可为也。以乡为国，国不可为也。以国为天下，天下不可为也。"这段话清楚地说明了中央管理与地方管理有本质不同。不可用地方管理的经验来套在中央管理上，也不可将中央管理的经验想当然地推广到地方。

从经济功能上来说，中央政府和地方政府的最大不同在于中央政府有印钞权而地方政府没有印钞权。印钞权并不仅起着印刷钞票来为政府攫取财富、解决赤字的作用，更关键的是可通过本币与外币间的浮动汇率来隔离本地区和其他地区的经济风险。例如，中央政府有印钞权来发行人民币。假定中央政府拨付大量资金用于社保体系，而国人又用大量资金购买外国产品导致资金外流，本币将可能贬值，外国产品价格上扬，资金外流减少直至平衡。但若中央政府没有印钞权而必须使用美元，情况就不是这样了。因为中央政府手里的美元无法贬值，故国人大量购买外国产品的结果，是中央政府陷入财政赤字，社保体系遭受严重威胁。

由于地方政府没有独立的货币政策和财政政策，其经济角色要受很大限制。若地方政府没有天然资源或没有中央政府的支持，很难独力建立福利社会。

从经济诉求上来说，过高货币收益率对中央政府并无太大价值。中央政府财政上追求预算平衡，经济上追求实物财富生产。

但对地方政府而言货币是最硬的财富，能转化为货币的实物财富才有价值。地方政府在政绩动机驱动下又常有扩大财政支出行为，故财政上也有一定盈利诉求。

但在经济执行上，地方政府比中央政府更贴近实物财富生产，是实物财富生产的实际操控者。

央地之间在经济功能、经济诉求、经济执行方面的差异，决定了中央政府应重点承担社会普遍公共服务职能，承担国家大型工程和核心技术研发工程，追求公平性调控，地方政府重点在于促进经济效益。两者角色不能颠倒。

此差别成为央地赋税的分界点。可以很自然地推导出，地方政府的赋税应主要来源于收益税额，如营业税、所得税等。地方经济效率高，收益税额就多，反之就少。由此形成对地方政府的激励。地方政府将失去炒土地、炒房地产、炒自然资源的积极性，因为级差税额并不归地方所有。地方政府只有发展实业才能获更多收益税额。而中央政府的赋税应主要来源于级差税额，如土地增值税、房地产税、资源税等。由于中央政府扩大级差地租的动机不足，级差税额不会直接降低正常收益率，也不会降低相应资产供给，可将对地方经济的影响降到最大限度。还有一个优势在于，级差地租的特性就是其随地方经济的繁荣而增加，随地方经济的萧条而降低。故中央政府的级差税额成为地方经济的累进税，有利于公平赋税。

中国当前的国税和地税体系正与上面所说相反。目前中央政府的国税主要是征收所得税、消费税、增值税、交易税等收益类赋税；而地方政府的地税主要是土地增值税、房地产税、资源税、耕地占用税等租金类赋税。1994 年分税制后土地出让金作为地方财政的固定收入全部划归地方所有，并在此后逐渐成为地方政府的“第二财政”。此赋税体系下地方政府必然尽量吹胀租金、土地价格、房地产价格、自然资源价格以获得更多级差税额，而忽略实业正常利润。泡沫经济就易发生。我国资源税归地方政府助长了滥采资源。按现行汇率测算，我国单位资源产出仅相当于美国的 1/10 和日本的 1/20。

国外资源税的归属情况各异，美国、日本、澳大利亚等国由中央和地方共享。日本现行三级税制，共有 53 个税种，地价税、挥发油税、石油天然气税等属于国税由大藏省统一征收；轻油交易税、特别土地持有税等由地方征收。中央拿了资源税的大头，地方征收的是小头。也有中央独享后给地方以财政补偿，如英国。

虽然美国等国家的私有房屋税属于地税，但美国私人所有的土地占 58%，联邦政府所有的土地占 32%，州及地方政府所有的土地占 10%。美国国土资源是按照所有权进行分权独立管理，不存在上下级隶属关系。联邦政府所有的土地归内政部土地管理局按照资源类型管理，在产业管理方面主要发放许可证、收取权利金、租金和转让费、监督生产经营活动的有序进行等。近年来随联邦政府权力的增大，联邦政府对各州资源管理的影响在增强，另外国会可通过立法、政策、财政拨款等手段影响州政府土地资源管理。

二　绝对地租与国计囤积模型

（一）国计囤积模型*

地租不仅有级差地租还有绝对地租。级差地租因资源生产力不同而致；而绝对地租则因土地所有权所致。土地所有者可缩小供给提高价格。经济理论认为地租资产即供给弹性为零（或接近于0）的资产，此认识不对。土地所有者虽不能无限扩大土地供给，却可任意缩小土地供给，供给弹性可较大。其缩小土地供给程度取决于土地所有者收益最大化。土地所有者缩小土地供给即囤积土地。

绝对地租核心为囤积，本节对此进行研究。

令厂商总成本函数：$TC = C(D) + kC(Q - D)(e^{i+\delta+T} - 1)$　　(6.6)

市场需求函数：$D = D(P)$　　(6.7)

以上 TC 为总成本；$C(D)$ 为销售出去的产品成本；D 为销售的产品；Q 为厂商产品总量；$Q - D$ 为厂商囤积产品量；$C(Q - D)$ 为囤积产品的成本价值；k 为未卖出去产品的成本系数，表示囤积产品中包含未完成品，存在折扣系数；i 为利率；δ 为折旧率；T 为税率；P 为产品价格；$e^{i+\delta+T} - 1$ 表示厂家因囤积造成的机会成本和实际成本损失。

现最大化厂商利润：

$$\max_P R = PD - C(D) - k(C(Q) - C(D))(e^{i+\delta+T} - 1) \tag{6.8}$$

解之得：

$$P = \frac{\frac{dC}{dD}\frac{PdD}{DdP}(1 - k(e^{i+\delta+T} - 1))}{1 + \frac{PdD}{DdP}} \tag{6.9}$$

令需求弹性 $E = \frac{PdD}{DdP}$，（6.9）式改为：

$$P = \frac{\frac{dC}{dD}(1 - k(e^{i+\delta+T} - 1))}{1 + \frac{1}{E}} \tag{6.10}$$

（6.10）式即囤积模型解。它表明，需求弹性绝对值越小边际成本越大，价格就越高；当需求弹性绝对值为1时，价格由弹性所在位置决定。

若需求弹性绝对值小于1，厂家会不断提高价格减少产量供应，此时无确定均衡价格。利率、折旧和税收越大，价格越低。

提高厂商生产成本会提高产品价格。但若提高厂商囤积成本则会降低产品价格。故若对厂商生产征税会提高产品价格；而若对生产采取优惠措施，对囤积的产品征税，会降低产品价格。

（二）构建实现国有权的资产税体系

目前中国城市住房用地的使用年限只有70年，业主不拥有城市住房用地的所有权。国家相关文件对70年后住房如何处理没有明确规定，比较含糊的意思是，只要交少量费用原业主可继续住下去。但若原业主只要花远低于市场价的费用就可继续拥有下一个70年的使用权，这与业主直接拥有城市住房所有权并无区别。然而国家主张所有权所获得的收益低于欧美国家从房产税所获的收益。

例若当前房价为 p，房产税为2%，银行长期存款利率为4%，房价在70年内保持稳定。则70年中国家征收房产税资金现值为：

$$p \times 2\% \times (1 + (1 + 4\%)^{-1} + \cdots + (1 + 4\%)^{-69}) = 0.487p \quad (6.11)$$

由于持续征收房产税，70年后国家仍将获得稳定的房产税收入流。无穷期内国家征收房产税资金现值总额为：

$$p \times 2\% \times (1 + (1 + 4\%)^{-1} + \cdots + (1 + 4\%)^{-\infty}) = 0.52p \quad (6.12)$$

若房产价格上扬，房产税现值将更多。总的来看房产税现值总额并不低于土地转让金。

国家不肯向私人赋予土地所有权的出发点是在未来行使国有权以承担公共服务。但这陷入公共服务和市场化无法并轨的境地。一方面国家承担公共服务，所以它要减轻服务对象的负担，就如对70年后的房产延续只能收取少量费用一样；另一方面国家服务又要面对市场，具有市场价格。两者在理论和价格上的冲突可能带来一定隐患。

更严重的是农村土地。农民依照承包合同在承包合同约定期限内使用土地。承包合同期满后怎么办？若农民在合同期满后可无条件续签，农村土地实际上就为农民终身所有乃至可无限继承。但中国未来的土地要加强流动性就应允许外来资金投资农业。外来资金又能否享受终身所有乃至无限可继承的权利呢？

农村和城市建立相同的国民待遇体系以消除城乡二元化，农民与居民身份差别越来越模糊。若农民独有无限继承土地的特权，同时又享受居民待遇，则城乡差别将反转，农民可能成为新贵阶层。农民即使获得非农业工作机会也不会愿意出让土地，这反而导致土地流转困境，甚至使农村土地荒芜。比较而言，城乡二元化经济下农民为获得居民待遇可能更乐意放弃土地，土地流转更易实现。

土地资产税是替代国家土地所有权的办法。土地资产税根据土地拥有量来累进征收。这可保证较少土地拥有者少交税或不交税。土地资产税的征收背景是国家为农民建起了居民待遇，因此可直接从农民福利中扣除土地资产税以降低赋税征收成本。

赋予私人对资产的长期权利并不表示国家除征税外无权干预这些资产。即使在私有国家如欧美，只要经过法律程序，国家仍可依法征用和征收私人资产。更不要说对于非法占为私人的资产，在欧美国家也不予法律保护。

三　国计产业赋税理论#

（一）国计单产业赋税模型

令需求曲线 $P = P(Q)$，则边际收益曲线 $MR = \frac{d(PQ)}{dQ}$，边际成本曲线 $MC = MC(Q)$，厂家最优生产为：

$$\frac{d(PQ)}{dQ}\Big|_{Q} = MC\Big|_{Q} \tag{6.13}$$

现对价格征税，即对价格函数变分为 $P + \delta P$，则：

$$\frac{d((P + \delta P)Q)}{dQ}\Big|_{Q+dQ} = MC\Big|_{Q+dQ} \tag{6.14}$$

即：

$$\frac{d(PQ)}{dQ}\Big|_{Q+dQ} + \delta\frac{d(PQ)}{dQ}\Big|_{Q+dQ} = MC\Big|_{Q+dQ} \tag{6.15}$$

展开得：

$$\frac{d(PQ)}{dQ}\Big|_{Q} + \frac{d^2(PQ)}{dQ^2}dQ + \delta\frac{dP}{dQ}Q + \delta P = MC\Big|_{Q} + \frac{dMC}{dQ}dQ \tag{6.16}$$

整理得：

$$\delta \frac{dP}{dQ}Q + \delta P = \left(\frac{dMC}{dQ} - \frac{dMR}{dQ}\right)dQ \tag{6.17}$$

（6.17）式即为对厂商征税（也等价于对消费者征税）的表达式。

现考虑征税具体形式：

若实行从量税，税率为 $\delta P = t$，（6.17）式可改写为：

$$\frac{dt}{dQ}Q + t = t = \left(\frac{dMC}{dQ} - \frac{dMR}{dQ}\right)dQ \tag{6.18}$$

若征收从价税，税率为 $\delta P = kP$，（6.18）式可改写为：

$$k\frac{dP}{dQ}Q + kP = kMR = \left(\frac{dMC}{dQ} - \frac{dMR}{dQ}\right)dQ \tag{6.19}$$

若要两种税收对产量影响相同，应满足条件：

$$t = \left(\frac{dMC}{dQ} - \frac{dMR}{dQ}\right)dQ = kMR \tag{6.20}$$

若对非完全竞争厂商征税，则 $P > MR$。由（6.20）式：

$$Qt = kQMR < kQP \tag{6.21}$$

故对非完全竞争厂商的产量同样影响时，征从量税获得的税收总额低于从价税获得的税收总额。

从量税相当于对地租按土地数量征税，不能征收级差地租，只能征收绝对地租；从价税相当于对地租按土地产出征税，不但能征收绝对地租还能征收级差地租。此即为何对产出影响相同时，从量税和从价税的税收总额不同的原因。自然，对产出数量影响相同时，从价税和从量税对厂商利润影响不同。从价税下厂商利润更少。

顺便提一下利润税。利润税即对厂商利润按一定比率征收的赋税。利润最大化的产量即税后利润最大的产量。故利润税不影响产量。但此结论仅对当期生产而言。若考虑资本积累再生产，利润税会影响多期产量。

从（6.17）式还可知，边际成本上升越快，边际收益下降越快，税收导致的产量变化越小。反之越大。因为产量些微调整就能使收益和成本剧烈变化以适应税收。

故税收导致的产量变化不是取决于产品供给弹性和需求弹性，而取决于边际成本和边际收益的斜率。

（二）国计产业链赋税模型

现考虑对上下游产业链征税。设产业链上每个产业是一个企业，每个产业按利益最大化行事。实际中，因产业内部也有竞争，产业不可能按自己利益最大化行事。此时不能简单套用此模型而应综合考虑多种因素。

令有上下游两级产业链。下游产业需求价格函数为 $Y = Y(y)$；生产函数为 $y = y(x)$；上游产业生产函数为 $x = x(u)$，其成本供给的价格函数为 $P = P(u)$。

若上游产业向下游产业报价为 X，则下游产业最优化条件是：

$$\frac{d(Yy)}{dx} = X \tag{6.22}$$

上游产业选择适当报价 X 使得自己利润最大化。有下式：

$$\frac{d\left(\frac{d(Yy)}{dx}x\right)}{du} = \frac{d(Pu)}{du} \tag{6.23}$$

若对下游产业征税，其产品价格函数变分为 $Y + \delta Y$。（6.23）式改为：

$$\frac{d\left(\frac{d(Yy)}{dx}x + \frac{d(\delta Yy)}{dx}x\right)}{du}\Bigg|_{u+du} = \frac{d(Pu)}{du}\Bigg|_{u+du} \tag{6.24}$$

展开得：

$$\frac{d((\delta Y_x y + \delta Y y_x)x)}{du} + \frac{d^2\frac{d(Yy)}{dx}x}{du^2}du = \left(P_u + \frac{d(P_u u)}{du}\right)du \tag{6.25}$$

若对上游产业征税，上游产业产品价格变分为 $X + \delta X$。（6.23）式变为：

$$\frac{d\left(\frac{d(Yy)}{dx}x + \delta\left(\frac{d(Yy)}{dx}\right)x\right)}{du}\Bigg|_{u+du} = \frac{d(Pu)}{du}\Bigg|_{u+du} \tag{6.26}$$

由（6.26）式得：

$$\frac{d\left(\delta\frac{d(Yy)}{dx}x\right)}{du} + \frac{d^2\left(\frac{d(Yy)}{dx}x\right)}{du^2}du = \left(P_u + \frac{d(P_u u)}{du}\right)du \tag{6.27}$$

上游和下游产业征税的方程式分别为（6.25）式和（6.27）式。

先考察从价税。设税率为 $\delta Y = kY$。对下游征税的（6.25）式改为：

$$\frac{d((kY_x y + kY y_x)x)}{du} + \frac{d^2\frac{d(Yy)}{dx}x}{du^2}du$$

$$= k\frac{d\left(\frac{d(Yy)}{dx}x\right)}{du} + \frac{d^2\left(\frac{d(Yy)}{dx}x\right)}{du^2}du$$

$$= \left(P_u + \frac{d(P_u u)}{du}\right)du \tag{6.28}$$

设税率为 $\delta X = kX$，对上游产业征税的（6.27）式改为：

$$\frac{d\left(k\frac{d(Yy)}{dx}x\right)}{du} + \frac{d^2\left(\frac{d(Yy)}{dx}x\right)}{du^2}du$$

$$= k\frac{d\left(\frac{d(Yy)}{dx}x\right)}{du} + \frac{d^2\left(\frac{d(Yy)}{dx}x\right)}{du^2}du$$

$$= \left(P_u + \frac{d(P_u u)}{du}\right)du \tag{6.29}$$

（6.28）式和（6.29）式相同。故若从价税税率相同，则对产业链任何一级征税，产量变化均同。

由上知，对下游产业征从价税获得的税收总额为下游产品总收入的 k 倍，对上游产业征从价税获得的税收总额为上游产品总收入的 k 倍，而上游产业总收入乃下游产业总收入的成本，应小于下游产业总收入。故对下游产业征从价税获得的税收总额大于上游产业。

故多级产业链中，若从价税税率相同，则对产业链任何一级征税导致的产量变化均相同。但对下游产业比对上游产业征收的总税额高。上游产业很难把赋税成本向下游产业转移，而下游产业却易把赋税成本向上游产业转移。

现考察从量税。

下游产业从量税率为 $\delta Y = t_1$，由（6.25）式得：

$$\frac{d\left(\left(\frac{dt_1}{dx}y + t_1\frac{dy}{dx}\right)x\right)}{du} + \frac{d^2\frac{d(Yy)}{dx}x}{du^2}du$$

$$= t_1\frac{d(y_x x)}{du} + \frac{d^2\frac{d(Yy)}{dx}x}{du^2}du = \left(P_u + \frac{d(P_u u)}{du}\right)du \tag{6.30}$$

对上游产业从量税率为 $\delta X = t_2$，由（6.27）式得：

$$\frac{d(t_2x)}{du}+\frac{d^2\left(\frac{d(Yy)}{dx}x\right)}{du^2}du$$

$$=t_2x_u+\frac{d^2\left(\frac{d(Yy)}{dx}x\right)}{du^2}du=\left(P_u+\frac{d(P_uu)}{du}\right)du \tag{6.31}$$

若两征税方式对产量影响相同，则由（6.30）式、（6.31）式：

$$t_2x_u=t_1\frac{d(y_xx)}{du}=t_1(y_{xx}x_ux+y_xx_u) \tag{6.32}$$

解得：

$$\frac{t_2}{t_1}=y_{xx}x+y_x \tag{6.33}$$

由（6.33）式，对产量影响相同时，下游产业边际产量及其增速越大，上游与下游的从量税比例越大。

若下游产业边际产量递减，则：

$$\frac{t_2}{t_1}<y_x<\frac{y}{x} \tag{6.34}$$

推出：$yt_1>xt_2$ （6.25）

故下游产业征收的赋税总额超过在上游产业征收的赋税总额。若 $y<x$，则对下游产业单位产品的税赋大于对上游产业单位产品的税赋。

反之若下游产业边际产量递增，则：

$$\frac{t_2}{t_1}>y_x>\frac{y}{x} \tag{6.36}$$

推出：$yt_1<xt_2$ （6.37）

故上游产业征收的赋税总额比在下游产业上征收的赋税总额大。若 $y>x$，则在上游产业单位产品上的赋税比下游产业单位产品的赋税重。

也就是说，对产业链征收对产量影响相同的从量税时，若下游产业边际产量递减，则在下游能比在上游征收到更多总税额；若下游产业边际产量递增，则在上游能比在下游征收到更多总税额。

本赋税原理仅考察赋税对一次生产影响，未考察对因税赋使资本再积累变化对各产业的长期影响。

四　赋税的分担原理

（一）供需方对赋税的分担 *

令需求函数 $P = D(Q)$，供给函数 $P = S(Q)$。赋税征收前供需已均衡，即 $P = D(Q) = S(Q)$。现征从量税 t，供给函数变为 $P = S(Q) + t$，则有：

$$S(Q + dQ) + t = D(Q + dQ) \tag{6.38}$$

解得：

$$dQ = \frac{t}{(D_Q - S_Q)} \tag{6.39}$$

现征从价税 t，供给函数变为 $P = (1 + t)S(Q)$，则有：

$$(1 + t)S(Q + dQ) = D(Q + dQ) \tag{6.40}$$

解得：

$$dQ = \frac{tS(Q)}{D_Q - (1 + t)S_Q} \tag{6.41}$$

计算赋税总额：

$$T = (D(Q + dQ) - S(Q + dQ))(Q + dQ) \tag{6.42}$$

解得：

$$T = Q(D_Q - S_Q)dQ \tag{6.43}$$

生产者承担税额为：

$$T_S = (S(Q) - S(Q + dQ))(Q + dQ) = -QS_Q dQ \tag{6.44}$$

消费者承担税额为：

$$T_D = (D(Q + dQ) - D(Q))(Q + dQ) = QD_Q dQ \tag{6.45}$$

生产者因赋税而损失的总收入为：

$$Y_S = S(Q)Q - S(Q + dQ)(Q + dQ) = -(QS_Q + S(Q))dQ \tag{6.46}$$

消费者因赋税而增加的支付为：

$$Y_D = D(Q + dQ)(Q + dQ) - D(Q)Q = (QD_Q + D(Q))dQ \tag{6.47}$$

由（6.38）式、（6.39）式知，供需函数斜率越大，从量税对商品量影响越小。

由（6.40）式、（6.41）式知，供需函数斜率越大，价格越小，税率越小，从价税对商品量影响越小；反之影响越大。

由（6.43）式、（6.44）式、（6.45）式知，生产者和消费者的赋税分摊比例为供给曲线和消费曲线斜率绝对值之比。

由（6.46）式、（6.47）式知，生产者和消费者除分摊赋税外，还因成交量变化，使生产者和消费者间支付金额变化 $SdQ = DdQ$ 。

故赋税影响经济的参数主要为供需曲线斜率而非供需曲线弹性。经济含义为：因奢侈品需求曲线斜率绝对值较大，故对奢侈品征税将主要由消费者承担赋税，且赋税对商品量影响较小。

此区别于西方经济学赋税理论。西方经济学赋税理论认为，因奢侈品弹性较大，故对奢侈品征税将主要由厂商承担赋税。西方经济学赋税理论的问题将在下节分析。

（二）赋税收入的跨区转移

地域对赋税的负担体现于横跨一国内多个征税区域的产业链，如下：

$$a_1 \rightarrow b_1 \tag{6.48}$$

（6.48）式中产业链分为两级，在 A 区生产初始产品 a_1 ，在 B 区加工成最终产品 b_1 ，价格为 $P_{b1} = P$ 。

假定各区生产力水平不同。这里用本区域产品增值在最终产品价值中的比例即增值率来衡量区域生产力水平。设 A 区增值率为 r_A ，B 区增值率为 r_B ，$r_A + r_B = 1$ ，$r_B > r_A$ 。

现假定有另一产业链如下：

$$b_2 \rightarrow a_2 \tag{6.49}$$

（6.49）式中产业链分为两级，B 区生产初始产品 b_2 ，在 A 区加工成最终产品 a_2 ，价格为 $P_{a2} = P$ 。

（6.48）式中 B 区向 A 区支付 a_1 产品费用为 $P \times r_A$ ，（6.49）式中 A 区向 B 区支付 b_2 产品费用为 $P \times r_B$ ，A 区贸易逆差为：

$$P \times (r_B - r_A) \tag{6.50}$$

现征收税率为 t 的增值税。分析各区域增值税的流向：

B 区消费者购买 b_1 需支付增值税为：$P \times t$ ，其中 $P \times t \times r_B$ 由 B 区企业上缴给 B 区政府，因此 B 区增值税净收益为：

$$P \times t \times r_B - P \times t = - P \times t \times r_A \tag{6.51}$$

A 区增值税净收益为：

$$P \times t \times r_A \tag{6.52}$$

A 区消费者购买 a_2 需支付增值税为：$P \times t$ ，其中 $P \times t \times r_A$ 由 A 区企业上缴给 A 区政府，因此 A 区增值税净收益为：

$$P \times t \times r_A - P \times t = -P \times t \times r_B \quad (6.53)$$

B 区增值税净收益为：$P \times t \times r_B$ (6.54)

两条产业链合计，A 区增值税净收益为：$P \times t \times (r_A - r_B) < 0$，$B$ 区增值税净收益为：$P \times t \times (r_B - r_A) > 0$，增值税从生产力落后的 A 区向先进的 B 区流动。

由此可见，增值税制下贸易逆差地区将承担更多赋税，拉大了地区差距。若落后地区通过资本顺差来弥补贸易逆差，财富将加速流向发达地区。

现征收税率为 t 的消费税。分析各区域消费税的流向：

B 区消费者购买 b_1 需支付消费税为：$P \times t$，并由 B 区企业上缴给 B 区政府，因此 B 区消费税净收益 0。

A 区消费者购买 a_2 需支付消费税为：$P \times t$，并由 A 区企业上缴给 A 区政府，因此 A 区增值税净收益为 0。

由此可见消费税不会产生赋税的地区间转移支付。根据以上计算，可得赋税一致性原则。

赋税一致性原则：赋税征收地与消费者所在地一致，不会产生赋税收入跨区转移，否则赋税收入将从消费者所在地向赋税征收地转移。

基于以上原理，主要是欧洲诸小国采用增值税，美国这样的大国就不采用增值税而采用消费税。

五 西方经济学赋税理论

（一）西方经济学赋税理论概述

1897 年英国经济学家埃奇沃思（Edgeworth）第一次考察最优税收问题。为找到最优税制，他做四个假定：社会福利是个人福利的简单加总；所有个人效用函数相同；效用是收入的增函数，收入边际效用递减；社会总收入为常数。埃奇沃思通过这些假定推导出结论：最优税制的结构应使得每个社会成员的收入边际效用相等，这也意味着社会成员税后收入应尽可能相等。这个结论隐含的政策意义即：应向富人征收累进税。

1927 年拉姆塞（Ramsey）提出一种解决最优税收问题的思路。与埃奇沃思不同的是，拉姆塞从商品税而非所得税的角度考虑最优税收。他假定经济体中生产 n 种商品，只有一个家庭（或所有家庭的效用函数相同)，政府获取一定的税收收入 R 。拉姆塞的最优税收问题就转化为在政府收入 R 既定下对给定的 n 种商品征税，使社会总福利损失最小。拉姆塞构造一个间接效用函数 $U(p_1,p_2,\cdots,p_n,w,I)$ ，该函数与商品税后价格 p 、工资 w 和家庭收入 I 有关。然后通过数学推导得出结论：最优税收要求税后消费者同比例地减少每一种商品的消费量。此即著名的“拉姆塞法则”。

“拉姆塞法则”意味着征税前后社会消费结构不改变。税率只是同比例地影响商品需求量而非同比例地影响商品价格。鲍莫尔和布兰福德由“拉姆塞法则”引申出“反弹性法则”，即若商品间不存在交叉效应，税收与含税价格的比就应与需求价格弹性成反向变动：需求价格弹性越高，税率应越低，反之税率应越高。

20 世纪 70 年代后维克里指出，政府最优化问题为最大化社会所有成员的效用总和。若政府已知个人内在劳动能力，只要使工资收入等于内在劳动能力就得帕累托最优。但个人内在能力不可测，政府只能观察到个人努力程度。为此维克里定义一个个人效用函数，它以个人消费、产出和个人特征（劳动努力）为变量。政府最优税收目标就是在个人效用最大化约束下让每个人都提供最优劳动力供给。

米尔利斯（Mirrlees，1971）沿用维克里个人效用函数形式，并把着眼点放在所得税上。他认为与收入相关联的累进税制并非最优税收制度，因为累进税制会使人们不愿从事过多工作，哪怕这些工作为人们力所能及。米尔利斯认为最优税制应按能力征税，即工作效率高者多纳税，工作效率低者少纳税，但前提是每个人生产效率已知。政府可依每个人工作能力征收一次性总支付税（Mirrlees，1976），从而使税收对劳动效率的扭曲程度达到最小，但现实中政府并不知道一个人能力高低，有能力的人可通过减少工作时间来逃税（若能力高低是以产出来衡量的话），这样政府的税收收入就受到损失。故政府只能通过个人产出来征税。

米尔利斯又假设个人效用函数，假定消费与闲暇可替代，构造出个人效用的无差异曲线。为设计出最优税收制度，米尔利斯提出单交叉点条件（single - crossing condition），即每个能力不同的人会根据自己的效用函数选择不同的工作时间和努力程度以最大化自己的效用。在单交叉点条件下高能力者多工作，故政府可实现自己的征税目标。但要使得高能力者多工作，政府的税收政策必须起正激励作用，故税率应非线性且为累退，即对能力越高的人（一般表现为高收入）征收的边际税率越低，甚至对最高收入者征收的边际税率可为零。

1971 年米尔利斯还和戴蒙德合作在《美国经济评论》上连续发表两篇文章探讨最优税收问题。他们把拉姆塞模型的“一个家庭”推广到“多个家庭”的情形，把公平因素引入到最优税收探讨中，使模型更有代表性。文章认为：效率与公平在税收问题中是此消彼长的关系，两者都影响社会福利提高，不能单纯强调某一方面。米尔利斯和戴蒙德的着眼点又回到商品税。然而无论是商品税还是所得税，归根结底都是为了最小限度降低对生产的扭曲，即税收超额负担最小，人们福利最大。

以后经济学的最优税收理论的发展都继承了前面框架。鉴于研究最优税制的米尔利斯和维克里获 1996 年诺贝尔经济学奖，本书着重分析经济学奠基性理论拉姆塞模型、米尔利斯税收等模型。

（二）拉姆塞模型 *

1927 年拉姆塞 F. P. Ramsey 在 *The Economic Journal* 上发表 *A Contribution to the Theory of Taxation* 阐述最优税制。“拉姆塞是位很有天赋的人，他只活了二十七岁，是个大学生，只发了三四篇文章，但都已是经典文献。凯恩斯的许多理论是他给以数学检验的。凯恩斯对拉姆塞 1927 年论文的评价是：‘有史以来对数理经济学的最卓越贡献之一。’”①

在那篇论文中拉姆塞论证过程如下：

令市场上有 n 种商品 $x_1, x_2, \cdots, x_n$，定义净效用函数（已扣除生产成本，为纯利润效用）$u = F(x_1, x_2, \cdots, x_n)$。

无税收时，由效用最大化原理将选取均衡点 $P^T = (\bar{x}_1, \bar{x}_2, \cdots, \bar{x}_n)$，此点处：

$$\frac{\partial u}{\partial x_r} = 0 \qquad r = 1, \cdots, n \qquad \text{（一阶条件）}$$

$$d^2 u = \sum\sum \frac{\partial^2 u}{\partial x_r \partial x_s} dx_r dx_s \leqslant 0 \qquad \text{（二阶条件）}$$

现在收税，每单位商品税率为 $\lambda_1, \lambda_2, \cdots, \lambda_n$，在新均衡下有：

$$\frac{\partial u}{\partial x_r} = \lambda_r \quad r = 1, \cdots, n \tag{6.55}$$

① 张维迎：《詹姆士·莫里斯与信息经济学》，《改革》1997 年第 1 期。

均衡时：

$$\frac{\partial^2 u}{\partial x_r \partial x_s} = \frac{\partial \lambda_r}{\partial x_s} = \frac{\partial \lambda_s}{\partial x_r} \quad r = 1, \cdots, n \tag{6.56}$$

税收总额为：

$$R = \sum \lambda_r x_r \tag{6.57}$$

现在任务是，给定税收总额，选择适当税率使效用最大化。

使用拉格朗日方法有如下式子：

$$L = u + K\left(\sum \lambda_r x_r - R\right) \tag{6.58}$$

用 x_r 一阶求导得：

$$\frac{\partial L}{\partial x_r} = \frac{\partial u}{\partial x_r} + K\left(\lambda_r + \sum \frac{\partial \lambda_s}{\partial x_r} x_s\right) = 0 \tag{6.59}$$

可解出：

$$(1 + K)\lambda_r + K \sum \frac{\partial \lambda_s}{\partial \lambda_r} x_s = 0 \tag{6.60}$$

整理得：

$$\frac{\lambda_1}{\sum_s x_s \frac{\partial \lambda_s}{\partial x_1}} = \frac{\lambda_2}{\sum_s x_s \frac{\partial \lambda_s}{\partial x_2}} = \cdots = \frac{\lambda_n}{\sum_s x_s \frac{\partial \lambda_s}{\partial x_n}} = \frac{R}{\sum_r \sum_s x_r x_s \frac{\partial \lambda_s}{\partial x_r}}$$

$$= \frac{-K}{1 + K} = -\theta \tag{6.61}$$

若赋税 R, λ_r 极微小，由（6.56）式有：

$$\lambda_r = \sum_s \frac{\partial \lambda_r}{\partial x_s} dx_s = \sum_s \frac{\partial \lambda_s}{\partial x_r} dx_s \tag{6.62}$$

代入（6.61）式，有解：

$$\frac{dx_1}{x_1} = \frac{dx_2}{x_2} = \cdots = \frac{dx_n}{x_n} = -\theta < 0 \tag{6.63}$$

故拉姆塞得到结论：最优税率应使所有产品同比例缩减产量。

随后拉姆塞还假设只对其中一些产品收税而对另一些产品不收税的情况，同样得出（6.63）式结论。

顺便一提的是拉姆塞随后还用一种几何方法来推论，若税率变化幅度较大，仍应满足最优税率使所有产品按同样比例缩减产量的结论。其论证过程简要证明如下：

令效用函数 $u = a + \sum a_r x_r + \sum\sum \beta_{rs} x_r x_s \quad (\beta_{rs} = \beta_{sr})$ （6.64）

无税收时极值点 $P(\bar{x}_1, \cdots, \bar{x}_n)$ 由一阶条件为 0 和二阶条件为负决定。一旦脱离极值点，无论朝何向运动其效用必降低。故有一系列闭合的效用等线。以本函数来看等效用线为椭圆。

征收赋税时有如下关系：

$$\lambda_r = \frac{\partial u}{\partial x_r} = a_r + 2\sum_s \beta_{rs} x_s \tag{6.65}$$

$$R = \sum \lambda_r x_r = \sum a_r x_r + 2\sum\sum \beta_{rs} x_r x_s \tag{6.66}$$

文章认为，（6.66）式形成以 R 为基准的等税收线。（6.64）式和（6.66）式为两相似椭圆，且中心连线与坐标原点同在一直线。

当决定税收总额为 R 时，（6.66）式的等效用线应一直扩张直到与等税收线相切，此切点即为最优税收的商品量。因两椭圆相似且中心都在过坐标原点的直线上，故最优商品量始终在这条直线上成比例运动，得证其结论。

拉姆塞由最优税收使各商品量成比例变化的结论推导最优税收与商品供给弹性和需求弹性的关系。鲍莫尔和布兰福德进一步由"拉姆塞法则"引申出"反弹性法则"，即若商品间不存在交叉效应，则税收与含税价格之比应与需求的价格弹性反向变动：需求价格弹性越高，税率应越低，反之税率应越高。

此直接与国计赋税理论冲突，国计赋税理论认为赋税主要与斜率有关，不取决于弹性。

拉姆塞模型及其结论在数学上存在一个问题：对什么变量进行优化。

从论证过程看，其唯一的最优化过程，是在税率 $\lambda_1, \lambda_2, \cdots, \lambda_n$ 既定时优化商品量 x_r，以获既定税率下最优效用。故拉姆塞模型并未优化税率。任何微小税率下，不管是不是最优税率都将得到拉姆塞关于各种商品量变化比例的同样结论。特别是拉姆塞假定对某些商品不征税仍然得到同样结论，就充分证明此点。

若拉姆塞要针对税率优化，则其应根据既定税率优化商品量后，把商品量转化为税率的函数。然后以税率为自变量进行优化，优化过程中应有如下优化形式：

$$\frac{\partial L}{\partial \lambda_r} = 0 \tag{6.67}$$

其中 L 为拉格朗日函数。然后才能计算出最优税率。

读者可回头看国计赋税理论中对税收 T 优化时取了变分 δT。此为同理。

故拉姆塞把既定税率下最优商品量选择混淆成最优税率选择，提出的拉姆塞法则就不对，在此基础上提出的“反弹性法则”也不对。

拉姆塞的几何证明也有增加假设条件的问题。其假设效用函数 $u = a + \sum a_r x_r + \sum\sum \beta_{rs} x_r x_s$ （$\beta_{rs} = \beta_{sr}$）中，显然把 β_{rs} 认为是常数才能判断其等效用线为封闭椭圆。若其不是常数那便不能得出此结论。例如，若效用函数 $u = a + x_1^{0.5} x_2^{0.6} - x_1 x_2$，此效用函数有极大值等效用函数特征，但其等效用线和等税收线均非椭圆，也就不存在过原点的直线上相切的问题，更推不出最优税率就是让各商品量等比变化的结论。

（三）米尔利斯最优税模型 *

1971 年米尔利斯和戴蒙德（Peter A. Diamond）合作发表在 *The Americam Economic Review* 上的 *Optimal Taxation and Public Production I*：*Production Efficiency* 和 *Optimal Taxation and Public Production II*：*Tax Rules* 进一步推广拉姆塞的理论。因其基于拉姆塞模型的同时也继承了 Ramsey 的错误，其结论也就不再有价值。

1971 年米尔利斯在 *The Review of Economic Studies* 上发表 *An Exploration in the Theory of Optimum Income Taxation* 探讨政府税收对个人影响的最优税收理论。米尔利斯认为税率应非线性累退，能力越高的人（一般表现为高收入）征收的边际税率越低，甚至对最高收入者征收的边际税率可为零。而对最低能力的人也应减少税率。米尔利斯因此获 1996 年诺贝尔经济学奖。米尔利斯此文的基本思想在综述中已述，这里直接进入论证过程。

由 *An Exploration in the Theory of Optimum Income Taxation* 和 1978 年 Robert Cooter 在 *The American Economic Review* 上对米尔利斯论文的阐述文章 *Optimal Tax Schedules and Rates*：*Mirrlees and Ramsey* 总结其论证如下：

令消费者效用函数 $u = u(-y, x)$，y 为消费者付出的劳动，x 为消费者消费的产品；第 n 种消费者产出（也即收入）为 $z = ny$；针对收入税收为 $T(z)$；第 n 种消费者概率密度为 $f(n)$，税额为 R。

第 n 种消费者的效用最优化表达式如下：

$$\max_{z,x} u(-z/n, x) \tag{6.68}$$

$$s.t: z - T(z) - x \geqslant 0 \tag{6.69}$$

最优化时有如下关系：

$$u_1 = n(1 - T'(z))u_2 \tag{6.70}$$

（6.70）式中 u_1, u_2 分别为效用的偏导。

现考察整个社会的效用福利最大化。

令整个社会的福利函数与单个消费者的效用关系是 $G(u)$，有社会总福利最优化式子：

$$\max_{z,x,T} \int_{N_1}^{N_2} G(u(-z/n, x)) f(n)\, dn \tag{6.71}$$

$$\frac{dR}{dn} = \frac{d\int_{N_1}^{n} T(z) f(n)\, dn}{dn} = \frac{d\int_{N_1}^{n} (z - x) f(n)\, dn}{dn} = (z - x) f(n) \tag{6.72}$$

$$\overline{R} = \int_{N_1}^{N_2} T(z) f(n)\, dn = R_{N_2} \tag{6.73}$$

（6.73）式中 $\overline{R}$ 为需要征收的总税额。

消费者个人最优化下的效用函数为：

$$v_n = \max u(-z/n, x) \tag{6.74}$$

$$\begin{aligned} \frac{dv}{dn} &= \left(-\frac{u_1}{n} \frac{dz}{dn} + u_2 \frac{dx}{dn} \right) + u_1 \frac{z}{n^2} \\ &= \left(-\frac{u_1 y}{n} + u_2 (y - T'(z) y) \right) + u_1 \frac{z}{n^2} \\ &= u_1 \frac{z}{n^2} \end{aligned} \tag{6.75}$$

现建立社会总效用福利最大化的最优化方程（原论文使用哈密顿优化方法，本质相同）。其约束为：

$$L = \int_{N_1}^{N_2} \left(G(v) f(n) + \mu \left(\frac{u_1 z}{n^2} - \frac{dv}{dn} \right) + \lambda \left((z - x) f(n) - \frac{dR}{dn} \right) \right) dn \tag{6.76}$$

消费者个人最优化时，个人消费效用最大值 v 与其劳动收入 z 对应，故（6.76）式中 z 已完成消费者个人最优，对应为 $z(v, x, n)$。

对（6.76）式最优化有如下关系：

$$\frac{\partial L}{\partial x_n}=0,\frac{\partial L}{\partial v_n}=0,\frac{\partial L}{\partial R_n}=0 \tag{6.77}$$

计算出的横截条件是：$\mu_{N_1}=\mu_{N_2}=0$　(6.78)

且 $\lambda\left(\frac{\partial z}{\partial x}-1\right)f+\mu\left(\frac{\partial(u_1 z/n^2)}{\partial x}\right)=0$　(6.79)

又因：

$$\frac{dz}{dx}=\frac{d(x+T(z))}{dx}=1+T'(z)\frac{dz}{dx} \tag{6.80}$$

解得：

$$\frac{dz}{dx}=\frac{1}{1-T'(z)} \tag{6.81}$$

由（6.79）式、（6.81）式解得：

$$T'(z)=\frac{-\mu\left(\frac{\partial(u_1 z/n^2)}{\partial x}\right)}{\lambda f\frac{dz}{dx}} \tag{6.82}$$

根据（6.78）式横截条件可得第 N_1、N_2 种人的收入边际税率应为0。

米尔利斯得出结论，要使得社会总效用福利最大化，极高收入者和极低收入者的边际税率都应趋向于0。税率应非线性累退。

米尔利斯跟拉姆塞一样误认了最优化对象，导致其结论错误。

（6.77）式 $\frac{\partial L}{\partial x_n}=0,\frac{\partial L}{\partial v_n}=0,\frac{\partial L}{\partial R_n}=0$ 中（米尔利斯原论文用哈密顿方式，但实质与此相同。且原论文还无 $\frac{\partial L}{\partial R_n}=0$ 一项，此项是 Robert Cooter 在总结论文中加的），$\frac{\partial L}{\partial x_n}=0,\frac{\partial L}{\partial v_n}=0$ 这两个条件不能存在于最优化方程中。因在单个消费者最优化中 x,v 均非自变量，它们唯一由 $n,T(.)$ 决定。其中 $T(.)$ 为税收自变函数，它以函数形式作为自变量。最优化时对 $T(.)$ 将取变分而非微分。而在整个社会最优化中连 n 都不是自变量，唯一自变量是税收函数 $T(.)$。

对单个消费者来说，税收标准使其决定消费和生产最优比例，也就决定既定税收下最优效用。整个社会的最优化福利取决于既定税收下所有消费者最优化效用总和。故唯一的自变量为 $T(.)$ 而不能是其他。这才符合“最优税制”的意思。若“税制”不是变量，何谈最优？

从数学形式上看，单个消费者既定税制下最优化时（6.70）式 $u_1 = n(1 - T'(z))u_2$ 已决定消费者的劳动量 y、生产量（或收入）$z = ny$、消费量 $x = ny - T(.)$。除非 $T(.)$ 发生变化 $\delta T(.)$ 否则其他量不能变。在社会福利最优化方程（6.76）式中，v,z,x,G 若表示成函数形式，应为 $v(n,T),z(n,T),x(n,T),G(v(n,T))$。

一阶最优化条件中不许有 $\frac{\partial L}{\partial x_n} = 0, \frac{\partial L}{\partial v_n} = 0$，米尔利斯的结论就成空中楼阁。因为其结论正是从这两个条件中得来。

赋税的一阶条件也不应写为 $\frac{\partial L}{\partial R_n} = 0$，而应写为：

$$\frac{\partial L}{\partial T_n} = 0 \text{。用变分形式来表达即 } \delta L(T) = 0 \tag{6.83}$$

（6.83）式是社会整体效用福利最优化的唯一一阶赋税优化条件。此条件和税收总额条件就可解出最优税制 $T(.)$ 的具体表达式。此表达式的结果才是最优税制。

米尔利斯若一定想用 $\frac{\partial L}{\partial x_n} = 0$ 也可。但他须把单个消费者行为的最优化约束条件用乘子写成 $\eta(u_1 - n(1 - T'(z))u_2) + \theta(z - T(z) - x)$ 放入（6.76）式（η,θ 为拉格朗日乘子），才可把 x_n 作为自由变量优化。关于此问题，在下面会继续遇到。在本书附录最优化约束条件部分内容也有详细阐述。

（四）最优消费税模型＊

前述对最优税制的批评，系指其未优化赋税变量和未平移供需曲线以致最优赋税与弹性关联的结论。有些最优税制模型试图弥补此缺陷，对赋税变量进行优化，仍得最优赋税与弹性的关系，原因何在？现以最优消费税模型为例分析①。

设在单一消费者经济中考察此问题。令 $u(x)$ 为消费者的直接效用函数且 $v(p,m)$ 为其间接效用函数，p 为生产价格，m 为消费者收入。若 t 为税收向量，则消费者面临价格向量是 $p + t$。这使消费者效用为 $u(p + t,m)$，政

① ［美］哈尔·瓦里安：《微观经济学》，周洪等译，经济科学出版社 1997 年版，第 437 页。

府收入为 $R(t) = \sum_{i=1}^{k} t_i x_i(p+t,m)$ 。

最优税收问题是，在既定税额 R 的约束下最大化消费者效用。

$$\begin{cases} \max\limits_{t_1,\cdots,t_k} v(p+t,m) \\ \sum\limits_{i=1}^{k} t_i x_i(p+t,m) = R \end{cases} \tag{6.84}$$

拉格朗日等式为：

$$L = v(p+t,m) - \mu\left(\sum_{i=1}^{k} t_i x_i(p+t,m) - R\right) \tag{6.85}$$

用 t_i 微分有：

$$\frac{\partial v(p+t,m)}{\partial p_i} - \mu\left(x_i + \sum_{j=1}^{k} t_j \frac{\partial x_j(p+t,m)}{\partial p_i}\right) = 0 \tag{6.86}$$

由罗伊法则：

$$\frac{\partial v(p,m)}{\partial p_j} = -\lambda x_j(p,m) \tag{6.87}$$

得：

$$-\lambda x_i - \mu\left(x_i + \sum_{j=1}^{k} t_j \frac{\partial x_j(p+t,m)}{\partial p_i}\right) = 0 \tag{6.88}$$

解得：

$$x_i = -\frac{\mu}{\mu+\lambda} \sum_{j=1}^{k} t_j \frac{\partial x_j(p+t,m)}{\partial p_i} \tag{6.89}$$

令希克斯需求函数为 $h(p,u)$ ，由斯卢茨基方程：

$$\frac{\partial x_j(p,m)}{\partial p_i} = \frac{\partial h_j(p,u)}{\partial p_i} - \frac{\partial x_j(p,m)}{\partial m} x_i \tag{6.90}$$

得：

$$x_i = -\frac{\mu}{\mu+\lambda} \sum_{j=1}^{k} t_j \left(\frac{\partial h_j}{\partial p_i} - \frac{\partial x_j}{\partial m} x_i\right) \tag{6.91}$$

此表达式可写为：

$$x_i \theta\left(\mu, \lambda, \sum_{j=1}^{k} t_j \frac{\partial x_j}{\partial m}\right) = \sum_{j=1}^{k} t_j \frac{\partial h_j}{\partial p_i} \tag{6.92}$$

写为弹性形式：

$$\theta = \sum_{j=1}^{k} t_j \frac{\partial h_j}{\partial p_i} \frac{p_j}{x_i} \frac{t_j}{p_j} = \sum_{j=1}^{k} \varepsilon_{ij} \frac{t_j}{p_j} \tag{6.93}$$

此方程意为税收选择应使对所有商品，希克斯交叉—价格弹性的加权和都相同。

在 $\varepsilon_{ij}=0(i\neq j)$ 的极端情形下该条件变为：

$$\frac{t_i}{p_i}=\frac{\theta}{\varepsilon_{ii}} \tag{6.94}$$

所有商品的税收/价格比与需求弹性的倒数成正比。这称为反弹性法则。经济含义是，应对相对需求无弹性的商品重税，而对相对需求弹性较大的商品轻税。

此最优消费税问题在于未考虑供给曲线的约束。其对赋税优化实乃计算征税后平移的需求曲线，然后考察点在新需求曲线上的移动关系而得反弹性法则。然而最优赋税应对不同赋税下供需曲线的交点变化进行比较。故最优消费税仍未摆脱拉姆塞以来的赋税优化错误。

（五）最优资本税模型＊

Christophe Chamley 于 1986 年发表在 *Econometrica* 上的论文 *Optimal Taxation of Capital Income in General Equilibrium with Infinite Lives* 中建立包括政府行为、消费者行为、厂商行为的最优化资本税模型。

令生产函数为 $F(k_t,l_t)$，k,l 为资本和劳动；g,b 为政府支出和政府债券；r,ω,δ,β 为利润、工资、折旧率和效用贴现率；R 为债券回报率；τ_t^l,τ_t^k 为工资和利润的税率。

消费者在生命期限内的消费和休闲的效用贴现和为（令 1 为消费者的所有时间）：

$$\sum_{t=0}^{\infty}\beta^t u(c_t,1-l_t) \tag{6.95}$$

政府税收和发行债券（包括偿还本期到期债券）的预算约束为：

$$g_t=\tau_t^k r_t k_t+\tau_t^l\omega_t l_t+\frac{b_{t+1}}{R_t}-b_t \tag{6.96}$$

政府行为外生给定时，消费者预算约束方程是所有税后收入等于储蓄从而用来增加资本存量和债券的持有额：

$$c_t+k_{t+1}+\frac{b_{t+1}}{R_t}=(1-\tau_t^l)\omega_t l_t+(1-\tau_t^k)r_t k_t+(1-\delta)k_t+b_t \tag{6.97}$$

由（6.95）式、（6.96）式、（6.97）三式对消费者行为最优化得：

$$u_l(t) = u_c(1 - \tau_t^l)\omega_t \tag{6.98}$$

$$u_c(t) - \beta u_c(t+1)(r_{t+1}(1 - \tau_{t+1}^k) + 1 - \delta) = 0 \tag{6.99}$$

又因厂商利润最大化时：

$$F(k,l) - r_t k_t - \omega_t l_t = 0 \tag{6.100}$$

联解（6.96）式与（6.100）式得：

$$F(k_t,l_t) - r_t(1 - \tau_t^k)k_t - \omega_t(1 - \tau_t^l)l_t + \frac{b_{t+1}}{R_t} - b_t - g_t = 0 \tag{6.101}$$

联解（6.97）式、（6.101）式得：

$$F(k_t,l_t) + (1 - \delta)k_t - c_t - g_t - k_{t+1} = 0 \tag{6.102}$$

把（6.101）式、（6.102）式作为包括厂商最优化条件、消费者最优性条件、政府预算约束条件，计算政府选择政府税收和花费，以极大化整个社会福利的拉格朗日函数：

$$\begin{aligned} L = \sum_{t=0}^{\infty}\beta^t (u(c_t, 1 - l_t) \\ &+ \Psi_t\left(F(k_t,l_t) - r_t(1 - \tau_t^k)k_t - \omega_t(1 - \tau_t^l)l_t + \frac{b_{t+1}}{R_t} - b_t - g_t\right) \\ &+ \theta_t(F(k_t,l_t) + (1 - \delta)k_t - c_t - g_t - k_{t+1}) \\ &+ \mu_{1t}(u_l(t) - u_c(t)(1 - \tau_t^l)\omega_t) \\ &+ \mu_{2t}(u_c(t) - \beta u_c(t+1)(r_{t+1}(1 - \tau_{t+1}^k) + 1 - \delta)) \end{aligned} \tag{6.103}$$

（6.103）式中，Ψ_t 为对应政府预算约束的拉格朗日乘子；θ_t 为社会资源约束的拉格朗日乘子；μ_{1t}，μ_{2t} 分别为对应消费者最优性条件的拉格朗日乘子。

资本存量 k 最优化条件为：

$$\theta_t = \beta(\Psi_{t+1}(F_k(t+1) - (1 - \tau_{t+1}^k)r_{t+1}) + \theta_{t+1}(F_k(t+1) + 1 - \delta)) \tag{6.104}$$

均衡时所有内生变量都为常数，则（6.104）式可写为：

$$\theta = \beta(\Psi(r - r(1 - \tau^k)) + \theta(r + 1 - \delta)) \tag{6.105}$$

各内生变量为常数时（6.99）式可改写为：

$$u_c - \beta u_c((1 - \tau^k)r + 1 - \delta) = 0$$

即：$1 - \beta((1 - \tau^k)r + 1 - \delta) = 0$　　(6.106)

联解（6.105）式和（6.106）式得：

$$(\theta+\Psi)(r-(1-\tau^{k})r)=0 \tag{6.107}$$

由（6.107）式得，$\tau^{k}=0$

此模型错误也很明显。赋税 τ_t^l、τ_t^k 必然要改变 r_t，ω_t 值，从而改变经济均衡。但本模型论证过程中却假定 r_t，ω_t 不改变，这等价于说赋税征收前后，经济均衡不变。结论是：赋税征收为0。

具体推导。从（7.88）式中提出一个约束式子即（6.101）式：

$$F(k_t,l_t)-r_t(1-\tau_t^k)k_t-\omega_t(1-\tau_t^l)l_t+\frac{b_{t+1}}{R_t}-b_t-g_t=0 \tag{6.108}$$

对此式关于 k_t 求导，得：

$$F_k(t)-r_t(1-\tau_t^k)=0 \tag{6.109}$$

又因厂商平衡条件：$F_k(t)-r_t=0$

设定 r_t，ω_t 不变，由（6.108）式、（6.109）式推导出 $\tau_t^k=0$。

但若将 r_t 作为变量，把 $F_k(t)=r_t$ 代入（6.101）式：

$$F(k_t,l_t)-F_k(t)(1-\tau_t^k)k_t-F_l(t)(1-\tau_t^l)l_t+\frac{b_{t+1}}{R_t}-b_t-g_t=0 \tag{6.110}$$

现再对（6.110）式关于 k_t 求导得：

$$F_k(t)-F_{kk}(t)(1-\tau_t^k)k_t-F_k(t)(1-\tau_t^k)-F_{lk}(t)(1-\tau_t^l)l_t=0 \tag{6.111}$$

此式放入（6.103）式中求解最优资本税，再得不出最优资本税为0的结论。

（六）经济学赋税政策含义

经济学最优赋税的政策含义：反弹性法则要求对需求弹性大的产品轻税，对需求弹性小的产品重税。此意味着对百姓刚性需求重税，必将加重整个社会负担。

经济学赋税理论论证出非线性累退税，对高收入阶层少征税甚至不征税，将所有赋税负担加到中产阶层上，必然导致中产阶层衰退，失去国家经济政治稳定的中坚力量。

经济学赋税理论论证出最优资本税为0，同样扩大社会贫富差距，导致两极分化。

而国计赋税理论中，赋税关联因素为供给曲线和需求曲线的斜率而非弹性。故对奢侈品类需求斜率绝对值大的产品应收重税，此赋税将主要由消费者而非生产者承受。但若此奢侈品为新兴产业，供给斜率绝对值也大，则赋税承担比例由两者斜率之比决定。此时赋税应谨慎以免打击新兴产业。

国计产业赋税理论虽未就人们收入水平研究赋税征收，但国计运行模型中研究消费资金与投资资金比例也要求保障中产阶层的利益，更不认为0资本税为最优税。

第七章　国计组织理论

国计组织是组织资源并划分职责以实施国计。其包括治国原则、法政制度、行政划分、民族制度、社会结构等。中国古代国计学与国计组织紧密联系，因为后者是实施前者的保障。在《管子》中就包括“立政”“制分”“法法”“明法”“正世”等国计组织内容。西方经济学中经济理论与制度建设亦为不可分割的部分。

一　中国古典国计组织理论

（一）中国传统的主权在民理论

虽然中国自古有王权，但王权之下所有臣民的法律地位基本平等。王权尊奉君权天授的思想，而这个“天”就是人民。《太甲下》说：“皇天无亲，唯德是辅；民心无常，唯惠之怀。”强调天对任何权力者都不会亲近，权力并非来自神权授予而来自人民。《泰誓》说：“天视自我民视，天听自我民听”，“民之所欲，天必从之”。因此中国自古王权的合法性理论为君权民授。自然地古代中国就有了主权在民的思想，如“大道之行，天下为公”（《礼记》），“天下非一人之天下，乃天下之天下也”（《六韬》）。这些思想并非君王居高临下的亲民姿态，相反直截了当地论述了主权在民。

这与古代欧洲相反。即使在古希腊、古罗马的小城邦时代，农工商阶层和奴隶阶层也没有任何政治权利，其基本理论是主权在贵族；进入帝国时代以后，欧洲王权的合法性来自于君权神授，强调因信称义，其合法性与民众没有关系。从今天英国女王全称“天佑大不列颠及北爱尔兰联合王国和她的其他领土及领地的女王、英联邦元首、基督教护教者伊丽莎白二世”可对古代欧洲的王权窥之一二。欧洲等级森严的世袭贵族制度也一直沿袭，1688年乔治王朝就把英国社会分为26种等级。

文艺复兴后，中国主权在民思想、一视同仁的平民制度、不分贵贱的科举制度传播到欧洲，撼动了欧洲的神权统治和世袭贵族制度，主权在民的思想开始在欧洲发展，在欧洲形成了平民、王权、贵族权三股力量。

（二）中国传统的民主自治制度

古代中国在乡村一级大多民主自治。例如，陕西韩城党家村是陕西省历史文化保护村，遗留下来了中国古代乡村自治资料。党家村在设立祠堂时，各家要拿出一定的经费和土地作为祠堂的公共财产，每个祠堂都有一定数量的土地和基金，土地租金和基金的利息就是祠堂收入。祠堂管理分两个层次：一是财物、账目管理，俗称“管匣子”，推举二或三人不等；二是具体组织各节祭祀和分配祭祀供品，由本祠堂男丁轮流承担。十八至五十九岁所有男丁编为二十多组，每年一个组“做节”，周而复始。中国许多地方都保留一种“公直老人村政制度”。这种村政制度就是中国乡村自治制度的核心内容。党家村一般由两姓共推选出八位“老人”组成一个类似委员会的机构，这八位老人中选择六位老人担任“公直”组成管理村务的班子。老人的职责偏重于决策、监督和发号施令；公直重在执行和管理。他们可以对村民发布文告，只要后面签署“公直老人同具”就在村里具有相当大的效力。公直老人对全村的安全事务、公共设施的兴建修缮、突发事件的应对策略都要筹划拍板。

这与古希腊的城邦制度极为相似。但中国古代乡村的自治权利是所有人都享受，而古希腊的城邦制度只有极少数人享受政治权利。其“民主”“自由”固然与中国古代乡村自治不可比，与今天更根本不同。例如，亚里士多德《政治学》中说：“在这个位置以下，应该留有一片公共广场，其性质与作用犹如帖撒利亚人所命名为‘自由’的那一广场。这里除经行政人员所召集的人之外，凡商人、工匠、农夫或者其他类似的人们，全不许入内。”这段话为古希腊的“自由”含义做了最好的注释。

有不少学者疑惑，为什么中国自古就有乡村自治制度，但却没有发展为当代西方的政治制度。其实亚里士多德的《政治学》已给出清晰解释：“一个城邦的公民，为了解决权利的纠纷并按照各人的功能分配行政职司，必须互相熟悉各人的品性。倘各不相知，那职司的分配和案情的裁断两者都不免有所失误。对这类重大事件，临时随意处理，总会多出纰漏，但是人口倘使确属过多，就显然没法作周到的措置……从这些分析中，我们已经可清楚地见到一个城邦最适当的人口限度：这该是足以达成自给生活所需要而又是观察所能遍及的最大数额。”

亚里士多德指出，当城邦的规模大到人们不能相互熟悉时，城邦制度就不再适用。罗马帝国走向帝制正是这种说法的证明。

中国乡村自治也面临这样的问题。当国家规模使得人们之间无法彼此熟悉时，乡村自治制度也不适用了。必然在乡村自治制度之上另有一套适应大国治理的制度。从这个角度说，古代中国实在已把可能做到的民主发挥到极致。

即使在乡村自治下也不可能做到纯粹的全民决策，仍需公选的专业管理人员来发布命令、行使管理职能。亚里士多德在《政治学》中关于全民决策说：“又一种平民政体和上述这一种类似，凡属公民都可受职，但其政事的最后裁断不是决定于法律而是决定于群众，在这种政体里，依公众决议所宣布的‘命令’就可以代替‘法律’，城邦政治上发生这种情况是平民领袖造成的。以法律为依归的平民政体，主持公议的人物都是较高尚的公民，这就不会有平民领袖。平民领袖仅产生在不以法律为最高权威的城邦中。在这里，民众成为一位集体的君主；原来只是一个个的普通公民，现在合并为一个团体而掌握了政权，称尊为全邦。荷马的诗说，‘岂善政而出于多门’，他所谓‘多’是指多数的民众集体地发号施令或指若干执政各自为主，我们这里不能够确定。可是，这样的平民，他们为政既不以‘法律’为依归，就包含着专制君主的性质。这就会渐趋于专制，佞臣一定取得了君主的宠幸而成为一时的权要。这种平民政体类似一长制（君主政体）中的僭主政体。两者的情调是相同的，他们都对国内较高尚的公民横施专暴，平民群众的‘命令’有如僭主的‘诏敕’，平民领袖就等同于、至少类似僭主的佞臣；在这种平民政体中，好像在僭主政体中一样，政权事实上落在宠幸的手里。平民领袖们把一切事情招揽到公民大会，这样用群众的决议发布命令以代替法律的权威。群众一旦代表了治权，他们就代表了群众的意志；群众既被他们所摆布，他们就站在了左右国政的地位。还有那些批评和指控执政的人们也是同造成这种政体有关联的。他们要求由‘人民来作判断’；于是人民马上接受那些要求，执政人员的威信从此扫地而尽。这样的平民政体实在不能不受到指摘，实际上它也不能算是一个政体。”

这就可以清晰地看到，即使在乡村自治规模，民粹也将带来灾难。所以《政治学》又说："在极端平民政体中，处处高举着平民的旗帜，而那里所行使的政策实际上恰好违反了平民的真正利益。这种偏差的由来在于误解了自由的真正含义。大家认为平民政体具有两个特殊的观念：其一为'主权属于多数'，另一为'个人自由'。平民主义者先假定了正义在于'平等'；进而又认为平等就是至高无上的民意；最后则说'自由和平等'就是'人人各行其意愿'。在这一种极端化的平民政体中，各自放纵于随心所欲的生活，结果正如欧里庇特所谓的'人人都各如其妄想'，而实际上成为一个混乱的城邦。这是种卑劣的自由观念。"

当国家规模远超过乡村时，绝对的自由和民粹就更不可行。大国治理需要极强的专业技术。行使这种专业技术的，在秦朝以后的中国为官僚系统的专业政治，在古欧洲为封建贵族体系。

（三）中国传统的民主政治与专业政治

一个国家若纯粹通过大众公决来处理事务，那就是民粹，必然走向分裂；若完全建立独裁政府剥夺民众民主权利，那就必形成等级森严的贵族体制，也将走向分裂。只有民主政治与专业政治的平衡才可能实现国家的治理。

这就是中国自古的中庸之道，"执两取中"亦是中国自古"天道"与"人道"的统一。

中国自古就有主权在民的理论。与同时代欧洲的奴隶制相比较，虽中国也有少量奴婢，但并不承担主要生产活动而主要用于家庭服务；奴婢的生存权、人身自由权、人格权、财产权也远高于同时代的欧洲奴隶。就大多数而言，中国民众自古就有高度的自由和权利，可通过举荐、考试担任官职甚至位列三公，对官员没有人身依附关系，经商自由、信仰自由。由于民众与地方官僚的法律地位相对平等，地方官僚没有能力独裁民众，民众与中央政府的沟通渠道相对畅通。若地方官僚惹怒民怨，中央政府很快就会知道并法办地方官僚。

所以孟子说："得乎丘民而为天子，得乎天子为诸侯，得乎诸侯为大夫。"可以想象若古代中国的地方官僚可以像欧洲那样把当地人民完全作为奴隶来役使，那中国必会出现欧洲"我奴隶的奴隶不是我的奴隶"的现象，中国的统一将非常困难。

因此古代中国的政治体制形成了中央政府—地方政府—民众之间的平衡关系。地方官僚的专业政治帮助中央政府治理国家，民众的民主一方面解决乡村自治，另一方面起到了维护中央政令、统一国家的作用。

有些人甚至包括宪政学者对民主和民粹的理解有偏差。例如，有的学者说："民主之'民'，指的是全民：议事时按多数人意见决定问题，但保护少数人。保护少数人的方式是在议事、做决定和执行决定的过程中，始终从制度上保证少数人的批评权或表达反对意见之权。在民主的本义看，如果少数人批评或表达反对意见之权利无制度保证，那就没有民主。而民粹之'民'，理论和实践上都只是指全体国民中抽象的'多数人'，只强调少数服从多数，不从制度上保障少数人批评或表达反对意见的权利。"

这些学者看来，民主与民粹的区别在于是否在按照多数人意见决定问题时，在制度上保护少数人的批评权和反对权。若有保护少数人的批评权和反对权制度，这就是民主，否则是民粹。

这种理解并不正确。若依照多数人决定问题的原则，那么少数人与多数人抵触时，即使有批评权和反对权可投否决票，又有什么用呢？难道不还是得服从多数人投票结果吗？这怎么是民主与民粹的区别呢？

民粹政治的基本含义是所有人一律平等，一人一票，按多数票决策，其对立面是专业政治，其他人没有投票权，只有少数人可以做决定。民主则是民粹政治与专业政治的中庸之道，一方面设计一人一票的制度，另一方面设计某些经过特定程序选拔的专业精英，有权对大众投票做出的决策依法定程序予以修改甚至驳回的权力。因此民主制度的确有针对少数人的设计，但这少数人不是某些学者说的那种被多数人暴政损害利益的少数人，而是具有较高素质、具有特别政治权力和地位、有条件以专业精英视角和知识对方案进行整体利益和长远利益权衡的少数人。当然这少数人的权力也要受限，如可能只有搁置权、否决权，但没有提案权，提案权由大众民主掌握，由此达到共和平衡。

正是这少数专业精英的全局意识和特别政治权力，有条件在多数人投票的方案不合理，如毫无必要地损害少数人利益时或只考虑短期利益时，专业精英可以发现这一点并动用法定权利要求修改此方案甚至否决此方案，直到此方案可以最有效地兼顾多数人和少数人利益为止。这才是真正的民主设计，是民主与民粹的根本区别。

（四）中国传统的法政体制

1. 民主政治与专业政治的统一

古代中国的政治体制形成了中央政府—地方政府—民众之间的平衡关系。地方官僚的专业政治帮助中央政府治理国家，民众的民主一方面解决乡村自治，另一方面维护中央政令、统一国家。此即孟子说："得乎丘民而为天子，得乎天子为诸侯，得乎诸侯为大夫"的含义，也是民主政治与专业政治的统一。

2. 法的基本精神

法治来源于《管子·明法》的"以法治国，则举措而已"。《韩非子·有度》也明确说"以法治国，举措而已矣"。

中国古代法学理论中清晰讲述了法的基本精神：

"罪人当名曰刑，出令时当曰政，当故不改曰法，爱民无私曰德，会民所聚曰道"（《管子·正第》），强调罪刑相适应，政令合乎时宜，法律符合民众习俗，具有稳定性，法律面前人人平等，并且法律的前提是符合大众利益。因此又特别强调"宪律制度必法道"（《管子·伍法》）。

中国古代法律强调平等。《韩非子·有度》："故以法治国，举措而已矣。法不阿贵，绳不挠曲。法之所加，智者弗能辞，勇者弗敢争。刑过不辟大臣，赏善不遗匹夫。故矫上之失，诘下之邪，治乱决缪，绌羡齐非，一民之轨，莫如法。"

3. 立法、行政、监察垂直分职制度

中国自古发展起权力分职和监督的理论和实践。"明主之治也，明于分职，而督其成事"（《管子·版法》），"明分任职，则治而不乱，明而不蔽矣"（《管子·小问》）。

特别地，中国最早建立起立法、行政、监察分职的法政体制。

"是故有道之君，上有五官以牧其民，则众不敢逾轨而行矣；下有五横以揆其官，则有司不敢离法而使矣。朝有定度衡仪，以尊主位，衣服緷絻，尽有法度，则君体法而立矣。君据法而出令，有司奉命而行事，百姓顺上而成俗，著久而为常，犯俗离教者，众共奸之，则为上者佚矣。"（《管子·君臣》）

这段话囊括了中国古代的法政体制基本要素。君王是立法机构，官员是行政机构（五官），并设有监察机构（五横）。

中国古代法治理论要求君王只能行使立法权，不能干预众官职责内的事务；各官吏也不能逾职行事。“夫生法者，君也；守法者，臣也；法于法者，民也”（《管子·任法》），“为人君者，修官上之道，而不言其中；为人臣者，比官中之事，而不言其外”（《管子·君臣》）。

作为更一般的法律原则，中国古代法治理论指出议事与行事应予分职。“主管谋划的人不参与具体事务；亲身参与事务工作的人不管掌握原则。所以做君主的只谋虑思患而不从事劳作；做百姓的只从事劳作而不管谋虑思患。君臣上下的职分明确定下来，礼制就建立起来了。”（是故始于患者，不与其事；亲其事者，不规其道。是以为人上者患而不劳也，百姓劳而不患也。君臣上下之分素，则礼制立矣。《管子·君臣》）

中国古代法治理论将政令统一、限制君权于立法、否定人治的关系进行了完美论证。

“做君主的亲自考察百官，就会时间不够、精力不足。而且君主用眼睛看，臣子就修饰外表；君主用耳朵听，臣子就修饰言辞；君主用脑子想，臣子就夸夸其谈。先王认为这三种器官不够，所以放弃自己的才能而依赖法治，严明赏罚。先王掌握着关键，所以法令简明而君权不受侵害。”（夫为人主而身察百官，则日不足，力不给。且上用目，则下饰观；上用耳，则下饰声；上用虑，则下繁辞。先王以三者为不足，故舍己能而因法数，审赏罚。先王之所守要，故法省而不侵。《韩非子·有度》）

韩非子强调君臣职责不能混淆：“事物有它适宜的用处，才能有它施展的地方，各得其所，所以上下无为而治。让公鸡掌夜报晓，让猫来捕捉老鼠，如果都像这样各展其才，君主就能够无为而治。君主显示自己的特长，政事就不能办成。君主喜欢自夸逞能，正是臣下进行欺骗的凭借；君主喜欢惹是生非，卖弄口才和智力，正是臣下加以利用的依托。君臣职能颠倒着使用，国家因此得不到治理。”（夫物者有所宜，材者有所施，各处其宜，故上下无为。使鸡司夜，令狸执鼠，皆用其能，上乃无事。上有所长，事乃不方。矜而好能，下之所欺；辩惠好生，下因其材。上下易用，国故不治。《韩非子·扬权》）

“所以明君用法选人，不用己意推举；用法定功，不用己意测度。能干的人不可能埋没，败事的人不可能掩饰，徒有声誉的人不可能升官，仅受非议的人不可能斥退，那么君主对臣下就辨得清楚而易于治理了，所以君主依法办事就可以了。”（故明主使法择人，不自举也；使法量功，不

自度也。能者不可弊，败者不可饰，誉者不能进，非者弗能退，则君臣之间明辩而易治，故主仇法则可也。《韩非子·有度》)

韩非子批评人治，并表示法治之下，即使君王不是精英也优于精英专制："放弃法治而凭主观办事，就是尧也不能治理好一个国家；不要规矩而胡乱猜测，就是奚仲也不能做好一个轮子；废弃尺寸而比较长短，就是王尔也不能做到半数符合标准。假如中等才能的君主遵循法治，笨拙的匠人掌握规矩尺寸，就会万无一失了。做君主的能去掉贤人、巧匠也办不成事情的做法，奉行中主、拙匠都万无一失的做法，人们就会竭尽全力，功名也会建立起来。"（释法术而心治，尧不能正一国，去规矩而妄意度，奚仲不能成一轮；废尺寸而差短长，王尔不能半中。使中主守法术，拙匠守规矩尺寸，则万不失矣。君人者能去贤巧之所不能，守中拙之所万不失，则人力尽而功名立。"《韩非子·用人》)

"上面干预下面的职务叫'矫'；下面干预上面的事情叫'胜'。在上的人'矫'，就是悖谬；在下的人'胜'，就是叛逆。国家如有悖逆违抗的行为，那就是拥有国土统治人民的君主丧失了纲纪的结果。所以，区别上下关系、规正君臣职分，叫'理'；顺理而行，没有错误，叫'道'。道德规范一确定，人民就有轨道可循。有道之君善于明确设立法制，而不用私心来阻碍。但无道的君主就是已经设立法制也还要弃法而行私。做人君的弃法而行私，那做人臣的就将以私心作为公道。所谓不违公道，实际上也就是不违私道了。"（是以上及下之事谓之矫，下及上之事谓之胜。为上而矫，悖也；为下而胜，逆也。国家有悖逆反迕之行，有土主民者失其纪也。是故别交正分之谓理，顺理而不失之谓道。道德定而民有轨矣。有道之君者，善明设法，而不以私防者也。而无道之君，既已设法，则舍法而行私者也。为人上者释法而行私，则为人臣者援私以为公。《管子·君臣》)

管仲指出君权超出立法权的后果："君道与臣道混淆不分，国家就要混乱；把国权专授予人，君主就会失国。国家有四种危亡的表现：法令一开始就发不出去，叫'灭'；发出而中道停留，叫'壅'；下情一开始就不能上达，叫'塞'；上达而中道停止，叫'侵'。灭、侵、塞、壅现象的产生，都是由于法度没有确立造成的。"（故君臣共道则乱，专授则失。夫国有四亡：令求不出谓之灭，出而道留谓之拥，下情求不上通谓之塞，下情上而道止谓之侵。故夫灭、侵、塞、拥之所生，从法之不立也。《管

子·明法》）

到我国汉朝光武时期，法政体制发展为御史中丞、司隶校尉、尚书令的“三独坐”，加上皇帝这个立法者，就已形成比较成熟的立法、行政与监督行政的三权垂直领导架构。唐朝设置中书省立法，门下省审批立法（包括审批皇帝的诏令），尚书省行政，御史台直属中央（曾称宪台，亦是“宪”之渊源之一）监督行政。对比当代美国体制，中书省权力略似众议院，门下省权力略似参议院，尚书省类似行政系统，御史台类似司法系统。

总而观之，中国古代行政司法不分、民事刑事不分，但立法、行政、监督行政（监察）却职责分明。行政权和监督行政权都从中央垂直管理，不允许地方将行政权和监督行政权合为一体。

4. 政令统一制度

以上关于中国古代法治理论的阐述无疑让很多人疑惑。因为一直以来，尤其是韩非子等法家给大家的印象已定型为推崇君权，怎么本书提供的资料却是限制君权呢？

不仅韩非子，几乎所有中国古代主张法治的学派都要求限君权于立法权，否则君权必旁落于重臣。这也是《道德经》“欲将取之，必先予之”的含义。事实上法家与道家一样都强调君王清静无为，不要干预司法行政，“常有司杀者杀。夫代司杀者杀，是谓代大匠斫。夫代大匠斫者，希有不伤其手矣”（《道德经》）。《韩非子》中就有“解老”“喻老”两篇关于《道德经》与法家统一解说的文章。

韩非子对《道德经》“绝圣弃智”的解释值得关注，其指出要抛弃藐视法律的圣和智。“明君之道，使智者尽其虑，而君因以断事，故君不躬于智；贤者敕其材，君因而任之，故君不躬于能；有功则君有其贤，有过则臣任其罪，故君不躬于名。是故不贤而为贤者师，不智而为智者正（《韩非子·主道》）。”管仲也说“圣君任法而不任智，任数而不任说，任公而不任私，任大道而不任小物，然后身佚而天下治（《管子·任法》）”。因此《道德经》所弃的圣智，是藐视法律的圣智，而不是遵守法律的圣智，绝圣弃智不是为了愚民，而是要君民谨守法度。

中国古代法政理论强调君权的绝对权威，系指立法权的权威，强调一个国家只能有一个最高立法权，不能有多个最高立法权，并非说君权可以侵犯百官的事权。“法政独出於主，则天下服德（《管子·明法解》）”，

"官属不理，分职不明，法政不一，百事失纪曰乱（《孔子家语·执辔》)"，"威不貳错，制不共门。威、制共，则众邪彰矣；法不信，则君行危矣；刑不断，则邪不胜矣（《韩非子·有度》)"。

中国古代君王的立法权是最高立法权，其所制定的宪法是最高法，一旦制定，君王自己也必须遵守。"不为君欲变其令　令尊于君（《管子·法法》)"，"虽圣人能生法，不能废法而治国。故虽有明智高行，倍法而治，是废规矩而正方圆也（《管子·法法》)"。

中国古代君王立法专门设置有民众议法机构，"齐桓公问管子曰：'吾念有而勿失，得而勿忘，为之有道乎？'对曰　'勿创勿作，时至而随。毋以私好恶害公正，察民所恶，以自为戒。黄帝立明台之议者，上观于贤也；尧有衢室之问者，下听于人也；舜有告善之旌，而主不蔽也；禹立谏鼓于朝，而备讯也；汤有总街之庭，以观人诽也；武王有灵台之复，而贤者进也。此古圣帝明王所以有而勿失，得而勿忘者也。'桓公曰：'吾欲效而为之，其名云何？'对曰：'名曰啧室之议。曰：法简而易行，刑审而不犯，事约而易从，求寡而易足。人有非上之所过，谓之正士，内于啧室之议。有司执事者咸以厥事奉职，而不忘为。此啧室之事也，请以东郭牙为之。此人能以正事争于君前者也。'桓公曰：'善。'（《管子·桓公问》)"

5. 法律公开培训制度

《管子·立政》中记载当时齐国推行宪法的情况："正月之朔，百吏在朝，君乃出令，布宪于国。五乡之师、五属大夫，皆受宪于太史。大朝之日，五乡之师、五属大夫，皆身习宪于君前。太史既布宪，入籍于太府，宪籍分于君前。五乡之师出朝，遂于乡官，致于乡属，及于游宗，皆受宪。宪既布，乃反致令焉，然后敢就舍。"从这段话可以看到宪法并非随意发布，而是每年正月发布一次，然后组织各地官吏学习宪法，要求民众都能熟悉。

6. 权力协同的勾检制度

与当前盛行的三权分立一味强调分立制衡不同，古代中国更强调权力的勾检，并设有专门的勾检制度。勾检制度利用同一流程中各分职权力机构的文书来交叉检验分立权力，并通过书面内容审查和时间进度审查确保流程的完整性和顺畅性。

中国勾检制度是世界上最早的流程管理技术。权力分职不是为了权力分立和彼此制衡以至相互扯皮、降低政府工作效率，而在于交叉校验、顺畅流程、提高政府工作效率。勾检制度把权力分职与权力协同结合到一起。

7. 审判分离制度

中国最早分割监察权的流程，防止因为完整的监察权集中到单个机构中以致无人监察监察者的后果。例如，到今天来看仍然举世无双的司法制度：审判分离。魏晋始至隋开皇六年都基本实行审判分离制度，开皇六年后审判分离制度被废，直至宋太祖时，“鞫谳分司”（简称审判分离制度）“复活”，并伴随两宋始终，是宋朝司法制度一项极其重要的基本原则。鞫是指审理犯罪事实。谳是指检法议刑。宋朝中央和地方都实行鞫谳分司制度。鞫谳分司强调两司独立行使职权，不得互通信息或协商办案，有利于互相制约、防止舞弊行为，从而极大限制了监察权的滥用。纵观历史，有宋一代冤狱比例较少、法治较为清明、权力失衡的情况很少出现，这与宋朝分割监察流程来解决“谁来监察监察者”的问题密不可分。

8. 中央任命各级监察制度

中国传统垂直监察体系亦并非上下级行政领导关系。

在一定级别以上，下级监察官并非由上级任命而是皇帝直接任命。唐代五品以上台谏官如御史大夫、御史中丞、给事中、谏议大夫、散骑常侍等皆为君主制授，而三院御史以下，补阙、拾遗则为敕授。不论制、敕，皆由宰相进拟名单，君主亲自确定。明代监察官人数大增，皇帝仍常亲自过问御史的选授，甚至亲自召见御史。洪武十四年规定：“四品以上及一切近侍官与御史为耳目风纪之司，……不在常选者，任满黜陟，取自上裁。”①

9. 各级监察互纠制度

由于监察官并非由直接上级任命，因此监察官享有独立行使职权的权力。御史弹劾、谏官言事常可以不经过本部门长官而直接上奏皇帝。唐长安四年，监察御史肖至忠弹劾宰相苏味道后，御史大夫李承嘉曾责之曰“近日弹事，不咨大夫，礼乎？”肖至忠答曰：“故事，台中无长官。御史人君耳目，比肩事主，得各自弹事，不相关白。若先白大夫而许弹事，如弹大夫不知白谁也！”李承嘉无言以对，可见御史弹劾直奏皇帝已有惯

① 《明史》卷71《选举三》。

例。唐至德元年肃宗明令“御史弹事自今以后，不须取大夫同置”。建中元年德宗再重申：“御史得专弹劾，不复关白于中丞大夫。”[①] 谏官情况也类似，至德元年九月曾敕令“谏议大夫论事，自今以后不须令宰相先知”[②]。咸通十一年同昌公主薨，懿宗迁怒医官用药无效，“系之狱”，宰相刘瞻召谏官令上疏，但谏官无敢言者，宰相只好“自上章极言”[③]，当知谏官言事可不受宰相指令和影响。明代监察制度也大体如此，武宗正德初，御史陆崑陈重风纪八事疏中有：“御史与都御史，例得互相纠绳，行事不宜牵制。”[④] 洪武初年监察御史韩宜可弹劾丞相胡惟庸“险恶似忠……擢置台端，擅作威福”[⑤]。

这样，中国实现从法政政体到法政体制的具体化，避免出现“我奴隶的奴隶不是我的奴隶”的欧洲贵族割据后果。中国的法政体制，包括文官制度、内阁制度、考试制度等都对西方的法政制度产生深远影响。

（五）西方传统宪政体系

1. 西方传统的封建等级制度

古希腊古罗马缺乏法律平等的思想。古希腊城邦中人数最多的农工商和奴隶阶层并不具备公民资格，不享有政治权利。亚里士多德《政治学》中说：

“我们所讲的本题为‘最优良的政体’，理想政体应该是城邦凭以实现最大幸福的政体。这种政体，我们前面曾说明，要是没有善行和善业，就不能存在。据这些原则，组成最优良政体的城邦诸分子便应是绝对正义的人们而不是仅仅和某些标准相符，就自称为正义的人们；这样的城邦显然不会以从事贱业为生而行动有碍善德的工匠和商贩为公民。忙于田畴的人们也不能作为理想城邦的公民；培育善德从事政治活动，都必须有充分的闲暇。”

“执掌这些权力的人们也应是有财产的人们。我们这个城邦中的公民必须家有财产，这个城邦只有他们才能成为公民。工匠阶级以及其他不能

① 《唐会要》卷 61《弹劾》。
② 《唐会要》卷 55《谏议大夫》。
③ 《唐会要》卷 52《忠谏》。
④ 《明史》卷 188《陆崑传》。
⑤ 《明史》卷 139《韩宜可传》。

'制造'善行的阶级都不能列入这个城邦的名籍中。按照理想城邦的原则，显然会导致这样的结论：幸福基于善德，在一个城邦的诸分子中，倘使只有一部分具备善德，就不能称为幸福之邦，必须全体公民全都快乐的城邦才能达到真正幸福的境地。考虑到田畴的劳作应该归属于奴隶或非希腊种姓的农奴，我们认为产权确实应该归于公民。"

古罗马也是贵族统治，平民、奴隶、女人都没有政治权利。后期平民的政治权利有所上升。但到公元前82年苏拉建立了军事独裁统治，自此以后罗马进入贵族和君王共同统治的帝国时代。

著名的罗马十二铜表法体现了古代欧洲的暴虐，其中规定：

"家属终身在家长权的支配下。家长得监察之、殴打之、使作苦役，甚至出卖之或杀死之；纵使子孙担任了国家高级公职的亦同。"

"除维斯塔（Vesta）贞女外，妇女终身受监护。"

"在族亲（agnatio）监护下的妇女，其所有要式移转物（resmancipi）不适用时效的规定；但妇女转让其物时，曾取得监护人同意的，不在此限。"

"外国人永远不能因使用而取得罗马市民财产的所有权。"

"折断自由人一骨的，处300阿斯的罚金；如被害人为奴隶，处150阿斯的罚金。"

"现行窃盗被捕，处笞刑后交被窃者处理；如为奴隶，处笞刑后投塔尔佩欧（Tarpeio）岩下摔死。如为未适婚人，由长官酌处笞刑，并责令赔偿损失。"

"平民和贵族，不得通婚。"

"在第三次牵债务人至广场后，如仍无人代为清偿或保证，债权人得将债务人卖于台伯河（Tiber）外的外国或杀死之。"

"如债权人有数人时，得分割债务人的肢体进行分配，纵未按债额比例切块，亦不以为罪。"

"以文字诽谤他人，或公然歌唱侮辱他人的歌词的，处死刑。"

恩格斯指出："后世的立法，没有一个像古雅典和古罗马的立法那样残酷无情地、无可挽救地把债务者投在高利贷债权者的脚下。"

与中国自古法律公开、公平、公正的主张不同，罗马法强调"刑不可知，则威不可测"。十二铜表法制定后，负责解释和补充工作的是祭司团的祭司。他们为永远垄断法律的解释权，将法律的"奥秘"处记载成册藏于密室，两百多年后才开始公开。即使如此，罗马法自始至终主要只公布民法而不公布行政法、刑法，以致罗马法基本上是民法而几乎没有行政法、刑法。不少学者把罗马法缺少行政法、刑法看成是当时罗马国家机器民主文明的标志，俨然当时罗马国家机器极少执行刑罚一样。

与法律平等的原则相反，古罗马法采用属人主义而非属地主义的原则。其市民法的主体范围仅限于罗马公民。平民不是市民法的权利主体，不受市民法保护，奴隶和女人就更不用说了。从公元前3世纪中叶开始在罗马逐渐形成了适用于罗马统治范围内一切自由民的法律即万民法。但市民法和万民法主要属于民法范畴，若罗马公民与平民没有基本平等的民事权利，那么基本的商品交易都难以进行，这是市民法与万民法不得不合一的根本驱动力。公元212年罗马法承认自由民中的平民也享有市民权，这就是所谓万民法与市民法合一。但奴隶、女人仍不享受这些权利，父亲在家庭中仍享有绝对的权力，叫家父权。

虽然罗马法几乎没有公开的行政法和刑法，但不意味着罗马没有国家机器和刑罚。相反，由于没有公开的行政法和刑法约束，罗马国家机器可以口含天宪。罗马法在刑法领域的属人主义与暴虐就更严重。从早期十二铜表法到东罗马帝国时期查士丁尼的《国法大全》都充分体现了这点。《国法大全》D48. 19. 16. 1条规定对犯罪必须要考虑身份。D48. 19. 16. 3条规定："身份：要分别观察实施行为者和承受行为者的身份。事实上，由于同样的罪行，奴隶和自由人受不同的惩罚；而敢于对主人或尊亲做某事的人，与敢对家外人做某事的人；敢对长官做某事的人，与敢对私人做某事的人，都受不同的惩罚。"例如，《国法大全》中说，"关于谋杀和投毒，较低贱的人通常被以十字架钉死，或被投放给野兽；而较高贵的人则被流放海岛"。罗马法的刑罚也非常严酷，罗马帝国时代的刑罚包括砍头、绞刑、杖毙刑、十字刑、兽食刑、禁绝水火、焚刑、野兽食、判作奴隶等。杀亲罪中的庞培法规定把罪犯与狗、公鸡、蛇、猴封闭在一个袋内扔到海中或河里。

另外，罗马诸法典如《国法大全》仅汇集了零散的皇帝谕令，并非《秦律》《唐律》这样对谕令进行法理梳理和修法改编后的大型法典，因此其无法避免法令之间的冲突，以及与各诸侯国法令的冲突。随着新法令不断产生，基督教成为国教后又有宗教法，日耳曼人兴起后又有蛮族法典，罗马法典事实上仅在很小的范围适用。

罗马帝国被蛮族覆灭后，古欧洲文化被付之一炬，欧洲进入中世纪的神权统治和等级森严的贵族统治，并由此长期分裂。

综合来看，在古希腊古罗马的小城邦时代，农工商阶层和奴隶阶层没有任何政治权利，其基本理论是主权在贵族；进入罗马帝国时代以后，欧洲王权的合法性来自于君权神授，强调因信称义，其合法性与民众没有关系。欧洲等级森严的世袭贵族制度也一直沿袭，每个阶层的人都绝对依附于上一个阶层，下阶层的人基本上没有可能跳到上一阶层上去。在这种独裁体制下，下阶层的人完全被上阶层的人控制，没有能力把自己的呼声反映到更上阶层。古代欧洲高度独裁必然加速国家分裂而不是巩固国家统一。因为当中央政府独裁时，地方政府也必然独裁。独裁的地方政府有能力阻断中央政府与民众的联系，使中央政府政令不行，失去对地方政府的控制。所以欧洲有"我奴隶的奴隶不是我的奴隶"的说法。正如中国哲学的物极必反，对人身的绝对控制是欧洲分裂的重要原因。

2. 西方传统的单层宪政体制

与中国"宪律制度必法道"的精神及权力垂直分职勾检的法政相比对，古代欧洲以皇帝或贵族宪法为基础的宪政体制相对简单。

"宪法"这个词，无论在西方还是中国都早已有之，例如《管子·立政》中的"正月之朔，百吏在朝，君乃出令布宪于国。宪既布，有不行宪者，谓之不从令，罪死不赦"，此时宪法优于一般法。古希腊、古罗马为比较原始的城邦时代，每个城邦只有几千人，而且农工商阶层和奴隶没有政治权利，是等级森严的贵族体制。有皇帝的城邦，皇帝诏令就是宪法；没有皇帝的城邦，贵族之间关于彼此地位关系的规定就是宪法。

"宪"自古与皇权相关。典型如宪兵。1032 年法国国王亨利一世组建了法国历史上的第一个宪兵组织——巴黎宪兵队，其主要职责是保护国王利益，管理王室财产。

因此宪法自古是皇权或者贵族权的标志，它高于其他任何法规，更高于任何平民制定的东西。

亚里士多德《政治论》中也看到了"一切政体都有议事、行政和审判三个要素，作为构成的基础"，但他所谈的权力结构是单层的，而不是像中国这样从中央到地方有多级垂直分职勾检体制。亚里士多德《政治论》中承认古欧洲体制只能适用于人们之间彼此熟悉的城邦，一旦扩张到人们彼此不能熟悉的程度，这种体制就不适用了，由此极大限制了城邦的规模。

很多学者认为波里比阿在《罗马史》中提出了权力制衡的思想，但波里比阿重点谈的是君王、贵族与平民之间的制衡政体，并不涉及权力机构的分职及勾检。事实上古罗马亦没有独立的司法或监察机构。在古罗马的贵族共和时代，其司法权与立法权混淆；到罗马帝国时，从赛维鲁时代起最高司法权就在皇帝手里，地方司法权归当地行政长官，法官有自由选择刑罚的权力。

3. 文艺复兴后欧洲宪政的发展

不少学者以为西方“天赋人权、人人生而平等”的价值观来自于《圣经》中上帝的训诫，这是受到了误导。罗马帝国被日耳曼蛮族覆灭后，古欧洲文化被付之一炬，欧洲进入《圣经》统治的时代，这就是专制残暴的中世纪黑暗时代。在漫长上千年的黑暗时代中，欧洲并没有从《圣经》中发现上帝关于“天赋人权、人人生而平等”的训诫，相反遵照《圣经》建立了等级森严、压抑商业、禁锢思想的桎梏社会。把欧洲从神权社会中拯救出来的恰是来自东方尤其是中国的无神论思想、人本主义思想、平等思想、兼爱思想、商业思想、法治思想和政府组织体制。“天视自我民视，天听自我民听”“民之所欲，天必从之”“大道之行，天下为公”“刑过不辟大臣，赏善不遗匹夫”“一民之轨，莫如法”等，在之前的欧洲从未听说过。

文艺复兴后中国主权在民思想、一视同仁的平民制度、不分贵贱的科举制度传播到欧洲，撼动了欧洲的神权统治和世袭贵族制度，同时促进新教产生。新教本质上不是“遵从《圣经》中上帝的训诫”，而是在中国等东方文明的启蒙下，用东方文明来注解《圣经》的产物。简单说，文艺复兴前欧洲对《圣经》是“我注六经”，力求追寻经书的原始意义，是原教旨主义。文艺复兴后欧洲对《圣经》是“六经注我”，对原有经文加以引申、发挥，来解释自己的思想，哪怕是故意误读，使《圣经》为我所用，由此产生新教，摆脱了原教旨主义的枷锁。

“伏尔泰和自然神论者勇敢地把天主教传教士所培植起来的对中国的赞美转用于反击教会，他们以中国为例证明法国可以有道德而治理良好，无须一个教士阶层掌握着法国五分之一的土地。”（赫德逊：《欧洲与中国》）

“当你以哲学家身份去了解这个世界时，你首先把目光朝向东方，东

方是一切艺术的摇篮，东方给了西方一切。”（伏尔泰：《风俗论》）

我国法政体制也传播到欧洲，推动欧洲从中世纪城邦庄园的宪政体制转而建立较为完整的国家宪政制度，使其有能力实现比城邦更为广大的国家治理。中国权力分职勾检的制度转化为欧洲权力分立制衡思想。

西方宪政汲取了中国法政的诸多要素。法兰西思想之王、欧洲的良心伏尔泰赞赏中国的政府组织结构说：“人类肯定想象不出一个比这更好的政府：一切都由一级从属一级的衙门来裁决，官员必须经过好几次严格的考试才录用。在中国，这些衙门就是治理一切的机构。……如果说曾经有过一个国家，在那里人民的生命、名誉和财产受到法律保护，那就是中华帝国。……尽管有时君主可以滥用职权加害于他所熟悉的少数人，但他无法滥用职权加害于他所不认识的、在法律保护下的大多数百姓……人类智慧不能想出比中国政治还要优良的政治组织。”（伏尔泰：《风俗论》）

虽然欧洲在文艺复兴后有了权力分立制衡的思想，但这种思想仍很粗糙，甚至比不上古希腊古罗马对权力关系的认识。洛克《政府论》的整个上卷书完全从《圣经》中抠字眼来生硬地证明上帝的话语是要赋权利于平民（即天赋人权）——若仅打原教旨主义的笔墨官司，洛克的这种努力显然徒劳，因为根据《圣经》而建立的上千年神权等级制度必然有更多书面证据证明等级制度的合理性，如《圣经》中白纸黑字的家长权、夫权、长子权及其引申出的欧洲封建等级制度。洛克解释《圣经》的所有努力都是“六经注我”的行为，与《圣经》本身并没有太大关系。

洛克认为政府权力分为立法权、行政权和外事权，并且把立法权无限拔高到不受其他任何权力制约，这些都落后于古欧洲理论，更落后于中国传统理论；孟德斯鸠在《论法的精神》中提出立法、行政、司法分属议会、国王和法院的三权分立思想，但他所说的“行政”并非一般意义上的行政而是特指国家外交及军事权，其核心是军事权。因此孟德斯鸠对国家职能的运行亦不清楚，更谈不上对分职勾检的阐述。《论法的精神》中鼓吹基督教、世袭贵族体制和君主制。孟德斯鸠所说的法的精神本质上就是说基督教，他把一切不利于基督教和世袭贵族体制的政体都列为专制。

中国古代的权力分职勾检制度，分的目的是为了实现交叉校验，顺畅流程，提高效率。分是手段，合是目的。而欧洲三权分立理论却重点强调分立制衡，把目的手段颠倒了。实际上欧洲并没有真正按照三权分立的理论来建立制度，或者也可以说，根据达尔文自然淘汰法则，完全按照三权分立理论来建立的制度都失败了。

1215 年英国贵族与国王约翰开战，在大军压境的情况下国王和 25 名男爵签署了国王与贵族权力瓜分的盟约，此即《大宪章》。虽然后来很多研究鼓吹这第一次把国王置于法律之下，但这其实不过如同古代中国与附属国之间签署盟约而已。到 1225 年为止《大宪章》修改了 11 次，其内容都是国王与贵族之间的权力争夺，完全不涉及平民权利。

1455—1485 年再次发生国王与贵族开战的玫瑰战争。都铎王朝开始借鉴中国中央政府、地方政府与民众的关系模式与民众结盟，形成了国王＋市民自治体的联盟主导模式。英国贵族在这场战争中损失惨重，市民阶层成为英国君主制度的支柱。平民国会成为最重要的参赞国务会议，贵族退居为领土私有的地主，而仅在贵族院中参赞国王。恩格斯说："英国由于玫瑰战争消灭了上层贵族而统一起来了。"

随着英国在北美的军事失败以及拿破仑战争的开始，乔治三世不得不把政治主导权交给国会和国会选出来的首相威廉皮特，从而走入了大英帝国的维多利亚时代。近代意义的英国民主才开始。但其保留国王制度，国王是基督教的护教者；直到 1999 年 10 月才取消世袭贵族在贵族院的特权。英国立法权和司法权一直掌握在贵族院中，直到 2010 年才彼此分离；目前为止英国也没有一部成文宪法，其所谓宪法不过是一些零散的法律条文、习惯和判例。

英国奉行实用主义，在政体上它在专业政治与大众政治之间平衡，逐渐向大众政治过渡，摒弃了激进的民粹方案；在官僚制度上依照实际分职勾检而不照搬三权分立理论，有力地保证了英国的稳定，使英国有条件逐步实现民主。这在本质上既符合中国古代的政体思想，也暗合中国权力勾检的基本原理。

美国比英国更偏大众政治。但美国建国时就没有贵族传统负担，大家的地位平等，因此可以比英国更加平等一些。但这并非和平过渡。美国成立之初就是一党制，在南北战争期间，由于南北双方的分裂而分裂为共和党和民主党，这是美国历史上最为残酷的战争，死亡人数达 62 万人，整个美国南部几乎成为一片废墟。美国的快速进程付出了巨大代价。

与此同时，美国也并非全民普选而是代议制。美国政体是专业政治

（如参议院）与民主政治（如众议院）的结合。其既强调权力的分立也重视权力的勾检。例如，副总统兼任参议院主席，在表决平手时具有投票权，从而使得立法和行政在最高层有协同性。参议员任期六年，每两年选举一次，每次只能更换1/3，以规避选举可能造成的分裂。又如，美国的检察系统属于行政系统，总统拥有对联邦检察院检察长、联邦法院法官的提名和任命权，地方法院和地方检察机关也均非垂直领导体系。所以美国不是单纯的三权分立，而是分立中有勾连，勾连中有分立。

大凡发展得比较好的现代西方国家，从根本上都注重专业政治与大众政治的结合，根据国情寻找两者的平衡点，并实际上按照权力分职勾检的原则确保机构权力的任何分职变动有利于流程顺畅，这才是其治国之本。民主、三权分立等东西只是表象的局部而不是全部内容。拿着局部现象来作为改革的标准，极易出现分裂。

4. 中国法政与西方宪政的比较

世界上最早最完备的宪法典是中国的《周礼》。它是周朝政府在总结夏商周历朝统治经验基础上的基本行政法典，影响了我国两千多年的行政体制、原则、规范和基本制度，对世界行政制度的建立完善起到了不可磨灭的伟大贡献。其确立的六官制度到后世逐渐衍化为六部制。是我国最早的宪法性文件核心组成部分。

“法政”一词来自古代中国。依字面解释，是依照国家的宪法、法律、法规行使政权，且依法产生和修改宪法、法律、法规。

古代中国的“法政”本身就具有价值判断。“罪人当名曰刑，出令时当曰政，当故不改曰法，爱民无私曰德，会民所聚曰道”（《管子·正第》），简练准确地阐述了中国法政的精神，这种精神是科学精神，超越了《政府论》《论法的精神》等欧洲近代典籍中的宗教精神。

从体制组织上看，中国传统法政有清晰的立法、行政、监察多级垂直权力分职和勾检体系，其强调分与合的统一，是适合大国治理的科学体系。

西方宪政的本意就是依照君王或贵族法令行使政权，不允许平民制定的文件高于君王或贵族法令，因此它并不排斥君王或其他独裁机构口含天宪。公元前5世纪希罗多德在《历史》中谈到有独裁、民主、寡头三种宪政，在亚里士多德的《政治学》中更是对各种好的和坏的宪政进行分析。因此“宪政”一词并不涉及针对宪法本身的价值判断。所以法政概念要比宪政概念更完整。仅从概念上看，法政国家必然是宪政国家，而宪政国家未必是法政国家。

文艺复兴后“宪政”一词开始被赋予价值色彩，主要是指“好的宪政”。一些欧洲学者根据文艺复兴所获得各国政治体制信息尤其是中国的法政体制，提炼出了自由、平等、博爱、人权等价值观念，以冲击欧洲等级森严的神权和贵族体制。洛克《政府论》整个上卷完全按照《圣经》经文来论证人权，其把政府权力分为立法、行政和外事权，并且把立法权置于其他权力之上不受其他权力制约。孟德斯鸠提出三权分立思想。但这些思想都非常原始。如前文所述，《论法的精神》中孟德斯鸠竟然以为是立法、外交与军事权、司法的三权分立，这种荒谬的划分方法也体现了当时欧洲战乱频仍以及从城邦体制向国家转化之初国家管理职能孱弱的现实。他还鼓吹世袭贵族体制和君主制，声称只有贵族与君王共治才有真正的民主。他是基督教的狂热鼓吹者，把一切不利于基督教和世袭贵族体制的政体都列为专制。他所谓法的精神本质上就是基督教。这些思想远远落后于中国传统法政理念。

欧洲三权分立理论固然粗鄙，欧洲国家也并非按照所谓思想家们的空想来实施宪政。如前所述，英国目前为止并没有一部宪法，只有一些习惯、判例和零散文件；其保留国王制度，国王是基督教的护教者；一直到1999年10月才取消世袭贵族在贵族院的特权；立法权和司法权一直掌握在贵族院中，直到2010年才分离；其司法机构没有违宪审查的权力。美国同样如此，其总统统率行政、联邦检察、联邦司法、参议院诸权，诸权之间也相互掺杂。其地方检察、地方司法也并未建立垂直领导制度。严格来说，西方宪政的概念到目前为止并没有明确的定义。

虽然西方宪政从中华法政汲取了诸多营养并在某些方面青出于蓝而胜于蓝，但一方面由于西方传统根深蒂固及思维方式不同，这种汲取常是局部而非系统性的。其注重分而忽略合，注重局部而忽略系统；西方有意无意地将宪政的某些理念进行剪裁，将最容易煽动人心的民粹部分提取为西方价值观，只讲民主，不讲专业；只讲自由，不讲法治；只讲平等，不讲激励；只讲个人，不讲集体；只讲博爱，不讲明理；只讲分立，不讲勾检。并将这种剪裁后的极端主义价值观传播到其他国家，促其走上分裂道路。前南联盟的选举解体就是典型。

法政是一个系统，强调天人合一，具体为分职与勾检合一、集体与个人合一、法治与自由合一、专业与民主合一、激励与平等合一、明理与博爱合一、权利与义务合一。法政秉承中庸之道，反对走极端道路，是国计组织变革的系统方案。

二 有效国计组织的可能性

1951 年肯尼斯·约瑟夫·阿罗（Kenneth J. Arrow）在其经济学经典著作的《社会选择与个人价值》一书中采用数学的公理化方法证明了阿罗不可能定理，并因此获 1972 年诺贝尔经济学奖。

阿罗不可能定理断言，在其（貌似合理的）假设下，任何组织和决策制度都会产生一个独裁者，只要制度不变，这个独裁者就能永远将自己的意志强加于整个社会，因此任何组织制度均无效，这也直接威胁到有效国计组织的可能性。

（一）阿罗不可能定理*

为方便起见，若人们偏好中 x 排在 y 之前，记作 $x > y$，称 x 优于 y。

集体决策的方法有很多。阿罗证明出一个令人惊骇的结论：当超过两个备选项时，不存在任何集体决策规则同时满足以下 5 个条件：

（1）非自反性：若 $x > y$，则不存在 $y > x$。

（2）传递性：若 $x > y$，$y > z$，则 $x > z$。

（3）一致性：若所有人偏好 $x > y$，则集体决策偏好 $x > y$。

（4）独立性：x、y 在集体决策中的排序由人们对 x、y 的偏好决定，与人们对 z 的偏好无关。

（5）非独裁性：没有人能迫使集体决策永远随自己的偏好而改变。

这就是阿罗不可能定理。用直白的话说：在人们偏好具有非自反性、传递性、一致性和独立性的前提下，无论何种决策机制，都会产生一个永远的独裁者，有能力在任何情况下迫使集体决策随自己意志而改变。

阿罗不可能定理不是民间流传的“康多塞特投票悖论”或“在正反双方势均力敌时，少数人可以决定投票结果”，也不是讲什么“少数服从多数法则的无效性”，它是在宣判：只要满足非自反性、传递性、一致性、独立性前提，任何集体决策规则，不管是“少数服从多数规则”还是“多数服从少数规则”以及其他任何人为的规则，都存在一个永远的独裁者，有能力在任何情况下迫使集体决策依自己意志而改变。

康多塞特投票悖论是说，有甲、乙、丙三人，甲偏好为：$x > y > z$，乙偏好为：$y > z > x$，丙偏好为：$z > x > y$，若按少数服从多数原则投票，由于三人意见呈对称性分散，无法获一致意见。其实这不过是中国版本的“萝卜青菜，各有所爱”。用两人模型更能讲清问题：甲偏好 $x > y$，乙偏好 $y > x$，按多数人决定原则，甲乙无法形成统一意见。在正反双方势均力敌时，若有第三人出现就会破坏对称平衡。在多数人决策原则下，这个人偏向哪方，集体决策就服从哪方。因此常把投票人数设置为奇数以避免出现投票悖论。但即使少数人可决定投票结果，我们也不能说这少数人独裁。首先，这少数人的决定是以己方的对称力量为基础，少数人与己方对称力量之和的确大于对方对称力量；其次，人们的偏好恰好对称分布以至出现投票悖论的可能性极小，并且不同次投票悖论中的少数人不会是同一批人；再次，少数人既可以是一个人，也可以是几个人，不一定会出现一个人的决定性作用；最后，在少数服从多数原则下才会出现投票悖论，若改换其他规则就可以规避投票悖论，如规定当投票悖论出现时大家抽签决定集体决策。

显然阿罗不可能定理比这些流传的看法要惊世骇俗得多。下面证明源自 1998 年诺贝尔经济学奖得主阿玛蒂亚·森（Amartya Sen），他将阿罗的原始证明整理得更清晰（阿罗的原始证明难以看出独立性在证明中的使用）。

证明阿罗不可能定理：

令 N 为 n 个决策者的集合，X 为所有备选项构成的集合，每个决策者 i 对 X 的决策偏好排序记作 R_i，所有决策者对 X 的一组排序（$R_1 \cdots R_n$）记作 R，称为一个排序组合。一个决策规则 F 的作用是，输入一个排序组合 R，输出一个集体决策排序 $F(R)$。

定义 1（决定性联盟）：给定决策规则 F 和非空集合 $G \subseteq N$，若对任意排序组合 R，只要 G 中的决策者一致认为 $x > y$，则集体决策排序中也有 $x > y$，称 G 是 F 对（x, y）的决定性联盟。若 G 是 F 对所有（x, y）的决定性联盟，称 G 是 F 的决定性联盟。

定义 2（弱决定性联盟）：给定决策规则 F 和非空集合 $G \subseteq N$ ，若对任意排序组合 R ，只要 G 中的成员恰好是 $x > y$ 的所有赞成者，则集体决策排序中也有 $x > y$ ，称 G 是 F 对 (x,y) 的弱决定性联盟。

定义 2 与定义 1 的区别在于：弱决定性联盟 G 中所有成员都是 $x > y$ 的赞成者，且 $x > y$ 的所有赞成者都是 G 的成员，换言之，G 之外的成员均反对 $x > y$ 。而强决定性联盟 G 中所有成员固然都是 $x > y$ 的赞成者，但 G 之外的成员亦可能赞成 $x > y$ 。

若 G 是 F 对 (x,y) 的决定性联盟，则当去掉 G 之外成员赞成 $x > y$ 的排序组合 R 后，G 就是 F 对 (x,y) 弱决定性联盟。但若 G 是 F 对 (x,y) 的弱决定性联盟，则增加 G 之外成员赞成 $x > y$ 的排序组合 R 后，集体决策排序中可能反而不存在 $x > y$ ，故不能保证 G 就是 F 对 (x,y) 决定性联盟。

引理 1：若 F 是满足一致性和独立性的决策规则，G 是 F 对 (x,y) 的弱决定性联盟，则 G 是 F 的决定性联盟（即 G 是 F 对所有 (x,y) 的决定性联盟）。

证明引理 1：

已知对于 (x,y) ，G 和集体决策均为 $x > y$ ，G 之外成员均决策 $y > x$ 。

在 X 中任选 x' 、y' ，构造如下排序组合 R' ：

G 中的决策者认为：$x' > x > y > y'$ 。

G 之外的决策者对 x' 、y' 有某确定排序，同时认为：$x' > x$ ，$y > y'$ ，$y > x$ 。

以上 R' 中，根据一致性，有集体决策 $x' > x$ ，$y > y'$ ；根据弱决定性联盟定义，有集体决策 $x > y$ ；根据传递性，有集体决策 $x' > x > y > y' \Rightarrow x' > y'$ 。

根据独立性，x' 、y' 在集体决策中的排序只与各排序组合中 x' 、y' 的排序相关，与其他 x 、y 无关。而 R' 关于 x' 、y' 的排序组合及集体决策结果可写为：

G 中的决策者认为：$x' > y'$ 。

G 之外的决策者对 x' 、y' 有某确定排序。

集体决策结果：$x' > y'$ 。

可见 G 之外决策者对 x' 、y' 的某确定排序，完全不影响集体决策结果，G 是 F 对（x',y'）的决定性联盟。又因为 x'、y' 在 X 中任意选取，所以 G 是 F 的决定性联盟。

引理 1 证毕。

引理 2（收缩引理）：若 F 是满足一致性和独立性的决策规则，非单点集 G 是 F 的决定性联盟，则 G 的某个真子集 G' 也是 F 的决定性联盟。

证明引理 2：

由于 G 是非单点集，故可将 G 分拆为两个互补的非空子集 G_1 和 G_2。构造如下排序组合 R：

G_1 中的决策者认为：$x > y > z$。

G_2 中的决策者认为：$y > z > x$。

G 之外的决策者（若有的话）认为：$z > x > y$。

以上 R 中，G 中决策者一致认为 $y > z$，而 G 是 F 的决定性联盟，故有集体决策 $y > z$。现分别考虑两种情况：

（1）当集体决策为 $x > z$ 时，只有 G_1 中的决策者是 $x > z$ 的赞同者，其他决策者均认为 $z > x$。根据独立性，任何排序组合，只要 G_1 中的决策者是 $x > z$ 的赞同者，其他决策者均认为 $z > x$，集体决策就为 $x > z$。因此 G_1 是 F 对（x,z）的弱决定性联盟。根据引理 1，G_1 是 F 的决定性联盟。

（2）当集体决策为 $z > x$ 时，根据传递性，有集体决策 $y > z > x \Rightarrow y > x$。只有 G_2 中的决策者是 $y > x$ 的赞同者，其他决策者均认为 $x > y$。根据独立性，任何排序组合，只要 G_2 中的决策者是 $y > x$ 的赞同者，其他决策者均认为 $x > y$，集体决策就为 $y > x$。因此 G_2 是 F 对（x,y）的弱决定性联盟。根据引理 1，G_2 是 F 的决定性联盟。

综合（1）、（2），总有 G 的真子集是决定性联盟。

引理 2 证毕。

继续推导：

（1）根据定义和一致性，N 是 F 的决定性联盟。

（2）根据收缩引理，若 N 是非单点集，则其必有某真子集 G 是 F 的决定性联盟。

（3）由于 N 是有穷的，根据（1）、（2）归纳可知，存在一个人构成的决定性联盟，即独裁者。

阿罗不可能定理证毕。

（二）阿罗不可能定理的问题

序数：表示事物次序的数；基数：表示事物数量的数。

序数之间具有传递性，序数之间的关系是通过传递性来计算的。例如，$x > y$，$y > z$，则 $x > z$。但是序数之间无法比较等价性。甲偏好 $x > y$，乙偏好 $x > y$，我们不能说这两个偏好等价；同理，甲在一个偏好排序组合中有 $x > y$，在另一个偏好组合中有 $x > y$，也无法判断这两个 $x > y$ 是否等价；更具体地，甲的一个偏好排序组合中 y 排名第2，甲的另一个偏好排序组合中 y 也排名第2，我们不能说这两个第2名等价。

只有基数才能进行等价性比较。例如，甲有十堆苹果，其中一堆苹果重100公斤，乙有十堆苹果，其中一堆苹果重100公斤，则可说甲、乙两堆苹果的重量相同。

在序数推导中若严格遵循序数性质，则 $x > z$ 这个符号应分别作如下定义：

甲的偏好 P_1：$x > z \mid x > z > y$

甲的偏好 P_2：$x > z \mid x > y > z$

甲的偏好 P_3：$x > z \mid y > x > z$

上式竖线后的式子为条件式。例如，$x > z \mid x > z > y$ 表示：偏好排序组合为 $x > z > y$ 时，对 $x > z$ 的偏好。如上 P_1、P_2、P_3 精确地描述了其物理意义，这些数学表达式各不相同，不能彼此视为等价。

阿罗的证明将 $x > y > z$ 中的 $x > z$，与 $x > z > y$ 中的 $x > z$ 视为等价偏好，就完全忽略了“优于”的距离和条件。这是把不同物理含义用相同数学符号来表达所导致的错误。

例7.1：按照多数票决定规则，在 x、y、z 都正常竞选的情况下，40%的选民偏好排序是：$x > y > z$，35%的选民偏好排序是：$y > x > z$，25%的选民偏好排序是：$z > y > x$，x 将以40%的优势当选。现在 z 出现丑闻被选民抛弃，25%的选民转而投其次优排序 y 的票，y 将共获得25% + 35% =60%的票，以60%的优势当选。

本例中，依照阿罗的理解，人们对 x、y 的偏好排序并未变化，因此集体决策中 x、y 的偏好排序亦不应变化，但事实上却变化了。阿罗认为这违反了独立性要求。

但按偏好的严格序数表达，z 发生丑闻前 25% 的选民对 x 、y 的偏好排序是：$y > x \mid z > y > x$ ，z 发生丑闻后这部分选民对 x 、y 的偏好排序是：$y > x \mid y > x > z$ ，这两个偏好并不相同。

例 7.2：按照多数票决定规则，在 x 、y 、z 都正常竞选的情况下，40% 的选民偏好排序是：$x > y > z$ ，35% 的选民偏好排序是：$y > x > z$ ，25% 的选民偏好排序是：$z > y > x$ ，x 将以 40% 的优势当选。现在 y 为 25% 的选民做出巨大贡献而受到这部分选民热烈投票，y 将共获得 25% + 35% =60% 的票，以 60% 的优势当选。

本例中，依照阿罗的理解，人们对 x 、y 的偏好排序并未变化，因此集体决策中 x 、y 的偏好排序亦不应变化，但事实上却变化了。阿罗认为这违反了独立性要求。

但按偏好的严格序数表达，y 做出贡献前 25% 的选民对 x 、y 的偏好排序是：$y > x \mid z > y > x$ ，y 做出贡献后这部分选民对 x 、y 的偏好排序是：$y > x \mid y > z > x$ ，这两个偏好并不相同。

综上所述，当严格按照序数性质来定义人们的决策偏好后，阿罗不可能定理不再正确，不能证明在任何决策机制下都会产生一个永远的独裁者。由于偏好的条件式中包括了所有备选项，因此独立性假设不能成立。

三 基于中国传统的现代国计组织

（一）基本法政架构

1. 民主政治与专业政治统一

中国传统的最高立法机关是皇帝，但皇帝主要起最后签署作用。以唐朝为例，中书省承担主要立法，门下省审批立法包括皇帝诏令。

随着当代科技发展，人们反映民意的方式更加民主，形成了选民或选民代表组成的立法机关。中国传统的中书立法和门下审批立法演化为众议院和参议院形式。中国传统的皇帝演化为国家元首。为体现主权在民，亦为防止国家元首威权过重，现代法政体系常用法律把国家元首置于议院之下。议院在法定问题上具有高于国家元首的权力，在法律未明确规定的众多问题上，国家元首具有高度自由裁量权。

在此权力结构中，众议院由大众平等选举产生，任期较短，偏向大众民主，反映大众切身需求，主要承担立法提案职能；参议院的选举门槛较高，常有任职资格要求，任期较长，且每次选举只更换部分比例人选，以确保参议院整体的连续性，更偏向专业政治，能从专业和国家利益角度考虑问题，主要承担立法审查职能；国家元首则是精英政治来协调各权力体系的关系。由此实现民主政治与专业政治的统一。

立法机关成员应和其他国家机关成员一样具有工作条件和薪金收入，这是保证立法职能的重要条件。

2. 立法、行政、监察分职制度

如前所述，中国传统的三大权力体系不是西方的立法、行政和司法，而是立法、行政和监察。

3. 审判分离制度

沿袭中国传统分割监察流程的精神，监察权应分割为检察和法院体系。其实立法机关中也遵循了审判分离精神，如民主机关常拥有提案权，包括弹劾权，而专业机关常拥有审批权。

4. 勾检制度

三大权力体系，以及检察与法院的分割，仅体现了分职的一面，须在这些体系间建立起协同的桥梁才能保证彼此的工作是配合而不是扯皮。

法院体系的工作具有被动性、底线性，行政体系、检察体系的工作具有主动性、自由裁量性，立法体系的工作则介于两者之间，具有主动性而少自由裁量性。

根据勾检精神，要达到协同效果就要充分发挥各权力体系的优势。因此宜在立法、行政、检察之间建立快速反应的沟通协调桥梁，此即国家元首。法院只有在其他权力体系触犯法律底线并被起诉时才采取干预行动，既给予其他权力体系主动高效行使权力的空间，又执行立法体系的法律意志，达到效率与公正的统一。

5. 中央任命各级监察制度

一定级别以上人员应由中央直接任命，由国家元首任命也为一可行选择。在现代法政体系下可考虑构建国家元首对三级监察体系任命的架构。

6. 各级监察互纠制度

检察系统、法院系统的上下级不是行政领导关系而是司法监督关系，有效防止监察权自成一系而不受制约。

根据以上六个原则，基于中国传统法政理论的国家架构见图7—1。

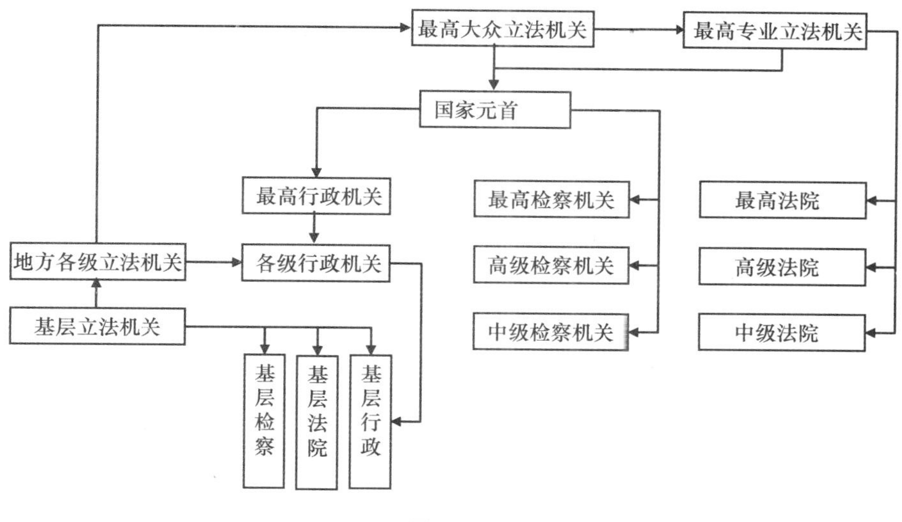

图7—1

图7—1仅为基本框架，实际中要根据具体国情适当调整。通常来说，国家元首对最高检察机关、高级检察机关、中级检察机关的检察官具有提名权，然后交付立法机关批准。

（二）国计组织扁平化

中国传统的行政区划系统在不断演变之中。春秋为一级制，战国为二级制，秦汉基本上是郡-县二级制。东汉末年州由虚的行政监察机构变为一级政区实体，开始出现州-郡-县的三级行政区划制度，表明中国的行政区划演进到一个新的阶段。魏晋南北朝为三级制，隋代为二级制，唐、宋为三级制，元、明是三级和四级行政区划混合制，主要是四级制，清代是三级制。在中央集权制的前期，行政区划以二级制为主；在中央集权制的中、后期，行政区划则以三级制为主。

行政区划级数越少，要求的管理跨距越大。以二级制为例，《汉书·地理志》记载："秦京师为内史，分天下作三十六郡。"但根据全祖望在《汉书地理志稽疑》中的考据，认为秦分42郡。谭其骧主编的《中国历史地图集》则认为秦王朝共有47郡。汉初全国设50郡，后来增至103

郡，东汉至顺帝永和五年共有郡国105个，成为较稳定的行政区划。设立三级制后，一级行政区一般可控制在30个以内。

中国行政区划级别的演化反映了随着社会经济文化的发展，国家社会事务越来越多和复杂，中央无法直接管理更多的一级行政区，因此降低管理跨距，增加管理层级。

随着现代科技尤其是交通、金融、信息科技的发展，地理区域已不再成为问题，古代人们跋涉100里路程所需的数天时间已足够今天的人们环绕地球；古代人们传送相隔100里的书信所需的数天时间，今天只要手指一按就能完成；古代人们行千里路才能读万卷书，今天在互联网上可获任何信息，强大的数据库检索功能为古代望尘莫及。整个地球已成为一个村。在此条件下，中国行政区划的扁平化就极为必要，它一方面可降低国家管理成本，另一方面可拉近中央与地方距离，减少分裂因素。我国目前一级行政区划只有34个，具有很大提升空间，这在中西部地区更加明显。

扁平化过程中应遵守一个基本原则：层级越高，管理跨距应越大。基层区划与人民衣食住行相关，不宜过大，而高层级之间主要是机构联系，具有较大的技术优化空间。若顺序被颠倒，则基层人民将因远离基层政府而致生活不便，一级行政区划又易坐大而削弱中央影响力。在中西部地区尤其应注意这点。

诚如亚里士多德所说，民主形式受制于国家大小。而行政区域扁平化就是通过技术手段将国家缩小成一个村落，是民主发展的重要措施之一。

（三）国计组织的经济职能

具体到经济层面，立法权是国家所有者对国家财产的所有权和重要职位的人事权；行政权是国家经理人对国家财产的管理权；监察权则用以监督经理人。这与企业制度本质相同。

所有权与经营权最终要落实到国家权力体系上才可能彻底理顺。此原则在国家经济的机构设置中贯穿始终。

1. 立法机关、财政部与央行关于国债发行的分职

国债具有和钞票互换的能力。虽然法律上规定财政部没有发行钞票的权力，但其通过国债而实际行使发钞权。

央行和财政部之间既有内在联系合作又有独立工作性质。其目的是防止财政部追求盈利要求以致加大市场物价波动。但对财政部的约束还是来

归于所有权代表机关即立法机关。若所有权代表机关对国债发行失控，财政部为扩张财政职能就可能滥发国债，形成钞票泛滥之势，央行的物价和汇率微调机制将无力应对大局动荡，央行与财政部的分职机制将失效。只有立法机关把住财政部发行国债的关口，央行的独立职能才可能真正发挥。

2. 国家元首、立法机关、央行与财政部协调机制

在立法机构有效控制财政部国债发行权的情况下，央行和财政部可形成分工关系，但只是日常工作的分工。央行和财政部在根本上一体，在国家大政方针或关键性决策上须彼此达成一致意见、协调行动。例如，美联储主席事实上仍听命于美国总统，且美国总统、美联储、美国财政部之间也有专门联席会议来协调行动。

立法机关是阶段性总量控制，央行是对阶段性总量控制的日常性调整，但仍属于总量控制的一部分，而财政部是结构控制。若总量控制出问题，财政部将无力有效调整结构。反之若财政部错误调整结构，则人大和央行的总量控制也徒然。例如，若财政部的转移支付制度不健全导致贫富差距大、经济冷热交织，就将给立法机关和央行总量控制难题：放松总量，经济过热部分加剧；紧缩总量，经济过冷部分加剧。当前中国的冷热病更多属于结构性问题而非总量问题。中国央行相关负责人公开抱怨央行不应对中国经济的某些问题承担责任，也有一定道理。

因此，立法机关、财政部、央行须对总量控制和结构控制等大政方针协商一致，建立其相关的协商机制，才可能开展良好的工作。

3. 立法机关与行政机关关于国有企业的分工与合作

十多年来中国一直在改革国有企业，建立现代企业制度。现代企业制度的要求是产权清晰、权责明确、政企分开、管理科学，由此建立国资委承担国有资产所有者的角色。但国资委作为管理者行政机关的一个部门，本身是更小的管理者，并不能真正承担起国有资产所有者的职能。相反，由于行政机关将管理者和所有者职能合而为一，行政机关想发展国有企业时给国有企业大开绿灯，搞财政补贴、行政垄断，使得国有企业非健康型飞速扩张，并打压民营经济。行政机关不想发展国有企业时，国有企业又面临被私有化的命运。行政机关是首长负责制，其相关决策未经严格的法律程序，不能反映真正所有者人民的意愿。先不说我国的社会主义性质，单从市场经济要求来说，国有企业缺乏根本性保障、无论公有化还是私有

化都是搞运动，其原因就在于所有者缺位，管理者反客为主行使所有者职能。

故由行政机关来承担国有资产所有者的角色违反了企业制度“产权清晰、权责明确、政企分开、管理科学”要求。合理的解决办法是把国资委划归立法机关，由立法机关来真正行使国家所有者职能。通过立法机关这个议案平台行使国有企业的资产所有权。行政机关的职能则是对国有企业和民营企业基本上一视同仁进行公平的行政管理，促使中国所有企业健康发展。

只有如此，“产权清晰、权责明确、政企分开、管理科学”的企业制度才可能建立。国有经济和民营经济可在相对公平的环境下平行发展，共同成为国家经济力量的支柱。

4. 国库对财政收支的形式审查机制

国库对财政收支形式审查是中国传统勾检制度的延续。所谓国库对财政收支的形式审查，是指在国库统一财政收付时为各行政主体的账户设置专款科目，凡上级财政划拨给下级财政的财政专款，下级财政若想动用则须向国库发出支付令，支付令上写明款项用途、被支付人名单和账户。国库接到支付令后审查支付令上款项划拨的用途是否与专款计划用途一致。若不一致则拒绝支付；反之则按支付令执行。

国库只对支付令形式审查而不实质审查。国库通过形式审查为财政留下一本独立的资金流动明细账册，以检验财政部门自身账册。国库不仅实现财政统一收付，还成为制衡监督财政的重要机构，又不影响财政权力的正常行使。

第八章　国计学的计算机推演

一　复杂系统特征与钱学森人机智慧工程

宏观经济是复杂系统。复杂系统的基本标志即解的数量趋于无穷，或至少相对人类计算能力来说趋于无穷。最简单的复杂系统范例就是围棋。

围棋规则是博弈双方的共同知识，棋子也是双方共同知识，符合西方经济学关于完全信息的假设，然而优化过程和结果却无穷无尽，西方经济学想通过跨期优化方法来求得围棋的最优解就绝无可能。故理性预期或有效市场在围棋中不可能存在。区区一个围棋尚且让西方经济学束手无策，人类经济远比围棋复杂。

理性预期在经济正反馈系统是中也无法存在。经济正反馈系统是指当人们的行为朝某方向偏离时所获收益更大。此收益将反馈回经济系统推动收益最大化的行为更加朝此方向偏离。

负反馈系统下，对系统的随机扰动被负反馈损耗从而降低噪声、提高预测准确度，因此具有稳定概率分布，可形成理性预期的期望值。正反馈系统下，对系统的随机扰动可被正反馈放大，形成整个系统的震荡，不具有稳定概率分布，无法形成理性预期的期望值。

中国自古有将科学知识代数化、程序化、机械化的传统。珠算是计算机出现前人类科技成果机械化、程序化的重要工具。中国的机械化数学，是极为神奇的超级工程数学，我国至今仍在此领域处于领先地位①。中国古典国计学从诞生之日起就为模拟国家实物经济和货币经济而存在。新中

① 吴文俊因为数学机械化的成就，获得众多大奖。例如，首届国家自然科学一等奖（1956）、中国科学院自然科学一等奖（1979）、第三世界科学院数学奖（1990）、陈嘉庚数理科学奖（1993）、首届香港求是科技基金会杰出科学家奖（1994）、Herbrand 自动推理杰出成就奖（1997）、首届国家最高科学技术奖（2000）、第三届邵逸夫数学奖（2006）。

国建立以后，国计复杂系统的工程化思想有进一步发展，这就是钱学森提出的人机智慧工程。

钱学森不仅将中国航天系统工程的实践提炼成航天系统工程理论，并在20世纪80年代初期提出国民经济建设总体设计部的概念。1990年钱学森在《自然杂志》上发表《一个新的科学领域——开放的复杂巨系统及其方法论》将社会系统划分为社会经济系统、社会政治系统和社会意识系统三个组成部分，要求将专家群体、统计数据和信息资料、计算机技术三者结合起来构成从宏观到微观、从定性到定量的高度智能化人机智慧系统以解决复杂系统问题。

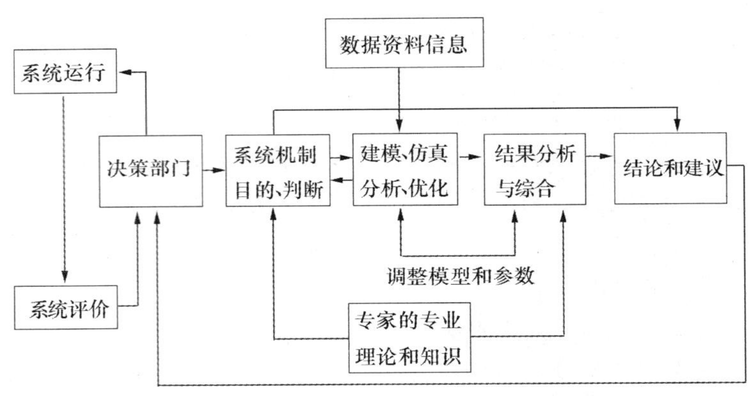

图8—1

图8—1是钱学森在《一个新的科学领域——开放的复杂巨系统及其方法论》提出的人机智慧综合集成流程图。此流程图中人脑主要在建模和调整模型参数方面起作用。钱学森指出，更进一步在于将知识工程引入模型内部，即专家系统成为模型的子系统，关键之处由人指导、决策，重复繁重工作由机器进行。

经济系统的计算机模拟已受各国重视。如美国和欧盟分别启动了智慧地球和活地球模拟器工程。这些工程固然可搜集大量数据，分析能力却必然受理论限制。其或者仍是简单系统的叠加、通过一组计量方程描述复杂巨系统，或是简单经济环境下的个体经济推演。

中国国计学及其发展应沿袭自己的传统，以实现经济复杂巨系统的计算机化。以高度凝练的模型囊括社会化大生产下经济的重要部门，推演出财政货币政策、产业政策、赋税政策、转移支付政策、外贸政策、金融市场、实物市场、国际环境等内容，形成具有中国特色的经济理论和实用工具。

二 国计学的人机智慧工程基本原理

（一）宏观经济的流量勾检分析：理论计算

国计学把握复杂系统的出路是从宏观到微观建立起经济流量勾检①分析。

宏观经济各流量的边界条件、勾检条件，都有国计簿意义上的确定性，这是经济系统与市场自发行为无关的硬性约束。通过此约束可获得诸宏观要素间的联动关系、构造宏观流量分析模型、建立基于物理定律而不是心理学的宏观经济分析理论，来确定性地描述经济社会，使其成为科学。

但在国计学中不宜片面强调从定性到定量的分析顺序。国计学人机智慧工程应遵循宏观定量、中观定性、微观定量的原则。前述“经济系统的宏观流量硬性约束”就是定量关系，没有这种定量关系就无法建立起人机作用机制，不可能建立起人机模型。西方大数据分析存在的问题就在于其否定宏观定量关系，无法正确地系统建模，片面依赖缺乏经济思想的计量经济学。

（二）宏观经济的市场驱动分析：棋谱推演

通过宏观经济流量约束分析可获经济体的约束边界。约束边界犹如市场中一条条无形管道。我们知道市场必要在这些管道中流动，但各市场主体却可自主决定流向哪条管道及其流动速度。此自主性来自人类智力博弈，具有无穷创造性。经济体因此成为正负反馈交织的复杂系统，常具有无穷多解而不存在理性预期。

当前西方经济学有个分支叫混沌经济学，也开始研究复杂系统的混

① 勾检：钩稽检核。中国古代利用国家诸数据间的钩稽关系，来检核数据合理性的方法和制度。例如，唐代在财政财务上的勾检，其对象上自中央六部诸司，下至地方州县，其内容几乎包括国家所有的财政财务收支。唐初四柱账法已在实际财务勾账中使用。

沌，但这与中国文化对复杂系统的认识背道而驰。混沌经济学仍用微观方法分析复杂系统，其如同电脑识别图像，本质上还是一个一个像素地比较。而中国文化对复杂系统早有准确阐述，强调分析复杂系统的“形”和“势”。“形”是指复杂系统在各时刻的布局结构；“势”是指复杂系统在各时刻布局结构的变化方向。围棋变化无穷，但可以进行棋谱分析。棋谱就是一系列“形”和“势”的组合。棋谱不可能被穷尽，强中更有强中手，但掌握棋谱越多、理解棋谱越深，在相似的形势下就能选择越好的应对措施。

依据宏观经济流量管道建立宏观经济约束模型，让真实人扮演市场角色在模型约束下完成市场行为、发挥自主性来争取更多利益，就构成宏观经济推演系统。由于解的无穷性，每次推演都有不同棋谱。犹如学习围棋一样，棋谱数量无限并不妨碍人们通过大量棋谱学习来提高棋艺。棋谱学习和研究将是未来宏观经济分析的重要方法，是复杂人机智慧系统的重要形式。

（三）宏观经济的计算机推演模型：国计棋

国计学理论是对社会化大生产经济系统的抽象①。国计系统的人机智慧系统模式可分为三类。

第一类是双方对战的国计棋，下棋的任何一方要同时操作整个国家从企业到财政、央行、赋税的几乎所有环节。在此棋局可以锻炼精通企业财务、国民经济运行的高级人才。这样的国计棋提供简化版和专业版，简化版只提供库存数据，不提供企业财务报表和国家统计报表，这样可以大幅降低下棋人的专业程度，同时并不弱化棋的功能；专业版则提供企业财务报表和国家统计报表，供有一定专业程度的人士参考。

第二类是多方对战的国计棋，可以有多个国家同时对战，而每个国家的各个部门，也可以由不同的人来扮演。

第三类，则可能不是棋的形式，而是目前一般游戏的形式，如里面有人物、道具，有随机数发生，但是经济的整体调控仍然使用国计学思想。这个产品更加追求娱乐化，当然也更加尝试未来大数据的经济系统模拟。

棋的特点，是建立经济运行的定量规则，增强电脑的计算能力，减少

---

①　读者可以到 www. govgy. com 去实际操作国计棋。

电脑的自主选择，强调下棋人的自主操作。其既模拟现实世界，又具有可重复性、公平性、标准性，具备这三个特点后，就可以进行棋谱分析。经济的棋谱也是一门教学课程。例如，把美国和中国的代表性数据输入国计棋形成残局，然后研讨中美的应对措施。这与一般游戏有很大的区别，因为一般游戏里面由于设置了随机性，所以基本上不可重复，不具有标准性，无法回溯研究。

总的来说，国计棋在最大限度模拟宏观经济系统的同时，又高度抽象宏观经济系统的基础规律，能在多人博弈中通过简练的操作步骤完整模拟国家经济、世界经济的几乎所有重要部门和经济活动，并可自主创新更多的经济活动，如在国计棋中几乎可以无穷创造衍生品种类。下棋人可扮演政府、央行、商业银行、产业、企业、员工等经济角色来完成实物交易和金融交易。

第九章　国计学视角的中国发展战略

一　四动板块与国家兴衰

2002 年世界经济论坛上，在讨论世界形势和格局时美国学者提出了“四动板块”说。其第一个板块是驱动板块，即以西方七国和北约为核心的经济、政治和军事联盟。“该板块是世界主要冲突的点火者和灭火者。”第二个是制动板块，即中国和俄罗斯对美国起制动作用。第三个是被动板块，即在世界经济、政治、外交、军事上都基本处于被动地位的大多数发展中国家。第四个是活动板块，即由中东、中亚等伊斯兰国家组成的动荡热点。

四动板块背后是地缘政治。其中最重要的地缘政治是亚欧大陆与美国的关系，也即陆权与海权的关系。近代历史几乎是海权国家或陆权国家利用海权欺负陆权国家的历史。但海权须依托于陆权。国际法上，没有陆地的所有权就没有陆地附属海洋的所有权。无论一个海洋国家的武力多么强大，它可以在一段时间内封锁大片海洋，但它不能主张大片海洋的所有权。而大陆国家可以对武力所及的大陆主张所有权。

因此海权是暂时的，随海权国家的武力而伸缩；而陆权是长期的，受国际法保护。

大陆国家由于各国边界相接而纷争不断，国力不强时常会受周边国家制约。但在国力强大时又更易形成万国来朝之势，挟裹周边国家的力量主导历史。

海权国家特别是岛国，由于孤悬海外，常可在战乱中保全实力，凭借地利及其衍生的“大陆均势”战略以成霸主，但终究难以融入大陆。一旦大陆力量蓬勃发展，岛国力量就不得不退缩本土。这正如当初英帝国力量遍及全球，也正如日本力量猛烈扩张，最终都被迫缩回本岛一样。

这是理解今天世界格局的基本立足点。

（一）"二战"前英国的大陆均势战略

英国是位于欧洲大陆的边缘的海岛国家，对欧洲大陆列强间的争斗可坐山观虎斗、渔翁得利。一直以来对欧洲大陆采取"大陆均势"战略。

英国"大陆均势"政策的含义是英国为维护霸主地位，依靠自己的经济和军事实力使欧洲大陆的列强彼此牵制，防止欧洲统一，由英国操纵欧洲的政治天平。

联合抗法：法国大革命时拿破仑帝国崛起成为欧洲霸主，英国组织和参与七次反法同盟，1814 年彻底打败法国，重新确立英国霸主地位。

联法抗俄：19 世纪 50 年代俄国成为欧洲强国，在 1853—1856 年的克里米亚战争中英国联合法国击败俄国。

联法抗德："一战"时英德矛盾成为主要矛盾，英国联合法国共同对付德国。

扶德抑法：巴黎和会上为制止法国势力过分膨胀，反对过分削弱德国。在欧洲安全和赔款问题上不与法国结盟。用德国来牵制法国。

纵德反苏："二战"前英国联合法国共同纵容德国，希望把德国矛头引向苏联。

英国不同时期外交政策变化由其国家利益决定，体现了国家利益决定对外政策的政治原理。

（二）"二战"后美国的大陆均势战略

1. 美国在世界和平中的位置

虽然美国本土面积远大于英国，但地理位置上与英国具有极大相似性。与欧洲大陆相比英国是岛国，而与亚欧大陆相比美国也近似于岛国。

"二战"前由于强国主要集中于欧洲，英国"大陆均势"主要针对欧洲。"二战"后随着中、俄、印、日迅速崛起，亚洲分量越来越大。与美洲"岛屿"相对应的乃是整个亚欧大陆。作为英国的衣钵继承者，孤悬海外的美国也必然对亚欧大陆奉行"大陆均势"战略。

这意味着：美国为维护霸主地位，依靠自己的经济和军事实力，使亚欧大陆各国彼此牵制，防止亚欧统一。亚欧大陆的长久和平或一体化进程不符合美国利益。

这是理解美国在世界和平中处于何种位置的基本立足点。

2. 鹬蚌相争，渔翁得利

英国能凭借自己的超脱地位成为全球霸主，作为英国人的后裔，美国有理由有更大的雄心。

香港《文汇报》2011 年 9 月 21 日转载英国《每日邮报》报道：一份来自美国的绝密文件揭露，美国在 1920 年至 1930 年期间曾拟定计划向中国、日本、德国、墨西哥和英国等国开战。计划在“二战”发生前制定，2011 年 9 月 20 日曝光。计划最终被罗斯福总统否决，他希望英国能保存实力对抗纳粹德军。美国内部备忘录记载计划为“完全不可行”，但可“留作将来之用”。①

希特勒理解“大陆均势”战略。他认为英国不会允许一个如此野心又具有强大潜力的美国席卷世界。因此他认为英美战争不可避免并希望英国获胜。或许，至少在“二战”中期，英德联手可能出现这样的结果：英国、德国、苏联、美国、日本或中国鼎立。各国国力趋近构成全球均势。这可能也是德国在敦刻尔克大撤退中对英国放一马的原因之一。抛开对种族主义的谴责，若按此设想，“二战”后苏联、美国的力量将大大缩水。

丘吉尔面临一个抉择：是沿袭英国传统的欧洲大陆均势，还是新的世界均势。最终他选择了古老的传统。这种选择可能是因为岛国的思维惯性，也可能是因为英美同族，也可能是德国太多背信弃义以致不能再予任何信任，抑或是真被德国打怕了。总之英国跟德国干到底了。“二战”的结果是包括英国在内的欧洲彻底倒下，世界成为两个超级大国即美苏的天下。

英国一根筋走到底带来的瘫痪状态已不用美国动手，英国自动把战利品拱手送上以换得美国支援。1941 年 8 月初在美国的压力下，英美两国签署了《大西洋宪章》，承认民族自决和独立权，承认“机会均等”“海上自由”，这等价于英国自动放弃殖民地。1941 年 9 月在伦敦召开了讨论大西洋宪章的同盟国会议。英国、苏联、比利时、卢森堡、荷兰、南斯拉夫、波兰、捷克斯洛伐克、希腊、挪威和“自由法国”参加会议。这是逼迫欧洲国家放弃殖民地的城下之盟。艾登指出：“罗

---

① http：//paper. wenweipo. com/2011/09/21/GJ1109210013. htm。

斯福之厌恶殖民主义并不限于英国。这是他信奉的一个原则，而且也是着眼于它可能带来的好处。他实指望，从前的殖民地一旦从他们的主人那里得到自由，就会在政治经济上依靠美国，而他不必担心别的国家担当这个角色。”[①]

罗斯福还想通过联合国托管殖民地之名控制南大西洋和太平洋这些地区[②]，希望“托管制将让美国在太平洋和其他地方的战略据点设立长期的海空军基地”，在战后控制日本委任统治的岛屿，从而“确立一个能维持二十年的有效的太平洋安全体系”。[③]

图 9—1　20 世纪 30 年代，美国纽约大街上支持纳粹的游行

（三）亚欧大陆上的大国角力

海洋文明以其超越性在短期内发展速度可能很快，但缺乏大陆文明的

---

① ［英］艾登：《艾登回忆录·清算》，瞿同祖、赵曾玖译，商务印书馆 1976 年版，第 895 页。

② ［美］威廉·李海：《我在现场》，马登阁等译，华夏出版社 1988 年版，第 337 页。

③ ［美］罗伯特·达莱克：《罗斯福与美国对外政策》，伊伟等译，商务印书馆 1984 年版，第 611—612 页。

深厚底蕴，缺少扩张后劲。这正如西洋的架子鼓与中国的战鼓。架子鼓响亮清脆、节奏明快却没有穿透力；战鼓低沉却传送悠远。

1. 阳光与乌云

欧盟反映了欧洲诸国人民合作的愿望。但是欧盟体制尤其是欧元体系不伦不类。欧元体系有统一的中央银行却没有统一的财政体系。缺乏财政体系的货币体系等于无头苍蝇，也等于欧洲各国给自己带上镣铐，这导致欧洲经济不稳定。西方国家的内斗传统又使得法、德这两个大国希望利用欧元体系的天然不稳定性制造危机，逼迫其他欧洲小国拱手让出财政权以吞并欧洲。然而这在相当长时期内是无法完成的任务。问题在于：

第一，财政权是一国主权所在。没有选举权的政治统一就不可能有财政权的统一。不能设想冰岛人民无权选举法国总统却愿意把财政权交给法国，法国人恐怕也不愿意冰岛人民来选法国总统。所以通过经济危机来迫使弱国就范，很难说结果是弱国交出主权还是弱国退出欧盟，因为弱国只要退出欧元体系就能克服这些经济危机。

第二，欧元脆弱将导致外来金融狙击。法、德若不能控制好欧洲金融危机就将被美国乘虚而入。缺乏首脑和财政转移支付能力的欧元体系不足以对抗美国金融狙击。

第三，欧洲内部的大国难以统一主权。即使欧洲小国可能对主权做出较大让步，欧洲大国间仍难以协调。如法国、德国、意大利、西班牙之间成立统一主权国家的难度远大于一般国家边界线的谈判。只要有两个以上大国不能统一财政，欧元区就无法解决根本问题，欧盟就无法摆脱跛足。

俄罗斯是亚欧大陆另一支力量。苏联解体后俄罗斯已失去强大经济能力，目前主要是军工产业和资源产业支撑俄罗斯。随着苏联时代最顶尖科研人员的衰老退休，在可预见的将来俄罗斯难以建立起较为完整的工业体系。

印度虽被西方国家称为民主国家，但其种姓制度严重制约人力资源。这种与宗教相结合的制度难以被印度世俗法律所管辖。印度种姓是森严的等级制度。婆罗门、刹帝利、吠舍和首陀罗是印度种姓集团地位高低的排列顺序，还有一类被排斥在种姓体制外的人叫“不可接触者”，也叫贱民或哈里真，这些人只能从事最卑贱的工作。婆罗门、刹帝利和吠舍三个种姓人数共占印度总人口10%，首陀罗占45%，不可接触者占18%。上述四大种姓等级仅是最简单的划分，每个种姓中还分支出大大小小“亚种姓”。

中国近年来经济发展快速。中国渴望融入世界经济体系，通过经济活动促进产业升级和科技进步。但中国有几大问题需要解决。一是中国的政治和经济体制改革尚未完成，需要较为稳定的环境；二是中国武装投送能力有限，不足以保证海外经济安全；三是中国地域整合和民族整合尚待时日；四是中国宗教问题也开始浮出水面。抓住宝贵的时间窗自我调节是中国未来的重要任务。

基于以上分析，若无外来力量参与，亚欧大陆在相当长时间内不存在大规模战争的原动力。尤其在核武时代，陆权大国间的大规模战争已很难爆发。亚欧大陆的和平发展，尤其是人、物的自由流通逐渐使经济趋向一体化，符合亚欧各国利益。

图 9—2　三条亚欧大陆桥示意图

图 9—2 中，第二、第三亚欧大陆桥穿过中国国境。从日本、韩国至欧洲，通过第二亚欧大陆桥将中国与独联体国家、伊朗、罗马尼亚、南斯拉夫、保加利亚、匈牙利、捷克、斯洛伐克、波兰、德国、奥地利、比利时、法国、瑞士、意大利、英国紧密相连，水陆全程仅为 12000 公里，比第一亚欧大陆桥（西伯利亚大陆桥）减少 3000 公里，比经苏伊士河少 8000 多公里，比经巴拿马运河少 11000 多公里，比绕道好望角少 15000 多公里。第三亚欧大陆桥起点始于以深圳港为代表的广东沿海港口群，沿途由昆明经缅甸、孟加拉、印度、巴基斯坦、伊朗，从土耳其进入欧洲，

最终抵达荷兰鹿特丹港，横贯亚欧 20 多个国家，全长约 15000 公里，比目前经东南沿海通过马六甲海峡进入印度洋行程要短约 3000 公里。

虽然第二、第三亚欧大陆桥具有地理优势，但因亚欧大陆的战乱分裂，这两条大陆桥要经历不稳定的中东、中亚地带，迄今未充分发挥潜能。一旦亚欧大陆化剑为犁，第二、第三亚欧大陆桥经历的众多国家将使其成为最便捷、最繁华、拉动人口和经济最多的大陆桥。

然而化剑为犁的亚欧大陆将是美国的噩梦。陆权再次压过海权，美国经济将寂寞于世界中心之外。这是美国所不愿意看到而会想方设法阻止的。

苏联这个庞然大物，无论从意识形态还是地缘政治上都必然是英美的对手。它实在太大以致严重威胁欧洲国家，也必然是欧洲的对手。苏联成为欧美共同的对手并不奇怪，令人奇怪的是苏联的解体方式。这在后面会详细阐述。

2. 美国与君主国的联盟

1957 年美国总统艾森豪威尔在向国会提出的特别咨文中指出：中东地区为“欧洲、亚洲、非洲之间的门户”，是“东半球各大陆的枢纽”，具有“巨大的重要性”，“在整个世界战略上，再没有比中东更重要的战略地区，我们必须利用我们所有的力量、手段、组织能力、军队调动能力来获得中东”。只要控制伊拉克、伊朗，就获得中东和控制住阿拉伯世界。这个地区的石油储量约为 6710 亿桶，占世界总储量的 67%，现在世界石油消费的 50% 以上来自这一地区。自由世界的未来系于中东富饶的油田，控制这个地区的石油就掌握了对世界经济和政治的支配权，特别是对欧洲和日本的支配权，甚至等于占领欧洲和日本领土。欧洲专家们也承认，控制中东的石油就能控制世界，特别是能控制靠中东提供石油的欧洲。①

欧洲与美国有相同的人种和文化，是天然的亲戚。欧洲和美国在相当多问题上具有一致立场。“二战”后欧洲的衰退使其对美国在经济和军事上都有极大依赖。在战略思想上，对俄罗斯的恐惧以及对阿拉伯、中国等国的偏见，欧洲宁愿选择信任美国。在战略行为上，欧洲由分散的多个国家组成，内部纷争众多，缺乏统一首脑，没有能力有效决策。

---

① 刘国平：《美国民主制度输出》，社会科学文献出版社 2006 年版，第 185 页。

在埃及的苏伊士运河危机中，美国为把英、法逼出中东，故意抛售英镑导致英镑汇率浮动并贬值15%，否决英国向国际货币基金组织的贷款申请，停止向英国的经济援助。美国在联合国安理会提交议案要求英法立即撤军，遭英法两国否决后又敦促联合国大会召开紧急会议，正式通过决议要求停止战争并从埃及撤除所有外国军队。美国命令全球美军进入戒备状态威胁英、法、英、法被迫在1956年11月7日宣布停火，11月22日撤出全部军队。

苏伊士运河危机导致英法两国在全球的庞大帝国加速瓦解，美国成为主宰中东乃至全球的力量。20世纪50年代后期美国对中东的政策纲领又称杜勒斯—艾森豪威尔主义。1957年1月5日美国总统艾森豪威尔向国会提出杜勒斯拟定的中东政策特别咨文。其主要内容是：对中东国家实行"经济合作"和军事援助计划；授权总统在他认为必要时使用武力来"保护"任何请求军事援助的国家，以维护它的领土完整和政治独立，防止"共产主义侵略"；两年内额外拨款4亿美元，向中东国家提供经济援助；并可随时使用美国武装部队。之后此中东政策纲领也被用于中东以外地区。

卡特总统于1980年1月23日发表国情咨文宣称："任何外部势力企图掌握波斯湾地区控制权的尝试都将被看作是对美利坚合众国切身利益的进攻，这种进攻将被包括军事力量在内的一切必要手段击退。"卡特这一声明被称为"卡特主义"。其核心内容是，美国将不惜采取一切手段确保控制波斯湾地区。

美国为着大陆均势战略联合海湾君主神权国家，以美国－卡塔尔－沙特阿拉伯铁三角为核心绞杀中东、中亚世俗政权、扶植伊斯兰极端势力。但美国不承认自己的战略是要在该地区建立"伊斯兰"政权。他们需要做出"伊斯兰政权让他们害怕"的样子。美国让自己"长期打击恐怖主义的斗争"合法化，煽动起人们对伊斯兰文明的恐惧。[①]

在中亚和中东的历史上，基督徒没有被穆斯林社会视为外来者而是同胞，尽管他们内部也分为不同的竞争派别。古兰经中穆罕默德将基督徒和犹太人视为符合伊斯兰精神基础的信徒。无论阿拉伯人还是土耳其人实行

---

① 本小节后面部分摘编于《美国是"颜色革命"的幕后黑手》，法国情报研究中心著，海洋安全与合作研究院翻译。

统治，都很好地坚持了这一原则，谨慎地处理与异教徒的关系。

若非欧洲列强强制分裂，这种共生性可以长久续存。伊丽莎白和费迪南·德·阿拉贡强行要求犹太人和穆斯林改变信仰，欧洲宗教法庭烧死异教徒，法国国王们则时常对犹太人课以重税作为其生存代价。英国人和法国人无视两千年的历史去重绘地区版图。这是阿瑟·凯斯特勒指出的："第一个国家向第二个国家承诺将给予其第三个国家。"

"二战"后中东国家纷纷摆脱君主制成立政教分离的世俗国家。虽然这些国家仍有权力过分集中的问题，但与君主制、政教合一制度相比有天壤之别。这些世俗国家正在走向现代化国家治理架构。西方本应将此视为阿拉伯国家迈向现代化甚至是民主化的重要进步，但实际上却把它当成共产主义或是无神论唯物主义的危险倾向。在受美国摩尼教影响的政治人物眼中，这些世俗国家靠近苏联，推翻独裁君主制度，阿拉伯世界开始整体转向世俗政府形式。中情局的战略家们极力鼓动伊斯兰唯灵论，反对唯物主义无神论。潜伏在阿拉伯萨拉菲主义中的原教旨主义本来已经被现代的、解放的阿拉伯主义所瓦解，此时又重新占据年轻一代的思想。

美国最担心的其实是真正民主的中东和中亚，因为这样一个地区肯定会成为阿拉伯人民团结的领袖，对追随经济自由主义、美国和北约的侵略政策提出质疑。因此美国一直通过各种手段支持穆斯林兄弟会这样的伊斯兰极端主义政权。穆斯林兄弟会认为，自由和民主没有考虑到"天性"，就是人必须服从上帝（如同奴隶必须服从他的主人）。而只有伊斯兰教学者才能说出上帝的命令，这是神权统治的理论基础。

布什总统接受《纽约时报》采访时说："他总统岗位的DNA"是夏兰斯基的《论民主：战胜暴政和恐怖主义的自由力量》。这本书中夏兰斯基把阿拉伯世界设计成各族群、部落、教派的拼凑。他主张利用这些断层带推行"建设性的破坏稳定"战略。他与刘易斯、亨廷顿等人一起构成大中东计划的主要理论。因此美国这一重塑阿拉伯—穆斯林世界的战略有一个代号"创造性混乱"。这一政策建立在以下原则上：①对低密度冲突进行管理；②促进（这些国家）政治和领土分裂；③推动种族主义；④赶走阿拉伯世俗政权，代之以伊斯兰神权统治，或代之以混乱和内战。

这一政策沿袭曾担任以色列外长的奥代德·伊农的路线。该路线详细列出了将整个中东分裂为尽可能小的领土单位的地缘战略计划。奥代德.

伊农写道："将黎巴嫩分裂为5个省……将叙利亚和伊拉克按照黎巴嫩模式分裂成以单一的种族和宗教为主体的省份。"

海湾君主国希望对抗中东世俗国家以保住君权。对他们而言伊斯兰主义政党是对其损伤最小的解决方案，因为其上台既不会使民主在阿拉伯世界扎根，也不会产生和平夺权等可能的变动甚至是制度变动。他们与美国战略一拍即合。

1971年才实现独立的卡塔尔，面积11500平方公里，人口170万，其中卡塔尔公民不足40万，面积虽小但非常富有（天然气储量位居世界第三）。阿勒萨尼家族以铁腕统治该国已有40年之久。这个纯粹的君主制国家没有政党。卡塔尔成立半岛电视台，全球65个办事处、3000名雇员、一天24小时播出。这家国营电视台一直让人以为它是私营的。卡塔尔国王指定电视台管理委员会成员，成员包括其妻子、小舅子（伊斯兰极端主义瓦哈比主义者、该国首富）、堂兄弟（伊斯兰极端主义穆兄会重要人物）。突尼斯的伊斯兰主义者拉希德·加努希、伊斯兰主义最重要人物之一优素福·加拉扎维也是股东。这样的人员组成表明了"半岛"台的原教旨主义色彩。美国驻以色列前大使马丁·英迪克是卡塔尔新闻事务负责人，还兴建了萨巴中东政策研究中心。

阿拉伯之春中沙特和卡塔尔通过阿拉伯电视台及半岛电视台等媒体发表依据错误或精心编造数据得出的观点。"半岛"台的方式十分有效：10条信息中，他们报1条假的；10个真相中，塞进1条谎言。卡塔尔被允许调查与美国站在对立面的国家的独立自主程度。卡塔尔对突尼斯2011年10月23日的选举极为明确而大方地施加了影响。若没有卡塔尔和沙特的资金支持，突尼斯复兴党就不可能引领选战。这种昂贵的选战俨然变成了财力比拼。

这些"革命"的发生、发展和成功，美国、海湾君主国和欧洲起了主要作用。奥巴马为伊斯兰主义者开辟道路，向"宗教领袖"提出建立合作关系。这就是社会生活层面的美国式宗教概念，与欧洲式人文主义的、世俗的、普世的模式截然相反。奥巴马攻击欧洲世俗制度："同样，西方国家必须避免妨碍穆斯林公民按照自己的意愿从事宗教活动——例如，不能对穆斯林妇女的着装进行强制规定。我们不能以自由主义为幌子敌视任何宗教。信仰应有助于我们休戚与共。"

美国和海湾君主国有明确的战略，欧洲只是跟随且不知道自己被前两者利用了。以法、英为首的欧洲人充当了“有用的傻瓜”角色，或是因为他们没有发现美国和海湾国家的战略意图，或是因为他们盲目服从华盛顿和北约的命令，或是因为他们相信自己能够发挥作用来赶超华盛顿。德国在利比亚问题上明智地选择了不参与，罗马在利、叙问题上均态度谨慎。美国打击欧洲的重要目的是搞掉法国，自己上位。法国希望通过利比亚战争重新投资该国，但美国只给它几个小渣。在美国大中东计划面前，法国的政绩工程“地中海联盟”再没有了意义。

3. 我来并不是叫地上太平，乃是叫地上动刀兵

美国是一个只有200多年历史的年轻国家。美国发展史是一部战略性扩张的历史。根据美国官方统计资料，无论是冷战期间或冷战后，美国一直对外频繁使用武力：1798年至1993年美国以武力解决冲突的案例高达234次；冷战期间美国对外较大规模的军事行动约有125次；1990年以来美国以执行联合国决议、维持和平、实施人道主义援助、反对侵略及保护美国公民生命财产安全等各种名义先后对外出兵达40多次。

美国也是当今世界上对别国经济制裁最多的国家。“一战”到1990年国际社会共发生116次经济制裁，其中由美国发动或带头发动的经济制裁有78次。1993—1996年美国对35个国家使用或威胁使用经济制裁多达60次，1996年美国采取制裁或进行制裁威胁的事件多达22例；1997年美国宣布它的制裁扩大到30个国家和地区的恐怖组织。① 2002年美国总统布什的国情咨文向世界宣告：无论什么地方，美国的利益和安全都是最重要的，只要美国认为威胁到它的利益和安全，美国就向那里进军，美国准备随时把军队迅速派往世界任何地方。“要么和我们站在一起，要么就是我们的敌人。”②

美国等西方国家定义其他国家的政权形式并非根据该国政体本身，而是随自身利益和目标变化随意改变定义方式。③ 伊多·欧仁举例说，威廉二世的德国在19世纪末期被西方领导人当成是毫无疑问的民主国家，但到了一战前他们与德国关系开始恶化时，他们便形容德国是独裁国家，然

① 美国输出民主的历史与现实，第290页。

② 刘国平：《美国民主制度输出》，社会科学文献出版社2006年版，第100页。

③ Sebastian Rosato, “The Flawed Logic of the Democratic Peace Theory”, *American Political Science Review*, Vol. 97 2003, pp. 585 – 602.

而实际上德国政权形式没有任何变化。[①]

英美为掠夺伊朗石油资源，破坏伊朗石油工业并对伊朗海上禁运和抵制伊朗石油以阻止石油国有化议案的执行。两国于 1953 年 8 月 19 日在伊朗发动政变推翻摩萨台民选合法政府，扶植美英傀儡巴列维国王复辟。伊朗政府重新分配石油开采权，美、英各占 40%。[②]

1950 年 11 月危地马拉大选中阿本斯获 60% 的选票当选为总统。其在任内逐渐摆脱美国资本控制。1953 年 3 月 29 日美国中情局艾伦·杜勒斯策动了危地马拉流亡者的武装暴乱。阿本斯下台后，阿马斯成为临时总统，摧毁了阿本斯政府民主改革的一切成果，近 4000 人被捕，工人和工会的权益被取消，占人口 3/4 的文盲的选举权被剥夺，取缔了所有政党，反对派报纸被查封。危地马拉陷入长达 30 多年的战乱，共有 20 多万人丧生。[③]

1962 年 12 月 20 日美国导演了多米尼加的自由选举，1963 年 2 月胡安．博什当选总统。胡安．博什采取一些维护民族利益的措施，例如政教分离、土地改革、限制外国资本，美国对此强烈反对。美国为干涉多米尼加所动员的军人多达 3.6 万名，出动了 40 多艘军舰、380 多架飞机，每天向多米尼加运送物资 4200 多吨。[④] 最终美国支持的巴拉格尔建立了亲美政权，此人是军人专制时期的副总统。

1973 年 9 月 11 日美国中情局策动智利政变推翻民选的阿连德政府。美国政府矢口否认参与其中。1977 年尼克松才承认美国卷入政变，理由是这样有利于美国国家安全。皮诺切特通过政变建立了军政府，美国总统福特认为："我想这符合智利人民的最高利益，无疑符合我们的最高利益。"基辛格说："智利军政府把智利从专制政权下解救出来，使美国少了一个敌人。"[⑤]

海地于 1990 年第一次实行了民主选举，平民主义者、天主教牧师阿

---

① Ido Oren, "The Subjectivity of the 'Democratic' Peace: Changing U. S Perceptions of Imperical Germany", *International Security*, Vol. 20, No. 2, 1995, pp. 232 – 254.

② 范鸿达：《美国与伊朗：曾经的亲密》，社会科学文献出版社 2006 年版，第 133—145 页。

③ 徐世澄：《帝国霸权与拉丁美洲——战后美国对拉美的干涉》，世界知识出版社 2002 年版，第 37—42 页。

④ 同上书，第 54 页。

⑤ 同上书，第 81—82 页。

里斯蒂德上台，美国很快发动军事政变推翻了阿里斯蒂德政府。随后美国为海地军政府提供大量支持，包括允许海地走私石油。三年后美国政府允许阿里斯蒂德重返海地执政，前提是他必须执行军政府时期的新自由主义经济政策。这种政策让海地丧失经济自主权并陷入混乱和暴力。

阿尔及利亚 1991 年的民主选举中获胜的政党不是亲美政党，在美国为首的西方国家干预下这次选举被宣布无效。

为瓦解苏联，美国多年来一直拨出巨款（仅 1991 年就达 150 亿美元）推行“和平演变”战略、扶持“民主”势力。西方国家支持苏联侨民（如在美国有 150 万人左右的乌克兰侨民）成立组织、出版刊物与国内民族分离主义势力遥相呼应。20 世纪 80 年代“伊斯兰复兴运动”和“伊斯兰原教旨主义”兴起，美国等西方国家有意引导这两种势力与苏联国内的民族分离主义势力相结合，共同促进苏联向“民主、人道的国家演变”。

吉尔吉斯斯坦在 1991 年脱离苏联后一直有数目众多的反对党存在，而且支持反对党的电视台、电台和报纸也为数众多，曾被西方称为“中亚的瑞士”，是西方推崇的民主样板。美国在这里策动了“郁金香革命”。[①] 吉尔吉斯斯坦陷入混乱中，产生数十万难民。

黎巴嫩是中东民主化程度最高的国家，早就实行多党制、普选和自由市场经济。只因它与叙利亚的特殊关系而令美国不满。2005 年在美、法等支持下，美国国务院的国家民主基金会组织“雪松革命”的直接目的就是破坏叙利亚－伊朗在黎巴嫩的影响，而代之以西方支持的代理人特别是萨阿德·哈里里集团。[②]

巴勒斯坦 2006 年立法委员会的直接选举中，哈马斯赢得了巴新政府的组阁权。但致力于推进中东“民主”进程的美国拒绝接受直选结果，从经济、军事和政治上全面施压哈马斯，甚至直接扶植在选举中失败的阿巴斯政权。

1957 年以来突尼斯的政治就一直在现代化，1956 年 8 月 13 日实施的个人社会地位法在许多领域都规定性别平等。它赋予女性完全的权利，如

---

① 《颜色革命再成功——中亚成美囊物》，香港《信报》2005 年 3 月 25 日。

② 特里·什舒（美国“军事记者及编辑组织”成员）：《反击：“伪造反对叙利亚的事件”》，2005 年 11 月 19—20 日。

离婚、继承、与非穆斯林或外国人结婚、收养等，社会习俗日趋自由。它的经济状况好于希腊、葡萄牙、爱尔兰、西班牙甚至意大利。它以热情好客和宽容而闻名于世，旅游者前来享受日光、欧洲的退休人士来购买别墅、外国投资者投资许多第二及第三产业。在国际货币基金组织、世界银行的掌声中，突尼斯经济呈现一片繁荣景象。2011 年 1 月“茉莉花革命”后，突尼斯人在公共场合越来越受到道德警察的刁难，妇女权益被采取了伊斯兰激进主义观点，后者有时在各种滥用职权外还要加上初夜权。历史改变了方向，宗教极端势力掌握政权让突尼斯世俗运动震惊不已。

利比亚原本是阿拉伯世界生活水平最高的国家之一，在非洲国家首屈一指。大多数利比亚家庭拥有自己的住房，很多家庭拥有一部汽车。免费的公共卫生和教育是阿拉伯世界的最佳体系之一，大多数均对妇女开放。按人类发展指数全球排名第 53 位，高于俄罗斯、巴西、乌克兰和委内瑞拉。北约发动的利比亚战争死了 15 万人。今天这些家庭已经没有办法继续孩子的治疗。卡扎菲依靠利比亚西部、中部及南部部落联盟掌握政权，这损害与前君主王朝关系密切的东部部落利益。这些拥护君主体制的保守主义者并不是民主派，他们唯一的目的是重建君主体制并消灭卡扎菲。国家过渡委员会当地领导人公开声称：君主制是保持国家稳定的必要条件之一。在国家过渡宪法计划的呼吁书中规定：“利比亚是民主、分权、权力为民所赋的国家。其宗教为伊斯兰教且伊斯兰什叶派教义是其法律的来源。”

埃及是美国控制全球战略的基石。华盛顿、卡塔尔和沙特希望埃及的民主运动流产，将一个由穆斯林兄弟会领导的“伊斯兰政权”强加给埃及，这是让埃及永远屈从于它的唯一手段。“国家和政治伊斯兰化”实际上就是瓦哈比式的伊斯兰极端化。穆斯林兄弟会坚持“伊斯兰教法是法律的源泉”，其纲领要求设立“伊斯兰教学者委员会”监督所有法律提议是否符合伊斯兰教法的要求。政府将成为单一的超级教士党政权，所有要求世俗化的政党都将不合法。

中东国家中，目前伊朗的选举制度和程序都较为完善，但美国却称伊朗为“暴政前哨”而不是民主国家，不惜发动政变。①

叙利亚社会的宽容是中东地区的样板。叙利亚的社会是多元化的：

① 范鸿达：《美国和伊朗 1953 年政变》，《百年潮》2002 年第 6 期。

将近40%的民众属于基督徒或东正教徒，其他穆斯林派别主要是支持政教分离的苏菲派。他们当中没有任何人希望原教旨主义伊斯兰政权出现，而西方正在这一区域鼓励和推动伊斯兰极端势力上台。叙利亚人权观察家成为西方优先的甚至是唯一的消息来源，事实上它源自穆斯林兄弟会，80年代成立于伦敦，得到盎格鲁—撒克逊情报机构、沙特和卡特尔的支持。

东正教教长格雷高里奥三世重申："叙利亚比任何其他阿拉伯国家都拥有更多自由，宗教也更为宽容。那些将目标瞄准叙利亚的人，他们都在利用种族和宗教因素，而且优先针对那些处于封闭状态的农村地区和比较孤立的逊尼派地区，最近极端政治团体在那些地区发展非常迅速。这些组织到处寻找火星儿，为的就是点燃全面内战。"

在美国的新战略中，土耳其将发展成地区大国。为土耳其谋得"帝国"新地位的正是那些伊斯兰国家。土耳其永远不会完全准备好融入欧洲，它最大也是无法克服的一点是伊斯兰特性。它涉及建立一个新的地缘战略实体，类似于突厥—阿拉伯—伊斯兰联邦，包括土库曼斯坦、乌兹别克斯坦、阿塞拜疆、塔吉克斯坦、吉尔吉斯斯坦、哈萨克斯坦、阿富汗、巴基斯坦、伊朗、伊拉克、叙利亚、埃及、沙特……担负起这样一个集团的领导是它的历史责任。这是伯纳德·刘易斯的杰作。刘易斯最初为英国情报部门充当土耳其事务顾问，有英、美、以三重国籍，曾为内塔尼亚胡的顾问，在布什的总统班底是最具影响力的新保派战略家之一。是他第一个使用"文明冲突"而非亨廷顿。

美国等西方国家对民主的干预与地缘政治完全重合。美国的援助并非给予世界上最贫困、最需要开发的国家和地区，而是集中在亚洲和中东沿俄罗斯、中国等国家的边界线上、具有重要战略地位的国家或地区，即所谓从土耳其到韩国的亚洲大弧形地带上的"前沿防卫"国家和地区。

从20世纪50年代中期到60年代初，美国的对外军事与经济援助在希腊到韩国等地处俄罗斯、中国等国家周边地带的11个"前沿防卫"国家与地区（即希腊、伊朗、泰国、菲律宾、中国台湾、土耳其、巴基斯坦、印度、老挝、南越和韩国）一般都超过或接近总数的一半以上。50年代后期起拉美和非洲地区经济援助增加的主要原因，乃是古巴革命的胜利使美国大量增加对拉美国家的经济发展援助以遏制共产主义在西半球的渗透，以免在拉美出现第二个古巴。

20 世纪 90 年代初以来，美国对在“伊拉克自由行动”（Operation Iraq Freedom）或“持久自由行动”中的中东和中亚参与国进行大量援助，包括伊拉克、阿尔巴尼亚、亚美尼亚、阿塞拜疆、波斯尼亚和黑塞哥维那、保加利亚、克罗地亚、捷克共和国、爱沙尼亚、格鲁吉亚、匈牙利、哈萨克斯坦、吉尔吉斯斯坦、拉脱维亚、立陶宛、马其顿、摩尔多瓦、波兰、罗马尼亚、塞尔维亚、黑山、斯洛文尼亚、塔吉克斯坦、乌克兰和乌兹别克斯坦。其中 3 个中亚国家向美国提供了某种形式的军事基地。

（四）欧美的战术布局

美国哈佛大学教授塞缪尔·亨廷顿在 1999 年 3 月 4 日的《外交》期刊上概括了美国的基本策略：

“向他国施压，使它们接受美国的人权和民主价值观和做法；阻止他国获得可能会对美国的优势构成挑战的军事力量；在其他国家的领土上或在其他社会中强行施行美国法律；根据他国执行美国有关人权、毒品、恐怖主义、核扩散、导弹扩散、现在又是宗教自由等方面的标准的情况加以分门别类；对达不到美国标准的国家实行制裁；打着自由贸易和公开市场的旗号推动美国公司的利益；从美国公司的利益出发制定世界银行和国际货币基金组织的各项政策；干预与其没有多少直接利害关系的地方性冲突；胁迫他国奉行有利美国的经济政策和社会政策；推动美国在海外的武器销售，同时又阻止他国进行类似的销售。”

斯帕尼尔说：“为了唤起公众支持对外冒险的事业，就必须把国家体系中固有的那种为实力和安全进行的斗争，说成是一种为实现最崇高价值观念而斗争……只要能使现实主义政治看上去像是理想主义政治，美国就可以推行这种现实主义政治，使理想政治同美国推行外交政策的国家风格一致起来；如果这个国家过去总认为在国际上使用强权乃是罪恶之事，那么现在就需要从理论上证实强权政治是合乎道理的。对于国内来讲，为了民主目的而行使权力是合法的；对于国外来讲也是如此，必须根据美国的民主价值观念来证明使用强权是合理的事。”①

① ［美］J. 斯帕尼尔：《第二次世界大战后美国的外交政策》，段若石译，商务印书馆 1992 年版，第 427 页。

1. 二桃杀三士：铸就世界火药桶

步出齐城门，遥望荡阴里。
里中有三墓，累累正相似。
问是谁家墓，田疆古冶子。
力能排南山，文能绝地纪。
一朝被谗言，二桃杀三士。
谁能为此谋，国相齐晏子。

一曲《梁父吟》讲述了齐国国相晏子设计使三个勇士为争两个桃子而死的事。今天大多数战乱发源地正是西方国家“二桃杀三士”的结果。

相邻国家间边界的形成主要有两种方式：一是传统习惯形成，二是由条约协定。一般是在传统习惯基础上通过邻国间友好协商，逐步完善而形成。“二战”后相当多殖民地半殖民地国家独立时，西方宗主国不顾当地历史将界线无情地穿过历史分界。历史边界与宗主国划界冲突的地方之后成为相邻国争夺的“桃子”，成为这些地区的战乱之源。西方国家退出殖民地，留下纷飞的战火，但这符合西方国家的利益，只有殖民地国家无法团结，宗主国才可能以“民主、自由、和平”的理由长久保持力量存在。

（1）中日火药桶

1945 年日本战败，台湾重回祖国怀抱，各种国际文件均明确指出台湾及其周围岛屿归中国所有。日本政府将附属于台湾岛的钓鱼岛等岛屿以归冲绳县管辖为借口交由美军占领。由于琉球群岛（冲绳）被美国托管，因此钓鱼岛也成美军“靶场”由美军代管。1970 年美国把琉球群岛的管辖权交给日本并把钓鱼岛移交给日本，美国宣布只向日本移交钓鱼岛的行政管辖权，与主权无关，钓鱼岛主权归属由有关方面谈判解决。

2012 年 7 月 24 日日本宣称与美国共同做出决定，要将钓鱼岛列入《日美安全保障条约》。2012 年 9 月 19 日美方声称对有关领土争端不持立场。2012 年 11 月 29 日美国参议院全体会议决定在 2013 财年“国防授权法案”中增加一个附加条款，规定美国对日防卫义务的《美日安全保障条约》的第五条适用于钓鱼岛。

钓鱼岛问题成为中日关系的一个死结，强力阻击中日关系的恢复，是东亚最大的不稳定因素之一，制约着亚洲经济一体化。美国是中日矛盾的最大受益者。

（2）中印火药桶

中国与印度在历史上有长期交往和传统友谊，两国人民亦遵守传统习惯线。英国统治印度后，英属印度当局以印度为基地向中国的西南和西北边疆地区扩张，使中印边界发生分歧。

18世纪下半叶英属印度的殖民统治者一面扩张领土，分离西藏与中国中央政府的关系，一面积极与沙俄的南下扩张对抗，先后于1865年“勘察”了“约翰逊线”；1897年提出“约翰·阿尔达线”；1899年提出“马继业－窦纳乐线”，1914年出笼“麦克马洪线”，想把中印传统习惯线内的阿克塞钦高原置于英属印度及克什米尔控制下。

英国人为划界成为中印间的不稳定之源。美国把印度当作世界上最大的民主国家来建立战略合作关系。“印度过去与中国的不愉快经历及现在对中国的疑虑，使新德里成为美国在亚洲对中国推行遏制战略时的理想伙伴。”“当一个像中国这样的大国兴起时，需要制衡它。俄罗斯从北方，日本、韩国从东方，印度从西方和南方。总有一天美国人会感谢印度的核试验”。[①] 印度洋关系到波斯湾与亚太地区的联系，特别是货运和石油航运的生命线，对牵制东亚、东南亚具有重要的战略意义。从中国出发的第三条亚欧大陆桥也要经过印度。

（3）印巴火药桶

印巴分立是指原英属印度境内形成印度和巴基斯坦两个独立国家。二战后英国决定对印度分而治之，于1947年6月公布《蒙巴顿方案》将英属印度分为印度联邦和巴基斯坦两个自治领，王公土邦享有独立地位或自行决定加入任何一个自治领。英国“分而治之”政策为日后的印巴关系埋下隐患。1971年11月印度与巴基斯坦间爆发大规模战争，这次战争中东巴基斯坦宣布成立独立自主的孟加拉国。

（4）中东火药桶

英国在“一战”期间占领巴勒斯坦，1922年实行委任统治。英国利用阿拉伯人与犹太人的矛盾“分而治之”。1917年英国发表《贝尔福宣言》要在这里建立犹太民族之家。委任统治当局推行“扶犹排阿”政策侵占阿拉伯人土地。“二战”后英国为争取阿拉伯地区的支持，1939年发

---

① Thomas L Friedman, *India Asks Why America Ignores It and Courts China*, *International Herald Tribune*, 1998, p. 14.

表白皮书限制犹太人移民和土地转让，并提出让阿拉伯人的政府管理巴勒斯坦 10 年。战后英国工党政府注重维护与阿拉伯地区的关系，引起犹太人不满。1945 年 5 月以本－古里安为主席的“犹太建国协会”向英国提出让 10 万犹太人迁入巴勒斯坦并建立犹太国。该建议遭英国拒绝。

美国为扩大在中东的势力，积极扶植犹太复国主义。1947 年 4 月联合国巴勒斯坦特别会议决定成立专门委员会进行调查，11 月 29 日第二届联大对专门委员会的报告进行表决。大会以 33∶13 的多数票通过《巴勒斯坦将来治理（分治计划）问题的决议》。决议规定 1948 年 8 月 1 日前结束英国委任统治，建立两个国家：犹太国和阿拉伯国。

（5）巴尔干火药桶

巴尔干半岛位于欧洲大陆南部，连接亚、欧、非三大洲，濒临黑海、亚德里亚海，素有“欧洲十字路口”之称，拥有欧洲众多国家梦寐以求的出海口，地理位置十分重要。控制巴尔干就控制了欧洲大陆，并进而控制全球。巴尔干半岛气候宜人、粮食产量高、兼有欧洲缺乏的矿产、石油等重要资源。巴尔干半岛成为兵家必争之地。

优越地理位置使巴尔干半岛成为民族汇聚区。觊觎于巴尔干半岛的地理位置和资源，从奥斯曼帝国到奥匈帝国、从大英帝国到纳粹德国，以及超级大国美国和苏联，都来到巴尔干实行“分治”政策。20 世纪上半期巴尔干地区发生的四次战争都与美欧大国插手有关。

（6）非洲火药桶

1885 年的柏林会议上英、法、德等殖民大国用红铅笔将非洲躯体肢解为 50 个国家。他们未考虑非洲众多部族、宗教、语言、传统习惯及复杂的部族矛盾。非洲国家边界的 44% 按经线或纬线划分，30% 用直线或曲线的几何方法划分，仅有 26% 是由河流、山脉等构成的自然边界线。这就是非洲国界多直线的原因。这不可避免地将一个部族划在多个国家，或将敌对部族划为一个国家。这造就非洲今天动荡不安的局势。非洲很多部族都有重新划分边界的意愿和要求，动乱、冲突、内战此起彼伏，严重影响经济发展和人民生活，情况发展有愈演愈烈之势，也给西方介入提供了借口。

2. 世界银行和国际货币基金组织

20 世纪 70 年代末经由多边组织的美国对外援助占了美国外援的约 1/5，美国财政部，即监护世界银行和国际货币基金组织运作的那些人，认识到世界银行和国际货币基金组织是他们管教第三世界国家的极其有效乃至核心的工具。里根政府的财政部系统地用它来强行打开第三世界的经济。

结构调整贷款是快速发放型贷款来解救一个国家的赤字或支付到期利息。但某国政府若想获得世界银行或国际货币基金组织的结构调整贷款，它必须答应在本国执行一项彻底的结构调整计划（SAP），条件及理由包括如下：①为控制通货膨胀和减少对境外资本的需求，急剧削减政府开支，这意味着削减健康、教育和福利方面的开支；②削减工资或严格限制工资增长以防通胀，使出口产品更有竞争力；③放开进口限制以使本土工业更有效率，并鼓励为出口市场而生产，这被看作既是获得外汇收入的渠道，又是比国内市场更具活力的增长动力；④取消工业和金融服务业方面的外资限制，以使得本地生产和服务在外来竞争压力下更有效率；⑤让当地货币对美元等硬通货贬值以使出口更具竞争力；⑥将国有企业私有化，并着手进行急剧的去管制化以促进资源依照市场而不是政府命令进行分配。

结构调整是“贝克尔计划”的核心内容，由里根政府1985年在首尔的国际货币基金组织—世界银行会议上宣布。世界银行和国际货币基金组织资助负债国家偿还利息的前提条件是：这些国家须采用“里根经济学的路线——国有企业私有化、取消政府补贴、开放外国投资等。”[①] 里萨克斯指出，从债务国的角度来看，“这里所提议的改革目标……比标准的国际货币基金组织万灵丹在各方面都走得更远，如贬值、公共部门借贷的削减、货币供应控制以及工资与物价的取消控制等”，这形同将“整个国家的财产甩卖”。[②] 正如希翰所形容的那样，人们意识到结构调整是“比六十年代初期人们所能够想象的任何计划都要极端得多”的一项计划。[③]

借贷国还须同意由世界银行或国际货币基金组织来严格监控是否达到由国际银行业务专家们所制定的目标。结构调整贷款分批发放，借贷国达到调整目标意味着下一笔贷款的发放，达不到目标则意味着下一笔贷款的延期或冻结。结构调整措施涵盖了宏观经济政策的诸多方面，同意接受结构调整贷款实质上形同将国家的经济控制权拱手让给世界银行和国际货币基金组织。

---

① Lissakers, pp. 228 – 229.

② Lissakers, pp. 229.

③ Sheahan, p. 33.

世界银行的前加拿大执行主席证实："结构调整贷款中包含的宏观政策建议触及了发展政策过程的最为核心的部分，对于接收结构调整贷款的国家而言，它们经济增长的速率和方式，以及与此相关的社会目标，恰恰就是国家主权，尽管国家主权是一个捉摸不定却又十分重要的概念。"①

一开始很少国家愿意接受结构调整贷款，但 1982 年中期第三世界国家爆发债务危机，美国通过结构调整来驯服南方国家的计划遇到大好时机。约翰·希翰（John Sheahan）记载道：由于越来越多的第三世界国家面临着偿还 70 年代北方国家的银行提供的巨额借贷的困难，美国和布雷顿森林机构利用"这一段金融紧张时期，坚持要求债务国要以消除政府对经济的干预作为获得新资助的代价"。②

美国财政部规定：美国私人银行作债务重整时一律要得到世界银行所同意的前提条件。债务国为偿还利息迫切需要世界银行批准的现金，这要付出巨大代价。正如一位曾经参与墨西哥债务谈判的财政部官员所言："只有那些下决心进行市场取向的经济体制改革的国家才有可能获得世界银行的资助。"③

至 1986 年年初十五个债务国中被美国财政部长詹姆斯·贝克尔所指定的十二个优先债务国，其中包括巴西、墨西哥、阿根廷和菲律宾，都答应接受结构调整计划。结构调整贷款从 1981 年国际银行总贷款额的 3% 上升到 1986 年的 19%，五年后上升到 25%。到 1992 年年底共约 267 项结构调整贷款得到批准。④

国际货币基金组织与世界银行的结构调整保持密切协调，将结构改革作为支出平衡资助的条件之一。世界银行和国际货币基金组织各有分工：世界银行负责推动经济增长，国际货币基金组织负责监督金融控制，它们当今角色已很难区分，因为它们已同时成为西方国家在经济上实行控制策

---

① Morris Miller, *Coping is Not Enough!: The International Debt Crisis and the Roles of the World Bank and International Monetary Fund*, Homewood, Ill.: Dow Jones Irwin, 1986, pp. 185 - 6.

② John Sheahan, "Development Dichotomies and Economic Strategy", in Simon Teitel, ed., *Towards a New Development Strategy for Latin America*, Washington, DC: Inter - American Development Bank, 1992, p. 33.

③ Morris Miller, *Debt and the Environment: Coverging Crises*, New York: United Nations Publications, 1991, p. 215.

④ World Bank, *Third Report on Adjustment Lending: Private and Public Resources for Growth*, World Bank, Washington, DC, March 1992, pp. 74 - 6.

略的执行机构。在接受结构调整贷款的国家那里国际货币基金组织和世界银行以“震荡疗法”而著称，亦即短期稳定措施和长期结构改革同时进行。这两个机构也被讽刺性地称作“布雷顿森林双胞胎”。

1988 年“结构调整设施”（SAF）的成立将世界银行和国际货币基金组织的合作提高到一个新台阶，该机构紧密协调这两个组织的监控和执行活动。非洲撒哈拉以南地区的 47 个国家中有 36 个国家实施了世界银行或国际货币基金组织主持的结构调整计划。这些国家的政治体制大多薄弱，国际货币基金组织—世界银行以提供资助为名实行的共同管辖政策强加在大部分非洲撒哈拉以南地区。

80 年代有 70 多个第三世界国家向国际货币基金组织和世界银行屈服。由华盛顿政府遥控指挥的稳定方案、结构调整和震荡疗法成为南方国家最普遍的状况。其共同目标就是解除第三世界国家政府作为本国经济发展的推动者的权力。

3. 非政府组织

美国有 200 多万登记在册的非政府组织，其资金渠道约有一半来自政府资助，并有一个“民间机构协作组织”专门帮助非政府组织加强对发展中国家的工作，经费来源主要由美国国际开发署提供。

为中情局输送资金提供方便的基金会都自称是私人性质的自由的机构，实际上大多是中情局的外围组织。中情局同美国基金会的关系有两种情况值得注意。第一，基金会在美国中情局和它所资助的对象、项目之间起着间隔和掩护作用，使受资助者不至于和美国中情局直接联系，双方都便于活动。这类基金会有的由富人和名人建立，发挥中情局资金的“过户”账号作用，中情局确定基金的投向与使用。如法菲尔德基金会、价值基金会、密歇根基金会等 170 余个。第二，有些具有强大经济实力、稳定资金来源和巨大影响力的基金会掩护中情局的活动。此类基金会有洛克菲勒、卡内基、福特基金会等。通过它们转移资金更有保密性。1963—1966 年间共有 164 个基金为多达 700 个项目提供资助，其中至少有 108 个基金会的资金部分或全部来自中情局。这 164 个基金会资助的目标活动几乎有 1/2 的资金来自中情局。①

---

① ［英］弗朗西斯·斯托纳·桑德斯：《文化冷战与中央情报局》，曹大鹏译，国际文化出版公司 2002 年版，第 147—149 页。

理查德·福尔克在美《外交政策》杂志发文评论：“有时，这些单位甚至被媒体冠以‘民间组织机构’，这从最好的方面来说，是因糟糕局势而受忽视；从最坏的方面来说，则是一种有意识的欺骗。”

USAID 是美国一家“正式的”独立事务所，1961 年由美国时任总统肯尼迪创立。该机构负责世界范围内的经济发展和人文援助，在“颜色革命”中的积极程度被广泛提及。USAID 在其网站称其曾在过去 20 年里花费约 90 亿美元来“提升逾 100 国的民主统治水平”。

NED（全国维护民主捐赠基金会）于 1983 年由美国时任总统里根创立，并伪装成一家非营利性的私人基金会。事实上它由美国国会通过法案成立，资金几乎全部来源于政府拨款。该基金会形式上由私人运作，其实是与国务院、中情局和国际开发署配合行动的政府部门，有“第二中情局”之称。NED 有 4 个相关机构：共和党的国际共和研究所、民主党的全国民主研究所、美国商会国际私人企业中心及劳联和产联的国际劳工团结美国中心。《民主杂志》、世界民主运动、国际民主研究论坛、里根—法塞尔奖学金项目及国际媒体援助中心等非政府组织也受其资助。NED 创建者之一艾伦·温斯坦说：“当前我们的很多工作是在秘密为美国中央情报局服务，这已有 25 年。”NED 深知目标国面临的政治形势及无法回避的政治前景，但不具任何论战精神，并从实质上混淆“民主”一词在政治上的细微差别。

IRI 董事会由共和党籍参议员约翰·麦凯恩主管，克林顿时期的女国务卿马德琳·奥尔布莱特则是 NDI 的首脑，大部分资金来源于美联邦政府。马克.维斯布拉曾在英国《卫报》发文叙述：“当我看到 IRI 被国际媒体奉为‘推动民主的组织’时我放声大笑。”他在文中举大量例子来说明这一组织直接参与许多国家破坏社会稳定的行动。一些接近西方情报机构的核心人员称 IRI 仅是 CIA 的一个门面。

自由之家创立于 1941 年，总部在华盛顿并在约 12 个国家设有分部，是美国老牌的“颠覆专家”。自由之家最出名的是每年发布各国民主自由状况的年度评估报告。虽然号称“独立智库”，但其 3/4 的经费来自政府拨款。自由之家成员有 CIA 前局长詹姆斯·伍尔西、卡特时国家安全顾问兹比格涅夫·布热津斯基、小布什时期防长唐纳德·拉姆斯菲尔德、克林顿时期分管财政的副国务卿斯图尔特·埃森斯塔特及小布什时防长助理兼世界银行前行长保罗·沃尔福危茨。

AVAAZ总部位于纽约，在伦敦、巴黎、华盛顿、日内瓦和里约热内卢有办公室。它于2006年由联合国前法律顾问、英裔加拿大人里肯·帕特尔创立，也是洛克菲勒和比尔·盖茨基金会的成员。

美国“全球采取行动组织”在叙利亚危机中扮演了特别角色，该组织在阿拉伯国家的“革命”中都曾投入大量精力。该组织的创始人里肯·帕特尔（此人还是洛克菲勒基金会和比尔·盖茨基金会的成员）亲口证明这个非政府组织所采取的行动：“全球采取行动组织处于支持阿拉伯世界的民主化斗争的中心。”在有关叙利亚危机的问题上，诸如BBC、CNN和半岛电视台等国际重要媒体所播放的新闻，30%都来自该组织的数字网络活动分子。

福特基金会于1936年在底特律注册，宗旨为“接受和管理基金以用于科学、教育与慈善目的，一切为了公众福利，此外无其他目的”。实际上福特基金会与马歇尔计划和中情局密切合作，参与在欧洲的隐蔽行动。1950年马歇尔计划的主管保罗·霍夫曼到福特基金会任董事长，此人熟悉心理战语言，主张“发动和平攻势”。1952年到福特基金会任职的理查德·比斯尔说：“在私人基金会工作的个人可以施加的影响力绝不亚于他在政府任职的影响力。”1954年1月他离开基金会到中情局任艾伦·杜勒斯的特别助理。约翰·麦克洛伊担任基金会领导后建立了一个专门处理同中情局关系的管理部门，即以他为首的三人委员会。1966年中情局的一份研究报告强调，如福特、洛克菲勒和卡内基基金会等基金会“是最好的，也是最不易被怀疑的资助掩护机构”。

洛克菲勒基金会成立于1913年，其宗旨是“促进知识的获得和传播、预防和缓解痛苦、促进一切使人类进步的因素，以此来造福美国和各国人民，推进文明”。但它同样是美国战争机器的一个组成部分。约翰·杜勒斯和迪安·腊斯克都是从洛克菲勒领导岗位转入国务院担任国务卿。①

富布赖特项目的实施极为重要。它是文化领域深层次的交流，涉及均是学术精英。富布赖特项目由美国国务院“外国留学生奖学金管理委员会”掌控。该项目负责美国派出专家和接受外国学者、学生到美国研究与学习，但都须在政府间协议的框架中实施。章程规定，在同外国的合作中“必须保证美国的绝对控制权力”。

---

① 资中筠：《散财之道——美国现代公益基金会述评》，上海人民出版社2003年版，第93—105页。

开放社会研究所由国际金融炒家乔治·索罗斯创办，与他旗下的索罗斯基金会是一个机构、两块招牌的关系，总部都在纽约。索罗斯还设立了“西非开放社会倡议”和“南部非洲开放社会倡议”两个相关项目。开放社会研究所—索罗斯基金会对外宣称其宗旨是“致力于建设和维持开放社会的基础结构和公共设施”。但其真实意图是通过国家政权更迭来进行金融投机。索罗斯基金会在欧洲、亚洲、拉美和非洲都设有分会，活动延伸到60多个国家和地区。该基金会在乌克兰创建国际复兴基金会；在有“中亚民主岛”之称的吉尔吉斯斯坦重点扶持该国独立媒体，并以卫生、文化、教育等领域为突破口迅速扩大影响；进军格鲁吉亚，跻身外高加索；将触角伸向中亚大国哈萨克斯坦，试图将其作为进军中亚的桥头堡；打入乌兹别克斯坦；将阿塞拜疆和亚美尼亚纳入其全球网络。

“爱因斯坦研究所”乍听好像是科研机构，但实际上是一个总部位于马萨诸塞州剑桥、以在全球策划不流血“软政变”著称的机构。爱因斯坦研究所的经费来自全国维护民主捐赠基金会，归根到底也出自政府拨款。爱因斯坦研究所的创始人吉恩·夏普是研究“通过非暴力反抗颠覆政权”的专家。他和该研究所所长、美军退休上校赫尔维为全球持不同政见者提供培训。塞尔维亚、津巴布韦、委内瑞拉、缅甸、乌克兰等国的持不同政见者都曾受过该机构的培训。该组织定期向美国国会和政府提出意识形态进攻的策略报告和计划，然后由研究所下设的“人权基金会”、“民主价值基金会”和“宗教自由基金会”等多个子机构实施。爱因斯坦研究所创始人夏普是缅甸“藏红色革命”的“总导演”。

4. 造就学术僵尸部队

科学本无国界，然而美国意识到学术作为天下公器的重要意义，它“借用知识分子、学者、舆论制造者的力量”，有计划有目的地传达作为思想基础的学说和思想模式。1951年4月4日美国成立心理战委员会（Psychological Strategy Board－PSB），PSB－D－33/2战略文件提出“教义性”和“意识形态性”计划。PSB的一位官员查尔斯·伯顿·马歇尔在备忘录中说，文件试图提出一种体系来证明“某种类型的社会信仰和社会结构”是正确的，其中提出了“一整套有关人类愿望的准则”，涉及人类思想的所有领域，从人类学和艺术创造直到社会学和科学方法论无所不包。文件要求“制造一部‘机器’来产生思想，‘系统地、科学地为美国生活方式塑造形象。'"①

美国注重对海外“舆论引导者”施加压力的行动。“争取文化自由协会”在美国中情局政策协调办公室主任亲自关心下于1950年6月26—29日在西柏林举行成立大会。协会早期的活动经费来自马歇尔计划的“平衡”基金。美国中情局利用名声和金钱吸引知识精英。“无论是手头拮据而讲体面的学者，还是自视清高的大学教授，谁都不肯轻易放弃既赚钱又扬名的机会。”②

西方在学术方面的投入效费比极高。目前不少发展中国家的经济学、金融学乃至其他学术须依赖欧美期刊才能得以承认。美国和欧洲的几本学术期刊可决定发展中国家的学术研究方向，可决定发展中国家的人才选拔，可决定发展中国家各要害部门的岗位人选，可左右发展中国家的政策方向，能发挥比原子弹、氢弹还要强大的威力。

美国中情局特工唐纳德·詹姆森指出：“至于说到中情局企图通过这些来影响人们的思想和态度，他们的用意显然是造就一批人出来，这些人处于自己的思考和信念，坚信美国所做的一切都是正确的……这场政治战能在多大程度上取得胜利，现在尚难预料。但是，用五六架轰炸机的钱来发动这场战争肯定是值得的……欧洲已不再是文化的神圣殿堂，历史的车轮已经转了一个圈，现在已经轮到美国来保卫西方文明了。”③

经济学在各种学术中具有高度理性和工具性的特点，通过繁复的数学符号推导可有效地掩饰其背后的意识形态。在绝大多数发展中国家，西方经济学被装扮成一门严肃的科学，成为解除这些国家自卫机制、制造分裂、煽动绝对自由主义、推动民粹的先锋，借由其严肃的经济学术之名，亦能顺利达成误导国家政策、渗透智囊机构、影响决策层的目标。

芝加哥大学由约翰·洛克菲勒于1892年出资4500万美元创办。从一开始，它就具有保守的、亲资本家的传统和名声，甚至被人戏称为“标准石油大学”（“标准石油”是洛克菲勒家族的公司）。“二战”时期，随着一批重要学者的离开和去世，该校经济系经历过一个比较困难的时期。

---

① ［英］弗朗西斯·斯托纳·桑德斯：《文化冷战与中央情报局》，曹大鹏译，国际文化出版社2002年版，第144—145、165—168页。

② 徐维源：《美国中央情报局：从罗斯福到小布什》，学林出版社2002年版，第190—191页。

③ ［英］弗朗西斯·斯托纳·桑德斯：《文化冷战与中央情报局》，曹大鹏，国际文化出版社2002年版，第167、177—178页。

面对60年代后期开始并在70年代加剧的一系列经济问题，美国开始意识到必须摧毁发展中国家发展民族经济的努力，而芝加哥学派的经济学正好提供了相应的理论支持。从70年代开始，大量（政府和各种基金的）资金被投向芝加哥大学经济系，资助其研究、学术会议、杂志和招收留学生。美国媒体越来越多地给芝加哥学派的经济学家提供发表见解的机会。在此背景下，哈耶克和弗里德曼分别在1974年和1976年获诺贝尔经济学奖。随后芝加哥学派的舒尔茨和斯蒂格勒又分别于1979年和1982年获诺贝尔经济学奖。到2014年，芝加哥大学的经济系一共产生了28位诺贝尔经济学奖得主。

芝加哥学派在经济学界的影响越来越大，和以科斯等人为代表的新制度学派一起逐渐成为美国和国际经济学界的主流学派。新自由主义也从被个别国家所接受发展到被很多国家所接受。

学术战的另一重要内容是歪曲目标国的历史文化，摧毁民族自信，从而使这个国家完全放弃自我，彻底臣服在西方面前。

国立莫斯科大学历史系教授格奥尔基·阿列克谢耶夫所说，“由索罗斯基金会赞助的历史教科书已经在俄罗斯占到了三分之一。他们的思想倾向是显而易见的——贬低俄罗斯和苏联国家在世界历史上的作用”。俄罗斯历史学会会长 B. B. 卡尔加诺夫教授收集大量由索罗斯基金会赞助出版的俄罗斯学校和图书馆里的书籍。这些书故意歪曲俄罗斯的历史事实，把俄罗斯溶解在其他文明里。读者在全部读完这些教科书后会得出结论：俄罗斯历史上没有胜利和荣耀，它所有的只是一系列危机和惨痛的回忆。例如关于二战最为常见的俄罗斯历史教科书是 A. A. 克列捷尔编写的，书中认为二战最重要的战役是中途岛战役和阿拉曼战役。而事实是，伏尔加格勒战役和库尔斯克战役在战争史上具有国际公认的里程碑意义。根据书中的逻辑，希特勒被苏联红军击败导致了一个有害的结果，它引起中东欧国家共产极权主义的蔓延。

在德国举办的历史学家圆桌会议上，法国代表坦率地说：“为什么在俄罗斯的美国人被允许给俄罗斯的乞丐作家以金钱，以便让他们在俄罗斯根据美国人的定义来编写俄罗斯的历史教科书?”

5. 教育、文化与决策的第五纵队

学术战势如破竹，很快解除了目标国政府机构的思想武装，随即影响到人事布局。一旦实现政府机构的人事换血，第五纵队就建制完毕。第五纵队通常在教育、文化和智囊机构最活跃，然后影响到决策层。B. B. 卡尔加诺夫认为，俄罗斯民族历史“殖民化”的主要问题是索罗斯基金会与俄罗斯教育部、文化部的结合。

以拉美为例。50年代中期开始，芝加哥大学的一批教授参与了把芝加哥学派经济学“出口”到智利的一个项目。这些教授选送一批经济学家到智利的一个大学去进行经济学教育，同时从他们在智利培养的学生中选取一批学生（到70年代早期其总人数近百人）到芝加哥大学经济系读研究生。这批学生中的绝大部分在获得硕士或博士学位后又回到智利。皮诺切特靠军事政变上台后他们都被提拔到很高的位置，被人们称为“芝加哥 boy”。

美国把该项目扩展到其他拉美国家。美国国际发展署在阿根廷资助设立库依欧项目，让库依欧大学与芝加哥大学和智利天主教大学合作培养经济学家，仅1962年至1967年即选送了27名阿根廷学生到芝加哥大学学习经济学。

随着芝加哥大学培养的大量经济学家回到拉美国家，“芝加哥 boy”的影响也逐渐增大。这种影响首先表现在拉美的学术界和商界。O. 松凯尔指出，在80年代以前的智利和其他一些军政权国家，“任何人，只要他不是芝加哥学派的真正信奉者，就会被开除出学术界。因此在新自由主义学说盛行的地方，独立的研究工作常面临着巨大的困难”[①]。更重要的是其表现在政界和极权军政府结合。墨西哥萨利纳斯总统曾在哈佛大学深造，获得硕士和博士学位，其内阁中59%的部长或副部长拥有美国大学的经济学博士学位。智利财政部长 A. 福克莱斯是美国威斯康星大学的经济学博士，其接班人 E. 阿尼纳特是哈佛大学的毕业生。智利艾尔文当政时，23位部长中有18位在美国大学获得博士或硕士学位，4人在西欧获得研究生学位[②]。“芝加哥 boy”对新自由主义在拉美的传播和泛滥起了关键作用，也为“拉美化”的出现立下汗马功劳。

在推行新自由主义的过程中，美国政府的国际援助机构、国际合作局及其后继者国际发展署、福特基金会、富布赖特基金会及洛克菲勒基金会通力合作，牵线搭桥提供资助。随着美国经济学界的“新自由主义化”，美国的合作教育机构扩展到了其他大学，如哈佛大学、耶鲁大学、斯坦福

---

① ［美］J. 迪茨等：《走向发展：从普雷维什到技术自立》，美国林－雷纳出版公司1990年版，第57页。

② ［美］D. E. 霍杰曼：《目前拉美向市场经济过渡的政治经济学》，英国《拉美研究杂志》1994年第1期；美国《洛杉矶时报》1994年9月27日。

大学等[1]。

针对70年代拉美国家的经济困境，芝加哥boy们提出一系列经济主张和措施。以智利为代表，这些主张和措施主要有：

第一，根据比较优势原则，利用国内自然资源优势，着重发展非传统产品出口而非制成品出口，获取外汇收入。

第二，敞开国内市场，放弃高保护政策。“芝加哥boy”证明说，这将使本国的成本和价格与国际市场平齐，从而抑制拉美国家长久难治的通货膨胀，也将刺激本国具有比较优势产业的发展，淘汰落后产业。

第三，限制工会运作。

第四，紧缩货币数量，控制通胀。

第五，降低进口关税，提高汇率，控制通胀。

第六，外资享受国民待遇，抽回资本和利润汇出不受限制；外资固定总税率10年不变；外资可参与开发自然资源。

第七，取消借外债的限制。

第八，在两次汇率升值后实行固定汇率。

第九，将以前收归国有的外资企业、私人企业物归原主，对国有企业作价拍卖。

这些主张在短期取得一定经济效果。原理如下：

拉美国家利用比较优势原则加大出口自然资源产品的力度，极大降低了产品成本，短期内增加了外汇收入。利用比较优势原则削弱了本国的技术研发，降低了政府支出成本。这给拉美国家提供了丰厚资金——外汇储备。

敞开国内市场使国外产品长驱直入，可压低本国产品价格，抑制通胀。

限制工会运作，可降低工人工资，紧缩需求，抑制通胀。

紧缩货币数量，收缩银根，抑制通胀。

允许外资自由买卖民族产业、参与开发自然资源、允许其自由进出、给予税收优惠，给了外资套利空间，这将吸引外资涌进以弥补本国短期内的外汇不足。

取消借外债限制也能在短期内弥补外汇不足。

---

① 朱安东：《“芝加哥弟子”与新自由主义在拉丁美洲的泛滥》，《江旗文稿》2006年第21期。

汇率升值同样将紧缩货币，抑制通胀。固定汇率将使本国物价水平与国际物价水平趋向同样变动，减少本国物价波动。

拍卖国有企业，吸引外资参与兼并，将增加政府收入。

由此，在短期内，拉美国家的经济形势将可能好转。但在好转的表象下，真相更令人触目心惊。

经济形势好转主要通过出卖国家资源而得。例如，自然资源出口、允许外资控制本国自然资源及战略性产业、允许外资兼并本国企业、继续借债等，简洁地总结一个字：卖，通过卖而得到外汇储备。

敞开国内市场时，汇率过高升值实际上是将本国产品放在不公正的价格体系下竞争，连国民待遇都没有得到，更谈不上保护了。

若拉美国家不出卖资源而仅采取紧缩货币、提高汇率和固定汇率的政策，其后果必定是通胀加剧，本币贬值。道理很简单：过高汇率缺乏外汇储备支撑，必导致市场上抛售本币，本币剧烈贬值。这是已重复一千次的金融危机剧本。

“芝加哥 boy”认为拉美国家限制进口过多以致过分保护本国产业，所以要取消进口限制，以让本国产业在国际市场上优胜劣汰。这种逻辑不能成立，因为拉美国家之前虽然限制进口，但却允许外资在本国自由竞争，并且外资在拉美国家一统天下，对其民族产业摧枯拉朽，怎么能说拉美国家民族产业没有面对激烈的国际竞争呢？

“芝加哥 boy”降低劳动者工资、限制工会，使这些国家的内需进一步萎缩，更加依赖出口自然资源来获得外需，并使拉美宝贵的人力资源失去提高素质的机会，沦落为打工经济。

国有企业私有化在拉美演变成国有企业低价甩卖，甚至送给权贵或外资。短期内政府获得部分资产销售收入，但国有资产中包含职工甚至社会的社保资金再投资。低价处理国有企业，却让国家来承担既有社保包袱，长久来看必致国家财政吃紧、赤字加大、通胀加剧，也将拉大贫富差距。

导致拉美滞胀的原因正是贫富差距过大，正常产业缺乏需求，过多资本追逐垄断产业以求获得租金而抬高全社会产业成本。大量人民生活在贫困底层，导致拉美国家缺乏高素质人才，技术难以进步，再加上汇率高估依赖外资，形成沉重的债务负担。

“芝加哥 boy”开的药方继续加剧此后果。“芝加哥 boy”的拉美经济改革成就并非在货币理论上的成功，他们政策建议的核心就是通过卖掉国家的命脉来寻得一晌贪欢。

之前，拉美经济防御体系虽然破了一个外资投资的大洞，但国内产品的进口保护尚存。“芝加哥 boy”之后，拉美经济完全被解除武装，任凭国际资本蹂躏。这一切都在正统主流理论的烟幕下进行。

第五纵队还直接影响目标国的情报军事系统。2004 年起，美、英、法与利比亚情报机构一同开展工作。中情局、军情 6 局及法国对外情报总局甚至帮助利比亚建立特种部队。法国 Amesys 公司为利比亚政府提供超级监听系统。2009 年利比亚情报机构与中情局在穆萨．库萨谈判的协定内安排了一项共同反恐计划。美国为利比亚情报机构提供人员培训。这些具体的合作措施一般只在完全互信的机构间才开展。利比亚的宪法计划吸收了美国的约瑟夫·奈教授、弗朗西斯·福山教授。

6. 扶持极端势力，打压理性建设派

西方并非仅扶持右派，准确地说西方扶持的是极端派。无论极左派还是极右派都可能获得西方扶持，因为动乱才符合西方利益，理性建设派必然受到西方打压。

阿拉伯主张世俗制度的政治人物、知识分子、记者向西方寻求贷款与投资以支持“阿拉伯之春”后的民主进程，控制伊斯兰主义的扩张，他们这些诉求听上去哀婉动人，但西方国家怎么会向这些阿拉伯国家提供资金以重振经济，并让世俗主义者获胜呢？

埃及历史上占统治地位的伊斯兰是苏菲派，目前有 1500 万信众。埃及的苏菲派坚持开放、宽容，坚持个人信仰而不是宗教仪式的伊斯兰，呼吁政教分离。但美国与埃及人民的国家解放浪潮发生冲突，美国和欧洲的政治盟友是政治伊斯兰，即穆斯林兄弟会等极端主义者，他们对于任何其他形式的对伊斯兰的解读丝毫不表示宽容。在突尼斯和埃及，伊斯兰政党如穆斯林兄弟会和萨拉菲极端派在革命后的政治和议会中占据了多数。伊斯兰势力各组成部分中温和民主的种子被极端势力集团排斥在外。萨拉菲分子几乎全都来自穆斯林兄弟会，尽管他们只是其中少数的激进分子，但却因为鼓吹民粹主义而使整个组织都激进。

叙利亚的自由民主人士希望政府开放政治，但他们太过分散，没有什么手段，也没有得到任何支持，他们没有话语权，西方媒体无视他们的存在。因为总的来说，他们并不能被用来当作攻击政府的工具。所有打击大马士革行动战略的主要目标，无论是地区还是国际的，都不是简单地让叙利亚政权垮台，而是让叙利亚的社会模式消失。

7. 误导目标国的民主制度建设

如前述，民主是大众民主与精英政治的结合。然而，西方将自己的价值观肢解割裂，忽略整体利益而无限放大局部利益，并用经济、武力等手段强迫其他国家建立民粹制度，造成这些国家的崩溃或分裂。

（1）南斯拉夫的制度建设

20 世纪 60 年代开始，南斯拉夫实行国有化和土地改革，创立了自治的社会制度，人民生活水平迅速提高。1979 年南斯拉夫人均 GDP 已达 2635 美元，老百姓有住房、汽车，国民平均每两年就要出国旅游一次。在当时东西方集团严重对峙的冷战时期，南斯拉夫百姓的生活令东欧各国羡慕不已。

1988 年，美国国家民主捐赠基金向南斯拉夫派遣了一个顾问团。这个“私营”组织在南斯拉夫的各个角落慷慨地派发美元，资助反对派，收买年轻记者，资助工会反对派、经济学家反对派和人权方面的非政府组织。

西方使用以下手段来促使经济危机产生：

第一，国际货币基金组织要求全盘私有化国有企业，结果到 1990 年，造成了超过 1100 家公司破产和 20% 以上的失业率。遍布全国的经济问题成了一个随时可被引爆的炸弹。

第二，国际货币基金组织要求工资水平维持在既定标准不变，但通胀却剧烈上升，导致 1990 年头六个月的居民实际收入下降 41%，到 1991 年通胀率超过 140%。

第三，国际货币基金组织命令将南斯拉夫第纳尔变成全面可兑换货币，并要求利率自由浮动。

第四，国际货币基金组织限制南斯拉夫中央银行的货币发行额度，这使中央政府对社会和其他项目进行资助的能力被破坏，事实上造成经济分裂。

南斯拉夫整个知识界完全接受了西方的政治话语：只要采用了西方政治制度，南斯拉夫面临的所有问题就会迎刃而解。激进的西化气氛迅速形成，南共联盟的地方党部也先后接受西方的政治话语，纷纷推出一个比一个激进的政治改革方案。斯洛文尼亚共盟首先提出“结束一党制，实行多党制”，之后整个政治局势一发不可收，联邦政府和南共联盟的中央机构被完全架空。实际上这不是一党制与多党制孰优孰劣的问题，而是南斯拉夫在特定的国情下推动西方希望的政治变革，一定会导致国家的内乱和战争，但绝大多数知识分子都没看到这一点。

1990 年 7 月，南斯拉夫通过《政治结社法》，正式实行多党制，一个人口只比上海多一些的南斯拉夫一下子出现 200 多个政党，而赢得最多选票的都是高举民粹主义大旗的政党，他们的口号是“斯洛文尼亚属于斯洛文尼亚人”、“克罗地亚属于克罗地亚人”、“科索沃属于科索沃人”，口号越激烈、越极端，越能赢得选票。

1990 年 11 月，布什政府施加压力，美国国会通过了《外事行动拨款法》。该法案通过后的六个月内，任何南联盟成员国若不宣布从南联盟独立，则根据此项新的美国法律，它们将失去美国的所有经济支持。该法案要求每一个南斯拉夫加盟共和国都要分别选举，并由美国国务院监督。该法还规定所有援助都直接提供给每一个加盟共和国，而不是提供给贝尔格莱德的南斯拉夫中央政府。布什政府提出的这个分裂的所谓民主制度极为荒谬，绝不可能在美国国内实行，但布什政府却强压南斯拉夫实行。南联盟第一轮选举结束后，美议会立即决定拨款 5 亿美元资助塞黑选举。

1991 年从斯洛文尼亚开始，一个接一个的共和国宣布独立，南斯拉夫“内战”全面爆发，最终分崩离析。残酷的波黑战争和科索沃战争先后开始。波黑战争中死亡人数超过 25 万，北约直接主导的科索沃战争中，南联盟 1800 多名平民丧生，6000 多人受伤，近百万人沦为难民，直接经济损失达 2000 多亿美元，超过南斯拉夫在整个“二战”中的损失。

（2）捷克斯洛伐克的制度建设

捷克斯洛伐克在 1992 年分裂。当时外界普遍认为相比南斯拉夫和苏联，捷克斯洛伐克更有可能保持国家统一，因为捷克与斯洛伐克之间既没有历史积怨，边界清晰，也没有居住地域和人口混居方面的矛盾，在文化和种族方面也比前两者更有亲缘。分离前在民调中也只有 11% 的捷克人和 17% 的斯洛伐克人愿意分家。

捷克总统哈维尔在这场分裂中扮演了一个悲情角色。

老布什执政时期，秀兰·邓波儿任美国驻捷克斯洛伐克大使。她的使命就是鼓动捷克斯洛伐克的人权运动。她到任后不久，捷克斯洛伐克旋即发生“和平演变”而解体，也是她斡旋释放了在监狱里的哈维尔。[①]

① 秀兰邓波儿在 1999 年对“美联社”的采访证实：“我当时在捷克斯洛伐克的工作就是人权活动，也是我让哈维尔从监狱里放出来的。”

哈维尔是民主幼稚主义者，是捷克《七七宪章》的发起人，同时他又是联邦的拥护者。他对民主的幼稚认识使他在这场国家分裂中软弱无力。他被美国挑选，让他亲自把自己所爱的联邦分裂。在他总统任期的最后一周，捷克议会拒绝了向他支付退休金、提供办公室、专用轿车和警卫的要求。与此同时，哈维尔在西方却倍受欢迎和吹捧，他获得了美国“费城自由勋章”，是乔治·索罗斯赞助的人权观察组织国际委员会主席。

捷克斯洛伐克分裂的重要原因也是其民主制度的民粹缺陷。

1968 年捷克斯洛伐克联邦宪法规定，联邦层面立法机关由两院制构成——人民院和民族院。人民院有 150 人，以等额人口为选举基础。民族院有 150 人，75 名代表来自捷克，75 名代表来自斯洛伐克。宪法规定任何法案须获得民族院中捷克和斯洛伐克分区各 3/5 以上赞同才能通过。比方说，一项宪法修正案要获得通过，需要在人民院中获得 90 人以上支持，然后在民族院的捷克代表和斯洛伐克代表中分别获 45 人以上支持才行。即使两院代表中有 269 名同意某项议案，只要民族院中有 31 名斯洛伐克代表或捷克代表反对，议案就无法通过。

这种制度设计的用意就是让多数票不起作用，只有全达成一致才能通过决定。从表面上看这是保护少数的制度，但只有党对两院代表取得完全控制，这种制度才能运转正常。在现实的民主政治生活中，除非国家没有值得一提的分歧与冲突，否则极少数的否决权必会锁死整个议事过程，使得政府陷入瘫痪。

这个设计之中同样没有宪法法院的身影。一旦联邦政府和共和国层级的政府发生权限冲突或争论，由谁在制度层面来主持公道并给出具有合法性的裁决是没有答案的。此外，也没有一部公投法以防在双方争执不下时启动全民公投作为最后的倚靠。

1989 年 11 月天鹅绒革命爆发。捷克一方发动革命的是“公民论坛”（Civic Forum），斯洛伐克一方对应的是“公众反暴力”组织（Public Against Violence），几个星期后共产党失去政权。捷克人哈维尔当选为联邦政府总统，斯洛伐克人马利安·恰尔法（Marián Čalfa）当选为联邦政府总理，斯洛伐克人——前被流放的共产党总书记杜布切克当选为联邦议会议长。

捷克斯洛伐克共产党失去政权后，国家赖以运行的政治法律结构仍保持不变，失去共产党统一控制的原政治法律结构陡然滑到民粹的极端，不可避免地将国家推向分离。

1990年6月捷克斯洛伐克联邦层次和共和国层次的选举同时开始。哈维尔再次当选为联邦总统。在捷克“公民论坛”获胜，在斯洛伐克“公众反暴力”组织获胜。但斯洛伐克内部出现了独立的呼声（虽然只是少数人），这同选举的刺激分不开。在这个新生的国度，政党繁多是必然的（这一段时间的各类党派达到了八十到一百多个），政治被碎片化，一部分政党利用族群议题来赢得选票。当年8月14日斯洛伐克有9个政党公开发表联合声明要求“斯洛伐克独立”。

联邦拥护者们这才意识到确实存在国家分裂的危险，哈维尔要求联邦议会立即通过公投法并建立宪法法院，以便建立第三方裁决机制。哈维尔这个要求完全符合民主原则，因为与现有民粹体制相比，公投法更能反映多数人的愿望。假使真有多数人支持国家分裂，那么公投法仍可以支持多数人要求。

斯洛伐克内部几个党派清楚支持国家统一和支持国家分裂的人数比例，认为若通过公投法就将不利于分裂国家，于是他们联手在联邦议会阻击该建议的通过。尽管这些党派在斯洛伐克也只代表少数，但捷克斯洛伐克“少数否决”的宪法结构使他们阻挠成功，捷克斯洛伐克的分裂无法挽回。

（3）乌克兰的制度建设

2014年3月16日，克里米亚就是否脱离乌克兰、加入俄罗斯举行了全民公投，选票统计结果显示有96.77%的选民赞成“脱乌入俄”。18日俄罗斯总统普京与克里米亚领导人签署了克里米亚成为俄罗斯一部分的条约。①

乌克兰境内生活着130多个民族，自古以来就存在纠缠不断的冲突——乌克兰人屠杀过犹太人，俄罗斯人驱逐过鞑靼人，乌克兰人打过俄罗斯人。这些地域冲突和民族矛盾使得构建一个民主民族国家所需要的最基本的和解与包容都无法培育。

经济上乌克兰实行的市场化、自由化、私有化改革导致其独立第二年即1992年通胀率就达到了2150%，1993年更急剧上升到10256%。

乌克兰的议会选举制度经多次修改，实施的是简单多数制和比例代表制混合的选举制度。议会中450个席位一半分配到各选区，候选人只要在该选区获得多数就可直接当选议员；另一半则根据全国范围的得票情况在各政党间按得票比例分配议席。这种以选区为基础的选举制度在西方一些

① 丁栩翔：《乌克兰的“民主”病在哪里》，《参考消息》。

民族成分比较单纯、政治秩序比较稳定的国家的确能更好地保护地方选民的利益，但在乌克兰这样地域冲突、民族矛盾都很尖锐的国家则不稳定。一个政党若声称代表某一个群体利益，则往往能在特定选区稳定当选，而若标榜国家利益，就基本上就只能竞逐仅占一半的比例议席了。

2012 年议会选举中公开声称自己代表东部俄语区的地区党在总得票中仅获 30% 选票，但在东部选区几乎全部取胜，一下子获得半数以上的选区议席，加起来在议会中占到 40% 以上，而自由主义政党“打击党”只获得 6 个选区议席。

乌克兰国内也不存在类似美国最高法院这样能够居中调停的仲裁者，最终使这种不适合乌克兰国情的票决民主制度崩溃。

8. 将目标国的民主选举推向民粹

发展中国家推行民主选举的本意是渴望走向繁荣富强的民主之路，但这不符合西方国家的利益，西方国家力图将民主选举推到民粹的极端。

西方国家承认“颜色革命”在真正独裁的国家中难以发生，因为非暴力行动在敢于镇压的政府面前毫无意义。“颜色革命”只能发生在已经开始民主化的国家中，这种国家的政府比较温和、不愿意采取镇压行动，政府领导人愿意因为社会舆论而辞职。

民主化进程中的国家最需要社会种群的谅解、对选举结果的忍耐和接受。选举和监督选举都应依照法定程序，违反选举程序的选举和选举指责同样有损民主化进程。但“颜色革命”利用当局民主化的愿望挑动种群斗争，违反选举规则，将民主进程推到极端主义的街头民粹政治，彻底葬送这些国家的民主梦想。

西方颠覆民主选举的常用方法有：

第一，以选举舞弊作为行动借口。在格、乌、吉的选举中，反对派最初都没有占优势，西方国家就宣布不承认不利于反对派的选举结果，并以“出口民调”（即投票站出口民意调查）结果来证明选举结果不公正，当局存在舞弊行为，呼吁反对派鼓动群众走上街头维护选举胜利果实，制造政治危机。

第二，以街头政治为主要手段。西方国家支持反对派走上街头抗议示威。选举初步结果一出来，反对派就按事先计划开始制造借口，迅速动员起数万甚至数十万群众走上街头，占领城市中心广场，进行演讲、集会、安营扎寨等长期抗议活动。通过制造全面政治危机打乱现行政治秩序，给政府施加压力，直到群众日益反感当局，突发事件引爆民怨，反对派借机夺权。

第三，以媒体宣传为反对派当权制造声势。西方国家利用美国之音、自由之声和互联网开展舆论渗透。这些国家开始大选时，一方面反复播放反对派的声明、讲话，最大限度影响受众和选民，另一方面集中力量妖魔化当政者，给他们贴上独裁、反民主、反人道的标签，为反对派夺权制造法理依据。吉尔吉斯斯坦选举期间，美国资助的杂志封面刊登了阿卡耶夫总统豪华别墅的照片，立即激起民众的抗议浪潮。

第四，以和平解决危机为名牵制当局使用武力。西方国家在当事国政治危机即将激化，当政者可能使用武力镇压时，展开外交攻势，要求当政者在法律范围内解决问题而不要使用武力。同时以军事手段和经济制裁相威胁，利诱分化当政者和强力部门领导人，许诺以不动武换取事后保护其人身安全，多方捆住当局手脚，让反对派能够无所顾忌地放手一搏。

（五）欧洲的未来政治走向

美国前国防部长拉姆斯菲尔德在北约东扩问题上，一方面把不接受美国支配的法国、德国、比利时等国家划分为“老欧洲”，另一方面把愿意接受美国支配的英国、意大利、西班牙和新的成员国划为“新欧洲”，捧为亲密盟友，使这些国家既在北约内部成为钳制“老欧洲”的力量，以加强美国对北约的控制，又在北约之外威慑俄罗斯，以帮助其推行“大欧洲民主计划”，在世界范围内成为美国推行“美国主义”的支持力量。

西方战略家认为东欧和中亚是“世界岛”的心脏，谁控制“心脏地带”就控制整个世界。这是北约东扩在实现美国新战略目标中的重要地位和作用。[①]

抛开亚欧大陆的整体利益，仅从局部地区来看，德、法两国所需石油主要来自中东。这两个国家都很清楚，美国通过战争和民主制度输出控制中东目的之一就是控制中东石油。若美国意图得逞，自己经济发展的咽喉就控制在美国手中，而英国支持美国也正是基于其根深蒂固的“欧洲大陆均势”思维。

美国教授克莱尔说：美国发动伊拉克战争的目的是为控制海湾地区，把它作为侵略更多地区、建立更大势力范围的起点。与其说伊拉克战争的

① 刘国平：《美国民主制度输出》，社会科学文献出版社2006年版，第166页。

目标是伊拉克、叙利亚和伊朗，不如说是针对中国、俄罗斯和欧洲。

“9.11”恐怖袭击当天，小布什在与几名高级顾问商讨对策时指出“这是一个大好机遇”，问题不仅是搜出来本·拉登，美国“必须将这件事当作一个机遇来思考”。[①] 拉姆斯菲尔德认为，“9.11”事件开创了二战那种重新塑造世界的机遇。“9.11”事件后美国在中东地区动武，形成了以法国、德国、比利时为代表的坚决反对战争、主张用政治手段解决伊拉克问题的所谓“老欧洲”，与以英国、意大利、西班牙为代表的支持美国发动战争的所谓“新欧洲”之间的对立。

在伊朗核问题上，欧盟强调伊朗有权和平利用核能，应通过外交和政治途径解决，美国则对伊朗态度强硬，拒绝直接介入法、德、英同伊朗的谈判，多次威胁要制裁伊朗。在中东改革上，欧盟优先考虑经济改革，美国则企图以军事解决。

科索沃独立激活了美欧之间的矛盾。美国主张急独，认为“关于时间问题，早解决比晚解决好”（布什总统语）。欧洲则希望同时吸收塞尔维亚和科索沃加入欧盟的方式温和解决科索沃独立问题。惊惧于美国军事力量对北约的主导控制，欧洲开始警醒建立独立防卫力量的重要性。在科索沃战争当年的12月份，欧盟赫尔辛基首脑会议上做出推动欧洲独立防务建设决定。欧盟计划组建一支5万至6万人的欧洲快速反应部队，以使欧盟有能力在北约不参与的情况下独立实施危机控制、维和、救援行动。

法国前国防部长认为，科索沃战争是“欧洲觉醒的一个起点，它使欧洲意识到如果想要在国际舞台上特别是在自己所在的大陆上维护自己的政治存在的话，那它就必须拥有自己的防务”。

欧洲意识到亚欧大陆合作的重要性。厌倦战争的欧洲人不愿意在欧洲本土和俄罗斯发生直接对抗，尤其美国在欧洲做出部署导弹防御计划（TMD）的决定后，欧洲各国尤其北欧国家对于深陷美欧冷战式对抗颇为不满。2003年6月30日即在美国对伊开战三个月后，法国国防部长米谢勒·阿利奥马里女士在中外记者招待会上说：“法国正在努力地做欧盟其他成员国的工作，希望欧盟能够解除对华军事技术出口方面的限制。”

---

① Dan Balz and Bob Wood, “A Chaotic Road to War”, http: //www. washingtonpost. com/ac2/.

二 中国的发展战略

（一）中国连横结盟战略

合纵连横是战国时期纵横家所宣扬并推行的外交和军事政策。苏秦曾联合“天下之士合纵相聚于赵而欲攻秦”（《战国策·秦策三》），他游说六国诸侯联合起来西向抗秦。六国土地南北相连，南北联合为纵，故称合纵。张仪则游说六国与秦国联合。秦在西方，六国在东方，东西为横，故称连横。“合纵”的国家在地图上排列为纵向，而“连横”的国家以秦、齐为主，地图上排列为横向。合纵与连横正针锋相对。

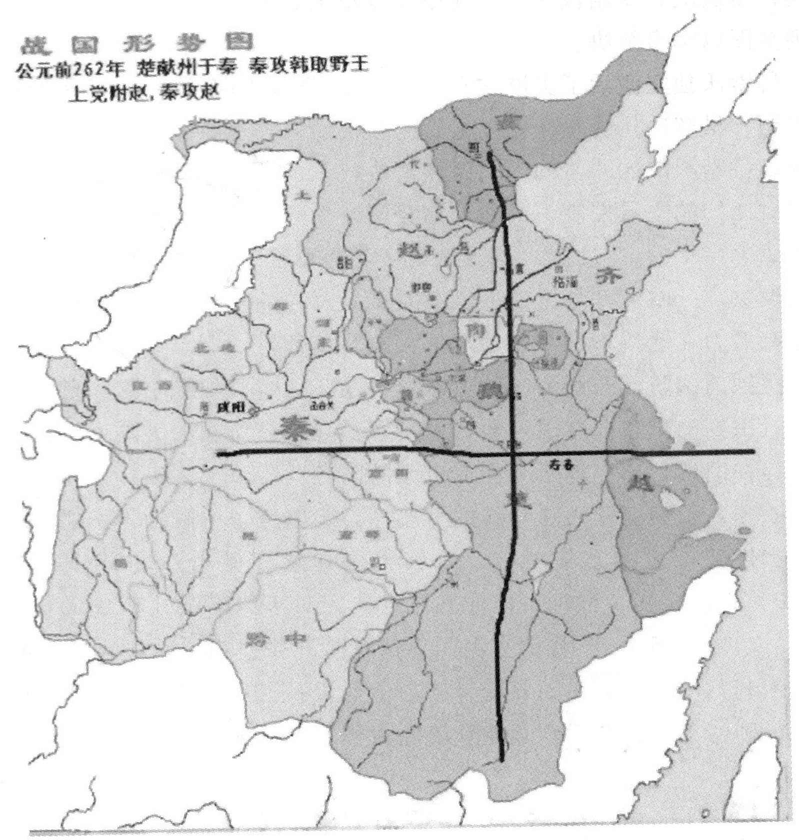

图 9—3

范雎在合纵连横的基础上为秦国提出“远交近攻”的策略。《战国策·秦策三》：“王不如远交而近攻，得寸则王之寸，得尺亦王之尺也。今舍此而远攻，不亦缪乎？”《东周列国志》第九十七回：“范雎曰：‘远交莫如齐、楚，近攻莫如韩、魏，既得韩、魏，齐、楚能独存乎？’”

今天的世界将重演合纵连横的历史。地理上看联合亚欧大陆为连横，制衡亚欧大陆为合纵。实力上看，亚欧大陆各国相对美国均为弱国，弱国联合以抗强秦为合纵；美国游说各国依附于美国保护之下，弱国臣服强秦以求庇护为连横。

二战后所谓民主化较成功的地方主要指日本、韩国和中国台湾。但这三个地方都有一个共同点，就是紧靠中国。中国无大事则中国周边无大事，中国有大事则中国周边难善存，所以不应把这几个地方的成就片面归于美国的民主化。

中亚、中东地区也紧靠中国，但是多年来内乱不断的原因在于中亚、中东地区在中国势力范围之外。中国在中亚、中东要顾虑俄罗斯的感受而不能太过用力，这是中亚、中东不稳定的原因之一。

亚欧大陆其实有六条通路，包括北冰洋航线、第一、第二、第三、第四亚欧大陆铁路桥和南面海上丝绸之路。

俄罗斯在亚欧大陆中的位置是特殊的，它的国土连接亚欧，因此它对于地缘扩张兴趣更浓厚于亚欧大陆经济一体化。因此俄罗斯必然力保第一条亚欧大陆桥。第四条亚欧大陆桥的主要部分通过俄罗斯，因此俄罗斯对第四条亚欧大陆桥也会有积极性。

若中国第二、第三亚欧大陆桥充分发挥作用，与俄罗斯密切相关的第一、四条亚欧大陆桥将被严重削弱，俄罗斯并不乐见亚欧经济一体化。但有三个因素可能促使俄罗斯接受中国在中亚、中东发挥更大作用。一个因素是俄罗斯产业进一步衰落而无暇南顾，另一个因素是北冰洋航线开通后，俄罗斯国防利益和商业利益使其力量北移，还有一个因素是俄罗斯西部区域不稳定因素的牵制，例如乌克兰问题。对俄罗斯宜在承认其传统势力范围的同时静观其变，相关问题上俄罗斯仍是领跑者，中国是跟随者。

但不是说中国在中亚、中东或亚欧整合上无所作为。

中国东面是俄罗斯、朝鲜、韩国和日本，南面是中国台湾、菲律宾、马来西亚、越南、老挝、泰国、缅甸，不少国家与中国有领土或领海争端，中国要争得海权可能会有武力推进。经济方面也缺少和中国有较大呼应的大国，虽然中国南面或东南面看起来大都是小国，但面对太平洋和诸多美国驻军的国家和地区等于直面美国，中国短期内可采取的动作也不会太大。若没有特别的开拓点，中国东南和南面主要是军事安全、航运安全和部分资源开采权。

真正对亚欧合作有浓厚兴趣的是中国、印度和欧洲。第三大陆桥经云南、缅甸、印度、伊朗、土耳其等国家到达欧洲，又吻合中国南海战略，且远离俄罗斯势力范围，这是中国应下大力气建设的一条通路。印度与中国有领土争议，但大陆桥的共同利益可能调动印度的积极性。并且印度西向被巴基斯坦完全隔阻，渴望能有一条连通欧洲的大陆之路，也就有求于中国。中东、中亚国家也必然感兴趣，但它们不掌握主导权。印度是比较灰色的一个国家，其被美国高度赞赏为民主国家，又是英联邦成员，因此其决策一旦确定，西方国家难以强制干预。欧洲需要中东、中亚的资源，更需要中国、日本等亚洲国家的市场和技术，因此对亚欧合作应当有浓厚兴趣。若欧洲、印度能确认此战略目标，则他们主动采取行动促成此事将比中国独力支撑此事的效果要好得多。欧洲、印度、中国达成一致意见将成为亚欧的最大稳定力量，中东和中亚的美国力量将逐渐被欧、印、中挤压。有了亚欧合作的大局，中国在中南半岛的经营就有新的开拓点，可以融入全球经济产业链。

第二条亚欧大陆桥是最短的一条大陆桥，但它涉及俄罗斯的直接利益，宜更多借助欧洲力量。我们常陷入一种思维，好像打通亚欧大陆桥是中国一个国家的事，而中国力量不足以到达中亚中东。此思路不能完全说错，但亚欧大陆桥是整个亚欧大陆的事，要善于调动其他国家和地区尤其是欧洲国家的力量，让它们有和中国一样的积极性，那么第二条亚欧大陆桥就不是中国势力的扩张，而是各方力量的共举。只要中国不挑这个头，不做第二条亚欧大陆桥的主导者而只做规则的遵守者，俄罗斯对中国亦无话可说。

中国应促成大陆桥周边国家结成利益共同体主动投入到大陆桥的建设和保障：要充分利用上合组织，可沿大陆桥扩充上合组织；要加强金融支持，例如相关国家可共同成立银行和保险公司以修建铁路和保障运输安全；亦可参考苏伊士运河模式实行大陆桥的国际化，确保各国无害通过权；要建设沿路产业链帮助沿路国家富裕而不能都是“穷亲戚”，有助于提升中国国际形象。但沿路产业链的建设要有利于世界和平，不能无原则地乱上项目，中国应禁止输出可能促进相关国家军事发展的产业。

为着亚欧大陆稳定的一体化，可考虑参考苏伊士运河模式实行亚欧大陆桥的国际化，即专门为亚欧大陆桥成立国际组织确保世界各国在亚欧大陆桥的无害通过权，即使交战国之间也确保无害通过，使亚欧大陆之间的连通不受小规模地区不稳定的影响。这种国际化显然不能应付大国间的大规模战争，但这种大规模战争爆发的概率相对较少，这样可以借助国际力量来达到中国力量所不能达到的地域。

因此在地缘关系上，中国要处理好与俄罗斯、欧盟、印度的关系。土耳其也具有亚欧整合的重要位置，应建立友好关系，但争取土耳其也是欧盟的责任，中国要善于处理这些国家的利益诉求。

（二）陆空丝绸之路战略

虽然第二条亚欧大陆桥的发展受地形、政治等因素制约，但空中航路却可大大减少这些局限，下图为中国地理立体图。

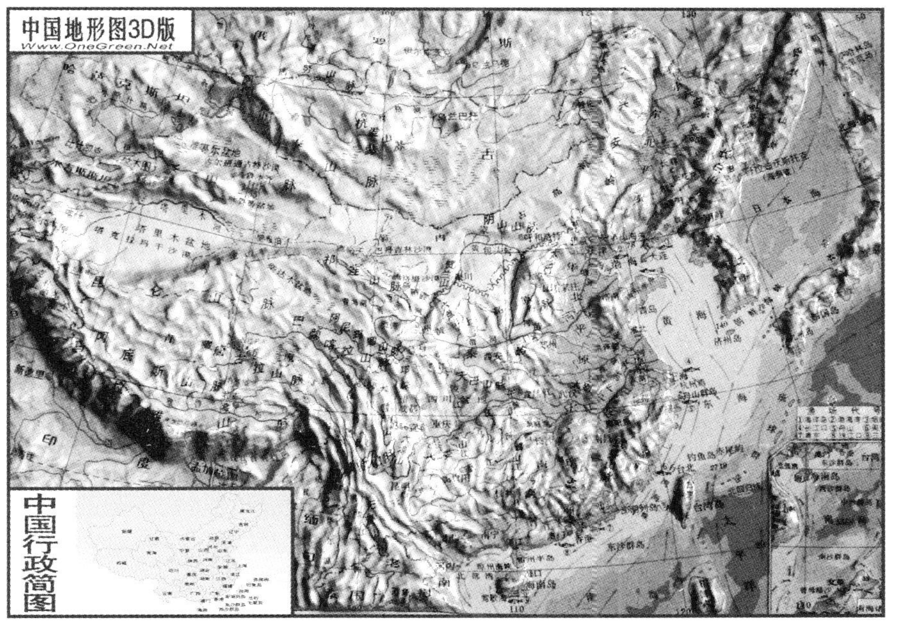

图 9—4

如图，中国西部为喜马拉雅山山脉、冈底斯山脉、唐古拉山脉、巴颜碦拉山脉、阿尼玛卿山脉、祁连山脉、阿尔金山脉、昆仑山脉、帕米尔高原、天山山脉、阿尔泰山脉。

沿山脉群分布有昆明、重庆、成都、西安、郑州、兰州、乌鲁木齐等大城市，成为中国空中丝绸之路的前沿。中国内陆连接这些城市的交通方式包括航空、铁路、公路甚至河运。目前北京到西安的高铁通行时间在5小时左右，能有效衔接从欧洲、中东、中亚飞过来的航班。

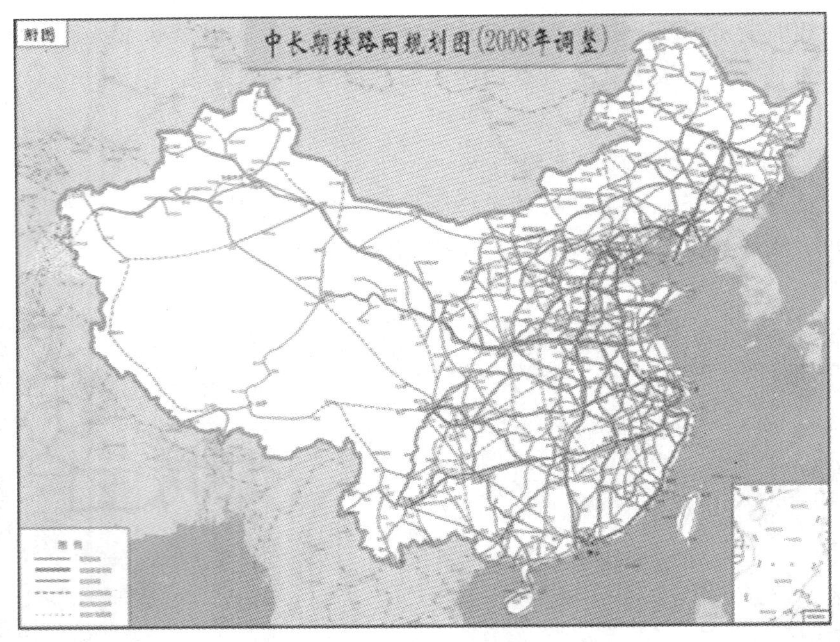

图9—5

西部空中丝绸之网有效地避开地缘政治带来的不安定因素，将陆权向空权扩张。空权发展取决于航空技术进步。中国最关键的两个进步是生物航油和飞机制造业的研发。若在这两点上取得关键突破，中国航空发展将不受任何羁绊，凭借中国庞大的市场有可能迅速降低成本，不但与高铁完美衔接，而且形成与高铁的全方位竞争态势。

1. 加强生物航油的研发

2011年IATA宣称，生物航油将于2012启用，至2015年将占民航燃油总量的 1%，2020 年将增至 6%，2025 年为 25%，2030 年为 30%，至 2040 年生物航油将占民航燃油总量的一半以上。生物航油的使用已是大势所趋，中国民航使用生物航油也开始进入实质性阶段。2009 年中美两国间宣布能源合作项目（ECP），确定两国在清洁能源领域的合作，并提供政府、科研机构、企业参与的合作平台。2010 年中方以中石油和国航为首与美方波音公司为首的紧密合作，以推动生物航油产业化。2011 年 9 月国航一架波音 747 客机采用从国内生物提炼的生物航油在首都机场首次试飞成功。2014 年 2 月 12 日下午中国民用航空局航空器适航审定司在北京正式向中国石化颁发 1 号生物航煤技术标准规定项目批准书，这标志国产 1 号生物航煤正式获得适航批准，并可投入商业使用。

2. 加强飞机制造业的发展

《国家战略性新兴产业发展“十二五“规划》将飞机产业纳入国家战略性高科技产业定位和国民经济战略地位，从发展战略、行业立法、产业政策、财政投入等方面给予长期、稳定支持。

飞机制造的适航条件非常严格。适航是适航性的简称，英文为 AIRWORTHINESS，意为航空器适宜于空中飞行的性质，具体来说是该航空器包括其部件及子系统整体性能和操纵特性在预期运行环境和使用限制下的安全性和物理完整性的一种品质。这种品质要求航空器始终处于保持符合其型号设计和始终处于安全运行状态。

适航法规来自于科学计算和科学实践，通过长期工作经验的积累，吸取历次飞行事故的教训，经过必要的验证或论证及公开征求公众意见不断修订而成的。飞行事故教训成为中国这样后发国家发展航空的短板——没有飞行事故，难以完善适航；有飞行事故，无法获得航空市场。

中国飞机可能在一定时期内走“墙内开花墙外香”的道路，将国产飞机出口到亚非拉国家，在运营中汲取经验和教训，推动中国飞机制造质量的提高，并逐渐向国内和发达国家拓展市场。这是“农村包围城市”战略的翻版。

（三）中华文化复兴战略

前面分析中国的地缘合作关系，但人种和文化隔阂常使各国行为超越地缘利益形成文化对抗。尤其欧洲、印度等国家的选民态度对政治家决策有重要影响，而选民易受个人情感左右，获得这些国家多数人的文化认同对于推进地缘合作非常重要。

西方认定其文明具有优越性。实际上西方文明与中华文明并非水火不容。当代西方文明与古老中华文明有深厚血缘关系。西方能从纯粹的宗教神权社会转向政治、经济、法治、科技、人本全面发展和政教分离为主的现代文明社会，与古老中华文明向西方的传播密不可分。中华文明中直到今天仍有大量精华可以整理并对外输出，主要集中在哲学、政治学、经济学、法学、美学、语言学、历史学、中医、数学等领域。但中华文明的整理和发掘不能仅停留在史料整理的水平，要对其进行现代化、科学化和学科化。

西方国家尤其是法、德对古老的中华文明并不陌生，一旦再次遇到现代化的中华文明，必然具有天然亲和力，到与地缘利益一起解除文明的对抗就容易得多。

（四）中国法政推进战略

民主政治和专业政治不是同一制度下的主体差异，而是整体框架下分职勾连的两个部分。民主政治处理群众性、战术性、短期性和信息采集的领域，专业政治处理专业性、战略性、长期性的领域。但专业政治既不能形成阶层固化，也不能走马观花，因此其常来源于各种形式的民主（包括选举、考试、选贤任能等），又具有较长稳定性（亦可视为特权性）。这两个领域常常交织在同一流程的不同环节发挥作用，共同构成有机的民主制度整体。从这个角度解构今天各国的政治制度意义更大。

西方民主输出实质是民粹输出。虽然西方宪政从中华法政汲取了诸多营养并在某些方面青出于蓝而胜于蓝。但一方面，由于西方传统根深蒂固及思维方式不同，这种汲取常为局部而非系统性。其注重分而忽略合，注重局部而忽略系统。另一方面，西方有意无意地剪裁其价值理念，输出最煽动人心的民粹部分：只讲民主，不讲专业；只讲自由，不讲法治；只讲政治平等，不讲政治激励；只讲经济激励，不讲经济平等；只讲个人，不讲集体；只讲博爱，不讲明理；只讲分立，不讲勾检。并将这种剪裁后的极端主义价值观传播到中国等发展中国家，诱导其他地区的人民以为这就是全部，促使其走上分裂道路。可以预测，西方必然要对中国施加民族自决权和地区自决权的标准。无论中国如何按西方的指挥棒改革，只要中国一天不分裂，西方一天就不会承认中国有宪政。前南斯拉夫的选举解体就是典型。

"人的脑子，人的思想，是会变的。只要把脑子弄乱，我们就能不知不觉改变人们的价值观念，并迫使他们相信一种经过偷换的价值观念。"——美国中央情报局长艾伦·杜勒斯。

中国在文艺复兴时代向世界输出民主带来了现代文明。今天的中国也要向世界一切先进文化学习优秀的东西，包括他们的民主实现形式，但应该是自己主动去学习而不是被动地被灌输，要去研究他们的法律政策，研究他们的实际组织形式，再结合中国国情予以改进，要看他们怎么做，而不是听他们怎么说。中华文明是现代文明之根，具有最强的理论整合能力。

（五）中国经济推进战略

1. 把握宏观经济平衡

宏观经济运行的主要因素及其关系包括实物生产、实物消费、货币信贷、资产定价等。在国计方程组中由于微观经营主体有降低工人工资的动力，这必在宏观上导致物质流与资金流不匹配而形成经济危机，并通过正反馈不断加深。信贷周期匹配失衡也将导致投资消费失衡而引发经济危机，甚至市场的风险偏好变化也可能引发经济的正反馈动荡。自由市场经济具有天然失衡性，政府则是向经济体施加负反馈的关键主体。政府在宏观上须要做好经济结构调整，保证经济增长速度、投资比例、消费比例、进出口与货币调控匹配。

计算经济发展中可用于社会保障体系的消费品和消费资金也是协调收入分配与经济增长的重要内容，只有这样才能让人民最大限度享受经济发展的实物成果，最优化经济增长，并确保政府有充足资金安排。

2. 完善财政制度

（1）赋税的区域原则

根据国计中央地赋税模型确定中央与地方的经济定位。中央政府重点在于承担社会普遍公共服务职能，追求公平性调控；地方政府重点在于促进经济效益，两者角色不能颠倒。中央政府主要征收租金类赋税，地方政府主要征收收益类赋税。

根据赋税一致性原则应尽量使赋税征收地与消费者所在地一致，避免赋税收入从落后地区转移向发达地区。

(2) 通过遗产税将民营经济纳入社会主义公有经济范畴

当代企业经济形态的演化已从两方面促进私有经济和公有经济的融合。企业上市制度使私营企业成为大众持股企业而具有全民色彩，遗产税可将富人的财富直接剥夺近50%。

私营经济在市场上是优胜劣汰的过程，不合格的经营者被市场淘汰，能发展壮大的经营者大部分有优秀经营能力。相当多的企业的确也需要长期的规划而不是局限于短期目标。允许经营者在其生命期内经营管理好企业财富，并在经营者去世后大部分上交国家，这既符合激励原则和人才选拔原则，也符合公有经济要求。国家应给予这些经营者相应的荣誉和尊重，更大程度上承认其为社会主义财富的管理者，不应再简单地视为剥削阶级。

发达国家的遗产税在实际执行中可能会有一些漏洞，例如被人诟病的慈善基金免税问题。这些问题在中国未来的遗产税制定中应反复斟酌，取长补短，制定出既适合中国国内经济平衡，又能适应国际竞争的遗产税制度。

(3) 国库统一收支和国库居民账户系统

在国库统一财政收付的同时，在国库中根据身份证号为中国居民建立全国的财政支付账户系统。财政对中国居民的支付资金须进入国库中的居民账户，包括公务员工资、奖金、采购资金、社会福利金等。但居民财政支付账户可不支付利息，以促使居民尽快取出资金转存商业银行。

居民账户系统的建立是中国社会保障体系建立的物质基础，也是国家未来扁平化管理的物质基础。

(4) 社会保障体系

教育、就业、医疗、养老体系是社会的重要保障体系。社会保障体系的总资金额度应统一到宏观平衡体系下核算。

(5) 居民竞争压力评估机制

居民竞争压力评估指评估中国各阶层居民的生存和发展竞争压力，包括其工作时间、闲暇时间、劳动强度等指标，这是国家建立激励制度的目标和评价基础。居民竞争压力过小则会松弛、工作懒散、降低劳动生产率；居民竞争压力过大则会精神紧张、粗放性工作繁忙、集约型工作效率低、埋头干活却不能抬头看路。这将降低经济增长质量。居民竞争压力宜保持在一个合理的限度，正常完成工作并有充分思考时间。

这项工作表面上看起来不属于国家经济制度范畴，但却非常重要，因为它为激励机制设定了边界，有利于纠正只会低头走路、不会抬头看路的粗放型经济增长方式，直接影响中国经济的创新能力。

（6）就业评估机制

就业评估机制用于评估国内外各阶层人民的就业情况，重点研究以下问题：

如何使更多就业者的素质与其工作匹配，使就业者的素质提高与工作环境改善达成良性互动；评估失业者素质，研究调动失业者的潜在生产能力从事国家所需的生产活动。

降低失业率并非仅为提高失业者的生活水平或保持社会稳定，而是国家和社会现在仍有大量工程急需大量人力资源去完成。中国目前产出相对过剩而非绝对过剩。微观层面上失业者的工资是投入，未必能匹配产出，但在宏观层面上，是闲置的人力资源在生产财富，更快促进国家财富增长。

有效利用失业者是国计学经济政策研究的重要内容，不应像凯恩斯那样让失业者去挖坑，然后扔给失业者一些钱应付了事，这是对人力资源的极大浪费。

3. 完善金融制度

（1）建立国计区域本位制度

欧元体系由于没有统一财政政策导致其具有天然的跛脚性。统一财政政策意味着区域之间有义务进行无偿的转移支付，这在独立主权国家之间几乎不可能。所以，独立主权国家联合起来实行单一区域货币具有天然劣势。

现在中国力图推进的人民币离岸交易市场对当前资本和金融项目管制下人民币的国际化有一定意义，这等价于构建人民币的海外央行，形成人民币的海外飞地。但若人民币资本和金融项目管制不放开，国内外的资金仍无法畅通流动，国内巨额外汇储备无法顺利转化为海外实物财富，也减少人民币海外流通的基本盘，使人民币离岸交易市场规模有限而无法控制风险。而若放开人民币资本和金融项目，海外人民币与国内人民币完全相同，离岸交易市场中人民币波动会迅速影响到国内经济，将中国经济捆绑到世界经济的波动中。

最有利于中国的货币体系是实行国计区域本位制度，实现国内货币调控与国际货币调控的协同。

即使在开放经济下，其他国际区域的政府也有能力排斥外币在本经济区域的流通。中国货币能否在其他国际区域流通的关键在于中国政府有足够的调控能力使中国货币比当地货币更适应当地经济，从而突破对方法律封锁，逐渐替代对方法定货币；亦可通过信贷还款、购货还款等方法使对方政府支付中国货币，逐渐承认中国货币的合法性；亦可定位于当地政府的国际结算货币突破其法律封锁。

（2）设计保险制度

保险制度一般说来能分散个体风险。但在国家战略定位上保险作用绝不仅在于此。通过再保险业务国家可直接出资担保保险公司的业务，从而最终担保经济体的经济行为。从保险角度来看是分散风险，但从宏观经济运行看，国家可巧妙地实现从保险到补贴的转化。若经济主体付出较少代价获得极大的保险，就等价于经济主体享受保险公司的补贴。若国家通过再保险业务承担了保险公司的亏损，就等价于国家补贴经济主体。

利用保险机制实行国家补贴在美国次贷危机中显露的淋漓尽致。正是保险集中了美国次贷危机的风险，美国政府才可集中支付资金来解决危机。保险业务可理所当然地甄别对象而并不违反国际法规。由此也可理解美国为何基于保险设计众多类型的金融衍生品。

中国保险需要提高到贸易保护、产业补贴、收入分配、金融攻击和防范层面上来研究。

（3）加快筹建实物交易所，缓开放股票衍生品交易市场

实物交易所包括具体货物如铜、煤、钢铁等即时交易、期货、期权等的交易场所。我国是众多大宗商品的生产地或消费地，但由于缺乏相应的交易所，对这些商品常无定价权。我国不得不去国外交易所交易，不得不遵守国外交易所的不公平规则，例如须高价成为国外交易所的高级会员，高价购买其内部资料，甚至我国的交易资料通过交易所被竞争对手掌握，或交易所在竞争对手的联合下更改交易规则使之不利于我。

我国有必要加快筹建大宗商品交易所，保证交易公平合理，利用我国庞大的生产能力或消费能力将相关商品交易中心转移到我国，最终掌握定价权。

加快筹建实物交易所并允许基于实物交易的衍生品交易，并不意味着加快开放基于股票的衍生品交易。股票市场的主要功能是投资性融资而不

是投机。从波段操作中获得收益或者规避风险不是股票市场的功能和目的，因此没有必要放开股票衍生品这种基于波段操作的金融市场。这与实物交易不同。实物交易常为阶段性经营，须规避阶段性风险，有必要阶段性操作，故有必要放开基于实物交易的衍生品市场。

（4）加强贸易项目、资本和金融项目资金监控，为资本和金融项目开放创造条件

越开放的市场越要加强监管。开放市场上各交易数据的价值不可估量，套利机会可能产生成千上万倍的利润或损失。若政府把一切推给自由市场却无法掌握监管数据，必将成为开放市场里的盲人，像众多散户一样被市场清洗。

由于监管薄弱，我国背了资本项目管制之名而无资本项目管制之实。证监会的报告认为，“国际收支中许多项目同时具备经常账户和资本账户的特性，很难严格区分，大量资本账户资金混入经常账户以逃避管制”，“中国个人资金的跨境流动已经非常便利，自由程度事实上可能超过了欧美国家”，“2010 年流出（灰色或地下经济）提高到 597 亿美元，占当年储备资产变化的 12.7%。这反映出中国资本管制效率不断下降，规则安排与真实资金流动需求错配，而且客观上加重了法不责众的局面，恶化了执法环境”。①

相关部门向国际解释中国资本项目开放时常说的两点是：第一，中国哪些管制措施可以通过什么方式规避掉，因此这些项目名义上管制而事实上开放；第二，中国哪些管制措施无法执行，因此这些项目事实上开放。②“个人资金的跨境流动已经非常便利，自由程度事实上可能超过了欧美国家”。③“如果从事实出发，而不是从原则出发来进行考察……开放水平大大高于 IMF 等相关机构的评估结果”。④

以“无力践行监管责任”来主张“中国资本项目事实上已经高度开放”，这值得商榷。一方面这种开放处于法律模糊地带甚至为非法，置当事人权益于高风险中；另一方面“无力践行监管责任而放任的资本项目

① 郭树清：《中国资本市场开放和人民币资本项目可兑换》，《金融监管研究》2012 年第 6 期。

② 同上。

③ 同上。

④ 同上。

开放”，与“有效监管下的资本项目开放”有天壤之别。前者意味着中国政府没有市场的准确数据，后者意味着中国政府有市场准确数据。

（5）健全金融规则

任何国家的资本项目都不是全部开放，任何项目的开放也必然有其副作用。资本项目的众多子项目中，哪些开放，哪些管制，以什么形式开放，以什么形式管制，都应有一套完整规则。

市场的瓶颈环节、信息集中环节应管制。在重要的批发业务环节如证券发行、承销、承保这些领域，美国政府以各种手段阻止外国企业进入以保护国内市场。银行业方面，美国依靠特别法案从原则上对外国银行做出限制。由美联储牵头协调美国货币金融局 OCC 和美国联邦存款保险公司 FDIC 等其他机构在特别法案的框架内制订监管条例、实施细则和操作手册，将法案具体化。

还有一些则是一般人不会注意，但却是整个开放经济运行的基础环节，也应管制。如美国严格禁止外钞在境内流通，严格限制境内银行为客户开设外钞存款账户，也不鼓励开设外汇存款账户，境内绝大多数银行都不经营外汇业务，不从事外币兑换业务。美国政府的外汇管制不仅包括了大多数国家禁止外币流通的一般性政策，更采取了许多国家并未实行的限制银行经营大额外钞、限制吸收外钞存款等更严厉的措施。美国政府通过外汇交易和外钞交易区别对待的政策严加管制外币现钞，隔绝美国与国际金融市场在流通领域的原始联系。

与美国相比，我国政府在允许银行经营外汇业务、吸收外钞存款、提供外币兑换等方面比美国更为开放。

故资本项目开放的任何方案要有对哪些项目加强管制，为什么管制以及如何管制的前提。抓不到关键项目的管制方略，就不能谈对更大多数项目的开放。

（6）合理设计交易平台

交易平台是开放市场的信息集中地，应严格设计和监管。宜确保人民币交易的主要场所在中国，其次争取外汇等交易平台由中国全资。为此目的应考虑激励中国政府机构、境内注册国有企业的人民币交易在中国境内的外汇交易平台进行，或采取其他类似措施。

若中国开放衍生品交易，管控交易所就更加重要。中国政府应和美国商品期货交易委员会一样即时从交易所获得交易信息。

（7）创建亚洲货币基金组织

中国自身区域已经十分广大，能形成独立的区域经济。将亚洲联合起来建立欧盟那样的中央银行体系事实上是把中国和亚洲各国的命运捆绑在一起。此体系中中国和日本的实力最为强大，可能占主导地位。但也因亚洲其他国家经济管理能力还不足以信赖，经济发展程度参差不齐，中国为落后国家承担责任将使自己的财政和货币政策受到限制，拖累自己发展。从欧盟的货币体系来看，多个独立主权国家的统一货币将封杀重要的财政政策，导致高昂的资本成本和从紧的货币政策，迫使亚洲各国成为高赋税国家。事实上亚洲各国是否有能力认识到欧盟货币体系的这些缺点都成问题，更谈不上避免这些缺点了。

实行简单固定汇率制度也不可行，固定汇率制度下亚洲国家容易被外来资金冲击得七零八落。

亚洲国家最理想的办法，是仿照国际货币基金组织创建亚洲货币基金组织。亚洲各国按照一定比例交纳股本并享有投票权。此组织是亚洲国家统一协商货币政策的场所。职责应包括以下基本内容：

建立亚洲统一金融监管信息系统，着重监管跨国资本流动和经常项目的资本利润、利息汇出。

建立各国财政货币政策协商会议，制定预案分析和危机处理制度。

建立亚洲各国资本流动约束机制，增强彼此互信。各国政府应尽义务使本国资本不攻击对方货币市场。

某国若受金融攻击，其汇率可自由浮动，但亚洲货币基金组织应提供低息援助以帮助其稳定经济。亚洲货币基金组织并应启动应急机制协调各国配合被狙击国行动。

若某国变动汇率的行为严重损害亚洲多数国家的利益且违反亚洲货币基金组织的集体决定，经多数投票权同意可拒绝给予资金援助和行动援助。

建立经济模拟实验室为抵御金融攻击提供技术支持。

此货币体系下并无固定汇率制或单一货币制的明文规定，仅是反金融狙击的协调行动机制。平时亚洲各国间可保持比较稳定的汇率，实行事实上的固定汇率制。遭受金融狙击时任何被狙击国可随时脱离固定汇率体系以隔离风险，但并不脱离亚洲货币基金组织的支持。因此，可集中整个亚洲力量来对抗被隔离的风险，避免出现欧洲金融危机那样因为个别国家而牺牲整个欧洲的局面。

此战略类似打仗的阵法，一打就散，散而不乱，形放实收，最终聚而歼敌。若说西方的固定汇率制或者单一货币制是古罗马的步兵方阵，亚洲货币体系就是东方的骑兵阵。

此货币体系充分保障亚洲各国根据自己的经济情况调整财政货币政策的自由。在各国经济交融的情况下自然会产生汇率固定的锚。这个锚就是核心国家的货币，它以核心国家的经济力量和正确财政货币政策为基础。若弱国本币波动过大，本币将可能被核心国家货币替代，并引起本国实业波动。

地区货币体系的稳定性并不取决于此地区各国的经济结构是否相同，而取决于此地区各国家的经济利益是否趋同，主要体现在两方面：

第一，产品市场上的产业结构互补。两国的产业结构相同会导致产业竞争，出现价格战从而产生汇率竞争，反使货币体系不稳定。相反，两国的产业结构互补更有利于货币体系稳定。

第二，资本市场上的相互交融。中国国内允许亚洲国家进入，则在中国的外资将具有和中国民族产业类似的货币利益。亚洲其他国家中有中国投资，也有利于中国力量在这些国家的体现。

故形成亚洲国家间纵向产业链关系和横向资本控制关系，是稳定亚洲货币秩序协调一致的物质基础。

若仅注重亚洲货币体系的书面形式，则非但难以通过马拉松似的谈判达成协定，即使达成协定也是一张废纸，即便没有成为废纸，也会反为亚洲带来灾难。

4. 发展科研制度

我国国家机关、事业单位科研进展缓慢的重要原因在于激励机制，不能做到多劳者多得、有能者上。很多单位常是行政领导握着科研项目资源，在科研项目中排名前列，技术骨干却只能为行政领导打工且在技术上缺乏发言权，行政领导外行领导内行，此局面一日不解决，我国国家科研力量一日不能得到健康发展。

我国科研体制改革应注重行政岗位和技术岗位的界定。任何工作人员要么是行政岗位，要么是技术岗位，不允许两者同时兼任。科研项目排名应分两类，一类是技术负责排名，一类是行政负责排名。行政岗位不应列入科研项目的技术排名，而只能列入行政排名；技术岗位不应列入科研项目的行政排名，而只能列入技术排名。科研项目可不设置行政排名，但须设置技术排名。除非特别重大项目，行政排名只允许列入一名行政人员。

国家科研项目应建立全国统一信息系统，确保任何人不得同时承担三项及以上国家科研项目，无论这些项目是否来自同一个国家机关。

充分尊重科技工作者的劳动，允许以合理方式体现科技工作者的劳动报酬。科研项目的发放和承接应尊重市场规律，以科研结果为根本检验标准，提高科技人员安排资金的自主性。

5. 中国农村土地变革方向

（1）农村土地是综合性问题

如前所述，目前的赋税制度对农村土地有一定威胁。例如，耕地占用税等租金类税归地税将激励地方政府推进耕地占用，这个问题需要解决。

第二个问题是农村阶层的更新换代。要想农民从低效率生产方式中解放出来，宜首先提高农民素质，否则农民会变为流民。提高农民素质最有效的方式是推进农民下一代的教育。农民下一代的素质若大致与城市阶层平齐，农民自然就从低效率生产方式中解放出来从事更高效率的工商业生产，留下的大片土地可供大规模集约化运作。虽然树人的时间长达十多年，但十多年的时间对解决农村土地问题并不算长。高素质农民脱离土地不但不会给国家带来沉重负担，相反是为国家解放大量高素质人力资源，相当于凭空多了一倍以上的高素质人才，这是国家的巨大财富。

第三个问题是社保体系对农村的覆盖。健全的社保体系是农村土地优化配置的前提，失地农民若失去生活来源就可能成为中国新一代无产者。

第四个问题是土地流转制度。未来农民身份和居民身份逐渐模糊，最终归为一致。若农民的素质、农民的社会保障和居民相同，既然居民可没有土地而不致影响国家稳定，农民也可不要土地。

中国长久以来农民子弟考上大学或找到工作后才可退出土地的制度具有朴素合理性。此制度体现三点：一是土地退出须以农民素质提高为前提；二是农民素质提高后土地可以流转；三是农民素质先提高，然后土地参与流转，而不是土地先参与流转，然后逼迫农民沦为城市无产者。

中国未来可考虑实行这样一种制度：农民须获国家某级别以上的职业资格或者学业资格认证后才有权流转土地。否则只可允许将土地折合为股份入股国家法律限定的产业，甚至获得保险补贴，但不允许转卖土地股份。随着农民群体素质提高，土地流转规模会增大，最后以市场优化配置为主。农民资格认证须由国家统一组织，社会性的“放水”可能给土地流转制度带来灾难性后果。

城乡统一社保体系基本建立后，可通过土地资产税来实现国家和集体对土地的所有权，承认土地承包者的长期使用权，允许符合资格的土地承包者将土地转包流通。土地资产税根据土地拥有量累进征收，从社保福利中直接扣除，这既可保证低数量土地拥有者少交纳赋税，也减少征税成本。

以上顺序和条件很重要。一旦次序颠倒，中国农村土地问题就可能进入历朝历代的循环死结。

附录A　一个故事讲透西方经济学和金融学*

一　鲁滨孙孤岛经济

理解西方宏观经济学须从西方微观经济学出发。可用下面这个经济学最重要的前提和故事来理清经济学的脉络：鲁滨孙孤岛经济。

鲁滨孙在航行中遇上大风暴，只有他幸免于难，漂流到一个荒无人烟的小岛上。

鲁滨孙从船上带了十多粒粮食种子，他把这些种子种在地上，来年收获了100粒粮食。他留下1/3粮食给自己吃，剩下的粮食作为种子种下去。假定粮食产量是种子的10倍，第二年他将收获100×2/3×10=666粒粮食。按此比例，年产量将以6.66倍递增，每年的消费数量也将以6.66倍递增。

鲁滨孙每年消费产量的1/3，留下产量的2/3，这留下的部分叫储蓄。

鲁滨孙留下产量的2/3，可用于播种也可喂养家禽，也可能作为存粮放起来，不管什么用途都是为未来消费而准备的投资。

既然存货是储蓄也是投资，故储蓄恒等于投资。此即西方经济学中储蓄恒等于投资的原因。西方经济学中，储蓄和投资一般都指实物储蓄和实物投资[①]，根据物质守恒定律两者自然恒等。

但鲁滨孙消费1/3的产量可能还觉得饿，也可能只吃1/4的产量就饱了。鲁滨孙需要权衡消费和储蓄的比例，其权衡原则是今天消费与未来产出可供消费的贴现和最大。西方经济学复杂的跨期动态优化模型主要就在计算这个比例。

---

① 见本书第三章第二部分：实物分析法。

若粮食生产率并非常数，最优比例的计算就更复杂，但这些计算须有假设函数为前提。

目前已动用西方经济学最复杂的数学工具来计算鲁滨孙的投资消费比例，此即经济增长理论。罗伯特·索洛因此获得 1987 年诺贝尔经济学奖，菲尔普斯因此获得 2006 年诺贝尔经济学奖。

二　货币幻觉理论

下面引入货币因素。

鲁滨孙每天在树叶上记载产量。树叶就是货币，它表示鲁滨孙生产的价值。

某天鲁滨孙决定在树叶上多写一些产量，本来只生产 100 斤粮食但他大笔一挥写了 1000 斤。他越看树叶越喜爱以致以为这是真的。受此激励他比以前更勤快，一天只睡两小时就下地干活，产量迅速提高因而经济增长提高，此即经济学常说的“货币幻觉”。某天鲁滨孙从睡梦中惊醒，发现树叶上写的都是假的，他其实并无那么多产量，于是沮丧地从早晨睡到晚上，产量也恢复到以前状态。故经济学认为货币在长期内对经济为中性，其只能改变名义价值不能实际影响经济，因为长期来说人们是理性的。

此说法很牵强，在经济学术圈却很流行，此即理性预期学派。卢卡斯因此获 1995 年诺贝尔经济学奖。基德兰德和普雷斯科特在经济增长理论基础上将投资假设为以往多期投资的线性组合然后回归分析，认定经济波动由实物经济如技术等波动导致，与货币无关，此即于 2004 年获诺贝尔经济学奖的真实经济周期理论。

总之，若世界上只有鲁滨孙一人，货币对他就仅是精神麻醉，货币上写再多的财富都是梦呓。

三　货币效用理论

理解货币作用需进入可交换的世界。

卢卡斯扩充鲁滨孙孤岛。他假设大海上有很多孤岛，每个孤岛都居住一个像鲁滨孙这样的人，各孤岛上的鲁滨孙们可相互交换产品，此即卢卡斯岛，必要时可假定一个政府凌驾于各岛屿。

各岛屿上的鲁滨孙均同质，故只分析其中一个孤岛就可得所有卢卡斯岛的性质。

鲁滨孙们用货币购买产品比实物交换产品更便利，故货币对他们来说具有效用。任何一个鲁滨孙均可按孤岛模型将货币视为实物产品来计算总效用贴现最大化，得到货币对卢卡斯岛屿经济的影响。

若货币具有正效用且货币发行零成本，那显然货币越多鲁滨孙的效用越高，还需要计算吗？其实经济学假定货币增长速度由政府外生控制，鲁滨孙作为经济个体只能调整自己实物产品和货币持有比例。货币持有增多实物投资就减少，生产能力减少；实物投资增多货币持有就减少，货币效用减少。故单个鲁滨孙须调整货币与实物比例及消费与储蓄比例，使效用最大化。

政府外生控制在卢卡斯岛屿赋税研究上也很重要。政府对各岛屿征收赋税后，即使又把赋税转移支付给各岛屿，也与政府不征赋税的经济后果不同——除非政府保证对任何岛屿征收的赋税恰好等于返还给此岛屿的转移支付。其中道理简单：若各岛屿都能按既定份额获得总赋税转移支付，则各岛屿将改变经济行为逃避赋税。这属于微观经济学的激励机制。

货币效用理论中，左右货币对经济影响的是政府外生行为、鲁滨孙生产函数、效用函数相互作用。不同的外生行为、生产函数、效用函数对货币的影响不同，既可有货币中性结论也可有货币非中性结论。这是完全微观的经济分析。

若不考虑政府外生控制，鲁滨孙们可统一行动来调控货币总量，则货币效用理论必退化为单个鲁滨孙经济模型。货币除了产生幻觉不能影响经济。

四 货币先行理论

经济理论意识到，货币作为交易媒介用来预付和购买产品使生产的资本品和消费品有适当货币购买力，经济才不会出现危机。货币效用理论解决不了此宏观经济问题。故货币先行模型被提出。

货币先行模型的卢卡斯岛屿中，各鲁滨孙每期拥有的货币总量须大于等于被销售产品，此货币总量又和各鲁滨孙当期生产的实物财富加总形成各鲁滨孙的当期总收入约束。各鲁滨孙可在总收入约束下自由调整自己的实物消费、实物投资和货币比例以最大化长期效用贴现。这看似合理却重复计算了收入，因为各鲁滨孙应将当期生产的实物财富去置换货币，然后用货币购买所需物品。虽交换的货币量等于购买产品的价值，但各鲁滨孙并未静态拥有购买产品总价值的货币量，更不会同时拥有当期生产的总实物财富和当期支出的总货币量。若信息完全且货币可瞬时流动，各鲁滨孙任何时刻拥有的货币量可趋于0。故将交易货币总量纳入收入约束以计算效用最大化，就失去意义。

将货币看成流量，卢卡斯岛屿模型就恢复为实物交易的鲁滨孙模型。

五 货币搜寻理论

西方经济学对货币还有其他解释，如货币搜寻模型。货币搜寻模型假定实物交易比货币交易的信息成本和交易成本更高，但实物生产比货币持有的收益更高。故货币持有量过少会导致交易成本过高，货币持有量过多会导致机会成本过大，由此使模型有解。但货币搜寻模型本质仍为货币先行模型，依赖于货币存量分析。一旦假定信息完全且货币瞬时对冲流动，此模型就失去存在基础，因为信息完全则无须搜寻（例如网络购物），货币瞬时对冲流动则存量趋于零，持有货币的机会成本趋于零。总之，当代经济学主要在信息缺乏、货币市场迟滞、人们非理性等假设下研究货币，本质是微观研究。它无法研究宏观经济体系下货币经济与实物经济的配合。

六 凯恩斯有效需求与货币内生理论

卢卡斯岛构成一个小社会，鲁滨孙们每期生产产品并相互交换。产品生产构成供给曲线，产品购买构成需求曲线。若只生产和购买一种产品，即为最简单的供给曲线与需求曲线，相交点即供需平衡点。若供给为储蓄+消费，需求为投资+消费，两者必恒等。无论经济波动与否、萧条与否，此恒等关系均成立——无论供需如何失衡，供需曲线总有交点。问题在于交点处的利润，交点处利润低则供大于求，交点处利润高则求大于供。

凯恩斯认为储蓄恒等于投资，利润才是衡量有效需求、经济均衡的指标[①]，其发展了短期宏观供需分析。凯恩斯认为利润低迷时有效需求不足，需政府降低利率以降低资本成本，刺激经济；反之应提高利率抑制经济。此即货币政策。信用货币体系下因有央行作为最后贷款人，任何利率下可供给的货币数量均无限。货币量取决于经济体能负担多少当前利率的货币，故是利率和经济运行决定货币总量而非货币总量决定经济运行，此即货币内生理论。它由温特劳布·卡尔多等人提出，成为后凯恩斯主义货币经济学核心及其宏观经济理论的基石。货币内生理论更早由马克思在《资本论》第三卷提出。

希克斯将凯恩斯思想总结成数学式子，获1972年诺贝尔经济学奖，此即西方经济学的IS－LM模型。模型中还有货币数量既定这种金本位下才有的假定，这让信用货币时代的学生们倍加迷惑。信用货币时代，学生们更多感受到货币内生性。

七　凯恩斯扩张财政理论

凯恩斯认为经济萧条时资本和劳动力大多失业，故只要提高投资需求，社会就会生产出包含投资和消费的总供给，使国民经济以投资乘数比例加倍扩张，反之也会让国民经济以投资乘数比例加倍收缩，此即财政政策。

经济未充分就业且货币总量缺乏时，货币政策比财政政策有效。

经济未充分就业且货币总量过多时，财政政策比货币政策有效。

经济充分就业时货币政策与财政政策均无效。

后来的西方经济学诸学派在宏观供需分析上都未冲破凯恩斯框架。各学派无非在市场哪些因素是否完备、各曲线陡与不陡上争论不休。这些争论也成为西方经济学标志性进展。詹姆士·托宾因此及金融上的资产选择理论，获1981年诺贝尔经济学奖，弗里德曼因此于1976年获诺贝尔经济学奖。

---

① 见本书第三章第二部分：小生产视角与储蓄投资恒等式。

八 凯恩斯理论的总量分析特点

凯恩斯的供需分析是带着家计学烙印的总量分析，仍未研究实物经济和货币经济的结构性配合。他在《通论》中说："本书则反是：着重在研究何种决定力量使得总产量与总就业量改变；至于货币的技术细节，虽货币在经济结构中占有重要而特殊的地位，本书却略而不论。"①

凯恩斯时代仍被政治经济学深刻影响，其仍关注供需平衡、利润与经济均衡间的关系。

九 一般均衡理论

今天西方经济学基本上不把利润作为经济是否均衡的指标，相反把供需平衡作为经济均衡的指标，认为供需曲线相交时经济为均衡。

卢卡斯岛屿上生产多种产品来交换，就是多维供给曲线和多维需求曲线。多维供需曲线的相交，即西方经济学上大名鼎鼎的瓦尔拉斯一般均衡。阿罗·德布鲁证明此均衡有解，分别获 1972 年和 1983 年诺贝尔经济学奖，故后来也叫阿罗·德布鲁一般均衡。莫里斯－阿莱斯也部分因为对一般均衡重新系统阐述而获 1988 年诺贝尔经济学奖。

多维供需曲线分析在数学上是麻烦事，要分析各主体的生产、交换、消费及再生产等，易产生一般均衡即经济结构平衡分析的错觉。其本质是计算供需曲线交点，交点处价格即一般均衡价格。无论经济过冷过热，此交点和一般均衡价格均存在，故一般均衡理论适用范围较窄，作为实物交换研究难以在货币分析上有所建树。

十 理性预期理论

卢卡斯假定当事人的定价优化行为仅影响当事人选择未来货币消费和投资比例，而不影响当事人选择未来实物消费和投资比例。这样，未来实

① ［英］凯恩斯：《就业、利息和货币通论》，高鸿业译，商务印书馆 1996 年版，第 2 页。

物消费供给和投资供给就被外生化，当事人只需调整资产的货币相对价格，使实物消费需求和投资需求正好等于供给即可。此时资产的货币比价即一般均衡资产定价的均衡价格。故资产定价模型割裂了实物优化和货币优化。又由于模型采用跨期优化方法对未来穷尽计算，卢卡斯模型也称为理性预期模型，开创了西方经济学的理性预期学派。但经济是复杂系统，跨期最优解不存在或无穷多，理性预期就无法计算。

十一 有效市场及其检验

若未来的一切都在跨期优化中计算，则所有人都可算出同样结果，故任何信息都无法帮助人们获得超额期望收益，此即有效市场。尤金·法玛认为现实市场为有效市场，罗伯特·希勒用利率作为贴现率计算股票在各历史时点的理论价格，发现理论价格与实际价格偏差很大，认为市场无效。法玛和希勒因此获 2013 年诺贝尔经济学奖。

法玛固然无法确定市场随机性，希勒亦并未严格按定义选取贴现率（贴现率本应是股票同期收益率，但他选择单期利率或多年股票平均收益率作为贴现率），希勒承认，“如果允许实际贴现率自始至终不受限制地变化，那么该模型将变得不可检验……总存在（使有效市场成立）的贴现率序列”。

十二 均衡价格核定价理论

在理性预期均衡点，当事人跨期投资或消费的边际效用比率为外生随机变量，其与资产货币收益率分布的乘积为常数，此外生随机变量即为均衡价格核。若已知均衡价格核，利用此常数关系可计算资产的货币收益率，此即资产的均衡价格核定价。均衡价格核反映资产和消费结构，决定资本市场的资产价格。以价格核为基础的资产定价理论成为当代金融理论的柱石之一。

十三 资产定价理论（CAPM）

理论上，价格核包含资本、消费和偏好等经济信息。为规避经济分析，哈里·马科维茨和威廉·夏普假定各资产的风险收益率分布为已知量，研究在既定预算约束下如何确定各资产的购买份额，以在获得市场总体收益率的同时风险最低，由此建立均衡市场中资产收益率分布与资产份额的关系，并反向推理"资产份额→资产协方差系统风险→资产均衡收益率→资产均衡价格"的关系，声称可用于资产的一般均衡定价，此即 CAPM。哈里·马科维茨、默顿·米勒和威廉·夏普因此获 1990 年诺贝尔经济学奖。

十四　CAPM 的 ROLL 批评

经济若要影响资产价格，必同时影响资产的风险收益率和收益率协方差。资产现金流不变时资产价格与风险收益率为反比关系。但 CAPM 假定各资产风险收益率分布为既定量，等价于假设资产均衡价格为既定量，无须再通过资产份额或协方差来确定资产均衡价格。故 ROLL 批评 CAPM 是套套逻辑。风险收益率分布既定的假设也隔绝了其他经济因素对资产价格的影响可能，使金融资产定价孤立于经济变量，例如可推出风险资产均衡价格与投资者对风险和收益偏好无关的结论。事实上投资者的偏好可影响资产收益率，从而影响投资者最优风险资产组合和风险资产均衡价格。

CAPM 开创既定资产风险收益率分布为分析前提的西方金融学范式，西方金融学与经济学自此割裂。

十五　MM 定理

CAPM 仍保留了资产市场组合的系统风险分析。默顿·米勒等人认为，若两种资产的风险收益率完全相关，这两种资产的价格就应相同，否则一个零资产的人同时买空卖空两资产就可获套利，这意味着无风险收益率为无穷大。因此只要知道一种资产的价格，无须考虑资产系统风险就可确定另一种完全相关资产的无套利价格，此即获 1990 年诺贝尔经济学奖的 MM 定理。

十六　无套利价格核

通过均衡价格核计算的均衡价格包含资产和消费的经济结构因素，CAPM均衡价格包含资产结构因素，无套利价格仅体现一资产与另一资产的复制关系。无套利价格进一步隔离经济环境因素，把所有定价条件局限于复制和被复制的资产信息之内。

无套利市场上，任何资产组合的现价与此组合未来各价格状态的正负性不可能全部相反，否则就可构造无穷大的无风险收益率以获得套利。由于正数与任何数的乘积不会改变任何数的符号，故若现价与未来各价格状态的正负性均相反，则任何正向量与此组合未来价格向量的点乘也必与现价正负性相反。因此，若存在正向量与各资产未来价格向量的点乘与各资产现价正负性相同，则资产市场无套利。

此正向量与资产未来价格状态的点乘关系在形式上相似于卢卡斯理性预期定价下的均衡价格核乘积关系，故金融学将此正向量称为无套利价格核。

十七　资产集的完备性

进一步，若有唯一正向量与资产集里各资产未来价格向量的点乘等于各资产现价，则各资产未来价格向量构成的矩阵满秩。满秩时任意相同元素数的未来价格向量都可以由资产集里各资产的未来价格向量组成，称资产集为完备。完备资产集时，将此正向量与任意相司元素数的未来价格向量点乘，就可获得此未来价格向量的当前无套利价洛。

十八　完备资产集的无套利价格核定价

更进一步，此正向量与资产集里A资产未来价格向量的点乘，除以A资产现价的值为1。而点乘的含义是两向量的元素顺序相乘后将所有乘积加总。各元素乘积除以A资产现价就构成元素和为1的归一化向量。现将资产集中B资产与A资产在未来各状态下的价格之比构成未来价格比向量，则归一化向量与未来价格比向量的点乘即B资产与A资产现价之比。故若已知A资产现价、归一化向量和未来价格比向量就可得B资产相对A资产的无套利价格。

十九　完备资产集的风险中性概率

因各资产风险收益率分布既定，此归一化向量与资产集外任何经济风险无关，又因归一化向量与未来价格比向量的点乘之数学形式类同于以归一化向量为概率分布对未来价格比取期望值，故金融学上将此归一化向量称为风险中性概率。风险中性概率只是归一化的比值向量，既不是真正的概率亦不表示人们的风险偏好为中性。

二十　BS期权定价

资产价格连续变化时，资产的未来价格状态数无限，有限资产种类不能组合出任意未来价格分布。迈伦·斯科尔斯和罗伯特·默顿将衍生品与无风险资产不断构造瞬时组合以最终复制基础资产的未来价格分布。由于瞬时组合的数量无限，突破了有限资产种类难以组合未来价格分布的瓶颈，实现连续价格下的市场完备性。这就是获1997年诺贝尔经济学奖的布莱克·斯科尔斯期权定价公式。

二十一　资产价格分布与市场完备性

布莱克·斯科尔斯假定资产价格为几何布朗运动，此运动的特征是一阶项随机连续，二阶项为与时间同数量级的常数，高阶项无穷小。实际上资产价格二阶项亦可能为变量。为弥补此缺陷，西方金融学又构造了资产价格二阶项为与时间同数量级变量的几何分数布朗运动。此时资产价格产生时间相关性，将会出现套利机会。但因二阶项仍与时间同数量级，在瞬时分析中高阶风险仍被忽略，因此只要放弃套利机会就仍可复制。

然而在以下情况下无法复制：资产价格一阶项跳跃，市场不具有完备性；资产价格一阶项连续，但二阶项以上跳跃因而其变化远大于时间同数量级，则即使在瞬时分析中二阶项以上的风险也不可忽略且不可复制，市场不具有完备性。

市场不具有完备性时不可使用风险中性概率定价。但相当多金融学者在资产价格一阶项跳跃时承认资产不可复制，却仍使用风险中性概率定价，因为他们以为风险中性概率是对人们风险偏好的合理简化，而不了解其系由市场完备性推导而来。而资产价格一阶项连续，二阶项以上跳跃的分布则未见于相关金融著述中，以致人们以为只要资产价格一阶项连续，市场就完备。

自此，风险中性概率成为金融定价的主宰，基于风险中性概率的鞅定价风靡金融界。市场总被简单地假设为风险中性，所有经济因素都被排斥在复制与被复制的资产之外，西方金融学与西方经济学终于彻底割裂。

二十二　投入产出分析

列昂惕夫将一般均衡理论用于实物经济之投入产出分析，获 1973 年诺贝尔经济学奖。

二十三　经济学教科书

萨缪尔森首先总结西方经济学内容，增强数理分析并编撰成书，获 1970 年诺贝尔经济学奖。他说：“只要这个国家的教科书是由我写的，就让其他人去拟定法律条文吧！”

二十三　国计学与西方经济学的区别

以上鲁滨孙故事就基本把西方宏观经济学和金融学的主要内容和原理阐述完毕。西方经济学中的鲁滨孙就这样漂流着，直到今天仍跳不出孤岛经济，跳不出家计学视野。

宏观经济本质特征在于，社会化的纵横生产在货币瞬时流动下，产品购买与最终产品的价值实现间有多期时差，从而展现宏观经济时间和空间上实物流与货币流的内在联系。纵向生产，指社会产品在时间上形成产品链，包括原材料采集、各级中间产品直到消费品；横向生产，指所有社会产品在空间上同时生产和买卖。国计学的时空纵横联系特征区别于西方宏观经济学的个体小生产模型。

以家为乡，乡不可为也。以乡为国，国不可为也。以国为天下，天下不可为也。以家为家，以乡为乡，以国为国，以天下为天下。

——《管子·牧民》

附录 B 《周髀算经》的密码:射影几何

《周髀算经》中的天文部分向来是千古之谜。通常认为《算经》按“天圆地方”的观念建立了盖天模型，但其天文数据的计算推导却以天与地为平行平面为前提。由此《算经》的推导过程既与《算经》本身的叙述和基本假设相矛盾，其推导出的数据与现代科学得到的数据相比也完全荒谬不经，例如《算经》推导出大地周长至少 2430000 里，显然大大超过了今天所知地球约 80000 里的周长。

一 《周髀算经》的基本推导

《算经》中的人物陈子①给出整个计算过程。

陈子首先直接引用一个公式：若有长为八尺的杆竖直立于水平地面，杆影有多少寸，太阳到杆的地面距离就有多少千里（《算经》经卷上二：“法曰：周髀长八尺，勾之损益寸千里”）。这个公式是《算经》中计算其它天文数据的依据。

陈子数学模型如下：

上图中 S 为太阳，O 为太阳在地面的垂点，h 为杆，A 地的杆影长度为 AB，则 $OB = AB \times \frac{OS}{h}$。当 OS 为常数时，杆影长度 AB 与太阳与杆的地面距离 OB（$OB \approx OA$）为固定比例。若两地之间的

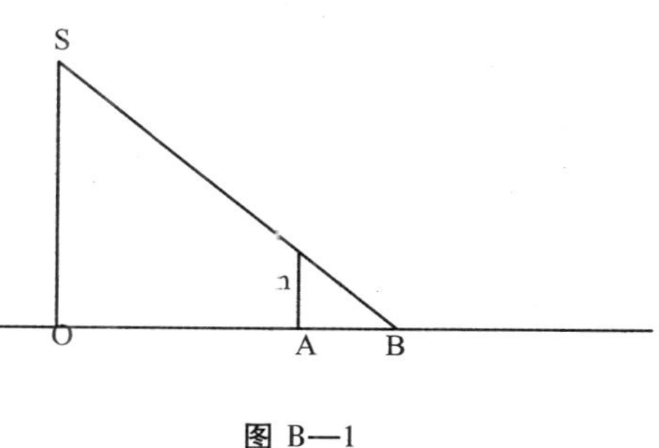

图 B—1

① 赵爽认为陈子是周公后人，其所作部分非《周髀》之本文，可能活动在战国初期。

杆影长度差为1寸时测得两地的地面距离为1000里，则可知在任何地方，杆影有多少寸，杆到太阳的地面距离就有多少千里。

陈子根据“千里一寸”的基本数据推导得其他天文数据。

陈子说，以周地为测试点，夏至的正午时测得杆影长度为16寸，此时太阳在周地正南16000里。冬至的正午时测得杆影长度为135寸，此时太阳在周地正南135000里。从地面上某点透过杆顶正好看到北极星，此点到杆的距离为103寸，则北极星在周地正北103000里。所以从北极到夏至正午时太阳的地面距离为$103000+16000=119000$里，从北极到冬至正午时太阳的地面距离为$135000+103000=238000$里。从夏至正午时太阳到冬至正午时太阳的地面距离为$135000-16000=119000$里。按现代科学来说，以地球为参照系，夏至之时太阳到达其运动的最北处，此时杆影最短，之后太阳会向南运动，所以夏至时太阳在北回归线上。冬至之时太阳到达其运动的最南处，此时杆影最长，之后太阳会向北运动，所以冬至时太阳在南回归线上。这两条线的确定极端重要，因为正是太阳在这两条线之间的往复运动产生了一年四季365.25天。

由于夏至正午时太阳离北极距离为119000里，所以夏至时太阳以北极为中心，以119000里为半径作圆周运动，《算经》称为夏至日道，可知夏至日道的周长为$2\times119000\times\pi\approx714000$里。同理可计算冬至日道的周长为$2\times238000\times\pi\approx1428000$里。

可将冬至日道与夏至日道之间的区域划为六等分，则共有七个圆周，称为七衡。太阳就以螺旋线的形式穿行于七衡之中，太阳每365.25天在七衡之间往返一次。所以按照一年的天数将各个圆周分为365.25等分，每等分称为1度，故一圆周有365.25度。太阳到北极的地面距离除以夏至日道（即内衡）的一度，为太阳的去极度。

七衡建立完毕，即完成坐标系的建立。日月星宿在七衡均可以定位。星宿的去极度与其在七衡上的度数构成星宿的位置坐标。日月星宿在一天之内的运动，通过记录其在一天之内的去极度和七衡度数之轨迹可得。日月星宿在一年或数年内的运动，通过记录其在每天既定时刻的去极度和七衡度数之轨迹可得。由此七衡坐标系可以观测记录宇宙星宿的轨迹，并做出预测。

二 真实的《周髀算经》

从《周髀算经》的推导及计算过程可知其模型中天和地俱为平面。因为假若按《算经》所述天为圆盖，则不同位置的太阳、北极星等星体与测试杆的垂直高度将不同，导致杆影与星体的地面距离之比发生变化，不能使用“千里一寸”。而《算经》事实上在任何地方都直接使用“千里一寸”这个常数。

其次，《算经》的“去极度”是用星体到北极的地面距离除以内衡的1度弧长，这很奇怪。因为按《算经》所述，星体到北极的地面距离是半径而不是圆周，只有圆周能划分度数，半径怎么能划分度数呢？半径除以内衡的1度又有什么含义呢？

这些矛盾，能透露出什么信息？

没有人能知道，在这些矛盾而荒谬的推导和数据之下，隐藏着一个多么伟大的上古文明。我无法想象它辉煌的极致。我只知道它因为某种原因骤然失落，以致人类即使得到了它的某些残片，在之后数千年的天文计算中仍然一直达不到这个文明的精度，直到现代科学的产生。

也许是它刻意为之，也许是命运的安排，矛盾的推导和荒谬的数据加密了真实的《周髀算经》。只有这样，它才能在沉睡数千年后重新复苏时，可以说：“我的一切都来自上古，没有人可以伪造我的烙印。”

非常幸运的是，本书唤醒了它。

好，现在我们来回顾《算经》中陈子关于“千里一寸”的计算。

陈子的计算中，首先假设太阳是点光源，这是错误的。阳光对于地球来说应为平行光。这有所谓古希腊埃拉托色尼测量地球周长为例证[①]：

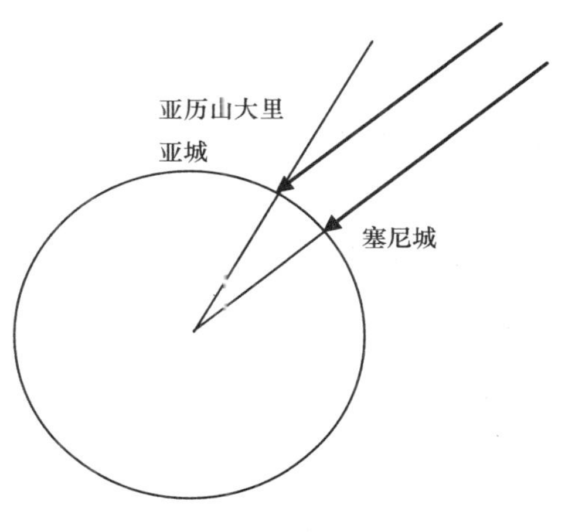

图 B—2

① 见本书第一章第三部分：国计数学：科举明算

上图中，阳光就是平行光源而非点光源。夏至时阳光直射塞尼城，但与亚历山大里亚城的竖直方向夹角为 7.2 度。而塞尼城与亚历山大里亚城在同一经度上相距 800 公里。由此可计算地球周长为 $\frac{360}{7.2} \times 800 = 40000$ 公里。

《算经》中若阳光是平行光源，且大地仍如陈子般处理为平面，那么同一时刻任何地点的杆影长度均相同，不可能有“千里一寸”的现象。所以假设大地为球形：

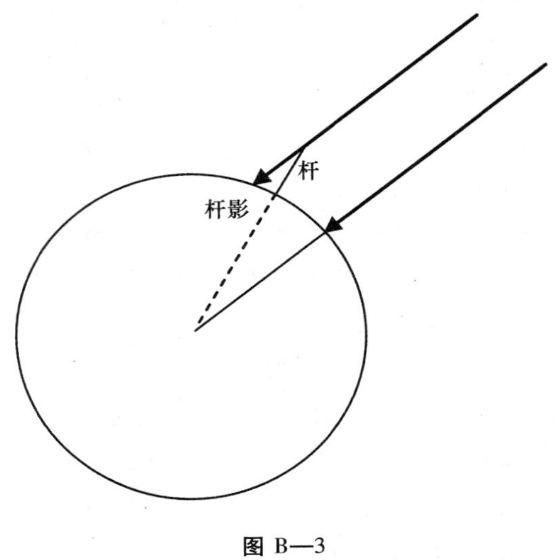

图 B—3

此图中，阳光从杆顶射下来，在地面上产生杆影。杆与阳光的夹角恰好等于杆的延长线与直射阳光构成的圆心角。当夹角不大时，杆影与杆长之比近似于圆心角的弧度。当杆长固定时，杆影长度与杆到太阳直射点的球面距离为固定比例。无论太阳离地面高度如何，无论太阳离地面多远，此比例均成立。“千里一寸”终于有了理论基础。

而这正是割圆术的使用：将圆形分割成多边形，将多边形的边逼近圆周。《周髀算经》中有割圆之术的具体阐述，可惜遗失。只留下残篇“此方圆之法。万物周事而圆方用焉，大匠造制而规矩设焉。或毁方而为圆，或破圆而为方。圆中为方者谓之方圆，方中为圆者谓之圆方也。”（《周髀算经》卷上一）。

那么，按照割圆术来计算的天文数据又对不对呢?

若将《算经》中的相关数据理解为球面数据，会发现一个现象：若将《算经》中的所有数据都缩小 10 倍，则其关于地面测量的各种数据就与现代实测数据高度吻合。例如《算经》中南北回归线之间的距离为 119000 里，现代实测南北回归线之间的地面距离为 11600 里，前者约为后者 10 倍。《算经》中日光四极的直径为 810000 里，现代实测地球子午线周长为 80016 里，前者约为后者 10 倍。

由此可能发生了一件事：要么上古的“里”是现代的“里”的约十分之一，要么是《算经》的流传过程中出现了纰漏，将“百里一寸”或“千里一尺”误传为“千里一寸”。

以现代天文理论及长度单位，按照《算经》中夏至之日杆影有六寸的巩义市竹林镇佛山沟，到《算经》中夏至之日杆影有七寸的泽州县柳树口镇张角村，其地面距离是 144 里[①]。显然以现代长度单位，应为“百里一寸”或“千里一尺”。与古希腊埃拉托色尼仅仅“从商队那里听说从亚历山大里亚城到赛亚城有 800 公里”就竟然敢在不知两地经度的情况下计算地球周长并且几乎 100% 精准的神话相比，以当时中国之力来实地测量同一经度上相距 144 里的两地距离，并不困难。但要实地测量同一经度上相距 1000 里的两地距离，对中国来说也会是很吃力。而“百里一寸”这个数据是个实测常数，它不是其他任何数据的推导结果，而是其它所有天文数据的推导来源。无论是假设天地为平面也好，还是球面也好，都不影响这个常数的获得。所以依照“百里一寸”来将《算经》中的所有数据同时缩小 10 倍，是完全合理的。

事实上利用《算经》中杆长 8 尺和现代实测数据地球周长 80000 里的数据，可以直接计算杆影 1 寸代表的地面距离为：$\frac{1}{80 \times 2 \times \pi} \times 80000 \approx$ 159 里，极为接近佛山沟到张角村的距离。考虑到随着角度的增大，每 1 寸杆影代表的地面距离将逐渐缩短，所以平均取 1 寸杆影代表 100 里的地面距离是可以接受的。这个平均的方法，可能就来自《算经》中遗失部分的割圆术对杆影误差的处理。

现在来研究七衡。按照现在的计算方法，七衡的半径并非直线，其恰

---

① 李德鲁：《由“千里一寸”解读〈周髀算经〉》，《泰山学院学报》2011 年第 2 期。

好就是地球的弧线，是地球圆周的一部分，因此《算经》根据七衡的半径来计算“去极度”就有了合理解释：以地球为球面坐标系，“去极度”是天体的纬度角度。但《算经》以内衡的1度弧长作为“去极度”的1度，这又不合理，因为内衡并非地球圆周。不过再仔细观察，可以发现《算经》中的内衡周长为714000里，每度为$\frac{714000}{365.25}=1954.83$里。现代知道地球圆周约为80000里，每度为$\frac{80000}{365.25}=219.03$里。前者约等于后者10倍，因此两数极为接近。由此产生一种可能：后人在《算经》的残本中看到了“去极度”的计算方法，但又按陈子学说来理解计算过程，因此既不能解释为何天体到北极的半径要按圆周来分度，更无法解释这个半径的1度为什么是219.03里，因此他们的注意力就转到了内衡本身，发现内衡的1度极为接近219.03里，而天体又在七衡之间穿行，理所当然地将“去极度”的1度理解为内衡的1度，并可能因此修正《算经》中原来正确的“去极度”的1度。而这个修正将导致之后数千年中中国天文计算的误差增大。

《算经》中还有另外一个奇怪的数据：“光照半径为167000里”。这个数据是陈子根据日光四极的直径810000里推导而得。在陈子的平面模型中，日光四极的半径为405000里，其减去南回归线的半径（即《算经》中的冬至日道，也即太阳轨迹中最南处）238000里，恰好为《算经》所说的光照半径167000里。然而，由于地球是圆形，太阳在回归线两侧的光照半径显然不同。所以陈子说“日照四旁各十六万七千里”并不正确。其次，陈子模型中使用日光四极的直径810000里这个数据也成为无源之水，陈子不能解释这个日光四极直径810000里从何而来，因此他必然又是引用《算经》残本中的原始数据。而原始数据的本义是日光四极直径即为地球周长，此地球周长810000里折合现代81000里，与现代数据80016里的误差只有1.2%。同理可知《算经》中南北回归线的球面距离为119000里，折合现代11900里，与现代数据11600里的误差只有2.5%。

《算经》中引用《吕氏》的话说“四海之内，东西二万八千里，南北二万六千里”，《管子·地数》中说“地之东西二万八千里，南北二万六千里”。现代科学测得地球东西直径为25513里，与前述数据相差9.7%；

地球南北直径 25427.2 里，与前述数据相差 1.9%。不仅如此，《管子·揆度》中甚至说出更加令人惊骇的话：“共工之王，水处什之七，陆处什之三，乘天势以隘制天下。”意思是说，共工当政的时代，天下水域占十分之七，陆地占十分之三，共工就利用这个自然形势来控制天下。而我们现在知道地球有十分之七为海洋，十分之三为大陆，正好与《管子》的数据吻合。且《管子》说共工能利用此全球地理形势来控制天下，这是全球统治的概念。

解释清楚“千里一寸”、“去极度”、“光照半径”和“日光四极”后，回头再来看《算经》的七衡模型，将发现真实的《算经》中七衡模型有两次坐标系变换。真实的《算经》首先以地球为球形为基础建立了以地球为单位球的球面坐标系，计算所有天体在地球上的投影轨迹，并以经线上的“去极度”纬度和纬线上七衡圆周的经度来定位天体的坐标。然后更惊人的一幕发生了：真实的《算经》以北极点为基准，将南极点撕开，整个球面平铺射影到一个平面上，在此平面上地球的周长成为了日光四极的直径，北极到北回归线的球面距离成为北回归线的半径，北极到南回归线的球面距离成为南回归线的半径。“去极度”成为平面上半径的度数计算。这是生生地将三维立体坐标系降维转换为二维平面坐标系。这样转换显然有极大的优点，它非常方便于书籍等各种平面上的记录和分析——在书籍等平面媒介上画三维坐标系并进行数据分析并不方便。

在降维处理后的平面坐标系上，七衡的圆周也有了意义，那就是用来计算天体的经度坐标。很显然七衡的圆周长并非天地的尺寸。

回头再来看《算经》中商高对于“天圆地方”的解释：“方属地，圆属天，天圆地方。方数为典，以方出圆。笠以写天”（《周髀算经》卷上一）。这是很贴切的描述。以方割地球，百里一寸为典。地球与天球合一，所有天体均投影到地球上，计算出地球数据也就计算出天球数据，此所谓“以方出圆”。合为“天圆地方”。笠以写天，即将球体坐标系投射到平面上，七衡平面就像是球体上的帽子。“写”字，表示是人为变换，而非实物自然。后人不知“天圆地方”和“盖天”之真义，竟然衍生出大地为四方形等怪论，实在可惜。

从《算经》的结构来看，通常认为《算经》的商高篇（即《周髀算经》卷上一）为原本。其余部分大多经后人修改补充。原本部分讲了勾股定理及其证明、天圆地方及其含义、毁方为圆或破圆为方的割圆术。

《算经》其余天文应用部分则只用了勾股定理而并未使用割圆术（其圆周率的计算仅精确到3，无须割圆术），这也说明《算经》的天文计算不合《算经》原意。

虽然《算经》建立了以地球为参照系的射影坐标系，但这并不意味着真实的《算经》是地心说。《算经》的射影坐标系是测量坐标系，要记录人眼所观察天体的真实数据，就必然要以人为不动点（也就是地球为不动点）来观察记录数据。而这些数据如何分析处理，则可以不拘于测量坐标系，可经过坐标变换而获得真实的宇宙图景。从《算经》建立球面坐标到射影坐标的变换，可知当时中国已掌握坐标变换方法。例如《算经》中七衡上的天体被区分为两种运动，一种是一天之内所有天体同时旋转一周，一种是每天固定时刻点上各天体的移动。《算经》能区别这两种运动并且只把后一种运动视为天体运动，说明《算经》知道地球在运动。否则若《算经》以为地球静止而诸天体在运动，就无须如此分解。

《周髀算经》并非古中国知道地球在运动的孤证。黄帝和岐伯讨论医学问题的《素问》一书指出根据观察到的天体运动轨迹来判断地球如何运动，也指出地球是悬空在太虚中运动："天垂象，地成形，……形之动，仰观其象，虽远可知也……地为人之下，太虚之中者也……燥以干之，暑以蒸之，风以动之，湿以润之，寒以坚之，火以温之。"公元前400多年战国时的《列子．天瑞》说："天地，空中之一细物，有中之最巨者"，又说"运转靡已，大地密移，畴觉之哉！"这里前一句指出地球不过是宇宙空间的一个细小物体，但又是我们周围有形物体中最巨大的；后一句则说明大地在不停地运转，短时间内已移动了不少路径而使人难以觉察。《运斗枢》说"地动见于天象"。《易经》说："天地以顺动，故日月不过，四时不忒。"又说："夫坤，至柔，而动也刚……承天而时行。"又说："夫坤，其静也翕，其动也辟。"《春秋．元命苞》："地右转，以迎天。"《河图．括地象》："地右动起于毕。"《尚书纬》中《考灵曜》篇对地球的运动，特别是对地球的公转论述得更加全面："地与星辰四游，升降于三万里之中。春则星辰西游，夏则星辰北游，秋则星辰东游，冬则星辰南游。地有四游，冬至地北上而西三万里，夏至地下南而东三万里，春秋二分，其中矣。地常动不止，譬如人在舟中而坐，舟行而人不自觉"。所谓"地有四游"，就是指地球绕一圆形轨道而公转。

世界诸文明的天文学可分三大体系。一是以中国《周髀算经》为代表的赤道坐标系，二是西方的黄道坐标系，三是阿拉伯的地平坐标系。由于传统最精确、最方便的恒星测位方法是利用子午环测定恒星中天时刻和中天时的天顶距，而这两个数据又很容易化为赤经和赤纬，因而中国赤道坐标系成为今天全世界表达星图位置的最常用的天文体系。赤道坐标系可以地球任一点为基准点来考察日月星辰的变化及其对此点的气候影响，因此也是分析预测各地气候最为方便精确的天文体系。不仅如此，以托勒密《至大论》为代表的西方天文体系假设天体按圆周匀速运动，然后以叠加小圆周运动和偏心运动的假设来拟合天体的实际运行，其复杂性和误差性远远大于古代中国对天体轨道的数学级数逼近。开普勒三大定律的发现正是数学级数拟合而非圆周叠加的结果。《至大论》中地球周长数据完全错误，这也加剧其对地球各地气候的分析失真。更不用提西方的黄道坐标系完完全全是建立在地球不动的假设上。阿拉伯的地平坐标系更因为与测量点的位置相关而远远落后于赤道坐标系和黄道坐标系。

《周髀算经》原本所载内容可直接追溯到上古时代。《算经》商高篇原本中，周公说周天历度为伏羲所创，并且请教商高关于周天历度的推算方法。然后商高演示推算过程及结论。可见周公和商高都认为《算经》的推导方法和结论在伏羲时已经具备。另一例证是伏羲制作八卦。而八卦就由七衡图再次抽象而得。太阳在七衡圆周线之间作螺旋圆周运动。而八卦图的三爻排列位置正是七衡图的经度坐标；三爻本身的数值正是七衡图的纬度坐标，三爻按照二进制可表示 8 个数值（即 2 的 3 次方），正好可表达七个圆周，这也说明八卦之初的确就是二进制；八卦的阴阳鱼正是昼夜交替的旋转地球。八卦以极为简洁抽象的图形，完全能表达任何天体的运行及其对地球的气候等影响。1976 年发掘殷墟妇好墓出土的商代“七周纹”铜镜，就可能是七衡图。

《周髀算经》中的周公是公元前 11 世纪的人物。根据《算经》原本中的数学方法，至少在周公时代已掌握勾股定理证明、二进制、十进制、割圆术、球坐标系、射影几何、地动学、极昼极夜等地理学、抽象的数学建模等后世失传的深邃知识，而周公还说这些知识是“古者包牺（即伏羲）立周天历度”。由此我们很有必要重新审视中华上古文明的历史及其发达程度。将中华文明史从周公时代再朝前推几千年，并非不合理。众多证据指向的伏羲时代文明，可能并不是我们现在所想象的茹毛饮血时代。如是，中华文明的历史将可能上溯到公元前 7000 年到公元前 10000 年。

至此《周髀算经》真相大白。《算经》里射影技术的使用将所有数据拉伸变形，导致了所有的矛盾推导、矛盾概念和荒谬数据。《算经》犹如一位高冷的美人，数千年来一直戴着面纱孤独地舞着。或许正是如此，我们才可以说：任何伪造都不曾改变她，关键是你要发现她。她从来都是当初的样子，她的孤独正是她来自远古的标志。

当十六、七世纪罗马教皇下令禁止哥白尼的“地动说”传播时，明末欧洲来华的传教士也曾对中国远较哥白尼为早的“地有四游”的地动说进行批判。意大利人传教士高一志（AlphonsoVagoroni，1566—1624）编著的《空际格致》（即《空间物理学》）在《论地体之静》一章说：“中士又有曰‘地有四游升降’，然诸说之谬，一剖自明”，认为中国古代的“地动说”和哥白尼地动说一样是荒谬的。

当近代哥白尼在科学史上被尊为伟人之后，国外又有许多学者说中国在哥白尼学说传入之前，其传统科学从来只有“天动地静”、“天圆地方”。1945 年《英国皇家学会通讯》发表塞斯奈克《论哥白尼理论的传入中国》说：“中国文化条件不适于传播哥白尼学说，突然与中国传统的科学哲学决裂而代之以‘日心’体系，必然遇到强烈的反对”。1948 年，英文的《通报》第 48 卷上发表戴文达《评〈伽利略在中国〉》一文，说“中国学者从来没有面临过‘大地是一个在空中运行的球体’这样骇人听闻的学说”。他们忘记了，中国正是人类地动学说之祖，而天文学知识也正是古中国向欧洲传播的重要内容之一。

附录C　国计学研究方法

“理论的价值愈是重大，其假设往往是愈不符合现实的”。

“只要结果符合现实，前提和推理都不重要”。

“科学必须要可能错，不可能错的不是科学，而是套套逻辑”。

以上是西方经济学常提到的研究方法，希望读者完成本部分阅读后，能对以上说法进行辨析。

经济学家们常以理论的简单优美来为自己的理论辩护，但又总把这种简单优美直接套到复杂的现实世界，从而导致削足适履；有人又走向另一个极端，认为理论都是抽象的纸上谈兵，不能解决现实问题。故方法论的探讨极为重要。

一　文字系统、编码系统与码义系统

人类通过文字方式来思考、描述并交流现实事物。文字包含两个层次：一是编码（即文字符号的形状），一是编码指向的含义。前者构成的系统称为编码系统，又叫形式系统，后者构成的系统称为码义系统，两者共同构成文字系统。公元前400多年墨子在《墨经》中就称之为“辩”。“辩”包括“名”、“辞”、“说”，即概念、判断和推理。古希腊称之为logos，意思是“词语”或“言语”。今称为“逻辑”。

1. 编码判断三大规律

墨子提出了编码判断三大规律：“正名者彼此。彼此可：彼彼止于彼，此此止于此。彼此不可，彼且此也。彼此亦可，彼此止于彼此，若是而彼此也，则彼亦且此此也（《墨经·经说下》）。”“正名者彼此”即排中律：没有彼此之外的状态。“彼此可：彼彼止于彼，此此止于此”即同一律：彼只能推导出彼，此只能推导出此。“彼此不可，彼且此也”即矛盾律：彼和此不能并存。并且墨子指出若违反矛盾律，将得到任意结论："彼此亦可，彼此止于彼此，若是而彼此也，则彼亦且此此也"。《墨经》将排中律放在第一位，因为排中律首先确定状态范围，然后同一律才能谈属于何种状态，以及矛盾律谈状态之间关系。

2. 编码的替代关系与条件关系

在编码系统中，编码推导关系只有两种。一是替代关系，指编码串 A 可替换为编码串 B，通常记为 $A = B$（注意：这里编码串 B 未必可替换为编码串 A），若不可替换则为 $A! = B$。二是条件关系，指若有编码串 A 则有编码串 B，通常记为 $A \Rightarrow B$，此时若有编码串 C 与 A 相同，显然有 $C \Rightarrow B$，记作 $(C == A) \Rightarrow B$，定义当编码串 C 相同于 A 为真时 $(C == A) = 1$，则"条件充分可得 B"记为 $1 \Rightarrow B$，若 $A \Rightarrow B$ 且 $B \Rightarrow A$ 则记为 $A \Leftrightarrow B$。

《墨经》论述了编码推导三大规律：

充分条件：大故，有之必无然（《墨经·经说上》）。即当 $A \Rightarrow B$ 时，则 A 为 B 的充分条件（大故），有 A 则一定有 B。

必要条件：小故，有之不必然，无之必不然（《墨经·经说上》）。即当 $A \Rightarrow B$ 时，则 B 为 A 的必要条件（小故），有 B 不一定有 A，但无 B 则一定无 A。

替换与条件关系：侔也者，比辞而俱行也（《墨经·小取》）。侔的含义是"等同"。此句意为：一个编码可以通过等同编码的替换而推出另一编码。《墨经·小取》举例说："白马，马也；乘白马，乘马也"。此例中，"乘白马"这句话通过"马"对"白马"的替换而得到"乘马"。《墨经·大取》将"同"的含义用集合论解释为："辞以类行"，即替换后编码的条件应属于替换前编码的条件集合。《墨经》提出系统化的集合论。其定义集合为"兼"，集合的元素或子集为"体"（《墨经·经上》：体，分于兼也），余集为"损"（《墨经·经说上》：兼之体也，其体或去或存，谓之存者损），闭区间为"有间"（《墨经·经说上》：有间，谓夹之者也），闭区间的界为"夹"，开区间为"间"（《墨经·经上》：间，谓夹者也；间，不及旁也），交集为"体同"（《墨经·经说上》：不外于兼，体同也），合集为"合同"或"类同"（《墨经·经说上》：俱处于室，合同也；有以同，类同也），相交为空集则为"异"（《墨经·经说上》：二、不体、不合、不类）。《墨经·小取》说："要正确适用侔式规律（辞之侔也，有所至而正）。编码相同，但编码的条件未必相同（其然也，有所以然也；其然也同，其所以然不必同）。编码的诸条件集合有交集，但编码的诸条件集合未必相同（其取之也，有所以取之；其取之也同，其所以取之不必同）。若替换过程中没有取条件交集，则替换错误（是故辟、侔、援、推之辞，行而异，转而危，远而失，流而离本，则不可不审也，不可常用也）。”《墨经》的集合论远远超越了亚里士多德的大前提和小前提。

墨子由此提出了编码替代关系与条件关系的侔式转化规律：

$$((A = B) \wedge R(A)) \Leftrightarrow (R(A) \Rightarrow R(B)) \tag{C.1}$$

《墨经》的三大逻辑推导规律是中式逻辑的基石。西方逻辑体系并无充要条件的明确表述，直到 1925 年以后金岳霖才依据《墨经》总结出充分条件与必要条件的关系，以及必要条件假言推理的规则。西方传统逻辑亦难以处理关系型逻辑，例如亚里士多德三段论将出现“白马，马也；乘马，乘白马也”的错误推导。直到十九世纪中叶，德. 摩根才开始重视此问题，并由波兰逻辑学家波亨斯基写出关系型逻辑的公式表述：$(P \Rightarrow S) \Rightarrow (Q'P \Rightarrow Q'S)$，然而此式又难以处理亚里士多德三段论问题，例如按此公式将得“白马，马也；白马色白，马色白也”的错误推导。其次本式的 P 和 S 均为完整命题，而（C.1）的 A 和 B 可以为任意编码。侔式规则真正体现了将逻辑推导视为图像变换的思想，因此其适用于任何复杂命题的构造和推导。例如处理“白马，马也；乘白马，乘马也”的推导过程为：（对象为白马 ⇒ 对象为马）⇒（对象为白马 ∧（白马 = 马））⇒（（对象为白马 ∧ 乘白马 ∧（白马 = 马））⇒（乘白马 ∧（白马 = 马））⇒乘马）；处理“白马，马也；马有毛，白马有毛也”的推导过程为：（马的属性 ⇒ 白马的属性）⇒（马的属性 ∧（马 = 白马））⇒（（马的属性 ∧ 马有毛 ∧（马 = 白马））⇒（马有毛 ∧（马 = 白马））⇒ 白马有毛）。

注意，前述两个推导中的“ = ”关系不能凭空产生，均必定源于“ ⇒ ”关系。正是这条规则确保对“白马，马也”的精确解释，因为“白马，马也”本身的含义是模糊的，不能脱离语境条件来孤立解释为“白马 = 马”。欧式逻辑正是犯了类似孤立解释“白马，马也”的错误。

侔式规律指出逻辑关系是条件集合运算下的编码替代关系，《墨经·经上》归纳为：“知，接也”，所以其是永真的（即绝对正确，不可能错误），故叫永真关系。又因编码替代关系的本质是对同一内容的不同表述，故又叫重言式（《墨经·经说上》：二名一实，重同也），英文叫 Tautology（套套逻辑）。

墨子三大逻辑推导规律可以极为简洁地构造和推导任意复杂命题。充要条件和编码替代，正是形式逻辑的本质。比较而言，欧式逻辑一直抓不住充要条件关系和关系型逻辑，其直到今天仍然无法构造基于编码替代的侔式公式，这导致欧式逻辑繁复无比且悖论众多。逻辑推导的机械化成为西方逻辑学家们和数学家们遥不可及的梦。

3. 真编码和假编码

编码系统中，真（假）编码通过编码替代关系和编码条件关系变换而得的编码称为真（假）编码，此变换过程称为证明。A 编码的否定形式为 A 的非编码。若 A 编码的非编码为真编码，则 A 编码为假编码。

违反排中律、同一律和矛盾律的编码系统为错误系统。

4. 编码系统的证实与证伪

第一，编码系统只能进行有限步骤证实，对于无限问题的证明常无能为力。当某编码涉及无限变换时，有时可通过有限的规律以有限的归纳步骤变换而得到此编码，例如根据有限的循环规律证明某数为无限循环小数。但若无法找到有限的规律以有限的归纳步骤来得到此编码，此编码不可被证为真（即证实），只可寻找反例来证为假（即证伪）。例如对任何非零整数 m 及 n，目前我们尚不知 $m\pi + ne$ 是否为无理数，事实上无理数与无理数的运算结果往往并不能证实是否为无理数。

第二，编码系统只能通过替代和条件关系进行变换（墨经·经上：知，接也）。因此，若 A 编码及其非编码均不在变换路径上（即不可接），A 编码及其非编码均不可被证实，亦不可被证伪，此称为可接律。例如最简单的编码系统 $M:\{x + y = z\}$，系统中只有一个编码。若要求证明 $y = zx$，就既不能证真亦不能证假，因为 M 中没有任何编码可以通过替换或条件关系变换出 zx 或其非编码，甚至也不能计算 $y = ?$，因为 M 中亦没有任何编码可以通过替换或条件关系变换出 $y = ?$ 形式的编码及其非编码。形象地说，$y = zx$ 不在 M 编码系统的变换路径上。

5. 可接编码和未接编码

编码系统中，真编码和假编码都称为可接编码；符合排中律的编码系统中，若 A 编码及其非编码均不可被证为真（也即 A 编码既不可被证为真，也不可被证为假），则 A 编码为未接编码。“未接”含义是尚未有可接到此编码的变换路径。

未接编码并非指其不由编码系统内的字符排列而成，而是不能用编码系统内的编码通过替换或条件关系变换而成。前述 $y = zx$ 即为 M 编码系统的未接编码，但却全由 M 编码系统内的字符组成。

因为编码系统不可接未接编码，未接编码不在编码系统的变换路径上，不是编码系统的逻辑组成部分，故未接编码内部的编码替换关系或条件关系与编码系统无关，对编码系统无意义。

"A 编码不可证为真"是"A 编码可证为假"与"A 编码是未接编码"的并集；"A 编码不可证为假"是"A 编码可证为真"与"A 编码是未接编码"的并集。

6. 待接编码和不接编码

未接编码包括待接编码和不接编码。待接编码是在变换路径上因涉及无限问题而导致不可被证明、只能被证伪的编码；不接编码是不在变换路径上的编码。待接编码取决于理论进步，只要证伪后就变为可接编码，即真编码或假编码；不接编码永不可被系统证真或证假。

系统自身无法区分待接编码和不接编码。但若在系统中加入新编码以扩展系统，使不接编码处于变换路径上，则不接编码将转化为新系统下的可接编码，可在新系统中证为真或假。若无论怎么扩展系统均不可使未接编码转化为可接编码，则说明未接编码不可证的原因不是没有在变换路径上，而是因涉及无限问题而只能证伪。

系统的不接编码虽永不被系统自身证明，但因其不在系统的变换路径上，与系统不产生逻辑关系，所以对系统并无影响，可理解为系统的空余编码。扩大系统将不接编码转为可接编码通常是为了引入新定义，解决新问题。

系统的待接编码虽然可能被系统自身证伪，但因其已经在系统的变换路径上，所以扩大系统后仍不可被证明，最多能加快证伪。

此可作为判断原系统中某未接编码究竟是待接编码还是不接编码的标准之一。

7. 排中性、同一性、一致性和可接性

不能对编码赋以"非真且非假"的值以违反排中律，这称为排中性要求。必须在编码替换过程中取条件交集，这称为同一性要求。违反矛盾律又称为不一致，所以不能对编码赋以"真且假"的值，这称为一致性要求。不能对编码赋以"不可证为真且不可证为假"的值，这称为可接性要求。注意两者区别：排中律指系统中编码的属性不能既不真又不假，未接编码是说编码不在系统内，不具有属性。

欧式逻辑的合式公式变换规则中有排中性和一致性要求，但无可接性要求，因此亦无清晰的同一性表达（同一性的基础是可接性）。这导致其逻辑推导出现一系列悖论。

排中性、一致性和可接性要求很清晰。但编码变换过程中，某些编码可能作为变量被反复赋值，从单次赋值来看不违反要求，但多次赋值的交集就可能违反要求。

例如，赋值 $x = 0$ 的同时赋值 $x = 1$，这违反一致性要求。不过先赋值 $x = 0$，再赋值 $x = 1$，则是可以的，因为 x 在任何时刻要么为0，要么为1。赋值 x 非真的同时赋值 x 非假，这违反排中性要求。不过先赋值 x 非真，再赋值 x 非假，则是可以的，因为 x 在任何时刻要么为非真，要么为非假。

最容易混淆的是递归问题 $y = f(f,x)$。内层 f 与外层 f 的取值通常有逻辑先后关系，内层 f 先取值，外层 f 后取值，不会产生冲突。但若仅因 f 的符号相同就强制要求各层 f 的取值相同，则绝大多数递归问题都会因同时多次赋值而违反要求。例如 $f(n) = n \times f(n-1)$，若仅因 f 的符号相同就强制要求 $f(n)$ 与 $f(n-1)$ 的取值相同，就违反了一致性要求。

8. 编码与码义的映射

若编码与其指向的码义为严格的单一映射，则编码系统的真假与码义系统的真假等价。例如，若某编码系统中只定义了加法的编码："$A + B = C$"，由于没有减法的编码，故"$A = C - B$"不是真编码而是不接编码，无法算出 A 值。由于码义与编码严格一一对应，码义中也不存在"A 等于 C 减 B"的表述，故本系统将无法从编码系统或码义系统获得 A 值。

人们使用类似文字系统这样的编码系统时，编码和码义貌似单一映射而实际上常为一对多关系。同上例，虽无法从编码系统获得 A 值，也不知道减法规则，但人们试探各个数字从而解出 A 值。这表面看不违反编码与码义的单一映射关系，实际上试探的求解方法超出（亦可视为弥补）了编码系统的编码符号，两者的结果就将不同。若试探解法也用编码符号描述出来，则编码系统也必可解出 A 值（若将编码系统视为计算机，则计算机在没有关于试探求解的相关程序时是不会试探求解的）。又例如"集合"这个编码 { }，其码义所体现的计算关系就不是 { } 自身能体现。在计算机中实现 { } 功能，需对元素相关属性、元素个数、元素位置、集合的交、并甚至多重集合的编码进行细致刻画。这些码义为计算者约定俗成而并不全部体现在编码系统中。更多时候人类得到答案但却并不清楚自己的思维过程，此种码义就更无法用编码来描述，例如下围棋等。

文字系统中，其码义系统的码义常指向编码系统之外的编码符号，以弥补其编码系统。故编码系统的不接编码在码义系统中可能为可接编码，但编码证明比码义证明要严格明确。

9. 数学与科学

编码的码义可指向编码符号，称为数学编码；码义亦可指向物质联系，称为科学编码。

二　编码系统的命题

命题：通过题设和结论来判断一件事情的句子，包含编码和码义两部分。《墨经》提出了“尽（《墨经·经上》）”、“或（《墨经·小取》）”、“假（《墨经·小取》）”、“必（《墨经·经上》）”，即全称、选言、假言、必然等命题形式。

没有题设就没有结论，而没有结论，题设就没有意义。只有结论，或者只有题设的，都不是命题。

定义：描述某对象的性质并使其区别于其他对象的命题。（《墨经·经说下》：“正名者彼此。彼此可：彼彼止于彼，此此止于此。”）

“定义”两个关键点：阐述对象性质，对象的性质区别于其他对象。

编码变换关系映射到码义上，可得码义的相应变换结果。

演绎：通过编码变换关系将 A 命题变换成特定情况下容易观察的 B 命题，通过 B 命题的性质来判断 A 命题的性质。

若 A 命题经编码变换后与 B 命题互非，则或者 A 命题错误，或者 B 命题错误，或者编码系统其他相关命题错误，或者编码变换失误。

科学关系：命题间的某种关系，它不能由编码变换而得，而须取决于码义间的物质联系。

例如，“太阳的表面温度约为 5500 摄氏度”，这个关系是物质存在，不由命题间的编码变换而得。

科学命题：描述科学关系的命题，其编码为科学编码。

数学命题：描述编码的命题，其编码为数学编码。

科学命题系统：由一系列数学命题和科学命题构成的集合。

科学命题系统的证实与证伪：

若科学命题系统覆盖的物理对象有限，则要求所有物理对象都应被证实，也可在有限的物理对象中找到与此命题系统不一致的反例以证伪（即非命题）。

若科学命题系统覆盖的物理对象无限，则无法要求所有物理对象都被证实，只能找反例予以证非（证伪）。若未被证伪则视为目前可以接受；若已被证伪则视为错误的科学命题系统。

公理：科学命题系统内的任意命题，若都能由最少数目的既定命题组演绎而得，则诸既定命题组称为公理，其他命题称为定理。

若符合最少数目要求的既定命题组有多个，则可有多套公理系统，但一般选择最简洁美观的那套命题组作为公理系统。

三　命题系统的检验

（一）命题系统的检验

1. 确认命题系统中的公理系统为永真
2. 确认命题系统中的演绎为永真
3. 确认命题系统中的科学命题与物质世界的误差在可容忍范围内

以上任何步骤不能确认，则此命题系统有错误。错误 1、2 导致逻辑混乱，错误 3 不导致逻辑混乱，但对物质世界的描述失真。此外，一个错误的命题系统可能包含正确的子命题系统。

（二）命题系统对命题的检验

若 A 命题系统已被证实或未被证伪，如何检验 B 命题的正确性？

1. 确认 A 命题系统与 B 命题一致
2. 确认 A 命题系统中至少存在一个命题可以演绎出 B 命题
3. 确认 2 的演绎为永真
4. B 命题与物质世界的误差在可容忍范围内

以上任何步骤不能确认，则不能用 A 命题系统来检验 B 命题的真假。若 4 发生错误，则 1、2、3 至少一个错误；若 1、2、3 发生错误，4 不一定会错误，但不能说 A 命题系统检验了 B 命题的对错，只能说 B 命题独立于 A 命题系统。

四　题设的完备性

理论既要有简洁的抽象，又要能应用于多样化的现实具体，如何协调两者的矛盾?

题设完备性：科学命题系统中，所有命题的题设组合成某科学领域内复杂题设的能力，称为本系统在此科学领域的题设完备性。

若某科学领域内的任意复杂题设都可由本系统内某些命题的题设组合而成，则称本系统在此科学领域的题设完备，否则为题设不完备。科学命题系统的题设完备性越高，能处理的问题就越全面，反之能处理的问题就越片面。

题设分解：把复杂题设分解为多个简单题设，分解后的各题设越简单，越难以再分解，题设分解越彻底。

题设组合：把各简单题设组合起来构建成复杂题设。

题设分解得越彻底，则其组合成复杂题设的自由度越大，与其他题设的组合能力越强。科学命题系统的发展，是不断增加最简单题设的命题，最大限度完善系统的题设完备性。

这里有两个关键点：一是系统新增的命题，其题设要尽量简单；二是命题题设要能最大限度完善系统的题设完备性。新增命题虽可完善系统的题设完备性，但若题设很复杂，则此命题就将极为个别，难以作为基本规律来与其他命题题设结合。反之，新增命题的题设虽然简单，但不能完善系统的题设完备性，新增命题就没有价值。

故新增命题时应将复杂题设尽量彻底分解，并剔除掉分解后与原命题系统重复的题设，提取出原命题系统缺乏的题设，将根据此题设建立科学命题并放入系统中以弥补系统的题设完备性。

五　命题结论的事实检验

研究现实问题时，将科学命题系统中各命题的题设进行组合，以使题设组合尽量逼近现实前提，然后演绎出理论结果。理论结果与现实结果的差距为理论误差，若理论误差低于某既定误差标准则为可接受误差，可认定理论与事实一致，反之应认定理论与事实不一致。

A科学命题系统在某科学领域的理论误差普遍低于B科学命题系统在此科学领域的理论误差，则称A科学命题系统在此科学领域优于B科学命题系统。通常取本科学领域内最优科学命题系统的误差作为既定误差标准。

六　命题的清晰性

命题允许具有模糊性和不确定性，但此模糊性和不确定性亦应有清晰定义以确保编码替换关系和条件关系。例如，物理测不准原理虽认为不能同时测准位置和动量，但对位置和动量的不确定性却有清晰定义：

$$\Delta x \Delta p \geqslant \frac{h}{4\pi}$$

位置不确定性为$(\Delta x)^2 = E((x - \bar{x})^2)$，动量不确定性为，$(\Delta p)^2 = E((p - \bar{p})^2)$。

七　哥德尔不可判定定理等悖论

数学编码的码义常指向其编码系统之外的编码。这导致两个问题：一是其码义不确定而致数学推导和结论不清晰；二是在数学语义下为真的命题未必能通过编码系统证明。只有取消码义才可规避前面两点。但这又是一个悖论：完全无意义的符号图画如何能成为精确无争议的数学？

1831年哥德尔出版其革命性论文《论〈数学原理〉及相关系统中的形式不可判定命题》，摧毁了某些支撑起数学和逻辑学的基本假定，1951年获得首届为自然科学成就设立的阿尔伯特·爱因斯坦奖，是美国同类奖项中最高荣誉。包括阿尔伯特·爱因斯坦和J. 罗伯特·奥本海默在内的颁奖委员会称其工作是“今年来对科学所做的最伟大贡献之一”。

哥德尔定理是说“任何能构建基数以及基数加法和乘法的形式系统，若为一致，则必不完全”。一致，指此形式系统中任何命题及其非命题不能同时为真；完全，指此形式系统的所有公式均可只通过编码变换而证明为可接编码。不完全，指此形式系统的某些公式无法只通过编码变换而证明为可接编码，但这些公式从形式系统的数学含义来说却可知真假。这里的“公式”乃根据欧式逻辑的“合式公式”所定义。“合式公式”之定义是欧式逻辑中构造可接编码的规则总结。因此“不完全”按本书可接编码的定义是说：形式系统中根据构造可接编码的规则所构造的某些编码，无法通过编码变换而证明为可接编码，但这些编码从其语义来说却可知真假。

（一）哥德尔不可判定定理的证明 *

哥德尔证明过程如下。

证明：

对数学符号编码，例如：

符号	编码	含义
~	1	非
∨	2	或
⊃	3	推导出
∃	4	存在一个
=	5	等于
0	6	零
s	7	后继数（相当于 +1）
(	8	标点
)	9	标点
,	10	标点
+	11	加
×	12	乘
x	13	变量
y	17	变量
z	19	变量
…	…	…

若有某符号表达式，则依次取表达式中各符号的编码，然后从最小的质数 2 开始，以编码依次作为各质数的指数，各项指数乘积即为哥德尔数，我们称此为编码。

例：$(\exists x)(x = sy)$ 含义为“存在 x 为 y 的后继数”，编码顺序为“8，4，13，9，8，13，5，7，17，9”，则哥德尔数为：

$$g = 2^{8} \times 3^{4} \times 5^{13} \times 7^{9} \times 11^{8} \times 13^{13} \times 17^{5} \times 19^{7} \times 23^{17} \times 29^{9}$$

显然，若知道某哥德尔数，就可还原其符号表达式，我们称此为解码。

例：若 $g = 243000000$，可分解为最小质数开始的指数积：$g = 2^6 \times 3^5 \times 5^6$，故编码顺序为“6，5，6”，依照数学编码表可查得符号表达式为：$0 = 0$。

由此可建立所有符号表达式与哥德尔数之间的一一对应。从哥德尔数到字符串是一个质数分解并符号查找的固定解码过程，显然可写成某既定的数学式来反映固定解码规则。又因为字符串长度任意，故此既定数学式常有递归性质。

若 z 为某个命题的哥德尔数，x 为此命题的整个证明序列的哥德尔数，则必有某确定数学式为 $dem(x,z)$。则将 $dem(x,z)$ 写在书面上它就也是个字符串，我们称这个字符串为 $Dem(x,z)$，即“哥德尔数为 x 的证明表达式推导出哥德尔数为 z 的表达式的推导字符串”。

已知哥德尔数 x，将其解码为表达式，并用 x 替换表达式中所有变量 y（编码为 17）得到新式，再将新式编码为新哥德尔数，此新哥德尔数记为 $sub(x,17,x)$，此计算过程的字符形式记为 $Sub(x,17,x)$，在形式系统的推导过程中 $Sub(x,17,x)$ 将运算此计算过程来获得数值 $sub(x,17,x)$ 的字符形式。

现构造表达式：

$$\sim(\exists x)Dem(x,Sub(y,17,y)) \quad (C.2)$$

（C.2）式含义：“哥德尔数为 $sub(y,17,y)$ 的表达式不可证为真”。

（C.2）式也必对应某哥德尔数，假定为 n，将其替换（C.2）中的所有变量 y 得到新公式：

$$\sim(\exists x)Dem(x,Sub(n,17,n)) \quad (C.3)$$

哥德尔认为，由于 $\sim(\exists x)Dem(x,Sub(y,17,y))$ 为符合合式公式构造规则的既定符号变换过程，所以（C.2）是形式系统的公式。哥德尔数 $sub(n,17,n)$ 解码后恰好是（C.3）式，故（C.3）式的哥德尔数为 $g = sub(n,17,n)$。

这样，（C.3）式含义：“哥德尔数为 $sub(n,17,n)$ 的表达式不可证为真”，又因为哥德尔数为 $sub(n,17,n)$ 的表达式就是（C.3）式，因此（C.3）式含义：“本表达式不可证为真”。

若（C.3）式可证为真，则（C.3）式含义是“（C.3）式不可证为真”，与系统不一致，所以（C.3）式不可证为真；若（C.3）式可证为假，则（C.3）式含义“哥德尔数为 $sub(n,17,n)$ 的表达式不可证为真”可证为假，因此（C.3）式可证为真，亦与系统不一致，所以（C.3）式不可证为假。结论：若系统一致，则（C.3）式既不可证为真，亦不可证为假。

故若可证明形式系统的一致性为真，则必然推出（C.3）式不可被证明的结论，即“（C.3）式不可被证为真”的命题亦被证为真，故（C.3）式被证为真，系统不一致。

然而数学语义却可根据形式系统无法判定（C.3）式真假的情况做出（C.3）式为真的判断，因为（C.3）式就是说其不可（被形式系统）证为真。又因为“可被数学语义证为真”与“不可被形式系统证为真”并不冲突，故不会推出矛盾。

由此哥德尔得到两个定理：

定理 1：若形式系统一致，必有某个可被语义判断为真的命题不可被形式系统判断，因此形式系统不完全。

定理 2：若形式系统一致，则其一致性无法被形式系统自身证明。

证毕。

（二）哥德尔不可判定定理等悖论的问题

哥德尔构造了 $\sim (\exists x) Dem(x, Sub(n,17,n))$，其含义为“本表达式不可证为真。”我们可将此式拆为“本表达式不可证为真且可证为假”与“本表达式不可证为真且不可证为假”的并集。当本表达式取值“不可证为真且可证为假”时，有两个命题同时存在：“本表达式可证为假”和“（本表达式可证为假）可证为假 ⇒ 本表达式不可证为假 ⇒ 本表达式可证为真或本表达式不可证为真且不可证为假”，其要么违反一致性要求，要么违反可接性要求。所以本表达式只能取值“不可证为真且不可证为假”，这[illegible]违反了系统的可接性要求。由于欧式逻辑的合式公式变换规则中有一致性要求而无可接性要求，所以哥德尔困扰于“通过合式公式规则变换而得到的公式竟然不可被形式系统证明”。

然而，由于赋值错误而违反可接性要求的编码变换，形式系统也有能力证明其为未接编码。

哥德尔构造的（C.3）式既不可被形式系统证为真，亦不可被形式系统证为假，事实上就是前述未接编码。根据未接编码性质，（C.3）式不在形式系统的变换路径上，不是形式系统的逻辑组成部分，故（C.3）式内部的编码替换关系或条件关系与形式系统无关，对形式系统无意义。

因此一旦形式系统判定（C.3）式为未接编码，（C.3）式的内容就与形式系统无关，（C.3）式中“本表达式不可证为真”的表述就不能再参与形式系统的变换关系，故形式系统判定（C.3）式不可被证明并不与（C.3）式的内容矛盾。因此，只要考虑到未接编码的性质，形式系统就有能力正确判断（C.3），得到与语义相同的结论。

哥德尔存在的问题在于，形式系统已判断出（C.3）式不在形式系统的变换路径上因而（C.3）式内容与形式系统无关时，还把（C.3）式的内容作为形式系统的逻辑部分进行演绎，最终必然出现悖论。

显然，上述关于未接编码的判定及其性质正是用形式化的语言来实现。形式系统对（C.3）式整体判定为不可证为真或假，而语义系统判断（C.3）式的语义为真。表面看正好相反，但实际上是同一个判断。

针对哥德尔不可判定定理，在形式系统中引入未接编码的概念后有如下推论：

第一，只要语义和编码严格单一映射，语义推理和编码推理的结论应一致。

第二，不接编码在同一编码系统永不可接，但其内容也与此编码系统永无关系。扩大编码系统可使不接编码成为可接编码，但必是因赋予其新含义而成为可接。

第三，待接编码可能通过穷尽变换路径来证伪为可接编码，但扩大编码系统最多可提供穷尽变换路径的更多方法，却不能确保必可证伪。

哥德尔不可判定定理是命题及其否命题均不可证为真的例子，罗素悖论则是命题及其否命题均可证为真的例子。

1903年，一个震惊数学界的消息传出：集合论是有漏洞的。这就是英国数学家罗素的罗素悖论。罗素的这条悖论使集合论产生了危机。它非常浅显易懂，而且所涉及的只是集合论中最基本的东西，故罗素悖论一提出就在当时的数学界与逻辑学界内引起了极大震动。德国著名逻辑学家弗雷格在他关于集合的基础理论完稿付印时收到了罗素关于这一悖论的信。他立刻发现自己忙了很久得出的一系列结果被这条悖论搅得一团糟。他只能在自己著作的末尾写道："一个科学家所碰到的最倒霉的事，莫过于是在他的工作即将完成时却发现所干的工作的基础崩溃了。"于是数学的基础被动摇了，这就是所谓的第三次数学危机。

罗素悖论是说：若集合 N 只包含所有不含自身的集合，那么 N 是否包含自身？

若 N 包含自身，则因 N 只包含不含自身的集合，所以 N 不含自身，系统不一致。若 N 不含自身，则因 N 包含所有不含自身的集合，因此也包含自身，系统也不一致。

罗素悖论的问题仍是对同一编码同时多次赋以不一致的值，这是错误的编码系统。若将罗素命题改为"若集合 N 只包含除 N 以外所有不含自身的集合，那么 N 是否包含自身？"，就规避了对 N 同时多次赋不一致值的问题，可以得到 N 不包含自身的结论。

哥德尔不完全定理与罗素悖论的区别在于，前者违反可接性要求，后者违反一致性要求，都属于非法变换。非法的形式系统不能用于证明问题。有些人在非法的形式系统中寻求问题的答案，这种寻求本身就是错误的。

八 国计数学的级数逻辑与欧式逻辑

通常认为欧氏几何以逻辑胜出，中国古典数学输在逻辑，甚至有人认为单凭古代欧洲数学的逻辑形式而无须考虑其内容，就可全面压过中国古典数学。

前已述及，从《周髀算经》、《墨经》到刘徽《九章算术注》有着全面系统的严谨证明过程。现比较国计数学的级数逻辑与欧式逻辑。

（一）欧式逻辑：哪里是起点

先以欧氏几何为例，欧氏几何公理共有5条：

（1）过相异两点，能作且只能作一直线；

（2）线段可以任意地延长；

（3）以一点为圆心、任意长为半径，可作一圆；

（4）凡是直角都相等；

（5）过直线外一点，有且只有一条直线与已知直线平行。

欧氏几何的繁多定理均从这5条公理推出，极为强调逻辑性，但这5条公理并不是想象那么严谨。例如其未给出直线定义，这导致非欧几何产生，非欧几何定义了违反生活常识但不违反欧氏几何公理的直线。

1899年，意大利数学家皮亚诺完成基数算术的公理化工作，此即定义自然数集合的皮亚诺公理。自然数集合引入减法可得整数集合，再引入除法可得有理数集合，计算有理数序列极限可得实数集合，这套体系沿用至今。其描述自然数集合如下：

（1）0是自然数；

（2）每一个确定的自然数 a，都有一个确定的后继数 a'，a' 也是自然数（一个数的后继数就是紧接在这个数后面的数，例如，0的后继数是1，1的后继数是2，等等）；

（3）若 b、c 都是自然数 a 的后继数，那么 $b = c$；

（4）0不是任何自然数的后继数；

（5）设 $S \subseteq N$，且满足2个条件：（i）$0 \in S$；（ii）如果 $n \in S$，那么 $n' \in S$，则 S 是自然数全集，即 $S = N$（N 为自然数全集。这条公理也叫归纳公理，保证了数学归纳法的正确性）。

此公理体系待商榷之处在于：皮亚诺公理只描述了序数集合的特性。虽然自然数集合也是序数集合的一种，但某序数集合是否为自然数集合，不取决于其序数性质而取决于此数学系统是否以其为基础衍生出整数、有理数和实数等内容。因此，先有某序数集合与数学系统的关系，然后才有其自然数集合的地位。就好比一个人有头有脸，这是其生理属性，但其社会地位则由社会关系决定。奠定自然数集合地位的关键在于后继定义，因为此后继间隔将是数学系统的最小自然数单位1，这是才是自然数集合的本质特征。但这个最小单位的定义却不在皮亚诺公理中。因此若在皮亚诺数学体系中任意挑选某无限有序数列集合作为自然数集合，并不违反皮亚诺公理，却必会导致系统不一致：因为数学系统并非建立在此有序数列集合上。人们运用皮亚诺公理时会自觉地考察自然数后继定义以避免此类不一致，但若严格将公理转化为形式系统，此类问题就可能出现。此亦语义与编码不严格单一映射的例子。

皮亚诺公理缺乏进制概念。皮亚诺公理之上建立的数学系统为一进制，例如十进制的2在皮亚诺体系中记为 $ss0$，3记为 $sss0$，……，n 记为 $\underbrace{ss\cdots s}_{n个s}0$。一进制中没有级数概念，其可表示任意自然数，但却无法表示小数，不能无限逼近无穷小。这导致皮亚诺系统找不到逻辑起点。皮亚诺系统中最小的数学语义是“集合”、“集合包含关系”、“集合属于关系”，一方面对无穷集合来说这些数学语义仍语焉不详，另一方面形式系统无法进一步分解最小数学语义，导致数学语义与形式系统脱节。

欧式逻辑此类矛盾被视为基础性的（例如哥德尔不可判定定理被认为是计算形式系统不可避免的矛盾）。欧内斯特·内格尔和詹姆士 R. 纽曼认为：“经过使人痛苦的绕圈子和无限递归，有一点变得很清楚，总是有些涉及算术性质的词汇是无法明确定义的，因为我们无法对所有的东西加以定义，而总得把某些东西当作起点。”这表达了欧式逻辑对基本定义即逻辑起点问题（通常涉及自我指代或递归）的无力感。故希尔伯特引入“元数学”的概念，指对符号变换赋予形式系统之外的数学含义（也即人类智能判断）来判断推导结论的是或非。

（二）机械化的级数逻辑：善战者无赫赫之功

很多人指责中国古典数学缺乏逻辑，缺乏系统的证明方法，但同时又承认中国古典数学是数学机械化之源，这真是一个奇妙的现象。这些人不明白数学机械化正是形式逻辑的终极之梦。

欧式数学中，一个定理的证明往往要经过奇巧构思、无章可循地填加辅助线、迂回曲折地给出证明。而中国古典国计数学的机械化证明，就是对一类定理（这类定理可能成千上万）提供一种统一的方法，使该类定理中每个定理都可依此方法给出证明。在证明过程中每前进一步，都有章可循地确定下一步该做什么和如何做。从“一理一证”到“一类一证”是数学认识和实践的飞跃。

希尔伯特在《几何基础》中提出了从公理化走向机械化的数学构想，他的构想被建立在欧式逻辑基础上的哥德尔不完全定理打得粉碎。而中国古典国计数学在相当多的高等数学领域已经实现了数学机械化，站在了形式逻辑的顶峰。

这是因为中国古典国计数学是建立在逻辑起点上的编码系统，其根本特征是进制（级数）逻辑。八卦即为二进制的级数逻辑系统。八卦为中国上古相传为伏羲所制，距今已有七千多年。

进制数学以级数来表示或逼近任何数，是级数的形式之一，它贯穿了整个中国古代国计数学。中国古代国计数学是以率（导数）为纲、以级数为通式的编码系统。《周髀算经》中商高清晰地讲述了中国古代国计数学的公理体系："数之法出于圆方，圆出于方，方出于矩，矩出于九九八十一"。即实数系及（级数）计算方法的产生源自化圆为方的割圆术的无理数计算过程，而数的根本（即公理）为进制计算规则。

例 C.1：二进制原理，任意数均可表达为如下级数：

$m = \cdots + 2^n a_n + \cdots + 2^2 a_2 + 2a_1 + a_0 + 2^{-1} a_{-1} + 2^{-2} a_{-2} + \cdots + 2^{-n} a_{-n} + \cdots$ 记作：$m = \cdots a_n \cdots a_2 a_1 a_0 . a_{-1} a_{-2} \cdots a_{-n} \cdots$

例 C.2：十进制原理，任意数均可表达为如下级数：

$m = \cdots + 10^n a_n + \cdots + 10^2 a_2 + 10a_1 + a_0 + 10^{-1} a_{-1} + 10^{-2} a_{-2} + \cdots + 10^{-n} a_{-n} + \cdots$ 记作：$m = \cdots a_n \cdots a_2 a_1 a_0 . a_{-1} a_{-2} \cdots a_{-n} \cdots$

级数逻辑是从逻辑起点开始的公理体系，它简洁、高效而有效避免欧式逻辑的悖论，以致今天人们潜意识中以为进制数学是天然现象，将其作为绝对真理来校验其他编码系统。进制数学是最为纯粹的编码系统，它完全通过编码替换关系和条件关系的变换来计算，不需像欧式逻辑那样引入"元数学"（其实"元数学"通常就是被作为绝对真理来检验其他欧式逻辑的进制数学）。

级数逻辑以级数来实现或逼近任意数，并在数值计算时可略掉误差允许范围内的无穷小。虽然级数逻辑可忽略无穷小，但不意味其无法分析无限问题。数学分析无限的基本思想是以有限规律以有限归纳步骤来推导无限，而无法以无限规律以无限步骤来推导无限。倘若不能找到以有限证无限的方法，数值计算再精确也无济于事；倘若能找到以有限证无限的方法，数值计算并不需要太高的精确度。因此，数值计算的精确度取决于现实应用需要，而不取决于分析无限的需要。

待接编码只可证伪，不可证真。在欧式逻辑中若某待接编码未被证伪，编码系统可能一直计算而死机。级数逻辑则在精确度高于误差范围时取近似值而退出计算，因为在足够精确时还未被证伪，要么待接编码不可证伪，要么本证伪方法不正确。正确的证伪方法不会完全依赖于数值计算的精确度，这样，级数逻辑就解决了不可证伪而死机的问题。

以下以二进制级数逻辑为例构造完全没有语义的数学编码系统。

编码基本规则。编码替换标志："＝"表示"＝"右边内容可替换左边内容；编码条件标志："⇒"表示"证得"，"⇔"表示"等价于"，"1⇒"表示"条件为真时证得"。除此四个变换编码外，下面所有其他符号均为无意义的图画，编码变换时只需比较编码图像是否一致。

1. 定义基本条件运算编码

$(0 \wedge 0) = 0$;

$(0 \wedge 1) = 0$;

$(1 \wedge 0) = 0$;

$(1 \wedge 1) = 1$;

$(0 \vee 0) = 0$;

$(0 \vee 1) = 1$;

$(1 \vee 0) = 1$;

$(1 \vee 1) = 1$;

2. 定义无精确度限制的自然数加法

$(A0 \oplus B0) = ((A \oplus B)0)$;

$(A0 \oplus B1) = ((A \oplus B)1)$;

$(A1 \oplus B0) = ((A \oplus B)1)$;

$(A1 \oplus B1) = ((A \oplus B \oplus 1)0)$;

$(A \oplus) = A$;

$(\oplus A) = A$;

$(\oplus) =$;

3. 定义无精确度限制的自然数减法

$(A \oplus B) = (C) \Leftrightarrow (A) = (C \odot B)$;

4. 定义编码串是否全由“0”组成的剥离编码“ $\tilde{\downarrow}$ ”

$(A0 \tilde{\downarrow}) = (A \tilde{\downarrow})$;

$(\tilde{\downarrow}) = 1$;

$(A1 \tilde{\downarrow}) = 0$;

$(A. \tilde{\downarrow}) = 0$;

5. 定义编码串是否全由“0”或“1”组成的剥离编码“ $\downarrow$ ”

$(A0 \downarrow) = (A \downarrow)$;

$(A1 \downarrow) = (A \downarrow)$;

$(\downarrow) = 1$;

$(A. \downarrow) = 0$;

6. 定义两编码串各位上是否都同为“0”或“1”或“.”的剥离编码“$\Downarrow$”

$(A0 \Downarrow B0) = (A \Downarrow B)$;

$(A1 \Downarrow B1) = (A \Downarrow B)$;

$(A. \Downarrow B.) = (A \Downarrow B)$;

$(\Downarrow) = 1$;

$(A0 \Downarrow B1) = 0$;

$(A0 \Downarrow B.) = 0$;

$(A0 \Downarrow) = 0$;

$(A1 \Downarrow B0) = 0$;

$(A1 \Downarrow B.) = 0$;

$(A1 \Downarrow) = 0$;

$(A. \Downarrow B0) = 0$;

$(A. \Downarrow B1) = 0$;

$(A. \Downarrow) = 0$;

7. 定义无精确度限制的判断等号编码“$\equiv$”

$((A \Downarrow B) \equiv 1) \Leftrightarrow (A \equiv B) = 1$;

$((A \Downarrow B) \equiv 1) \Leftrightarrow (A! \equiv B) = 0$;

$((A \Downarrow B) \equiv 0) \Leftrightarrow (A! \equiv B) = 1$;

$((A \Downarrow B) \equiv 0) \Leftrightarrow (A \equiv B) = 0$;

8. 定义括弧里若为数字，则打开括弧

$((A \Downarrow A) \equiv 1) \Rightarrow (A) = A$;

9. 定义编码串是否全由 $1-n$ 个“0”或“1”（不含“.”）组成的剥离编码“$\downarrow_n$”

$((n \downarrow) \equiv 1) \wedge (n! \equiv) \wedge (n! \equiv 0) \Rightarrow (A0 \downarrow_n) = (A \downarrow_{n \odot 1})$;

$((n \downarrow) \equiv 1) \wedge (n! \equiv) \wedge (n! \equiv 0) \Rightarrow (A1 \downarrow_n) = (A \downarrow_{n \odot 1})$;

$((n \downarrow) \equiv 1) \wedge (n! \equiv) \wedge (n! \equiv 0) \Rightarrow (A. \downarrow_n) = 0$;

$((n \downarrow) \equiv 1) \wedge (n! \equiv) \Rightarrow (\downarrow_n) = 1$;

$(A. \downarrow_0) = 0$;

$(A0 \downarrow_0) = 0$;

$(A1\downarrow_{0})=0$;

10. 定义精确到 a 位的相等编码“ == ”和不等编码“ ! = ”

$((A\downarrow_{a})\equiv 1)\wedge((B\downarrow_{a})\equiv 1)\wedge(A\equiv B)\Rightarrow(A==B)=1$;

$((A\downarrow_{a})\equiv 1)\wedge((B\downarrow_{a})\equiv 1)\wedge(A!\equiv B)\Rightarrow(A!=B)=1$;

11. 定义精确到 a 位的自然数加法

$((A\downarrow_{a})==1)\wedge((B\downarrow_{a})==1)\Rightarrow(A0+B0)=((A+B)0)$;

$((A\downarrow_{a})==1)\wedge((B\downarrow_{a})==1)\Rightarrow(A0+B1)=((A+B)1)$;

$((A\downarrow_{a})==1)\wedge((B\downarrow_{a})==1)\Rightarrow(A1+B0)=((A+B)1)$;

$((A\downarrow_{a})==1)\wedge((B\downarrow_{a})==1)\Rightarrow(A1+B1)=((A+B+1)0)$;

$((A\downarrow_{a})==1)\Rightarrow(A+)=A$;

$((A\downarrow_{a})==1)\Rightarrow(+A)=A$;

$(+)=$;

12. 定义精确到 a 位的自然数减法

$((A\downarrow_{a})==1)\wedge((B\downarrow_{a})==1)\wedge((C\downarrow_{a})==1)$

$\wedge((A+B)==C)\Rightarrow(A)=(C-B)$;

13. 定义精确到 a 位的小于和小等于编码“ < ”、“ ≤ ”

$((A\downarrow_{a})==1)\Rightarrow((A+1)>A)=1$;

$((A\downarrow_{a})==1)\wedge((B\downarrow_{a})==1)\wedge((C\downarrow_{a})==1)\wedge(A<B)\wedge(B<C)\Rightarrow(A<C)=1$;

$((A\downarrow_{a})==1)\wedge((B\downarrow_{a})==1)\wedge((C\downarrow_{a})==1)$

$\wedge((A<C)\vee(A==C))\Rightarrow(A\leqslant C)=1$;

14. 计算精确到 a 位的自然数长度

$((A\downarrow_{a})==1)\wedge((n\downarrow_{a})==1)\Rightarrow(A0\downarrow^{n})=(A\downarrow^{n+1})$;

$((A\downarrow_{a})==1)\wedge((n\downarrow_{a})==1)\Rightarrow(A1\downarrow^{n})=(A\downarrow^{n+1})$;

$((n\downarrow_{a})==1)\Rightarrow(\downarrow^{n})=n$;

15. 在精确到 a 位的自然数后面增加0

$((A\downarrow_{a})==1)\wedge((n\downarrow_{a})==1)\wedge(n!=0)\Rightarrow(A\uparrow^{n})=(A0\uparrow^{n-1})$;

$((A\downarrow_{a})==1)\Rightarrow(A\uparrow^{0})=A$;

16. 判断精确到 a 位的小数是否合法

$((A\downarrow_a)==1)\wedge((B\downarrow_a)==1)\Rightarrow(A.B\Downarrow_a)=1$;

$((A\downarrow_a)==1)\Rightarrow(A\Downarrow_a)=1$;

$((A\downarrow_a)==0)\vee((B\downarrow_a)==0)\Rightarrow(A.B\Downarrow_a)=0$;

$((A\downarrow_a)==0)\Rightarrow(A\Downarrow_a)=0$;

17. 定义精确到 a 位的小数加法

$((A\downarrow_a)==1)\wedge((B\downarrow_a)==1)$

$\wedge(A\geqslant B)\Rightarrow(.A+.B)=(.^{+(A\downarrow 0)}(A+B\uparrow^{(A\downarrow 0)-(B\downarrow 0)}))$;

$((n\downarrow_a)==1)\wedge((A\downarrow_a)==1)$

$\wedge((n-(A\downarrow^0))==1)\Rightarrow(.^{+n}A)=(._{+1}A)$;

$((n\downarrow_a)==1)\wedge((A\downarrow_a)==1)$

$\wedge(n==(A\downarrow^0))\Rightarrow(.^{+n}A)=(._{+0}A)$;

$((A\downarrow_a)==1)\wedge((B\downarrow_a)==1)\Rightarrow(A(._{+0}B))=A.B$;

$((A\downarrow_a)==1)\wedge((B\downarrow_a)==1)\Rightarrow(A(._{+1}B))=(A+1).B$;

$((A\downarrow_a)==1)\wedge((B\downarrow_a)==1)$

$\wedge((C\downarrow_a)==1)\wedge((D\downarrow_a)==1)$

$\Rightarrow(A.B+C.D)=(A+C)(.B+.D)$;

18. 定义小数减法

$((A\downarrow_a)==1)\wedge((B\downarrow_a)==1)\wedge((C\downarrow_a)==1)$

$\wedge((D\downarrow_a)==1)\wedge(C\leqslant A)$

$\wedge((B\downarrow^0)\leqslant(D\downarrow^0))\Rightarrow(A.B-C.D)=$

$(((A-C-11).0)+(._{\rangle 2}(((11\uparrow^{(B\downarrow 0)}+B)\uparrow^{((D\downarrow 0)-(B\downarrow 0))})-D)))$;

$((A\downarrow_a)==1)\wedge((B\downarrow_a)==1)\wedge((C\downarrow_a)==1)$

$\wedge((D\downarrow_a)==1)\wedge(C\leqslant A)$

$\wedge((D\downarrow^0)<(B\downarrow^0))\Rightarrow(A.B-C.D)=$

$(((A-C-11).0)+(._{\rangle 2}(((11\uparrow^{(B\downarrow 0)}+B))-D\uparrow^{((B\downarrow 0)-(D\downarrow 0))})))$;

$((A\downarrow_a)==1)\wedge(n\downarrow_a==1)\wedge(A\downarrow^0==n)\Rightarrow(._{\rangle n}AB)=A.B$;

19. 定义小数乘法

$((A\downarrow_a)==1)\Rightarrow(A\times 0)=0$;

$((A\downarrow_a)==1)\wedge((B\downarrow_a)==1)\Rightarrow(A\times(B+1))=(A\times B+A)$;

$((A\downarrow_{a}) == 1) \wedge ((B\downarrow_{a}) == 1)$

$\wedge ((C\downarrow_{a}) == 1) \wedge ((D\downarrow_{a}) == 1)$

$\Rightarrow (A.B \times C.D) = (._{\rangle(B\downarrow 0+D\downarrow 0)}(AB \times CD))$；

20. 定义小数除法

$((A\Downarrow_{a}) == 1) \wedge ((B\Downarrow_{a}) == 1) \wedge ((C\Downarrow_{a}) == 1) \wedge (B! = 0)$

$\Rightarrow (A \times B = C \Leftrightarrow A = C/B)$；

21. 定义数的标准化

$((AB\Downarrow_{a}) == 1)((A\downarrow^{\sim}) == 1) \Rightarrow AB = B$;

$((AB\Downarrow_{a}) == 1) \wedge ((A\Downarrow_{a}) == 1) \wedge ((A\downarrow_{a}) == 0) \wedge$

$((B\downarrow^{\sim}) == 1) \Rightarrow AB = A$;

以上是定义有限小数的加减乘除，其中包括自然数定义，由此可扩展到整个实数系。进入实数系后即可如下定义几何空间（欧氏几何无法定义直线的重要原因就是其无法表示小数，不能进入实数系）。

若有函数关系 $\begin{cases} x = f_x(m,n) \\ y = f_y(m,n) \end{cases}$ 对所有实数 m、n 均成立，有如下定义：

点：任意两数的组合 (x,y) 为 (m,n) 在 f 映射下的点。

距离：$d = \sqrt{(x_2 - x_1)^2 + (y_2 - y_1)^2}$ 为 (m_1,n_1) 和 (m_2,n_2) 在 f 映射下的距离。

直线：所有满足 $\dfrac{y - y_1}{y_2 - y_1} = \dfrac{x - x_1}{x_2 - x_1}$ 的点 (x,y)，均位于 f 映射下由 (m_1,n_1) 和 (m_2,n_2) 决定的直线上。

根据以上定义，若 f 映射为 $\begin{cases} x = f_x(m,n) = m \\ y = f_y(m,n) = n \end{cases}$，则为直角坐标系；若 f 映射为 $\begin{cases} x = f_x(m,n) = m\cos n \\ y = f_y(m,n) = m\sin n \end{cases}$，则为极坐标系。若构造 f 使 (m,n) 为曲面，则为非欧几何。

由以上可推导出欧氏几何（直角坐标系）的五条公理，包括第五条有争议的平行公理。

二进制级数与十进制级数同构。建立在级数之上的中国古典国计数学以无意义的编码图像为逻辑起点构造完整的数学体系，逻辑清晰而自洽，从来只有用进制数学来检验其他数学体系的情况，没有用其他数学体系来检验进制数学的情况。

众多读者感觉欧式数学逻辑性强而中国古典国计数学逻辑性弱的原因，正是他们在学习欧式数学中常遇到逻辑悖论或走逻辑弯路而百般困扰，逻辑问题成为横亘在面前的一道门槛，而中国古典国计数学的一切似乎都是自然而然地计算而出，几乎感觉不到逻辑问题，以致以为中国古典数学没有逻辑，此所谓善战者无赫赫之功。

九　易道哲学

（一）哲学的本质

哲学的本质是比类取象，即“易”。“类”带有整体性。宇宙间的任何事物，只要它们之间具有相同或相似的特性，我们都可以把它们归属到同一类中。对“类”的划分和选取，称为比类。“象”是对“类”共同属性的描述。人们研究未知事物时，会将具有某些相似点的已知事物与未知事物归为一类，然后猜测未知事物的其他某些性质也与已知事物相像，从而缩小研究范围。

哲学的严密性低于科学和逻辑。科学和逻辑需要严格的证伪和推导，但哲学只是人们对未知事物的猜测。我们无法严格定义如何比类、如何取象，但这正是创造性对哲学的要求。因为完全严格的逻辑只能是不具有创造性的重言式。

但哲学又高于科学和逻辑。哲学为科学和逻辑提出可能的方向，指导科学和逻辑，减少科学和逻辑试错的盲目性。

哲学所取的象需要科学和逻辑来验证。若科学和逻辑验证其正确，则其比类取象成功；反之，则其比类取象错误，需要换其它比类取象的办法来确定新的研究方向和范围。

哲学通常应以指导科学和逻辑并以科学和逻辑来支配具体实践。若哲学越过科学和逻辑去直接支配具体实践，通常会陷入“这样也行那样也行”或“这样也不行那样也不行”的诡辩。其原因是此哲学结论未经过科学和逻辑证实或证伪。

因此，哲学是眼睛，用来看远方；而科学和逻辑是双腿，用来走到远方。没有哲学，科学和逻辑无所适从；没有科学和逻辑，哲学无法证明自己的对错。

中国传统哲学就是基于八卦的易道哲学，建立了对宇宙图景比类取象的哲学模型。《易传系辞》说："易者，象也；象也者，像也！"中国"道生一、一生二、二生三、三生万物；人法地、地法天、天法道、道法自然"，正是对周天历度比类取象的叙述。[①]

（二）易道的本原

在八卦中，日月星辰各在其道上运行不息并影响地球和人类，此谓"道"。以"天道"比类取象，推及移取到其他事物的"道"，此谓"易"。合为"易道"。

运用八卦图，可精确观测日月星辰在地球球面上的投影位置，以预测地球上各地的气象变化[②]。八卦的爻数可进一步生成 64 卦及更多，使周天历度更加精密。所以自古的八卦就与预测紧密联系，而这种预测是精确的。

道生一，指八卦坐标系中只有一个球面；一生二，指此球面通过天圆地方的割圆术和射影术划分为天球和地球；二生三，指将球坐标射影到平面上，产生了以太阳在天与地间运动轨迹为基准的射影坐标系；三生万物，指日月星辰运行轨道的经纬度变化产生了四季更替、万物兴衰。此外，一生二、二生三、三生万物，也正是二进制的特征描述。

今天平面直角坐标系中的"象限"和三维直角坐标系的"卦限"一词，正来自八卦。八卦也是中国传统的坐标系，它可以精确地指明物体的位置。使用射影技术时，它可以表示球面坐标；直接应用到平面上时，它就是平面坐标（例如四卦坐标系就是今天的直角坐标系）。八卦坐标系在大规模的工程中更为重要。例如军事上的八卦阵并非仅是传说，事实上军队位置的布局通常要使用八卦坐标系来定位或发号施令。建筑的定位亦常用八卦坐标系。

八卦也是二进制的数字系统。在占卜时通常有一套复杂的起卦程序，其关键点在于对某些数据进行数学处理后，使用除法的余数来产生卦数，这正是加密或解密过程。中国古典数学赫赫有名的同余式正是起源于八卦

---

① 见本书附录 B：《周髀算经》的密码：射影几何。

② 同上。

加密的研究。文王演周易，其可能正是在研究八卦加密系统，以便在戒备森严的纣王监管之中或军队之中传递信息。为使敌人不怀疑这些不明信息，所以常谎称为占卜所得。

八卦令人惊讶的预测能力、方位指示能力和对不明信息的解读能力，使八卦在民间蒙上一层神秘色彩。

（三）易道的哲学

1. 易道的信仰观

自伏羲时代起，中国就能掌握宇宙天体的运行规律及其对地球各处气候和民生的影响。因此中国自古无须借助宗教来解释自然。但中国传统对于超自然也具有深刻的理解和科学的处理方法。

《庄子．天运》说："天其运乎？地其外乎？日月其争于所乎？孰主张是？孰纲维是？孰居无事推而行是？意者其有机缄而不得已邪？意者其运转而不能自止邪？"其提出了宇宙为何运行、谁驱使宇宙运行还是宇宙自身运行不息的根本哲学问题。

庄子以人身各个器官共同构成人体为例，提出"宇宙整体即为真宰，个体为宇宙一部分，遵循宇宙之道"的天人合一理论（《庄子·齐物论》："若有真宰，而特不得其眹，可行已信，而不见其形，有情而无形。百骸、九窍、六藏，赅而存焉，吾谁与为亲？汝皆说之乎？其有私焉？如是皆有为臣妾乎？其臣妾不足以相治乎？其递相为君臣乎？其有真君存焉？"），并且指出此理论只可比类取象，不可证实亦不可证伪，但不影响现有宇宙的真实存在（《庄子·齐物论》："如求得其情与不得，无益损乎其真。"）。这是极为宝贵的科学证伪思想。并根据可证伪性进一步指出对待超自然的方法："六合之外，圣人存而不论。"庄子提到"若有真宰"，说明中国古人并非没有讨论过一神论的问题，但其经过严谨思辨之后将整个宇宙作为真宰，继而推出天人合一。

中国传统对待超自然的方法是科学的、严谨的和务实的。中国传统并不否认超自然的存在，但认为超自然和我们共同构成宇宙，宇宙本身就是主宰。但人类无法证实或证伪超自然。人类遵循天道就要像人体内的器官一样，首先完成自己的本职工作。完成本职工作即是行使天道，以达天人合一。

所以中国传统反对人格化的鬼神，更反对个人假借鬼神名义来发号施令。因为若没有证道（即科学证明），每个人都可以妄称自己是鬼神或其使者，那就只是骗子而已。由此中国建立了一整套处理宗教问题的规则。首先是世俗政权原则："务民之义，敬鬼神而远之，可谓知矣。"[①] 其次是世俗教化原则："子不语怪力乱神。"[②] 再次是入世原则："未能事人，焉能事鬼？"[③] 以及证道原则："未知生，焉知死？"[④] 最后是信仰原则："天人合一，敬天保民"。

中华民族不是没有信仰，天人合一就是我们的信仰。中华民族的信仰最科学，最平等，最自由，最民主，亦最豪迈，最有担当：神即是众我之整体，我即是神之部分。如同器官与人体之关系：我顺天道，则天我俱得福报，我逆天道，则天我俱有灾殃。

2. 易道模型：八卦

八卦模型既可精确模拟周天历度，其中蕴含的"道"可"易"到一般事物。此所谓"人法地，地法天，天法道，道法自然"。

（1）易道方法论：格物致知

Ⅰ比类取象方法

在哲学层面上，格物致知就是比类取象。格物，就是对有某相同或相似属性的事物分类，致知，就是由某已知事物的属性推知同类其他事物的属性。

Ⅱ比辞俱行方法

在逻辑层面上，格物致知就是由已知命题通过等同词义的替换而得到其他命题，即比辞俱行的侔方法。

Ⅲ坐标定位方法

在科学层面上，格物致知就是按一定的坐标系来定位和分割研究对象，研究坐标系中的整体及被分割的各局部之属性，实现整体研究与局部研究的统一。

（2）易道宏观三大规律

Ⅰ循环守恒规律

八卦模型中，日月星辰在七衡之间循环往返，导致地球气候产生各种

---

① 《论语·雍也》。

② 《论语·述而》。

③ 《论语·先进》。

④ 《论语·先进》。

大小周期。这是宏观分析中抓住流量守恒、分析流量循环来进行定量计算的基本方法。例如人体医学、社会经济，都与流量的循环守恒密不可分。

Ⅱ极限边界规律

八卦模型的流量分析中，北回归线和南回归线就是太阳运动的极限边界。确定了极限边界方可确定七衡圆周，再划分每天的时辰，研判地球上任意地点寒暑交替的精确时刻。这也是宏观定量分析的基本方法，亦可称为底线思维。

Ⅲ相对对称规律

八卦模型本身是对称的。有寒必有暑，有昼必有夜，有阴必有阳。八卦模型又是相对的，以地球为坐标系，天绕地转；以日为坐标系，地绕日转；球坐标下运动为立体，平面射影坐标下运动为平面。

易道宏观三大规律是处理复杂系统的基本规律。

（3）易道微观三大规律

Ⅰ对立统一规律

八卦模型的运动在微观上体现为阴阳的对立驱动和统一驱动。阴气所及，阳气消退；阳气所及，阴气消退，两者相互对立。但无阴则无阳，无阳亦无阴，两者又相互统一。

Ⅱ质量互变规律

八卦模型的七衡是月度和节气分野的质变线，但日月星辰在七衡上是连续移动的量变。正是量变引起质变，质变后又产生新的量变。

Ⅲ物极必反规律（否定之否定规律）

八卦模型中，当天气达到极热时，天气也就开始变冷；当天气达到极冷时，天气也就开始变热。而其他星辰在不同太阳周期的位置不同。这就是物极必反的否定之否定规律。

易道哲学的微观三大规律就是辩证法的核心内容。辩证法（dialectics）的本意是先理论思辨，再以实践证实或证否，因此称为“辩证”。德国黑格尔仔细阅读了当时他所搜集到的全部有关中国的文字，包括儒家和道家的学说，修改辩证法后提出辩证法的三大规律。然而，由于西方的局部思维传统，黑格尔总结的辩证法三大规律仍然带有西方还原论的强烈痕迹，其希图以微观的对立统一作为基本的驱动力来构建整个哲学体系。不仅如此，黑格尔还反咬一口指责中华文化没有哲学和历史，以掩盖他抄袭中国哲学的事实——这已经是西方掩盖其抄袭东方的惯用手法。

中国易道哲学中的宏微观运行机理提供了从宏观到微观的定量计算方法，实现整体与局部的精确统一。抄袭者抄袭到了皮毛，而没有得到精髓。

3. 易道模型的使用

易道哲学的成就还体现于其将复杂的哲学思想高度凝练在一个简单的八卦模型上。八卦模型具有很强的分析能力和预测能力，但这并非用占卜方法而得。首先我们基于八卦的易理分析，评估被研究对象应处于八卦的哪个位置，然后解读这个位置上将可能面临哪些问题，以及如何解决。这才是使用八卦来分析预测的正确方法。这其实与当代自然科学和社会科学的建模是一样的。更进一步的具体分析，则需要将八卦模型更加细化，例如建立可精确到时分的周天历度。的确，现代科学就是在八卦基础上发展而成。

附录D∗　一些数学准备

一　概率与计量

（一）漂移项和随机项

任何随机量均由非随机漂移项和期望值为0的随机项组成。

例：$y = g(x) + \varepsilon$ 式中，$g(x)$ 即非随机漂移项，ε 即期望值为0的随机项。

多随机数运算时，漂移项可直接运算，随机项则须通过联合概率分布来运算，但若随机项间完全独立或完全线性相关，联合概率分布就会很简单。

（二）计量之本质

计量本质是待定系数法。待定系数法的前提是须先给出含未知参数的方程，将已知数据代入方程求解出参数以得到完整方程，然后将新自变量代入方程求解出未知函数值。

非随机待定系数法中，已有数据在含参方程中须使方程完全成立，而在计量中，已有数据只要使含参方程在一定误差范围内成立即可。含参方程包括漂移项含参方程和随机项含参方程。

无论随机还是非随机，若无含参方程就无法用待定系数法求解，因为理论上可构造无限多含参方程来同等满足已知数据。此时待定系数法无法区分哪个含参方程更正确，无法区分不是因随机变量随时间改变，即使随机变量与时间无关也不能区分。

计量的可信度、拟合度等指标都系已发生数据与漂移项及随机项相比较，而非与真实值比较。漂移项、随机项与真实值的关系无法由计量本身推断，只能由物理意义推断。

例如，设随机变量参数方程 $Y = BX + U$ 。X 为多个解释向量构成的向量组，B 为线性系数矩阵，U 为期望值为 0 的随机项向量。

现假定已知部分数据，将已知数据代入 $Y = BX + U$ 。因 U 随机波动，故此数据的代入并不像代入 $Y = BX$ 这样的确定方程，几个数据就能解出 B 矩阵。随机方程的待定系数法，是要计算出某 $\hat{B}$ 矩阵使已知数据与随机变量偏离最小，此 $\hat{B}$ 矩阵即为待定系数。

$Y = BX + U$ 也可直接求解 $\hat{B}$ 。由 $Y = BX + U$ 得：

$$YX^T = BXX^T + UX^T \tag{D.1}$$

即：

$$B = YX^T(XX^T)^{-1} - UX^T(XX^T)^{-1} \tag{D.2}$$

（D.2）式遵从数学运算一般法则，跟一般数学法则一样也要保证 $XX^T \neq 0$ 。

对 B 取期望值：

$$E(B) = E(YX^T(XX^T)^{-1} - UX^T(XX^T)^{-1}) = E(Y)X^T(XX^T)^{-1} \tag{D.3}$$

（D.3）式中以 Y 作为 B 的解释变量时，无法掌握更多 $E(Y)$ 信息，故将已知 Y 值作为 $E(Y)$ 代入（D.3）得（产生的偏差随后分析）：

$$\text{即 } \hat{B} = E(B) = YX^T(XX^T)^{-1} \tag{D.4}$$

（D.3）式之所以在取期望值时能将期望函数各项分开，是因为解释变量 X 为非随机数。现分析估计值残差期望。

$$E(Q) = E(Y - \hat{B}X)^T(Y - \hat{B}X) = E(BX + U - \hat{B}X)^T(BX + U - \hat{B}X) \tag{D.5}$$

（D.5）式即 Y 向量残差平方和，它反映假设理论值与估计值之偏差。

不过 $Y = BX + U$ 仅是假设的随机变量。可构造另一随机变量 $Y = G(X) + U$ ，使在已知数据部分 $BX = G(X)$ ，但未知数据部分 $BX \neq G(X)$ ，易知用已知数据对 $Y = BX + U$ 和 $Y = G(X) + U$ 进行检验的结果完全一样。新随机变量假设下的残差期望为：

$$\begin{aligned} E(Q) &= E(G(X) + U - \hat{B}X)^T(G(X) + U - \hat{B}X) \\ &= E(G(X) - BX + BX + U - \hat{B}X)^T(G(X) - BX + BX + U - \hat{B}X) \\ &= E(G(X) - BX)^T(G(X) - BX) \\ &\quad + E(BX + U - \hat{B}X)^T(BX + U - \hat{B}X) \end{aligned} \tag{D.6}$$

若 $Y = G(X) + U$ 才是真实随机值，则用假设随机量计量的残差只是

（D.6）式中第二项。计量无法计算第一项偏差，计量本身无法推出 $G(X)$ 是什么，须通过物理含义来推导 $G(X)$。

（三）线性相关和独立性

前面随机变量的运算规则中提到随机变量的线性相关性和独立性，现细述其物理含义。

1. 线性相关

变量线性相关性，指各变量随机取值的幅度同向或反向成比例变化的概率大小。

完全相关，指其取值幅度以概率 1 同向或反向成比例变化。

非完全相关，指相关性概率介于 0 到 1 之间。概率越大，相关越强；概率越小，相关越弱。概率为 0 时为线性无关。

以相关系数的定义来考察：

$$\rho_{XY} = \frac{E((X - E(X))(Y - E(Y)))}{\sqrt{D(X)}\sqrt{D(Y)}} \tag{D.7}$$

变量 X 与 Y 取值时要么一直同向，要么一直反向，协方差符号才能始终保持不变，使相关系数绝对值最大，绝对值最大时为 1，即完全相关。有时同向，有时反向，则协方差符号时正时负，彼此抵消，加总起来将减小相关系数绝对值。方向及幅度越不规则，抵消越厉害，若相关系数为 0，称两变量互不相关。

若以物理学思维来理解，线性相关强调两个东西：相位和幅度。

若计量方程中某解释变量与被解释变量的随机项相关，则需应用复杂的联合分布函数处理。简化起见，可选取漂移项与解释变量高度相关，但随机项与被解释变量的随机项相互独立的其他变量来替代解释变量，此称为工具变量。之所以可进行此替代，乃因求解的是解释变量与被解释变量漂移项的关系。若要分析解释变量与被解释变量的随机扰动项相关作用，可考虑用无漂移项而与解释变量随机项高度相关的变量替代解释变量。

2. 独立性

变量独立性，指本变量随机项受其他变量随机项实际取值影响的程度。若其他变量随机项不同的实际值不影响本变量随机项的分布函数，则本变量独立于其他变量，反之则不独立。

显然，相关一定不独立，但不独立不一定就相关，相关只是众多“不独立”的一种。独立的数学表达式：

$$F(x,y) = F_X(x)F_Y(y) \quad (D.8)$$

（D.8）式中 F 为联合分布函数，F_X 为 x 的分布函数，F_Y 为 y 的分布函数。

（四）概率论及计量原理之应用

1. logit 模型、样本选择理论

2000 年诺贝尔经济学奖获得者麦克法登发展了 logit 模型。

“经济个体不会固定的选择某一类别，最多只能说某个经济个体选择某某类别的机率是多少”，麦克法登称这㝹想法为“随机效用模型”（Random Utility Model 或简称 RUM）。最重要的是，通过不确定性的引入可求解出传统非随机理论下无法解出的答案，如效用函数，消费者要么选择苹果，要么选择梨。按传统理论，消费者进行这样的离散选择，而且只有“要”或“不要”两答案，不可能算出苹果和梨的效用函数。

它让习惯于传统非随机效用理论经济学家的眼界为之大开，更让人对“不确定”的引入惊叹。现用本书所说计量实质来分析。

logit 离散选择模型假定苹果的效用函数为：

$$U_{i0} = X_i\beta_0 + \varepsilon_{i0} \quad (D.9)$$

假定梨的效用函数为：

$$U_{i1} = X_i\beta_1 + \varepsilon_{i1} \quad (D.10)$$

其中 X_i 表示第 i 个消费者、梨和苹果的特性指标，β_0,β_1 为苹果和梨的待定参数，ε_{i0},ε_{i1} 为此消费者效用误差项。

从（D.9）、（D.10）两式可判断，苹果和梨的效用函数中，漂移项含参方程既定，随机项含参分布既定，仅有漂移项和随机项参数待定。

现让消费者独立地多选择几次，或让几个消费者来选择几次，得到选择苹果和选择梨的各自概率。

选择苹果的概率（选择梨的概率也是一样分析）与消费者效用函数（D.9）中苹果效用大于（D.10）中梨效用的概率比较，此两概率应相同，从而确定漂移项和随机项参数方程，至此 logit 离散选择模型解题完毕。

从推理过程看出，麦克法登引入随机计量，表面上增加效用函数不确定性，事实上引入未经证明的漂移项含参方程和随机项含参分布，自然可用待定系数法回归计算出参数，得到整个效用函数，而传统非随机效用函数理论的难点恰在漂移项参数方程的确定上。

其他如样本选择理论、截断数据等问题均为引入未经证明的漂移项含参方程和随机项含参分布函数，然后根据已知数据使用待定系数法回归得到结果。

有多少信息就只能限制多少自由度，这是控制论的基本原理，也是信息熵原理，更是一个基本的哲学常识，计量不可能违反。这个世界从未有奇迹。

（五）协整

1. 协整背景简介

2003 年度诺贝尔经济学奖授予两位计量经济学家罗伯特·恩格尔（Robert F. Engle）和克莱夫·格兰杰（Clive Granger）。格兰杰发现，把两个以上非稳定的时间数列进行特殊组合后可能呈现稳定性。格兰杰把此现象叫作“协整”。他将此方法用在诸如储蓄和消费的关系、汇率和物价的关系及短期和长期利率的关系等经济学研究中。计量学界认为，格兰杰的协整（Cointegrate）理论为计量经济学在经济变量建模过程中松绑了“变量是平稳的”假设，为非平稳变量建立经济计量模型，检验这些变量间的长期均衡关系提供了可能，甚至有些书宣称它能从计量本身推导出理论关系。下面分析其原理。

2. 多项式基本性质

第一，某函数级数展开，若最高为 n 阶，则其 n 阶导数为常数。

第二，两函数有线性关系，必要条件是其级数展开式中各项阶数（幂次）相同（反之不成立，不能说级数展开式各项阶数（幂次）相同，两函数就有线性关系）。

第三，若几个函数级数展开式的最高阶数一样，则可通过线性组合消掉最高阶项（也可能同时消掉几个阶）。若最高阶为 1 阶，则线性组合消掉最高阶项后，成为常数，否则需继续组合以降阶才可能为常数。

第四，最高阶数均为 n 阶的各函数，也可直接对自身求 $n-k$ 阶导数，降为最高为 k 阶的多项式，然后彼此线性组合，成为常数。但降阶过程中，原函数里被消掉的低阶多项式信息全部丢失。

以上原理都很简单，即高中多项式知识。

3. 协整本质

协整本质是：检验函数的阶数。阶数不同的多项式间不可能有线性关系。

协整各概念与多项式性质的对比：

第一，稳定序列：其均值和方差与时间无关——对应多项式性质中的“常数”。

第二，单整：若一个序列在成为稳定序列之前须经过 d 阶差分，则该序列称为 d 阶单整——对应多项式性质第一条。

第三，协整：若序列 $X_{1t},X_{2t},\cdots,X_{kt}$ 都是 d 阶单整，存在一个向量 $a=(a_1,a_2,\cdots,a_k)$，使得 $Z_t = aX_t$ 为 $d-b$ 阶单整，其中 b 大于 0，$X_t=(X_{1t},X_{2t},\cdots,X_{kt})$，则认为序列 $X_{1t},X_{2t},\cdots,X_{kt}$ 是 (d,b) 阶协整，记为 $X_t \sim CI(d,b)$——对应多项式性质第三条。

第四，若变量间没有协整关系，不能建立线性等价方程——对应多项式性质第二条。

第五，误差修正模型（限于篇幅，本书不详细列出，但几乎任何计量书都可查到）实质是各函数级数一阶展开式间的幂次关系。

4. 协整结论

通过级数多项式对协整本质的阐述，有如下结论：

第一，协整是对幂次的检验，以判断线性关系成立的必要条件（但不是充分条件），其增加了计量的一种排错法。

第二，协整是检验漂移项参数方程的幂次与已知数据的吻合程度。它不能区别在已知数据幂次相同或高次幂（低次幂）因解释变量取值过小（过大）导致的高（低）级数被忽略，但未知部分则完全不同或不能忽略的各估计函数。

第三，在没有计量以外的理论证明漂移项含参方程和随机项含参分布函数正确时，协整结果既不能反映变量间的短期稳定关系，也不能反映长期稳定关系。协整所谓的长期稳定关系即级数展开式的幂次，并非其他神秘的东西。

第四，协整不能从经济变量的数据出发确定变量和变量的理论关系。它和任何计量模型一样，须以对经济行为的认识来确立漂移项含参方程和随机项含参分布函数。

第五，协整理论是对计量中滥用线性方程的有力批判。它表明这个世界上还有很多变量间不是线性关系，漂移项含参方程和随机项含参分布函数的确定至关重要。

应用举例：居民消费和居民储蓄余额的关系 $C_t = a_0 + a_1 S_t + \mu_t$。用多项式性质来判断，这个式子不能成立，因为储蓄余额是存量，阶数大于1，而消费为流量，阶数为1，故不能建立线性关系。用协整的说法是：消费和储蓄余额的单整阶数不同，故非协整，式子不能成立。

（六）格兰杰（Granger）因果检验

1. 格兰杰因果定义

因果关系（Causal Relationship）由Granger提出，其基本思想是：若用 X、Y 的滞后值预测 X 的当期值比仅用 X 的滞后值预测更准确，则认为 Y 对 X 有因果关系。

经济中一个常见的问题是确定一个变量是否为另一个变量的原因。Granger设想了一种检验思路。[①] 即：若 X 是 Y 变化的原因，则 X 的变化应发生在 Y 之前。故 X 的滞后值可解释 Y（即拟合度高），而 Y 的滞后值不应解释 X（即拟合度低）。

和其他计量方法一样，格兰杰因果检验可否定估计函数变量逻辑因果关系，但不能证实估计函数的变量逻辑因果关系。

2. 对“先有鸡还是先有蛋”格兰杰因果检验的实例解说

先有鸡还是先有蛋？此问题很有趣，但已不是问题。鸡和蛋在互相影响和进化下发展起来。要说谁的影响更大，从理论上说应是鸡，因为鸡适应环境而改变自身体貌特征，遗传到蛋里再改变下一代。但一定要说孰先孰后，那就近乎无聊。

但Thurman和Fisher在《American Journal of Agricultural Economics》却检验出先有蛋的结论。

他们的检验很简单，就是以1930年到1983年期间美国鸡蛋产量与鸡产量数据，将鸡蛋产量对滞后的鸡产量回归，看滞后鸡的系数是否显著，

① C. W. J Granger, “Investigating Causal Relations by Econometric Models and Cross - Spectral Methods”, *Econometrica*, 1969, pp. 424 - 438.

若显著则先有鸡后有蛋。然后再将鸡产量对滞后鸡蛋产量回归，看滞后鸡蛋的系数是否显著，若显著则先有蛋后有鸡。

当然他们也只对自己先验的漂移项含参方程和随机项含参分布函数进行拟合。依此逻辑他们完全可再试着用格兰杰因果检验去检验先有鸡还是先有蛇。

（七）卢卡斯批判（Lucas Critique）

罗伯特·卢卡斯，1937 年出生，美国人，1995 年获诺贝尔经济学奖，获奖原因是倡导和发展了理性预期与宏观经济学研究理论。所谓理性预期，指各经济主体在做出经济决策之前，会根据掌握的各种信息预测经济变量未来值。卢卡斯以理性预期学说为工具提出“卢卡斯批判”——在个人和企业理性预期的条件下政府宏观经济政策无效。

“卢卡斯批判”这个名字来自卢卡斯 1976 年的文章《计量经济政策评价：一种批判》（*Econometric Policy Evaluation: A Critique*）。其后在其他文章中进一步运用到经济学分析领域，例如 1972 年的“Expectations and the Neutrality of Money”（*Journal of Economic Theory 4*：103—124 页）；1975 年的“An Equilibrium Model of the Business Cycle”（*Journal of Political Economy* 83：*1113—1144* 页）。

从《计量经济政策评价：一种批判》这篇文章来看，其数学思想如下：

$$x_t = G(y_t, \lambda, \eta_t) \tag{D.11}$$

$$y_{t+1} = F(y_t, x_t, \theta(\lambda), \varepsilon_t) \tag{D.12}$$

（D. *11*）式中 λ 表示政策变量等外生冲击，y 表示经济后果，x 表示政府相对方的经济行为，η 表示政策变量影响相对方经济行为的随机扰动。

（D. *12*）式中，$\theta(\lambda)$ 为（D. *12*）式的参数，同时又是 λ 的函数，它表示政府相对方根据获知的政府政策调整策略，从而影响经济参数；ε 表示政府相对方的经济行为影响经济后果的随机扰动。

卢卡斯由（D. *11*）、（D. *12*）式得出结论：若政府行为（即政策变量）未被相对方所迅速获知，相对方不能迅速改变策略，则（D. *12*）式的参数 $\theta(\lambda)$ 相对稳定。此时通过（D. *12*）式计量回归获得参数 θ，再根据回归得到的参数对未来预测是可能的。因假定相对方不根据政府的未来行为而根据已有数据决策，此谓“适应性预期”。

但若政府行为被相对方迅速获知，导致相对方迅速改变策略，则（D. *12*）式的参数 $\theta(\lambda)$ 也将变化，此时再对（D. *12*）式计量回归或预测就无意义，政府行为失效。因相对方根据政府行为而不仅是已有历史数据进行预测，故叫作“理性预期”。

卢卡斯批判实质不是对计量的批判，而是混淆了参数与中间变量。若将（D. *11*）式和（D. *12*）式合并得到新的表达式：

$$y_{t+1} = F(y_t, x_t(y_t, \lambda, \eta_t), \theta(\lambda), \varepsilon_t) \quad (D.13)$$

式（D. *13*）中，只有 y,λ 是变量，其中 λ 是自变量，y 是因变量。故（D. *13*）式可转化为下式：

$$y_{t+1} = H(y_t, \lambda, \omega) \quad (D.14)$$

其中 ω 为随机扰动，合并后的式（D. *14*）中，经济后果完全成为政府行为的函数。这意味着，政府想要获得什么经济后果就可采取什么样的政府行为。卢卡斯并未解决掉“政府把市场经济当作一架机器来调节”的问题。若卢卡斯能从理论上保证（D. *14*）正确，就可用计量来对历史数据回归处理，根据不同政府行为预测经济后果。卢卡斯把中间变量 $\theta(\lambda)$ 误认是参数，得出错误结论也就正常。

故卢卡斯对计量的批判与本书对计量批判有本质不同。本书针对漂移项含参方程和随机项含参分布函数进行批评，而卢卡斯是对参数的稳定性进行批评，他没有意识到参数的非稳定性是因为选择了错误的含参方程和含参分布函数。

二　最优化理论基础

（一）最优化理论之各种变量确定及相互转换

最优化过程，是调整控制变量（自变量）的数值使被控制变量（函数）取值最优化的过程。

找准什么量是控制变量（自变量），什么量是被控制变量（函数），什么量是参数（常数），是最优化的基本要求。弄错这些量，最优化结果必定错误。把参数误作为控制变量优化，或把被控制变量误作为控制变量优化，是经济学常见错误。

但最优化中允许控制变量与被控制变量相互转换，即把某些控制变量转为被控制变量，同时把某些被控制变量转换为控制变量，然后最优化。

现对转换的原则简要阐述。

令控制变量为（$x_1, x_2, \cdots, x_n$），被控制变量为（$y_1, y_2, \cdots, y_m$），控制变量（自变量）间完全独立，有以下关系：

$$\begin{pmatrix} dy_1 \\ \vdots \\ dy_{k-1} \\ dy_k \\ \vdots \\ dy_n \end{pmatrix} = \frac{D(y_1, \cdots, y_{k-1}, y_k, \cdots, y_n)}{D(x_1, \cdots, x_{k-1}, x_k, \cdots, x_n)} \begin{pmatrix} dx_1 \\ \vdots \\ dx_{k-1} \\ dx_k \\ \vdots \\ dx_n \end{pmatrix} \tag{D.15}$$

转换后的控制变量为（$y_1, y_2, \cdots, y_{k-1}, x_k, \cdots, x_n$），被控制变量为（$x_1, x_2, \cdots, x_{k-1}, y_k, \cdots, y_m$），有以下关系：

$$\begin{pmatrix} dx_1 \\ \vdots \\ dx_{k-1} \\ dy_k \\ \vdots \\ dy_m \end{pmatrix} = \frac{D(x_1, \cdots, x_{k-1}, y_k, \cdots, y_m)}{D(y_1, \cdots, y_{k-1}, x_k, \cdots, x_n)} \begin{pmatrix} dy_1 \\ \vdots \\ dy_{k-1} \\ dx_k \\ \vdots \\ dx_n \end{pmatrix} \tag{D.16}$$

式子中

$$\frac{D(y_1, \cdots, y_{k-1}, y_k, \cdots, y_m)}{D(x_1, \cdots, x_{k-1}, x_k, \cdots, x_n)} = \begin{pmatrix} \frac{\partial y_1}{\partial x_1}, \cdots, \frac{\partial y_1}{\partial x_{k-1}}, \frac{\partial y_1}{\partial x_k}, \cdots \frac{\partial y_1}{\partial x_n} \\ \frac{\partial y_2}{\partial x_1}, \cdots, \frac{\partial y_2}{\partial x_{k-1}}, \frac{\partial y_2}{\partial x_k}, \cdots \frac{\partial y_2}{\partial x_n} \\ \vdots \qquad \ddots \qquad \vdots \\ \frac{\partial y_{k-1}}{\partial x_1}, \cdots, \frac{\partial y_{k-1}}{\partial x_{k-1}}, \frac{\partial y_{k-1}}{\partial x_k}, \cdots \frac{\partial y_{k-1}}{\partial x_n} \\ \frac{\partial y_k}{\partial x_1}, \cdots, \frac{\partial y_k}{\partial x_{k-1}}, \frac{\partial y_k}{\partial x_k}, \cdots \frac{\partial y_k}{\partial x_n} \\ \vdots \qquad \ddots \qquad \vdots \\ \frac{\partial y_m}{\partial x_1}, \cdots, \frac{\partial y_m}{\partial x_{k-1}}, \frac{\partial y_m}{\partial x_k}, \cdots \frac{\partial y_m}{\partial x_n} \end{pmatrix}$$

为雅可比

矩阵。其体现变量间转换关系，其每一行为对分子变量的全微分之各项导数，若乘以（D. *15*）式最右边的微分向量，则每行就是分子变量的全微分。

从（D. *16*）式中转换后的被控制变量与控制变量关系如下：

$$dx_u = \frac{D(x_u)}{D(y_1,\cdots,y_{k-1},x_k,\cdots,x_n)}\begin{pmatrix} dy_1 \\ \vdots \\ dy_{k-1} \\ dx_k \\ \vdots \\ dx_n \end{pmatrix} \tag{D. 17}$$

$$dy_v = \frac{D(y_v)}{D(y_1,\cdots,y_{k-1},x_k,\cdots,x_n)}\begin{pmatrix} dy_1 \\ \vdots \\ dy_{k-1} \\ dx_k \\ \vdots \\ dx_n \end{pmatrix} \tag{D. 18}$$

以上即最优化常用到的变量变换关系。

（二）最优化约束条件

最优化约束条件为最优化的重要部分。错误地增减约束条件将致错误结果，最优化约束条件要注意两种情况。

一种是利用拉格朗日法（包括哈密顿法、库恩塔克法）处理约束下最优时，可把各约束式子直接通过乘子放进拉格朗日方程。对于约束式子中的各变量，不分控制变量和被控制变量一视同仁，假定彼此完全独立（事实上就是都视为控制变量），分别对拉格朗日方程求导或变分，取一阶导数或变分为 *0*，然后联解方程。

另一种是利用各约束式子求出各变量间的函数关系，然后代入其他式子（一般是代入总式）进一步优化。此方法须区别控制变量和被控制变量，在变量间关系确定或转换时要时刻记住变量转换规则。

前两种方法亦可混合使用。譬如先计算出某些变量间的函数关系，代入最优化总式，同时又把其他约束式子通过乘子直接放入拉格朗日方程。

此时要清楚已计算出的控制变量与被控制变量关系和拉格朗日乘子约束式里的变量关系。

三　库恩·塔克法

对于不等式约束最优化一般有如下式子：

$$\begin{cases} \min f(X) \\ g_i(X) \leqslant 0 \quad i = 1,2,\cdots,m \end{cases} \tag{D. 19}$$

可按拉格朗日方法列式：

$$L = f(X) + \sum_{i=1}^{m} \lambda_i g_i(X) \tag{D. 20}$$

现分析式（D. 20）。若极值不在约束边界 $g_i(X) = 0$ 上，必处于约束内部，此约束为无效约束，不起作用，故有 $\lambda_i = 0$；若极值在约束边界上，则 $g_i(X^*) = 0$。总合上面两种情况有：

$$\lambda_i^* g_i(X^*) = 0 \tag{D. 21}$$

拉格朗日一阶展开式：

$$\nabla L = \nabla f(X) + \sum_{i=1}^{m} \lambda_i \nabla g_i(X) = 0 \tag{D. 22}$$

上式中 $\nabla = \frac{\partial}{\partial x_1}z_1 + \frac{\partial}{\partial x_2}z_2 + \cdots + \frac{\partial}{\partial x_n}z_n$ 为矢量微分算符，其中 z_1 、z_2、$\cdots$、z_n 为 X 向量中各元素的单位矢量。

式（D. 22）中，在极值点附近若有 $\nabla f(X^*)dX < 0$ 而不破坏约束条件，那就不是最小值，故若 $\nabla f(X^*)dX < 0$，必有约束条件被破坏 $\nabla g_i(X^*)dX > 0$。由 $\nabla LdX = 0$ 可判断：

$$\lambda_i \geqslant 0 \tag{D. 23}$$

λ_i 的符号判断方法是普适的。式（D. 19）中第 *1* 式既可求最小，也可写为求最大，第 *1* 式既可写为小等于，也可写为大等于。然后按约束条件破坏的方向判断 λ_i 的符号。

式子（D. 19）、（D. 21）、（D. 22）、（D. 23）联解获得约束优化解。

此方法要有解，满足 $\lambda_i > 0$ 条件的各梯度 $\nabla g_i(X)$ 间须线性无关。此即库恩·塔克法不等式约束最优化。

四 跨期最优化

（一）变分

变分表示函数改变的数学后果，微分讨论自变量改变但函数不变的数学后果。

经济学常研究函数变化问题。不少经济学人混淆函数变化和与自变量变化所导致的函数值变化。故弄清楚变分的数学意义，对理解经济意义很重要。

本书希望能让读者在优化中不用哈密顿方程而用最基本的数学法则直接求解——读者只要掌握这些基本的数学法则，也能轻松推导出哈密顿方程。

1. 变分性质

已知函数 $y_0(x)$，其附近的函数曲线可表示成

$$y(x) = y_0(x) + \delta y(x) \tag{D.24}$$

$\delta y(x)$ 称为 $y(x)$ 的变分。

$$\delta y = \lim_{y(x)\to y_0(x)} (y(x) - y_0(x)) = \lim_{y(x)\to y_0(x)} \Delta y \tag{D.25}$$

变量的微分是变量，函数的变分是函数，故要按函数来看待 $\delta y(x)$。

譬如，$\delta y(x + dx) = \delta y(x) + \frac{d}{dx}\delta y(x)dx$，即把函数变分当作函数来处理。

变量的微分是不确定的微小变量，函数的变分是不确定的微小函数。

变分是不确定的微小函数，故只要任一微小函数不符合最优化要求，最优化就不能成立。

函数的变分和函数中变量的微分相互独立，故函数的变分与函数中变量的微分、积分可相互交换。即：

$$\delta\int f(x)dx = \int\delta f(x)dx \tag{D.26}$$

$$\delta\frac{df(x)}{dx} = \frac{d}{dx}\delta f(x) \tag{D.27}$$

变分的其他运算性质与微分一样，例如：

$$\delta(f_1 + f_2) = \delta f_1 + \delta f_2 \tag{D.28}$$

$$\delta(f_1f_2) = f_1\delta f_2 + f_2\delta f_1 \tag{D.29}$$

变分是函数，故函数取极值的充分条件是变分为 0。二次变分大于 0 时为极小值，小于 0 时为极大值。（微积分取极值的条件是导数为 0；二次导数大于 0 时为极小值，小于 0 时为极大值）。即：

$$\delta J(y(x)) = 0,\quad \begin{matrix} \delta^2 J > 0, 极小 \\ \delta^2 J < 0, 极大 \end{matrix} \tag{D.30}$$

引理：若 $\delta u(a) = \delta u(b) = 0$ ，且对任何 δu 都有 $\int_a^b f(x)\delta u(x)dx = 0$ ，则在 $[a,b]$ 上，$f(x) \equiv 0$ 。

证明：用反证法。若在某区间 $x_0 \in [x_1, x_2]$ 有 $f(x_0) > 0$ ，取：

$$\delta u(x) = \begin{cases} (x - x_1)(x_2 - x)^2, x \in [x_1, x_2] \\ 0, x \notin [x_1, x_2] \end{cases}$$

此时 δu 满足题设条件，但却有：

$$\int_a^b f(x)\delta u(x)dx = \int_{x_1}^{x_2} f(x)\delta u(x)dx > 0$$

这与命题前提不符合，故应有 $f(x) \equiv 0$ 。

证毕。

2. 变分降阶关键步骤——分步积分法

分部积分法是微积分常见方法。在变分中它成为降阶的重要步骤，重要性远超欧拉方程（欧拉方程本书不讨论，因为分部积分法自然会推出欧拉方程）。

若积分含有变分的导数，可用分步积分法去掉导数。即：

$$\int_a^b f(x)\delta u_x dx = \int_a^b f(x)d\delta u = f(x)\delta u\,\Big|_a^b - \int_a^b \delta u \frac{df(x)}{dx}dx \tag{D.31}$$

（D. 31）式中，由分部积分法，把高阶 δu_x（即 $\delta \frac{du}{dx}$ 或 $\frac{d}{dx}\delta u$ ）转化为低阶 δu ，即可求解。例：

$$求解:\begin{cases} \min J(u) = \int_{t_0}^{t_f} F(t, u, \dot{u})dt \\ g(t, u) = 0 \end{cases} \tag{D.32}$$

按拉格朗日方法列式：

$$L = \int_{t_0}^{t_f} (F(t,u,\dot{u}) + \lambda(t) g(t,u)) dt \tag{D. 33}$$

取变分：

$$\delta L = \int_{t_0}^{t_f} \left(\frac{\partial F}{\partial u}\delta u + \frac{\partial F}{\partial \dot{u}}\delta \dot{u} + \lambda(t) \frac{\partial g}{\partial u}\delta u \right) dt = 0 \tag{D. 34}$$

由（D. 34）式得：

$$\delta L = \int_{t_0}^{t_f} \left(\frac{\partial F}{\partial u} + \lambda(t) \frac{\partial g}{\partial u} \right) \delta u dt + \int_{t_0}^{t_t} \frac{\partial F}{\partial \dot{u}} \delta \dot{u} dt$$

$$= \int_{t_0}^{t_f} \left(\frac{\partial F}{\partial u} - \frac{d}{dt}\frac{\partial F}{\partial \dot{u}} + \lambda(t) \frac{\partial g}{\partial u} \right) \delta u dt + \frac{\partial F}{\partial \dot{u}} \delta u \,|_{t_0}^{t_f} = 0 \tag{D. 35}$$

因 δu 为任意变分，故（D. 35）式要成立，须：

$$\int_{t_0}^{t_f} \left(\frac{\partial F}{\partial u} - \frac{d}{dt}\frac{\partial F}{\partial \dot{u}} + \lambda(t) \frac{\partial g}{\partial u} \right) \delta u dt = 0 \tag{D. 6}$$

$$\frac{\partial F}{\partial \dot{u}} \delta u \,|_{t_0}^{t_f} = 0 \tag{D. 37}$$

根据变分引理，由（D. 36）式得：

$$\frac{\partial F}{\partial u} - \frac{d}{dt}\frac{\partial F}{\partial \dot{u}} + \lambda(t) \frac{\partial g}{\partial u} = 0 \tag{D. 38}$$

故（D. 37）、（D. 38）及（D. 32）式中第二个式子即为本变分问题的解，其中（D. 37）是横截条件。

从本解法看出，变分问题求解与微积分方法没有区别。对经济学人来说，掌握此基本方法更能了解经济意义。

3. 离散最优化之变分求解

离散最优化问题用拉格朗日方法处理后一般如以下形式。$\lambda(k)$ 为 k 的函数，按一般函数处理就可，故下式没有特别把它写出来。

$$L = \sum_{k=0}^{N-1} F(X_k, X_{(k+1)}, k) = \sum_{k=0}^{N-1} F_k \tag{D. 39}$$

取极值时：

$$\delta L = \sum_{k=0}^{N-1} \left(\frac{\partial F_k}{\partial X_k} \delta X_k + \frac{\partial F_k}{\partial X_{k+1}} \delta X_{k+1} \right) = 0 \tag{D. 40}$$

和连续函数的处理一样，现在对式子中的高阶项降阶处理，原理及表达式都和连续函数中的分部积分相同。

$$\sum_{k=0}^{N-1} \frac{\partial F_k}{\partial X_{k+1}} \delta X_{k+1} = \sum_{k=0}^{N-1} \frac{\partial F_{k-1}}{\partial X_k} \delta X_k + \frac{\partial F_{k-1}}{\partial X_k} \delta X_k \Big|_{k=0}^{k=N} \tag{D. 41}$$

将（D. *41*）式代入（D. *40*）得：

$$\delta L = \sum_{k=0}^{N-1} \left(\frac{\partial F_k}{\partial X_k} + \frac{\partial F_{k-1}}{\partial X_k} \right) \delta X_k + \frac{\partial F_{k-1}}{\partial X_k} \delta X_k \Big|_{k=0}^{k=N} = 0 \tag{D. 42}$$

由（D. *42*）得：

$$\frac{\partial F_k}{\partial X_k} + \frac{\partial F_{k-1}}{\partial X_k} = 0 \tag{D. 43}$$

$$\frac{\partial F_{k-1}}{\partial X_k} \delta X_k \Big|_{k=0}^{k=N} = 0 \tag{D. 44}$$

由（D. *43*）、（D. *44*）可解得离散情况下跨期最优化，（D. *44*）为横截条件。

以上例题结果本身即可为数学公式。但本书认为，套用这些公式并不会增加多少计算速度，反易让初学者忘记经济意义。

（二）动态规划

最优化原理：“某路线整体最优”等价于“以任何地方作为开端，到最末的子路线最优”。

这句话不是说等价于“以任何地方作为开端，到任何地方作为末端的路线最优”，一定要以整体路线的最末端作为子路线的末端。

所谓规划，即选择策略以影响结果。故动态规划中一定要弄清楚最优化的控制变量。

动态规划的思路：①任何子路线的最优化结果，都应是子路线起始位置的函数（因为子路线完全取决于起始位置的选择）；②整体路线截掉任何一段子路线，剩下部分即以整体路线起始段为起始点，以子路线起始点为终点的有限路线段；③整体路线分解为有限路线段和子路线，子路线又可继续分解为有限路线段和子路线，故通过有限路线段建立递推关系。然后确定出路线最优值表达式。

例，下式 u 为自变量：

$$\begin{cases} \min\limits_{u} J(u) = \int_{t_0}^{t_f} F(t,x,u)\,dt \\ \dot{x} = g(t,x,u) \end{cases} \tag{D.45}$$

令最优化函数 $V(t,x) = \min\limits_{u} J(u) = \int_{t}^{t_f} F(t,x,u)\,dt$ （D. 46）

式（D. 46）即最优化原理解题思路的第一步，（D. 45）式的第一个式子表示为：

$$\begin{aligned} V(t_0,x) &= \min_{u}\left(F(t_0,x,u)\,dt + \int_{t_0+dt}^{t_f} F(t,x,u)\,dt \right) \\ &= \min_{u}(F(t_0,x,u)\,dt + V(t_0 + dt,x)) \end{aligned} \tag{D.47}$$

式（D. 47）即递推公式，将（D. 47）式展开得：

$$\begin{aligned} V(t_0,x) &= \min_{u}(F(t_0,x,u)\,dt + V(t_0 + dt,x)) \\ &= \min_{u}\left(F(t_0,x,u)\,dt + V(t_0,x) + \frac{\partial V}{\partial t}dt + \frac{\partial V}{\partial x}\frac{dx}{dt}dt \right) \end{aligned} \tag{D.48}$$

由（D. 48）得：

$$\begin{aligned} 0 &= \min_{u}\left(F(t_0,x,u) + \frac{\partial V}{\partial t} + \frac{\partial V}{\partial x}\frac{dx}{dt} \right) \\ &= \min_{u}(F(t_0,x,u) + V_t + V_x g(t,x,u)) \end{aligned} \tag{D.49}$$

即：

$$0 = F_u(t_0,x,u) + V_x(t,x) g_u(t,x,u) \tag{D.50}$$

（D. 45）、（D. 49）、（D. 50）联解，即可解出结果。